安徽省高等学校省级规划教材

大学生心理健康教育

第2版

主　编　陈选华
副主编　俞　超　王　军

中国科学技术大学出版社

内容简介

本书对当代大学生的身心发展、自我意识、情绪与情感、学习心理、恋爱心理和人际交往心理等作了较为全面的分析，旨在教育和帮助大学生从心理科学的角度，运用马克思主义唯物辩证思想审视自我、认识自我，学会进行自我心理评判、调适和矫正，努力培养和塑造积极向上的健康心理，践行德智体美劳全面发展的教育理念，成为新时期又红又专、理实交融的优秀人才和中国特色社会主义事业的接班人和建设者。

本书撰写角度独特，内容新颖，资料翔实，贴近生活，论述入情入理，是一本很有特色的大学生心理健康教育教材，可供大学生和广大青年读者学习参考。

图书在版编目(CIP)数据

大学生心理健康教育/陈选华主编.—2版.—合肥：中国科学技术大学出版社，2024.2(2025.5重印)
安徽省高等学校省级规划教材
ISBN 978-7-312-05749-6

Ⅰ.大… Ⅱ.陈… Ⅲ.大学生—心理健康—健康教育—高等学校—教材 Ⅳ.G444

中国国家版本馆CIP数据核字(2023)第151402号

大学生心理健康教育
DAXUESHENG XINLI JIANKANG JIAOYU

出版 中国科学技术大学出版社
安徽省合肥市金寨路96号，230026
http://press.ustc.edu.cn
https://zgkxjsdxcbs.tmall.com
印刷 安徽省瑞隆印务有限公司
发行 中国科学技术大学出版社
开本 710 mm×1000 mm 1/16
印张 20
字数 415千
版次 2018年8月第1版 2024年2月第2版
印次 2025年5月第10次印刷
定价 49.00元

编　委　会

主　编　陈选华

副主编　俞　超　王　军

编　委（以姓氏笔画为序）

方亭亭　杜小英　吴　艳

陆书建　赵凌燕　凌　洁

黄乐远　黄晶晶

前　言

随着社会的发展，大学生心理健康问题已经逐渐成为社会普遍关注的热点之一。习近平总书记在党的十九大报告中提出“加强社会心理服务体系建设，培育自尊自信、理性平和、积极向上的社会心态”；在党的二十大报告中秉持“人民至上、生命至上”的理念，再次强调“重视心理健康和精神卫生”。这些论断是新形势下我国高校心理健康教育工作的基本遵循。

2011年，教育部办公厅印发了《普通高等学校学生心理健康教育课程教学基本要求》(教思政厅〔2011〕5号)，要求各高校根据学生心理健康教育的需要，结合本地区、本学校的实际，制定科学、系统的教学大纲和教学计划，组织实施教育教学活动，保证学生在校期间普遍接受心理健康课程教育。在此要求下，各高校纷纷着手开设心理健康教育课程，进一步推动了高校心理健康教育工作的发展。而一本“遵循学生成长规律、满足学生成长发展需求和期待”的教材无疑成为开设心理健康教育课程的必要条件。

本书编者积极贯彻落实习近平新时代中国特色社会主义思想，在借鉴参考其他同类教材优点的基础上，凝练编者多年的教学实践经验和知识创新科研成果，着重使本书具备以下特点：

1. 鲜明的课程思政特色。本书深入挖掘心理健康教育中蕴含的思想政治教育资源，调整优化教材的课程思政功能，把思想政治教育贯穿于教材的每个章节，并设置“课程思政导航”专栏，将价值塑造、知识传授和能力培养三者融为一体。

2. 丰富的中国元素。本书在编写过程中凸显中国情怀，以习近平新时代中国特色社会主义思想为指导，挖掘中国传统文化所蕴含的优秀内容，努力寻找两者之间的交会点。

3. 较强的理论性。本书深入贯彻《普通高等学校学生心理健康教育课程教学基本要求》相关规定，吸收了近年来我国高校心理健康教育最新的信息和研究成果，结合了编写组成员多年的教学与科研工作经验，并在很多方面提出了独到的见解。

4. 较强的针对性。本书特别体现了“学生是心理健康教育的主体”的指导思想，精心设计了与大学生身心健康密切相关的主题，引导大学生学会自我心理调适的方法，激发自身潜能，提高心理健康水平。

5. 较强的操作性。本书注重培养大学生解决实际问题能力，既有心理健康知识的呈现，又有心理活动的体验，还有心理调适技能训练、心理测试、相关背景知识和拓展阅读等内容，便于学生学以致用。

6. 较强的可读性。本书以“深入浅出、联系实际”为编写原则，兼顾理论性和趣味性，既有利于阅读、掌握理论知识，又有利于课堂实训的组织；既有利于教师教学，也有利于读者更好地了解自己，不断完善自我。

本书为安徽省高等学校省级规划教材，是集体智慧和力量的结晶，整体构思和编写大纲由陈选华教授提出，参加编写工作的编者均为高校思政和心理健康教育第一线的教学和科研人员，他们是：王军（第二章、第八章）、俞超（第一章、第四章、第五章、第十一章）、赵凌燕（第十章）、杜小英（第七章）、黄晶晶（第六章）、吴艳（第三章）、方亭亭（第九章）；俞超对各章节内容进行全面修改和补充。陈选华担任主编；俞超、王军担任副主编，并负责最后统稿总纂。

本书在编写过程中，参考了许多专家学者的教学、科研成果及文献资料，在此，向相关作者表示衷心的感谢！同时，也感谢中国科学技术大学出版社对本书出版提供的支持和帮助。

由于时间仓促和水平有限，书中不足之处在所难免，恳请广大读者批评指正，以便我们将来再版本书时，使之更臻完善。

编　者

2023 年 9 月 10 日

目　　次

第一章　解锁心灵密码
——大学生心理健康

案例 1.1

冲动是魔鬼

小李是一位大学二年级学生，平时少言寡语，但周围的同学能从他冷漠和怪异的目光中，感到很难和他接近。一天，他因一点小事与班里一位同学发生冲突，大打出手，还动用了凶器，使对方肢体严重受伤，被学校开除了学籍。事后了解到，小李在中学期间曾受到过校园暴力的伤害，从那之后，他对任何人都抱有"敌意"，凡是他认为有可能会伤害他的人，他马上就会产生一定要报复的愤怒情绪，以致酿成恶果。

当今社会，人们的生活节奏正在日益加快，竞争越来越激烈，人际关系也变得越来越复杂。知识爆炸性地增加，人们的生活观念、思想意识、情感态度也变得复杂多变。作为现代社会的组成部分，大学生群体对社会十分敏感。同时，大学生作为一个特殊的社会群体，还面临着许多自身特殊的问题，例如对新的环境与任务的适应、对专业的选择与学习、理想与现实的冲突、人际关系的处理、恋爱中的矛盾以及对未来职业的选择等。如何加强大学生心理健康教育，使他们避免或消除由上述种种压力造成的心理应激、心理危机或心理障碍，增进心身健康，以积极的心理状态去适应现代的社会环境，预防精神疾患和心身疾病的发生，培养健全的人格特质和适应社会发展需要的优秀品质，成为高等学校共同关注和迫切需要解决的问题。

第一节 健康与心理健康的含义

一、健康与心理健康的概念

(一) 健康的概念

"健康"一词最早见于我国的《周易》和《尚书》两部典籍之中。《周易·乾卦》曰:"天行健,君子以自强不息。"《尚书·洪范》云:"身其康强,子孙其逢吉。""健康"一词有"刚健""康强""安乐""无病"之义。

《辞海》中对"健康"一词是这样解释的:"健康,是指人体各器官系统发育良好、功能正常、体质健壮、精力充沛并具有良好劳动效能的状态。"

"健康"一词英文为 health,意思是指人体对其环境有良好的适应性,两者保持正常的动态平衡;反之,疾病则是指人体与环境的正常平衡被破坏所致。

随着现代科学技术的飞速发展与社会文化的迅猛变革,生活在现代社会的人们普遍面临着激烈的竞争,快速的生活节奏、前所未有的巨大心理压力使人不堪重负,这对人们的健康产生了重大影响。

人们开始逐渐认识到了心理、社会因素在健康与疾病及其相互转化中的不容忽视的重要影响,进而逐步确立了身心统一的健康观,从更全面的角度诠释健康的概念。由此,生物-心理-社会医学模式应运而生。

1948 年,世界卫生组织(WHO)在成立宪章中指出:"健康乃是一种身体上、精神上和社会适应上的完好状态,而不仅仅是没有疾病和虚弱的现象。"这是对"健康"较为全面、科学、完整、系统的定义。这种对健康的理解意味着衡量一个人是否健康必须从生理、心理、社会、行为等因素分析,不仅看他有没有器质性或功能性异常,还要看他有没有主观不适感,有没有社会公认的不健康行为。

1989 年,世界卫生组织重新定义了健康的概念,提出了 21 世纪健康新概念:"健康不仅是没有疾病,而且包括躯体健康、心理健康、社会适应良好和道德健康。"可见,21 世纪人类的健康应该是生理的、心理的、社会适应与道德健康的整合。在这一新概念中,以生理健康为物质基础发展心理健康与良好的社会适应,道德健康则是整体健康的统帅。

此外,关于死亡的定义,在人们几千年来的传统观念中,都将心跳和呼吸停止视作人的死亡。而在现代社会,随着心脏、肾等器官的功能可以靠机器维护,还可进行异体移植,于是提出了脑死亡的概念,从而在逻辑上统一了人们对人体生命中枢问题的认识,而脑死亡的新概念也更强调了生命中的心理因素。这种认识是现代社会人们对健康概念的全面总结与更新,健康不再仅仅是躯体状况的反映,而且还必须是心理活动正常、社会适应良好的综合体现。

（二）心理健康的概念

对于心理健康的概念，处于不同时期、不同文化背景、不同学派的古今中外众多研究者都进行了界定和阐释。

《简明不列颠百科全书》将心理健康解释为："个体心理在本身及环境条件许可范围内所能达到的最佳功能状态，但不是十全十美的绝对状态。"

1946 年，第三届国际心理卫生大会将心理健康定义为："在身体、智能以及情感上与他人的心理健康不相矛盾的范围内，将个人的心境发展成最佳的状态。"

精神病学家门宁格认为："心理健康是指人们对于环境及相互间具有最高效率及快乐的适应情况。不仅要有效率，也不只是要有满足感，还要愉快地接受生活的规范，需要三者兼备。心理健康的人应能保持平静的情绪、机敏的智能，具有适应社会环境的行为和愉快的气质。"

日本学者松田岩男认为："所谓心理健康，是指人对内部环境具有安定感，对外部环境能以社会认可的形式适应这样一种心理状态。"

心理学家英格里士指出："心理健康是指一种持续的心理状态，当事人在各种情况下，能作出良好的适应，具有生命的活力，并能充分发挥其身体潜能。这乃是一种积极的丰富体验，不仅仅是免于心理疾病而已。"

社会学家 W. W. Boehm 认为："心理健康就是合乎某一水准的社会行为，一方面能为社会所接受，另一方面能为本身带来快乐。"

我国诸多学者也对心理健康进行了界定，其中，柯永河（1979 年）的心理健康定义较为通俗。他认为，良好习惯多、不良习惯少的心态谓之健康；不良习惯多、良好习惯少的心态谓之不健康。钱苹（1980 年）认为，心理健康表现为满意的心境、和谐的人际关系、人格完整、个人与社会协调、情绪稳定。王极盛（1989 年）提出：心理健康指的是个人的一种良好心理状态，即以积极的反应形式去适应自身环境、自然环境与社会环境，充分发挥个人的身心潜力。张承芬（1997 年）认为，心理健康是指个体在各种环境中能保持一种良好的心理效能状态，并在与不断变化的外界环境的相互作用中，不断调整自己的内部心理结构，达到与环境的平稳和协调，并在其中逐步提高心理发展水平，完善人格特质。刘华山（2001 年）对心理健康的再认识是：心理健康指的是一种持续的心理状态，在这种状态下，个人具有生命的活力、积极的内心体验、良好的社会适应，能够有效地发挥个人的身心潜力与积极的社会功能。冯忠良（2002 年）指出，心理健康是人类个体对其生存的社会环境的一种高级适应状态。而所谓适应，实质上是有机体对环境影响的调节功能。林崇德（2003 年）认为，心理健康是一种个人的主观体验，既包括积极的情绪情感和消极的情绪情感，也包括个人生活的方方面面，其核心是自尊。王书荃（2005 年）认为，心理健康是指人的一种较稳定持久的心理机能状态。它是在个体与社会环境相互作用的过程中，主要表现在人际交往方面能否使自己的心态保持正常平衡，使情绪、需要、认知保持一种稳定状态，并表现出一个真实自我的相对稳定的人格特征。

综上所述可以发现：目前，虽然在心理健康的界定上学术界还未完全达成共识，但是许多研究者在对这一问题的认识上有趋同之势，即都强调个体的内部协调与外部适应，将心理健康视为个体内部协调与外部适应相统一的良好状态。

二、心理健康的标准

1946 年，第三届国际心理卫生大会曾为心理健康下过这样的定义："所谓心理健康，是指在身体、智能以及感情上与他人的心理健康不相矛盾的范围内，将个人的心境发展成最佳的状态。"大会还具体地指明心理健康的标志是：① 身体、智力、情绪十分调和；② 适应环境，人际关系中彼此能谦让；③ 有幸福感；④ 在工作和职业中，能充分发挥自己的能力，过有效的生活。

美国学者坎布斯(A. W. Combs)认为一个心理健康、人格健全的人应有四种特质：① 具有积极的自我观念；② 恰当地认同他人；③ 面对和接受现实；④ 主观经验丰富，可供取用。

马斯洛与米特尔曼曾合著了一本《变态心理学》，在这本书中他们提出了著名的心理健康十条标准：① 有足够的自我安全感；② 能充分地了解自己，并能对自己的能力作出适度的评价；③ 生活理想切合实际；④ 不脱离周围现实环境；⑤ 能保持人格的完整与和谐；⑥ 善于从经验中学习；⑦ 能保持良好的人际关系；⑧ 能适度地发泄情绪和控制情绪；⑨ 在符合集体要求的前提下，能有限度地发挥个性；⑩ 在不违背社会规范的前提下，能恰当地满足个人的基本要求。

我国有多位学者对心理健康标准进行了深入的研究，提出了自己的见解。

黄坚厚提出了心理健康的四条标准：① 乐于工作；② 能与他人建立和谐关系；③ 对自身具有适当的了解；④ 和现实环境有良好的接触。

黄希庭等曾提出判断心理是否健康的五条标准：① 个人的心理特点是否符合相应的心理发展的年龄特征；② 能否坚持正常的学习和工作；③ 有无和谐的人际关系；④ 个人能否与社会协调一致；⑤ 有没有完整的人格。

王极盛提出心理健康的七条标准：① 智力正常；② 情绪稳定而愉快；③ 意志健全；④ 具有统一协调的行为；⑤ 人际关系良好；⑥ 行为反应适度；⑦ 心理特点与年龄相符合。

郑日昌提出的心理健康标准有十条：① 认知功能良好；② 情感反应适度；③ 意志品质健全；④ 自我意识正确；⑤ 个性结构完整；⑥ 人际关系协调；⑦ 社会适应良好；⑧ 人生态度积极；⑨ 行为规范化；⑩ 活动与年龄相符。

北京大学王登峰教授等曾提出八条标准：① 了解自我，悦纳自我；② 接受他人，善与人处；③ 正视现实，接受现实；④ 热爱生活，乐于工作；⑤ 能协调与控制情绪，心境良好；⑥ 人格完整和谐；⑦ 智力正常，智商在 80 以上；⑧ 心理行为符合年龄特征。

刘华山提出的心理健康的标准是：① 对现实的正确认识；② 自知、自尊与自我接纳；③ 自我调控能力；④ 与人建立亲密关系的能力；⑤ 人格结构的稳定与协调；⑥ 生活热情与工作效率。

归纳各种标准，可以发现确定心理健康标准的主要依据如下：① 以统计学上的常态分布作为标准；② 以合乎社会规范为标准；③ 以社会生活适应状况为标准；④ 以医学上的症状存在与否为标准；⑤ 以个人主观经验为标准；⑥ 以心理成熟与发展水平为标准；⑦ 以心理机能的充分发挥为标准。

从方法论的层面来看，这些标准又可以归为两类：一类为生存标准或社会适应标准；一类为发展标准或精英标准。

生存标准遵循"众数原则"，即假定社会成员中绝大多数人的心理行为是正常的，偏离这一正常范围的心理和行为可视为异常。这一原则集中体现于常态分配标准。如今用以鉴别心理健康的量表的编制是遵循常态分配原则的，所以说众数原则是当今被广泛应用的确立心理健康标准的依据。以上统计学、社会学、心理学等标准均属于此。我国学者提出的标准多数属于生存标准。

发展标准遵循"精英原则"，强调以人的本质力量、人的潜能的实现程度为评价依据，认为真正的心理健康者应是内心世界极其丰富、精神生活无比充实、潜能得以充分发挥、人生价值能够完全体现的人。这种标准着眼于个人与社会的发展，"冀求最有价值的创造生活，强调能动适应和改造环境，通过开掘个人最大身心潜能求得身心的满足，成为崇高、尊严、自豪的人"。

【课程思政导航】

> **讨论**：心理健康与思想道德品质的形成之间有怎样的关系？
>
> 心理健康的人，是情绪正常、人格和谐、适应环境的人，能善待自己和他人，拥有良好的人际关系，能在学习和工作中发挥自己的潜能，因此也往往更容易接受思想政治教育，形成良好的思想道德品质。

三、对心理健康的认识

通常，一个普通人观察别人的心理是不是健康应当遵循"众数原则"，即我们可以从以下三个角度来观察：

第一个角度，我们称作病理学的角度。也就是说，我们若要观察一个人的心理是不是健康的，就要看他有没有出现某些精神上的症状，比如说幻觉。什么叫幻觉呢？就是他能听见别人听不见的声音，能看见别人看不见的事物，这就是幻觉。再一个叫做妄想，这是思维上的一种障碍，患者总觉得别人在讲一些跟他有关的话，总觉得别人在议论他,甚至还觉得别人要伤害他。另外还有一些,如夸大妄想、衷情妄想、嫉妒妄想等。就是这些在别人看来是很荒唐的一些观念,在这些人身上如果发生了,大家就会怀疑这些人精神上是不是有问题了。

第二个角度,我们称作统计学的角度。即看一个人和大多数人的表现是一样的还是不一样的。比如说在课堂上,当大家都很安静地听老师讲解的时候,突然有一个人哈哈大笑,或者是哇哇大哭,那么对这样的人我们就要高度怀疑他是不是有心理上的问题了。

第三个角度,我们称作文化学或者社会学的角度。也就是说,我们不能把一些和我们大多数人不一样的现象,都认为是有问题的。比如说,南方有个少数民族,结婚的时候,女方到男方家里的时候,男方先闭门不出,女方进了男方家的大门以后,她会大喊一声:"你们家的人都'死光'啦!"然后男方再出来说:"就等着你来传宗接代呢。"这样一个婚俗在当地是很正常的,而且他们这样的一个对话是非常风趣、和谐的。但是在汉族的传统婚姻文化中,这种习俗肯定不为人们所接受。如果一个汉族小伙子拿这样一个风俗去迎娶自己的新娘,周围人肯定会说他不正常!也就是说,我们要把现象放到特定的文化和历史的环境里面去看待。

第二节 大学生心理健康概述

一、心理健康对大学生健康成长的重要意义

我国的教育方针要求大学生在德、智、体、美、劳诸方面都得到发展,成为社会主义现代化的建设者和各行各业的接班人。心理健康对大学生的健康成长有着十分重要的意义。

(一)有利于大学生的身体发育

我们已经认识到人的身心是统一的,生理和心理是相互影响、相互作用的。我国古代医学经典《黄帝内经》已揭示心理对身体健康的影响。中国有句俗话:"笑一笑,十年少;愁一愁,白了头。"近代医学更明确提出了"心身疾病"的概念,指的是心理因素在其发生、发展、治疗和预防方面起着重要作用的一类躯体疾病,主要包括冠心病、原发性高血压、支气管哮喘、溃疡性肠胃病、神经性皮炎、类风湿关节炎以及疼痛综合征等。现代医学研究发现,长期情绪不良还会导致人体免疫功能下降,因而感冒、肝炎甚至癌症都与心理因素有关。据统计,这类心身疾病已占人类疾病总量的50%~80%。大学生正处在身心成长时期,周围的环境变化容易对心理敏感的大学生产生影响。研究表明,不良的情绪会抑制青年人生长激素的分泌,进而影响身长发育,经常的紧张和焦虑情绪体验会引发青春期高血压倾向,使得胃病、

粉刺和痤疮的发病率增加。神经性厌食症不仅会引起女青年闭经，而且最近研究发现，其还会导致骨质疏松（即使饮食恢复正常后仍会留下这种后遗症）。因此，消除各种不健康的心理因素，对于增进健康，降低大学生的患病率，提高身体素质，促进健康成长非常重要。

（二）有利于健全人格的发展

人格是人的心理行为的基础，它在很大程度上决定了人如何对外界的刺激作出反应以及反应的方向、程度、效果。人的心理行为是人格与环境相互作用的结果。因而人格会影响一个人的身心健康、潜能开发、活动效率以及社会适应状况。而心理健康对人格的发展也起着重要的作用。一个拥有健康心理的大学生，在人格方面将表现出较强的社会适应性。性格开朗热情、为人诚恳，兴趣广泛、高雅的人，善于学习各种知识，能有效合理地调节自己的需要结构，他们富有人生理想，信念坚定。他们往往较容易得到群体和他人的接纳和帮助，适应环境的能力较强，从而有利于自己保持心情愉快、施展才华，在群体中相互学习，培养和健全各种人格因素，如自信心、独立性、勤奋、踏实、坚韧、耐心、恒心、创新精神以及乐观、合作精神等。

（三）有利于大学生成才立业

人们常常认为，健康的身体是事业的本钱。诚然，健康的身体对工作、学习、生活产生非常大的影响。但是，现实社会中无数的事实让我们认识到，光有强健的体魄，如果没有健康的心理素质，事业成功和生活快乐也可能成为泡影。孰不见，有不少青年，纵有强壮的体魄，但是由于某些不健康的心理因素，如自卑、缺乏毅力，终落得个庸庸碌碌、虚度一生的结局。从某种意义上说，健康的心理才是人生一切的本钱。有些青年人，即使疾病缠身、严重残疾，但是由于心理健康，以乐观的人生态度、惊人的意志力量、顽强的毅力，用心血和汗水赢得事业上的巨大成功，博得人们的尊重与敬佩。例如，中国共产党第十八次全国代表大会代表，第九届、十届全国政协委员，第十一届全国政协常委，中国残疾人联合会第七届主席团主席、著名作家张海迪，5岁患脊髓病，高位截瘫，医生曾断言她活不过27岁，但她挑战命运，自强不息，成为作家，她的事迹曾经影响了整整一代人。高位截瘫青年黄自平，自学成才，一人开设数学、物理、化学、语文、历史、地理、外语、生物等几乎所有中学课程的辅导班，帮助132名青年考上大学，获得“特等劳动模范”称号。另外，谁又能想到，在中国广为传唱的苏联歌曲《莫斯科郊外的晚上》《红莓花儿开》等的中文歌词的翻译，竟然出自一位双腿严重残疾的轮椅青年薛范之手。这是因为心理健康使人的智力和非智力因素有可能获得最完美的结合，从而为成才立业提供了三个最基本的条件：智能活动的高效率、不畏艰难的精神和锲而不舍的耐力。正如张海迪所说：“身体残疾并不可怕，可怕的是失去了进取的勇气和信心。”

（四）有利于改善大学生的人际关系

继学习问题、恋爱问题之后，人际关系问题是困扰大学生的又一大问题。进入大学学习后，大学生们一方面维系着与父母、老师等成人的纵向人际关系，另一方面又大大开拓了与同龄人的横向人际关系。人际交往成了大学生生活中的一大需要，并直接影响着大学生的成长和社会化过程。然而，人际关系是人与人之间的心理关系，反映人与人之间的心理距离，也受到一个人心理健康状况的影响。心理学研究表明，在集体中受欢迎的人，他们的个性品质恰恰与心理健康的标准相一致，而在集体中受人排斥、不受欢迎的人，他们的个性品质又恰恰与心理健康的标准相冲突。研究证实，有心理健康问题的大学生，无论是与父母、老师的关系，还是与兄弟姐妹、同学的关系，都处在一种无法发展的状态中，甚至导致人际关系发展的恶性循环。

二、大学生心理健康的标准

迄今为止，判定大学生心理是否健康还没有一个完全统一的标准，但一般倾向于如下四个方面：一是经验标准，即当事人按照自己的主观感受来判断自己的健康，研究者凭借自己的经验对当事人的心理健康进行判定；二是社会适应标准，以社会中大多数人的常态为参照标准，观察当事人是否适应常态而进行心理是否健康的判断；三是统计学标准，依据对大量正常心理特征的测量取得一个常模，把当事人的心理与常模进行比较；四是自身行为标准，每个人以往生活中形成的稳定的行为模式，即正常标准。事实上，心理健康与否的界限是相对的，企图找到绝对标准是非常困难的，大学生心理健康标准的把握也同样存在这样的问题。如何把握标准？我们认为应掌握三个原则，即相对性、整体协调性和发展性。大学生在发展中会面临许多人生的课题，心理危机与心理困难也都是在发展的大背景下产生的。

综合国内外专家、学者的观点，根据大学生的年龄特征、心理特征和角色特征，我国当代大学生心理健康的标准应包括以下八个方面。

（一）智力正常

智力是指一个人认识能力与活动能力所达到的水平，是人的观察力、注意力、记忆力、想象力、思维力、创造力和实践能力等的综合。智力正常是大学生学习、生活、工作的最基本的心理条件，也是适应周围环境变化所必需的心理保证，因此衡量智力是否正常时，关键在于个体是否正常地、充分地发挥了效能，即是否有强烈的求知欲，是否乐于学习，是否能够积极参与学习活动。

（二）情绪健康

情绪健康的主要标志是情绪稳定和心情愉快，主要内容有：愉快情绪多于负面情绪，乐观开朗，富有朝气，对生活充满希望；情绪较稳定，善于控制与调节自己的情绪，既能克制，又能合理宣泄；情绪反应与环境相适应，情绪反应是由适当的原因引起的，反应的强度与情境相符合。情绪在心理健康中起核心作用，情绪异常往往是心理疾病的先兆。

（三）意志健全

意志是一种心理过程，即个体在完成一种有目标的活动时所进行的选择、决定与执行的心理过程。一个意志健全的人在行动的自觉性、果断性、顽强性、自制力等方面都表现出较高的水平，在各种活动中都有自觉的目的性，能适时地作出决定并运用切实有效的方式解决所遇到的问题，在困难和挫折面前能采取合理的、有效的反应方式，善于控制自己的情绪和言行，而不是盲目行动、畏惧困难、顽固执拗。

（四）人格完整

心理学上的“人格”与我们平时说的“人格”在内涵上有所不同。我们在日常生活中经常会听到或谈到这样的话题：这个人的人格低下（很坏），我的人格受到了侮辱，等等。这里的人格指的是人的尊严。心理学上的人格是指一个人稳定的心理特征的总和，它包括气质、性格、能力、兴趣、爱好、需要、理想、信念等，也就是我们常说的个性。气质和性格是人格的重要组成部分。人格完整就是一个人所想、所说、所做的都是协调一致的，人格结构的各要素完整统一，具有正确的自我意识，不产生自我同一性混乱，以积极进取的人生观作为人格的核心，并以此为中心把自己的需要、目标和行动统一起来。

（五）自我评价正确

正确地进行自我评价是大学生心理健康的重要条件。这表现为对自己的认识比较接近现实，有自知之明，恰如其分地认识自己，摆正自己的位置；对优点感到欣慰，又不至于狂妄自大，对弱点既不回避，也不自暴自弃；善于自我接纳，喜欢自己，接受自己，自尊、自强、自制、自爱适度，正视现实，积极进取。

（六）人际关系和谐

良好而深厚的人际关系是事业成功与生活幸福的前提。这表现为乐于与人交往，既有广泛而深厚的人际关系，又有知心朋友；在交往中保持独立而完整的人格，有自知之明，不卑不亢；能客观评价别人和自己，善于取长补短；对人宽容，乐于助人，积极的交往态度多于消极态度；交往动机端正。

（七）适应能力强

适应能力主要表现为与社会保持良好的接触，对周围事物和环境能作出客观的认识和评价，能够面对现实、接受现实，并能主动适应。能以有效的办法应对环境中的各种困难，不仅不退缩，而且还会根据环境的特点和自我意识的情况努力进行协调。

（八）心理行为符合年龄特征

在校大学生正处于青春期，心理特征应与年龄特征和角色相适应。如果一个大学生经常严重地偏离这些心理行为特征，就有可能存在心理异常。

综上所述，我们可以说一个心理健康的大学生，一般应该是心境良好、愉快、乐观、开朗、满意等积极情绪状态占主导，同时又能随事物对象的变化而产生合理的情绪变化。当有了喜事时感到愉快，遇到不幸的事时产生悲哀的情绪。此外，还能依据场合的不同，适当地控制自己的情绪。

【课程思政导航】

［拓展］ 心理健康的大学生应具备哪些良好的思想品质？

心理健康的大学生乐于与人交往，对人态度积极；能理解和接受别人的思想、感情，也善于表达自己的思想、感情；高兴地接纳他人和自己；既有广泛的朋友，也有少数几位知交。

心理健康的大学生在评估自己的反应能力或解释现实时，比较客观，不高估自己的能力，不轻易承担自己无法胜任的任务，也不低估自己而逃避任务。心理健康的大学生虽然对自己的学习、生活和工作有一定的紧张感，但从不过度地焦虑；遇到困难时，他们往往能积极应对，勤于思考，有条不紊地寻找解决办法，而不是寝食不安，惶惶不可终日。

心理健康的大学生有独立的生活能力，意志坚定；无论是在情感上还是在实际生活中，都较少有依赖心理，自主性强；他们善于在不同的环境中寻找自己感兴趣的事情和事业的生长点，心理生活充实，很少有孤独感；他们较能接受现实，不轻易产生敌对情绪，对家境、地域、病患、个人能力与努力等导致的各种差异能正确看待。例如，与班上某些家庭生活条件本来就很好、学习成绩名列前茅，且拿到一等奖学金的同学相比，自己不但家境差、生活困难，而且学习成绩又不尽如人意，在这种情况下也能高兴地接纳他人和自己。心理健康的大学生能适应不同环境下的社会生活，不管处于什么社会生活环境下，都能主动与社会保持接触，让自己融入社会，自觉用社会规范来约束自己，使自己的行为符合社会的要求，而不是把自己孤立起来，与社会格格不入。

心理健康是较长一段时间内持续的心理状态，一个人偶尔出现一些不健康的心理行为并不意味着这个人就一定是心理不健康的，而且心理健康状态也并非是固定不变的，而是不断变化的，既可以从不健康转变为健康，也可以从健康转变为不健康。以上心理健康标准仅仅反映了大学生个体良好地适应社会生活所应有的心理状态的一般要求，而不是最高境界。我们应该充满信心地努力争取心理发展的更高层次，充分发挥自己的潜能，促进自己的全面发展。

正确理解大学生心理健康的标准应重视以下几个方面：

一是标准的相对性。事实上，大学生心理健康与不健康并无明显界限，而是一个连续化的过程，如果将正常比作白色，将不正常比作黑色，那么在白色与黑色之间存在着一个巨大的缓冲区域——灰色区。对于多数大学生群体而言，在人生的发展过程中面临心理问题是正常的，不必大惊小怪，应积极加以矫正。与此同时，个体灰色区域也可能是存在的，大学生应提高自我保健意识，及时进行自我调整；一个人产生了某种心理障碍并不意味着该障碍永远存在或行将加重。这是一个发展的问题，反映到心理上形成心理冲突是很正常的，许多发展性问题是可以自行解决的。

二是整体协调性。把握心理健康的标准，应以心理活动为本，考察其内外关系的整体协调性。从心理过程来看，健康人的心理活动是一个完整统一的和谐体，这种整体协调性保证了个体在反映客观世界的过程中的高度准确性和有效性。事实表明，认识是健康心理结构的起点，意志是人格面貌的归宿，情感是认识与意志之间的中介因素。从心理结构的几方面来看，一旦不能符合规律地进行协调运作，就可能产生一系列的心理困扰或问题。从个性角度来看，每个人都有自己长期形成的稳定的个性心理，一个人的个性在没有受到明显的剧烈外部因素影响时，是不会轻易发生变化的，否则说明其心理健康状况发生了变化。从个体与群体的关系来看，每个人在其现实性上划分成不同的群体，不同群体间的心理健康标准是有差异的。

三是发展性。事实上，不健康的心理可能是人在发展过程中不可避免的发展性问题，其症状可能会随着发展而自行消失。

三、大学生心理健康的状况

大学生作为中国文化层次较高的年轻群体，如果仅仅从躯体疾病的角度来看，各种严重躯体疾病的比例并不高。但从心理健康的角度来分析，情况则大不一样。研究和统计结果表明，许多大学生在心理方面的确存在一系列不良反应和适应障碍，而且有相当数量的在校大学生存在不同程度的心理障碍，有的甚至达到非常严重的程度。

第一，对许多大学休学、退学学生的统计表明，心理健康不良已成为大学生辍学的主要原因之一。因心理问题而休学、退学的人数约占整个休学、退学总人数的30%，而且这一群体还在逐年递增。理工科学生竞争压力大，因心理障碍休学或退学的人数相对于其他学科还要高一些。

第二，从我们连续十几年建立的大学生心理健康档案情况来看，在校大学生中出现较明显心理问题者的比例为13%～18%，其中可能存在较严重心理障碍的大学生占学生总数的7%～10%，经过约谈后，需要重点跟踪的学生占学生总数的1%～3%。大学生中主要存在的精神障碍为神经症（焦虑、强迫）、心境障碍（抑郁、躁狂、双相）、精神分裂等。

第三，尽管大学生中存在如此普遍的心理问题，但其中只有少部分学生接受了心理咨询方面的专业帮助。这就预示着在大学生中广泛而策略地推行心理咨询，宣传心理健康知识，帮助学生掌握保持健康心理的方法是十分重要的。

第四，大学生中心理障碍的发生在年级与专业间存在差异。竞争压力大的专业，发生心理障碍的人数多于其他专业。从年级分布上看，大二、大三年级的学生心理健康状况相对较差。一年级次之，四（或五）年级问题最少。从生源地域上看，来自农村的学生的心理健康问题比来自城市的学生的问题要多一些。

心理测试

症状自评量表（SCL-90）

指导语：表1.1列出了有些人可能会有的问题，请仔细地阅读每一条，然后根据最近一星期以内下述情况影响你的实际感觉，在每个问题后选择该题的程度得分。其中，“没有”选1，“很轻”选2，“中等”选3，“偏重”选4，“严重”选5。

表1.1　症状自评量表（SCL-90）

序号	问　　题	选　项
1	头痛	1—2—3—4—5
2	神经过敏，心中不踏实	1—2—3—4—5
3	头脑中有不必要的想法或字句盘旋	1—2—3—4—5
4	头晕或晕倒	1—2—3—4—5
5	对异性的兴趣减退	1—2—3—4—5
6	对旁人求全责备	1—2—3—4—5
7	感到别人能控制你的思想	1—2—3—4—5
8	责怪别人制造麻烦	1—2—3—4—5
9	忘性大	1—2—3—4—5
10	担心自己的衣饰整齐及仪态的端正	1—2—3—4—5
11	容易烦恼和激动	1—2—3—4—5
12	胸痛	1—2—3—4—5
13	害怕空旷的场所或街道	1—2—3—4—5

续表

序号	问　　题	选　项
14	感到自己的精力下降，活动减慢	1—2—3—4—5
15	想结束自己的生命	1—2—3—4—5
16	听到旁人听不到的声音	1—2—3—4—5
17	发抖	1—2—3—4—5
18	感到大多数人不可信任	1—2—3—4—5
19	胃口不好	1—2—3—4—5
20	容易哭泣	1—2—3—4—5
21	同异性相处时感到害羞不自在	1—2—3—4—5
22	感到受骗，中了圈套或有人想抓住你	1—2—3—4—5
23	无缘无故地突然感到害怕	1—2—3—4—5
24	自己不能控制地大发脾气	1—2—3—4—5
25	怕单独出门	1—2—3—4—5
26	经常责怪自己	1—2—3—4—5
27	腰痛	1—2—3—4—5
28	感到难以完成任务	1—2—3—4—5
29	感到孤独	1—2—3—4—5
30	感到苦闷	1—2—3—4—5
31	过分担忧	1—2—3—4—5
32	对事物不感兴趣	1—2—3—4—5
33	感到害怕	1—2—3—4—5
34	你的感情容易受到伤害	1—2—3—4—5
35	旁人能知道你的私下想法	1—2—3—4—5
36	感到别人不理解你，不同情你	1—2—3—4—5
37	感到人们对你不友好，不喜欢你	1—2—3—4—5
38	做事必须做得很慢以保证做得正确	1—2—3—4—5
39	心跳得很厉害	1—2—3—4—5
40	恶心或胃部不舒服	1—2—3—4—5
41	感到比不上他人	1—2—3—4—5
42	肌肉酸痛	1—2—3—4—5

续表

序号	问　　题	选　项
43	感到有人在监视你、谈论你	1—2—3—4—5
44	难以入睡	1—2—3—4—5
45	做事必须反复检查	1—2—3—4—5
46	难以作出决定	1—2—3—4—5
47	怕乘公共汽车、地铁或火车	1—2—3—4—5
48	呼吸有困难	1—2—3—4—5
49	一阵阵发冷或发热	1—2—3—4—5
50	因为感到害怕而避开某些东西、场合或活动	1—2—3—4—5
51	脑子变空了	1—2—3—4—5
52	身体发麻或刺痛	1—2—3—4—5
53	喉咙有梗塞感	1—2—3—4—5
54	感到前途没有希望	1—2—3—4—5
55	不能集中注意力	1—2—3—4—5
56	感到身体的某一部分软弱无力	1—2—3—4—5
57	感到紧张或容易紧张	1—2—3—4—5
58	感到手或脚发重	1—2—3—4—5
59	想到死亡的事	1—2—3—4—5
60	吃得太多	1—2—3—4—5
61	当别人看着你或谈论你时感到不自在	1—2—3—4—5
62	有一些不属于你自己的想法	1—2—3—4—5
63	有想打人或伤害他人的冲动	1—2—3—4—5
64	醒得太早	1—2—3—4—5
65	必须反复洗手、点数	1—2—3—4—5
66	睡得不稳不深	1—2—3—4—5
67	有想摔坏或破坏东西的想法	1—2—3—4—5
68	有一些别人没有的想法	1—2—3—4—5
69	感到对别人神经过敏	1—2—3—4—5
70	在商店或电影院等人多的地方感到不自在	1—2—3—4—5
71	感到任何事情都很困难	1—2—3—4—5

续表

序号	问　　题	选　项
72	一阵阵恐惧或惊恐	1—2—3—4—5
73	感到公共场合吃东西很不舒服	1—2—3—4—5
74	经常与人争论	1—2—3—4—5
75	单独一人时神经很紧张	1—2—3—4—5
76	别人对你的成绩没有作出恰当的评价	1—2—3—4—5
77	即使和别人在一起也感到孤单	1—2—3—4—5
78	感到坐立不安、心神不定	1—2—3—4—5
79	感到自己没有什么价值	1—2—3—4—5
80	感到熟悉的东西变成陌生或不像是真的	1—2—3—4—5
81	大叫或摔东西	1—2—3—4—5
82	害怕会在公共场合晕倒	1—2—3—4—5
83	感到别人想占你的便宜	1—2—3—4—5
84	为一些有关性的想法而很苦恼	1—2—3—4—5
85	你认为应该因为自己的过错而受到惩罚	1—2—3—4—5
86	感到要很快把事情做完	1—2—3—4—5
87	感到自己的身体有严重问题	1—2—3—4—5
88	从未感到和其他人很亲近	1—2—3—4—5
89	感到自己有罪	1—2—3—4—5
90	感到自己的脑子有毛病	1—2—3—4—5

1. 量表简介

症状自评量表（The self-report symptom inventory/Symptom checklist 90，简称 SCL-90）有 90 个评定项目，每个项目分五级评分，包含了比较广泛的精神病症状学内容，从感觉、情感、思维、意识、行为直至生活习惯、人际关系、饮食等均有涉及，能准确刻画被试的自觉症状，能较好地反映被试的问题及其严重程度和变化，是当前研究神经症及综合性医院住院病人或心理咨询门诊中应用最多的一种自评量表。

SCL-90 主要提供以下分析指标：

（1）总分和总均分：总分是 90 个项目各单项得分相加，最低分为 90 分，最高分为 450 分。

总均分＝总分÷90，表示总的来看，被试的自我感觉介于 1～5 的哪一个范围。

(2) 阴性项目数表示被试“无症状”的项目有多少。

(3) 阳性项目数表示被试在多少项目中呈现“有症状”。

(4) 阳性项目均分表示“有症状”项目的平均得分。从此项指标可以看出被试自我感觉不佳的程度究竟在哪个范围。

(5) 因子分:SCL-90 有 10 个因子,每个因子反映被试某方面的情况,可通过因子分了解被试的症状分布特点以及问题的具体演变过程。

下面是 10 个因子的定义:

第一,躯体化因子:主要反映主观的身体不适感,包括心血管、胃肠道、呼吸道系统主诉不适和头痛、脊痛、肌肉酸痛以及焦虑的其他躯体表现。

第二,强迫症状:主要指那种明知没有必要,但又无法摆脱的无意义的思想、冲动、行为等表现,还有一些比较一般的感知障碍(如“脑子变空了”“记忆力不行”等)也在这一因子中反映。

第三,人际关系敏感:主要反映某些个人不自在感与自卑感,尤其是在与其他人相比较时更为突出。自卑感、懊丧以及人际关系明显相处不好的人,往往这一因子得分高。

第四,忧郁因子:反映的是临床上忧郁症状群相联系的广泛的概念。忧郁苦闷的感情和心境是代表性症状,它还以对生活的兴趣减退、缺乏活动的愿望、丧失活动力等为特征,并包括失望、悲叹、与忧郁相联系的其他感知及躯体方面的问题。

第五,焦虑因子:包括一些通常临床上明显与焦虑症状相联系的症状与体验。一般是指那些无法静息、神经过敏、紧张以及由此产生的躯体征象(如震颤)。那种游离不定的焦虑及惊恐发作是本因子的主要内容,它还包括有一个反映“解体”的项目。

第六,敌对因子:主要指患者的敌对表现、思想、感情及行为。包括从厌烦、争论、摔物直至争斗和不可抑制的冲动暴发等各个方面。

第七,恐怖因子:与传统的恐怖状态所反映的内容基本一致,恐惧的对象包括出门旅行、空旷场地、人群或公共场合及交通工具。此外还有反映社交恐怖的项目。

第八,偏执因子:偏执是一个十分复杂的概念,本因子只是包括了它的一些基本内容,主要是指思维方面,如投射性思维、敌对、猜疑、妄想、被动体验和夸大等。

第九,精神病性:其中有幻想、思维播散、被控制感、思维被插入等反映精神分裂症状项目。

第十,其他:该因子是反映睡眠及饮食情况的。

2. 统计表

F1(12)		F2(10)		F3(9)		F4(13)		F5(10)	
项目	评分	项目	评分	项目	评分	项目	评分	项目	评分
1 4 12 27 40 42 48 49 52 53 56 58		3 9 10 28 38 45 46 51 55 65		6 21 34 36 37 41 61 69 73		5 14 15 20 22 26 29 30 31 32 54 71 79		2 17 23 33 39 57 72 78 80 86	
总分		总分		总分		总分		总分	
均分		均分		均分		均分		均分	

F6(6)		F7(7)		F8(6)		F9(10)		F10(7)	
项目	评分	项目	评分	项目	评分	项目	评分	项目	评分
11 24 63 67 74 81		13 25 47 50 70 75 82		8 18 43 68 76 83		7 16 35 62 77 84 85 87 88 90		19 44 59 60 64 66 89	
总分		总分		总分		总分		总分	
均分		均分		均分		均分		均分	

3. 评分说明

SCL-90 的主要统计指标有两项，即总分与因子分。

总分：90 个项目单项分相加之和，能反映其病情严重程度。

因子分：共包括 10 个因子分，每一因子分反映受检者某一方面的情况。

因子分分值的意义：

1～2 提示心理健康；

2～3 提示亚健康心理状态；

3～4 提示有心理健康问题；

4～5 提示有严重心理健康问题。

按全国常模结果，满足以下任一标准，可考虑筛查阳性，需进一步检查：总分超过 160 分；或阳性项目数超过 43 项；或任一因子分超过 2 分。

第三节　我国大学生心理健康教育的发展

一、我国大学生心理健康教育发展概况

我国大学生心理健康教育事业在新中国成立以前就开始了。1933 年，沈履著的《青年期心理》面世，这是一本研究青年心理问题的专著，对青年了解自己的心理特点和发展规律有很大的帮助。1937 年，商务印书馆出版了由丁祖荫、丁瓒翻译的美国勃洛斯著的《青年心理学》，介绍了外国学者的研究成果。这些显然是向大学生进行心理教育的好材料。

新中国成立以后，我国老一辈心理学家潘菽、朱智贤等以马克思主义为指导，从研究心理发展动力的角度，探讨了青年心理发展的动力问题，为我国关于青年心理问题的研究奠定了科学的理论基础。他们还亲自在大学讲课，向大学生传授科学心理学知识。

1978 年以后，我国大学生心理教育研究出现了崭新的面貌。王极盛的《青年心理学》、张增杰的《论大学生心理》、祝蓓里的《青年期心理学》以及王淑兰与杨永明合编的《青年心理学概论》等著作相继出版。这些书籍启发了大学生主动关心自己心理问题的意识，扩大了大学生的知识视野，充实了大学生的精神生活，为大学生励志、厚德、成才发挥了积极的作用。

到 20 世纪 80 年代中期，大学生心理咨询工作也应运而生。在北京师范大学、清华大学等学校的心理学工作者、学生思想政治工作者的倡导下，高校心理咨询工作得到了迅速的发展。

1994 年，郑日昌先生在他主编的《大学生心理咨询》一书中指出，纵观几年来我国高校心理咨询发展过程，可大致将其分为以下三个阶段：

第一阶段，指 1988 年以前。1985 年 6 月，北京师范大学成立了全国第一家心理测量与服务中心，首开高校心理咨询的先河。该中心在为社会和本校学生服务的同时，举办各种类型讲习班，为各地高校和医院培训了一批从事心理测量和咨询工作的骨干。一些省市的部分高校也陆续开展心理咨询工作，但基本上是松散的、

无组织的、探索性的。

第二阶段，指 1988 年 6 月至 1990 年 11 月。这是一个重要的发展阶段。1988 年 6 月在上海交通大学举办了“首届高校咨询教育理论与实践研讨会”，会上成立了“中国高校心理咨询研究会筹委会”，创办了《高校心理咨询通讯》杂志。之后，各地分别举办了心理咨询研讨会和培训班。这一阶段是高校心理咨询工作迅速发展，开始由少数高校自发、自为形式向有组织地开展校际交流与合作、重视理论与实践探索的时期。

第三阶段，指 1990 年 11 月至 1994 年 1 月。第三阶段的显著标志是高校心理咨询学术组织的建立。中国心理卫生协会常务理事会于 1990 年初讨论通过成立了“高校心理咨询研究会”（后易名为“大学生心理咨询专业委员会”），并于 1990 年 11 月在北京师范大学召开了全国大学生心理咨询专业委员会成立大会暨首届学术年会，宣告中国高校心理咨询事业进入了一个新的发展时期。

当前，我国高校大学生心理健康教育工作呈现出以下几个特点：

一是明确了工作的定位。1994 年，《中共中央关于进一步加强和改进学校德育工作的若干意见》提出，要通过多种方式对不同年龄层次的学生进行心理健康教育和指导，帮助学生提高心理素质，健全人格，增强承受挫折、适应环境的能力。1995 年，《中国普通高等学校德育大纲（试行）》要求，把心理健康教育作为高等学校德育的重要组成部分。1999 年，《中共中央、国务院关于深化教育改革全面推进素质教育的决定》强调，在全面推进素质教育工作中，必须更加重视德育工作，加强学生的心理健康教育。2001 年 3 月，教育部印发《关于加强普通高等学校大学生心理健康教育工作的意见》，对大学生心理健康教育工作的主要任务和内容，工作的原则、途径和方法，以及队伍建设等方面作出了明确规定。2002 年 4 月，教育部印发《普通高等学校大学生心理健康教育工作实施纲要（试行）》，就进一步加强大学生心理健康教育工作作了全面部署，提出了具体实施意见。2003 年 12 月，教育部办公厅下发了《关于进一步加强高校学生管理工作和心理健康教育工作的通知》，要求各高校党委高度重视，切实把大学生心理健康教育工作纳入学校重要议事日程，采取有效措施抓紧抓好。

2004 年，《中共中央、国务院关于进一步加强和改进大学生思想政治教育的意见》（中发〔2004〕16 号），首次以中央文件的形式提出要加强大学生心理健康教育。2005 年，教育部、卫生部、共青团中央联合发出《关于进一步加强和改进大学生心理健康教育的通知》，对各地高校贯彻落实 16 号文件提出了具体、明确的要求。这是我国大学生心理健康教育事业发展的一个里程碑，它标志着大学生心理健康教育从学者自发的活动逐步走向有明确规范的助人活动和教育工作，从民间行为走向政府规范。现在，这项工作被定位为新形势下全面贯彻党的教育方针、推进素质教育的重要举措。这意味着高校的心理健康教育工作者责任更重了。

2010 年，教育部发布《国家中长期教育改革和发展规划纲要（2010～2020

年)》,明确指出要“加强心理健康教育,促进学生身心健康”。2011 年,教育部又连续下发了《普通高等学校学生心理健康教育工作基本建设标准(试行)》(教思政厅〔2011〕1 号)和《普通高等学校学生心理健康教育课程教学基本要求》(教思政厅〔2011〕5 号),对在高校开展大学生心理健康教育提出了更加明确细致的要求。从此,高校对于大学生心理咨询中心的建设和开设大学生心理健康教育课程有了规范性的要求,专门机构、专职人员、专项经费、工作场地在绝大多数高校均已得到落实,大学生心理健康教育作为必修课的开设已经相当普遍,这些对于我国大学生的心理健康教育工作起到了积极的推动作用。

2016 年 8 月,习近平总书记在全国卫生与健康大会上强调,要加大心理健康问题基础性研究,做好心理健康知识和心理疾病科普工作,规范发展心理治疗、心理咨询等心理健康服务。同年 12 月,习近平总书记出席全国高校思想政治工作会议并发表重要讲话,强调高校要坚持不懈促进高校和谐稳定,培育理性平和的健康心态,加强人文关怀和心理疏导。为贯彻落实习总书记的讲话精神,2016 年 12 月 30 日,国家卫生和计划生育委员会、中宣部等 22 部门联合印发《关于加强心理健康服务的指导意见》(国卫疾控发〔2016〕77 号),对加强心理健康服务的重要意义作了充分的论述,并对总体要求、大力发展各类心理健康服务、加强重点人群心理健康服务、建立健全心理健康服务体系、加强心理健康人才队伍建设、加强组织领导和工作保障六个方面提出了纲领性要求。2017 年 12 月,中共教育部党组下发《高校思想政治工作质量提升工程实施纲要》,在“十大”育人体系中提出了“心理育人质量提升体系”,指出要深入构建教育教学、实践活动、咨询服务、预防干预、平台保障“五位一体”的心理健康教育工作格局。2022 年,习近平总书记在党的二十大报告中秉持“人民至上、生命至上”的理念,再次强调“重视心理健康和精神卫生”。标志着中国高校心理健康教育工作的春天真地来到了。

二是形成了一定的工作基础。大学生心理健康教育工作起步于 20 世纪 80 年代中期,经历了一个逐步被认识、逐步受重视、逐步得到加强的过程。随着心理健康教育的逐步普及,重视心理素质的观念正在为广大教育工作者、学生及各方所接受和支持。目前,全国高校已初步形成了一支以专职教师为骨干,专兼结合、专业互补、相对稳定、素质较高的大学生心理健康教育工作队伍,大学生心理健康教育工作逐步走上了科学化、规范化、专业化的发展道路。很多地方和高校把这项工作纳入学校德育工作体系,成立心理健康教育、心理辅导或咨询的专门工作机构,加强了对大学生心理健康教育工作的领导和指导。有的在工作中探索出了一套比较科学的工作原则,构建了一个比较完善的工作格局,形成了一套加强大学生心理健康教育工作的思路和办法。

三是积累了丰富的工作经验。近年来,各地各高校贯彻落实教育部有关文件精神,紧密结合本地、本校实际,探索加强和改进大学生心理健康教育和咨询工作,在课堂教学、队伍建设、宣传教育、开展咨询和辅导活动等方面取得了较大的进展,积累了丰富的经验，为我们进一步推进大学生心理健康教育工作奠定了良好的基础。

【课程思政导航】

> **讨论**：如何看待国家越来越重视社会心理服务体系建设和大学生心理健康这一现象？

二、我国高校大学生心理健康教育工作存在的不足

我们在看到成绩的同时，也要清醒地认识到，大学生心理健康教育工作面临着更加复杂的环境和艰巨的任务。从国际环境来看，经济全球化的迅猛推进，不同文明、文化、生活方式的融合与冲突、矛盾和困惑十分突出。从国内环境来看，随着社会主义市场经济体制改革的不断深化，社会经济成分、就业方式、分配方式、利益关系、价值观念日益多样化，社会思想空前活跃、多变和复杂。从科学技术的发展来看，信息网络技术及传播手段发生了重大变革，互联网已经成为高校学生获取知识和信息的重要渠道和表达思想、交流感情的重要场所，对大学生的心理产生了重大影响。从高校教育自身来看，高等教育进入了大众化阶段，大学生群体的规模、素质、结构及其社会地位发生了深刻的变化，交费上学、自主择业、家庭贫富差距等，使得当代大学生心理问题更加突出。

因此，从总体上看，目前对大学生心理健康问题的研究和教育工作还远远不能适应形势发展的需要。

存在的不足主要表现在以下几个方面：

一是部分高校的党政领导对大学生心理健康教育工作的重要性认识不足，没有把这项工作摆到应有的重要位置上，学校心理健康工作的规模和力度不能满足学生的需要。

二是对新形势下大学生心理健康教育工作的任务、特点和规律等缺乏足够的认识和研究，大学生心理健康教育工作的效果有待进一步提高。

三是大学生心理健康教育工作的体制、机制有待进一步理顺。目前高校大学生心理健康教育工作在一定程度上存在机构不健全、编制不落实、分工不明确、管理不到位等问题。这些在民办高校和高职高专院校尤为突出。虽然许多高校建立了心理健康教育和咨询的专门机构，但隶属关系不明确，工作缺乏科学性和规范性。

四是大学生心理健康教育工作队伍建设亟待加强。由于缺乏统一规定和明确要求，加上有的学校政策不落实、制度不健全，目前各高校普遍存在人员数量偏少、水平参差不齐、队伍不稳定等问题。有些学校甚至反映，由于心理健康教育工作在学校的地位和作用不明确，不能很好地寻求事业发展，虽然工作很辛苦，但是缺少

应有的成就感和荣誉感。

事实说明，在社会发展到一定程度的时候，心理问题的增多是必然的，对心理健康教育更加重视也是必然的。与一些发达国家相比，我国大学生心理健康教育工作起步较晚，还存在较大的差距，迫切需要进一步加大工作力度，迎头赶上。

三、大学生心理健康教育的主要内容

大学生心理健康教育应该围绕三个层次开展心理辅导工作，即发展性心理辅导、预防性心理辅导和治疗性心理辅导，一方面要为学校的大学生思想政治教育工作的开展提供新的形式和手段，提高德育工作的时效性，在学生危机干预、价值观引导和教育方面作出自己的努力和贡献；另一方面也要强化其教育、培训、服务功能，为学生提供良好的服务。

通常，大学生心理健康教育的具体内容包括以下方面：

(1) 做好日常心理咨询(面谈咨询)工作，为本科生、研究生和教职工免费提供心理咨询服务。

(2) 实施心理危机干预。如果发现心理危机，应在接到报告后第一时间内安排紧急干预，尽力使危机缓解或消除。

(3) 对每一年的入学新生开展心理普查及结果反馈活动。

(4) 指导校学生会相关部门(含心理委员)和大学生心理协会的活动。

(5) 面向校内学工系统的辅导员队伍，开展学校心理健康教育的知识培训。

(6) 面向全体学生开设心理健康教育类公共必修课和选修课。

(7) 面向全体学生开设各种心理健康讲座。

(8) 面向全体学生开设各种团体心理素质训练营。

(9) 面向全体学生每学期固定举办大学生心理健康月活动。

(10) 承担学校心理健康教育科研课题研究。

(11) 处理好心理咨询中心日常管理事务和工作，包括接待校外学习和访问等。

(12) 每学期按计划选派心理中心专兼职教师外出学习、培训，提高其业务水平。

第四节　大学生心理健康问题及其影响因素

事实上，大学生中有心理障碍或精神疾病的学生相对较少，多数学生遇到的都是一般性心理困扰。但是，即使一般性心理困扰也会在很大程度上影响学生的发展，而且对一般性心理困扰若不及时进行有校的调节和疏导，持续发展下去就可能导致心理障碍或精神疾病。

一、大学生常见的心理问题

大学生常见的心理问题具体表现在以下几个方面：

（一）生活适应问题

这一问题在刚入大学的新生中较为常见。新生来自全国各地，以往的家庭环境、受教育环境、成长经历、学习基础等相差很大。来到大学后，在自我认知、同学交往、自然环境等方面都面临着全面的调整与适应。因为目前大学生中独生子女居多，家庭的溺爱使得他们的自理能力、适应能力和调整能力普遍较弱，所以在大学生中，特别是在大学新生中生活适应问题广泛存在。例如，一名女同学刚入校不到一个星期就申请退学，原因是不能适应集体生活，晚上睡不着，白天在食堂吃饭也没有胃口，时常感到精神紧张、心情烦躁，不能再坚持下去。

（二）学习问题

大学生的主要任务是学习，学习上的困难与挫折对大学生的影响是最为显著的。大量的事实表明，学习成绩差是引起大学生焦虑的主要原因之一。虽然大学生在学业方面是同龄人中的优秀者，但是由于大学学习与中学学习存在很大不同，所以很多大学生存在学习问题，包括学习方法、学习态度、学习兴趣和考试焦虑等。例如，有一位同学因对专业不满意而对学习提不起兴趣，经常想着转系或回家复读，就这样在矛盾中度过了大学的第一个学期，期末考试出现了两门课不及格。

（三）人际关系问题

受应试教育的影响，多数学生往往把主要精力集中在自己的学业上，各自为战，人际交往能力普遍较弱。进入大学后，如何与周围的同学友好相处，建立和谐的人际关系，是大学生面临的一个重要课题。由于每个人待人接物的态度不同、个性特征不同，再加上青春期心理固有的闭锁、羞怯、敏感和冲动等特征，大学生在人际交往过程中不可避免地遇到各种困难，从而产生困惑、焦虑等心理问题，这些问题甚至会严重影响他们的健康成长。例如，有一名大学三年级的女同学，由于与同宿舍的另一名女同学发生口角，心理很不平衡，总想找机会报复，于是便故意将那个同学的东西偷偷拿出来并扔掉，被发现后受到了校纪处分。

（四）恋爱与性心理问题

大学生处于青年中期，性发育成熟是重要特征，恋爱与性问题是不可回避的。总的来说，大学生接受青春期教育不够，对性发育成熟缺乏心理准备，对异性的神秘感、恐惧感和渴望交织在一起，由此产生了各种心理问题，严重的还会导致心理障碍，如单相思、恋物癖和窥阴癖等。

（五）性格与情绪问题

性格障碍是较为严重的心理障碍，其形成与成长经历有关，原因也较复杂，主要表现为自卑、怯懦、依赖、猜疑、神经质、偏激、敌对、孤僻和抑郁等。例如，有的同学认为自己相貌不佳，或者认为自己能力比别人差，或者认为自己知识面窄等而自卑，用“有色的眼镜”看待自己及周围环境，影响了正确的“自我认识”，认为自己事事处处都赶不上别人，总觉得“低人一等”。

（六）神经症

神经症是大学生中最常见的一类心理疾病。神经衰弱、焦虑、抑郁、强迫、癔症、恐惧等都是神经症的临床表现特征。例如，一位同学总是害怕别人的目光，无论是在宿舍里，还是在教室内，只要一感觉到别人的目光，就十分不自在。他也总是尽力克制自己，但无济于事。为此他非常苦恼，以致严重影响了自己的正常学习和生活。

二、影响大学生心理健康的因素

心理障碍和心理疾病都是社会发展的产物，它与社会的大环境和个体的心理素质有直接关系。

(1) 社会大环境的污染是首要原因。在现代社会，一些不良媒介及各种不正之风导致了大学生的心理迷乱，如酗酒、斗殴、违纪、性越轨等。

1972 年，美国斯坦福大学的班都拉博士和威斯康星大学的柏克维兹博士共同研究指出：观看暴力演出的人比未看的人有近 2 倍的暴力倾向，尤其小孩受到了侵略性的暗示。柏克维兹说：“那些观看‘性电影的人’，事后一定会性机能亢奋。”所以清除精神污染是净化大学生心灵、促进青少年心理健康的大事。

(2) 不良的家庭、学校环境及不当的教育方法也是重要原因。

家庭是孩子成长的天堂，是塑造个性的工厂。家长是孩子的第一任老师和个性塑造师；学校是知识的海洋，是培养人才的摇篮，辉煌的人生将从这里扬帆启航。“望子成龙”是中国家长期望的代名词。期望值过高或过低，对孩子的成长都不利。也就是说，对孩子要求过严、过宽都会造成一些不良的心理素质。如溺爱、包办、放纵等会使孩子养成任性、依赖、以自我为中心的性格。这类孩子往往适应能力差、交往能力差。老师对学生的期望值也直接影响学生的心理健康，如对平时表现好的学生迁就、对平时表现差的学生讽刺挖苦等都是不适当的教育方法，甚至会造成严重的后果。

(3) 与个体的个性有关。个性是产生心理疾患的根本原因。比如，同样的环境，有的人能适应，有的人则格格不入；有的人能与他人合作，有的人却偏执孤僻、独来独往，这些都与个性有关。个性决定了一个人的心理承受能力，决定了一个人待人接物的方式,即决定了一个人的思维方式和行为方式,所以它影响一个人的心理健康。一个人个性的形成与遗传有关,更重要的是与其后天的生活环境(家庭、学校、社会)有关。因此,良好的生活环境对于形成良好的个性至关重要。

三、大学生健康心理的培养

(一) 掌握一定的心理卫生知识

大学生要增强心理卫生意识,学习一点心理卫生知识。掌握一定的心理卫生知识,就等于把握了心理健康的钥匙,在必要时就可以用来进行自我调节,从而掌握心理健康的主动权。

(二) 建立合理的生活秩序

许多住校大学生是第一次离开父母、独立生活,开始时往往不知道如何合理地安排好时间,因此,必须尽快建立合理的生活秩序。

(1) 用来进行学习的时间要适当。大学生的主要任务是学习,很多心理活动都与学习有关。研究表明,个体在适度的压力和焦虑情绪之下,可以提高思考力和机敏性,因此大学生的学习应有一定的压力,这种压力对心理健康发展及学业的完成是必要的,但不能过分加重负担。许多新生入学,容易出现两种倾向:一是觉得苦读中学这么多年,好不容易考进了大学,可以好好轻松一下。而大学相对于中学来说,有更多的自由,也比较轻松,没有老师和家长过多的干涉与束缚,于是终日玩乐,不思进取,任时光荒废。二是不太适应大学的学习方式,同时周围又强手云集,以前在本地区的那种优势已不复存在,而父老乡亲又对自己寄予厚望,于是压力很大,产生高度焦虑,在学习上被动应付,进而严重影响自信心。这两种不良倾向最终都可能导致学业上的挫折,给学生带来苦恼及自我否定等心理问题。

(2) 确立合理的生活节奏。大学校园生活是丰富多彩的,这为大学生合理安排生活节奏、积极参加多种多样的文体活动提供了十分有利的外在条件。这样既可以调剂紧张的学习生活,又可以开阔视野,广交朋友,发现自己在其他方面的潜力,增加与他人相处的机会,从而体验到大学生活的快乐。这种平稳的积极状态能使大学生充分发挥其潜在能量,增强自信,使自己的生活有节奏感,劳逸结合,提高学习效率,得到最佳的适应状态。

(3) 注意用脑卫生。大脑是心理活动最重要的物质基础,过度疲劳、紧张,或者长时间的高度兴奋、强烈刺激,都会引起脑功能失调。要恢复失调的脑功能,颇费时费力。因此,大学生千万注意不要图一时之快、逞一时之强,忽视用脑卫生。

(三) 保持健康的情绪

情绪对于心理健康来说是至关重要的。几乎每一种心理疾病都有其情绪上的表现,稳定而良好的情绪状态,使人心情开朗,轻松安定,精力充沛,对生活充满乐趣与信心。相反,如果一个人情绪波动不稳,患得患失,喜怒无常,处于不良的情绪状态中,而自己又不会调节和控制,就会导致心理失衡和心理危机,甚至精神错乱。大学生情感丰富而冲动,更应该学会保持健康的情绪。

保持健康的情绪,首先应该学会合理宣泄,找到充分表达自己情绪的方法,既不要压抑自己,也不要放纵自己。在日常生活中,人们难免会遇到不良刺激。然而,剧烈的情绪波动会降低人的智力水平,一旦失去了控制,就会带来许多不良后果。所以,一个人应在自己情绪剧烈变化的过程中及时予以控制,以避免愤怒情绪的最终爆发。

其次,对于消极情绪,要学会自我疏导、自我排遣的方法。当遇到一些忧愁、不平和烦恼时,应把它们发泄出来,长期压抑情绪是有害于心理健康的。在忧郁的时候,找知心朋友或亲人倾诉,使不良情绪得以发泄,压抑的心境就可能得到缓解,甚至大哭一场也不失为一种调整机体平衡的方式,并且在倾诉郁闷的过程中,还可能获得更多的情感支持和理解以及找到认识和解决问题的新思路,增强克服困难的信心。也可以用转移的方式,对一件令人沮丧的事,总去注意它就会限制自己的思维,使自己越发低沉,这时,不妨将自己的注意力转移到别的事物上去,暂时离开这件不愉快的事,去看看电影、听听音乐,这样可使忧闷排遣出来。还有一种很好的调节方式就是幽默,它能够使紧张的神经放松,摆脱窘困的场面,消除身心上的某些痛苦,调节和保持心理健康。

(四) 建立良好的人际关系,学会去爱

建立良好而真诚的人际关系是非常重要的心理保健途径。大学生都是同龄人,共同点较多,人际关系比社会上单纯,和谐的人际关系可以增加自信和理解,减少心理上的不适感。平衡、健康的心理需要丰富的营养,最重要的营养就是爱。爱不是抽象的,它有着十分丰富的内涵。除了通常意义上的男女爱情之外,诸如眷恋、关怀、惦念、安慰、鼓励、帮助、支持、理解等都可归到爱的范畴,而这些都可以从良好的人际关系中得到,并且还可以使人际关系更为和谐。大学生的友谊往往是深刻而持久的,它可以成为大学生感情的寄托,可以增强归属感。而且关心他人、理解他人还会促使自己拥有宽阔的胸怀,从而大大增强生活、学习、工作的能力和力量,最大限度地减少应激反应和心理危机感,这是人们维护和保持心理健康最重要的因素之一。一个孤芳自赏、离群索居、生活在群体之外的人,是不可能做到心理健康的。

在交往的过程中应该意识到,现实生活中的每个人都不可能是完美无缺的,俗话说得好:“月有圆缺,人无完人。”每个人在个性、行为习惯、价值观念和情绪等方面都可能会有各自的优点与不足,因此,对他人要有一种宽容的态度,不要苛求他人。对他人期望过高,往往会产生失望感,其结果是使自己的心理平衡受到干扰,

对自己造成更大的不良影响。

（五）树立符合实际的奋斗目标

每个人都有成功的欲望，大学生的成功欲望更为强烈，但每个人的能力都有一定的限度，具有优势和劣势两个方面。一个心理健康的人应该能对自己的能力作出客观的评价，并以此付诸社会实践。做到这一点，对于保护个体少受挫折和充分发挥才能等都是非常重要的。因此，不对自己过分苛求，把奋斗目标确定在自己力所能及的范围内，使自己通过艰苦努力最终实现这一目标。这些成功的体验对于维持心理健康是极为重要的。如果自不量力，盲目地制定宏伟目标，往往会目标落空，个人心理蒙受打击，产生挫折体验。这不仅白白耗费了精力，给自信心和心境造成不良影响，而且还会影响今后的进一步发展。

此外，树立切实的目标，还包括不盲目地处处与人竞争。大学生处于青年阶段，青年人在一起容易出现争强好胜、互相攀比的现象。在大学里，有些学生常盲目地与他人竞争，然而，每个人精力有限，优势各异，如果处处与他人竞争，试比高下，那么一旦受到挫折、失败，就可能会如临深渊，一蹶不振。况且处处竞争会使自己终日生活在紧张状态中，心理上承受过大的压力，这对心理健康极为不利。因此，每个大学生都应根据自己的实际情况，在自己擅长的领域，良性竞争。这样，一方面有利于充分发挥自己的优势，争取获得成功；另一方面也有助于身心的健康发展。

（六）学会自我娱乐

大学生如果能注意培养和发展自己的业余爱好进行多方面的自我娱乐活动，就可以在寂寞孤独、烦闷忧郁时，通过自我娱乐缓解内心的压抑，这对心理健康是极有好处的。人不可能总是在工作和学习，在业余时间积极开展愉快的娱乐活动，积极地放松和休整，才能真正使自己身心健康，并且使自己更有效地从事工作和学习。每个大学生在大学阶段都有必要根据自己的性格和条件，注意培养和发展一些业余爱好，学会自我娱乐，这对维护身心健康是十分有利的。

【课程思政导航】

讨论：新时代大学生应当具备怎样的世界观、人生观和价值观？

小知识

心理问题的类型

世界各国都有自己对精神疾病的分类标准。在我国，初步把心理问题分为心理不适和心理失调、心理障碍、精神病、心身疾病、大脑疾患与躯体缺陷等。

一、心理不适和心理失调

心理不适和心理失调是较为普遍的，我们成年人都会时有体验。例如，一段时间脾气暴躁，一段时间闷闷不乐，一段时间心里惴惴不安，一段时间控制不住自己的情绪，等等。

二、心理障碍

心理障碍包括五个方面：神经症、人格障碍、性心理障碍与性心理变态、行为障碍、药物和酒精依赖。

(1) 神经症包括神经衰弱、疑病症、强迫性神经症、抑郁性神经症、焦虑性神经症、癔症性神经症等。

(2) 人格障碍包括偏执性人格障碍、依赖性人格障碍、分裂性人格障碍、攻击性人格障碍、双重人格障碍、反社会性人格障碍和表演性人格障碍等。

(3) 性心理障碍与性心理变态：

性心理障碍包括阳痿、早泄、性厌恶、性高潮缺乏等心理问题。

性心理变态包括同性恋、露阴癖、窥阴癖、施虐癖、受虐癖、摩擦癖、恋物癖、异装癖、恋尸癖等。

(4) 行为障碍包括自杀行为、攻击行为等。

(5) 药物和酒精依赖包括吸毒、酗酒等。

三、精神病

精神病包括精神分裂症、偏执性精神病与情感性精神病。其中，精神分裂症包括单纯性精神分裂症、青春期精神分裂症、紧张性精神分裂症、残留性精神分裂症等。

四、心身疾病

常见心身疾病包括原发性高血压、冠心病、消化性溃疡、支气管哮喘、糖尿病、偏头疼、荨麻疹、神经性皮炎、月经失调等。

五、大脑疾患与躯体缺陷

此类心理问题包括颅内感染所致的心理障碍、躯体感染所致的心理障碍、脑血管硬化所致的心理障碍、颅脑外伤所致的心理障碍、颅内肿瘤所致的心理障碍和发育不全所致的心理障碍等。

案例分析

[问题]

老师：

您好！

我是一名大二的学生，从上大学以后我就一直很迷茫，真的很迷茫。

第一，我不知道自己以后能干什么。我想我应该把自己擅长的一面发挥出来，但我不知道自己擅长什么。

第二，我不喜欢自己的专业，但也不知道自己喜欢什么专业。我想大学四年应该学一些自己喜欢的东西，学自己以后在社会上要用的东西。现代社会分工越来越细，每个人都应该钻研自己擅长的专业。

第三，我从小就想着自己不平凡，长大以后应该有一番大作为，但到了大学以后发现现实并不如自己的想象，可我仍旧梦想自己将来能成为一个不平凡的人。我是学材料成型的，毕业后，顶多自主创业当个老板，但那好像不是我的梦想，可我又不知道自己的梦想是什么，所以觉得自己再怎么努力，以后也注定是社会上的一个小角色。

这些都是成长的困惑、都是人生的迷茫吗？我该怎么办？

［**回复**］

首先，祝贺你在这个学校最好的学院和专业就读。我想，对于现在的大学生来说，恐怕没有什么比毕业时可以比较轻松地找到工作更让人激动的了，不能“身在福中不知福”啊！更何况，兴趣是可以培养的。

其次，我想告诉你，专业问题不能成为你不努力生活的借口，因为社会需要的、大学培养的都是“通才”。

我以前做辅导员时带过一个学生，他是学市场营销的，现在是广东一家电台的著名主播；另一个学生是学企业管理的，现在是安徽省十佳人民检察官；我们还有一个外语系的学生，毕业后经过自己的不懈努力，现在成为安徽电视台影视频道的优秀节目主持人，她的名字叫张亚群。

举这些例子只是想让你知道，你完全可以在一边学习专业课的同时，一边提高自己的综合素质。只要自己始终“不抛弃、不放弃”，并且能为之不懈努力，在这个社会上你一定会很好地立足的。

我的建议是：必须首先保证自己能够顺利毕业（一张大学文凭可以让你站在一个新的平台上角逐人生）。如果你对本专业实在没有兴趣，那就需要在大学里将自己的某个兴趣爱好上升为一种专长，从而为自己转行打下基础。也就是说，必须明确自己的生存职业定位与理想事业定位。如果两者当前暂不能合一，可先屈就生存职业，之后努力向理想事业前进。只要有心，一定可以活出真我与快乐！

我上大学的时候也有过跟你相似的想法，觉得大四毕业时什么也没有学到，还不如高中好。可当我走上工作岗位的时候，我才发现，我真的学到了很多东西。尤其是以前被我认为像是空话一样的专业方面的知识，在实际的工作中得到了很好的应用。其实，我们所学到的东西，正是平时一点一滴汲取的，是我们的老师一点一点教给我们的。系统地、全面地、具有逻辑性地学习一门专业知识，一般是我们自己无法做到的，而这恰恰又是工作中不可或缺的东西。所以一定要认真对待每一分钟，当你觉得“这些东西简直就是废话，谁都知道”的时候，一定要小心，那就是你记忆最不深刻的，但往往是你在工作中需要的东西。

我们在大学四年里，学到的不仅仅是专业知识，更多的是为人的道理、处事的方法以及学习的能力，这些都很重要，都是在不经意间一点一点积累的，以至于当我们身处其中的时候都不曾发现，就像你现在一样。但是，当你步入社会，回首大学四年生活的时候，你就会发现你真的改变了、成熟了。当然，前提条件是你认真地度过了这四年，没有荒废，没有让你的抱怨阻止你认真对待学习和生活的态度！

祝你成功！

思考题

1. 什么是健康？什么是心理健康？
2. 如何理解心理健康的“众数原则”和“精英原则”？
3. 大学生心理健康的标准是什么？
4. 大学生常见的心理问题有哪些？大学生如何培养健康的心理？

第二章　身与心交互
——大学生身心发展规律

案例 2.1

身心疲惫的大学生活

老师：

您好！

我是一个性格很内向的女孩。性格不但孤僻，而且非常自卑，甚至到了无法自拔的地步。同时我又是一个怯懦，对任何事情都感到害怕的人，现在也很害怕，甚至都没有再读下去的信心了，没有勇气去面对我所需要面对的一切。我一直都在逃避一切，一直都在退缩。现在我感觉好累好累，一直觉得自己生活在别人的世界里，寝室学姐说我太在意别人了，总是把什么事都往自己身上揽，老觉得是自己做错了，别人就没有责任了。我总是感觉好内疚好内疚。其实自己并没有错，但还是会内疚，不开心。发现自己好像没有真正为自己活过！

【解析】

青年中期是大学生同一性确立的时期。他们对自己的人格结构开始进行深入探索，学习如何应对复杂的社会环境和适应日常生活中面临的各种压力。这是自我控制继续增强与巩固的阶段。这一时期青年若能得到顺利发展，则会以重新塑造的同一性去勇敢面对复杂的成人世界。

大学生的年龄一般在 18～23 岁（少数例外，如少年班同学等），属于青年中期。他们的生理、心理既不同于天真烂漫的儿童，也不同于发育成熟、基本定型的成年人。这不仅仅是一个时间阶段，同时也是一个人形成融入社会所必需的态度和信念的过程。在这一时期，大学生的身心发展达到了高峰阶段，这既是个体发育、发展最宝贵、最富特色的时期，也是人生精力最充沛、最富活力的时期。

第一节　大学生的生理发展与特点

对处于青年中期的大学生，他们的生理发育趋于平缓和成熟，主要表现在身体形态、内脏机能、神经系统、内分泌系统等的发育成熟。同时，性的发育也处在成熟和完善阶段，智力的发展水平正处在人生发展的最佳时期。这个阶段，正是人体机能旺盛、生机勃勃地进入成人阶段的前夜。

一、体格发育日益完善

身高、体重、胸围、坐高等是身体形态的主要指标。大学生正处在青春发育后期到基本发育成熟这段人生的成长期，身体形态缓慢生长，且逐渐趋于稳定。一项调查表明：我国大学中男生的平均身高为 173 cm，平均体重为 58 kg；女生的平均身高为 159 cm，平均体重为 51 kg。男女学生的身体形态存在显著差异，男生较壮实，女生较丰满。近年来，由于生活水平的提高及独生子女的增多，各项增长指数有所提高，但无论男生还是女生，缓慢增长状态是基本相同的。

脉搏、血压、肺活量等是人体心血管机能的基本指标。调查表明：对于我国大专院校学生，男生平均脉搏为 75.3 次/min，血压为 9.88 kPa/15.77 kPa(74.1 mmHg/118.3 mmHg)，肺活量为 4124 mL；女生平均脉搏为 77.5 次/min，血压为 9.22 kPa/14.37 kPa(69.2 mmHg/107.8 mmHg)，肺活量为 2871 mL。从 18 岁至 25 岁，上述各项基本指标已处于平稳状态。

二、内分泌系统的发育与性成熟

人体的内分泌系统主要由下丘脑、脑下垂体、甲状腺、肾上腺、胸腺、松果体、胰岛和性腺等组成。人体的生长、发育、成熟依赖于内分泌腺等的发育变化，内分泌系统是青春期变化的总枢纽，中枢神经系统又对内分泌系统起着调节作用。人体的各种内分泌腺，分泌出一些特殊的化学物质——激素，量虽不多，但作用大，对青少年的生长发育、各种生理功能及免疫机制具有极为重要的作用。其中，脑垂体是人体最重要的内分泌器官，是内分泌的枢纽。脑垂体在青春期生长最为迅速，功能很活跃，可分泌十多种不同的激素，对机体的生长和发育有多方面的影响。甲状腺位于喉结两旁，在青春期发育达到人一生中的高峰，正常情况下一般重 20～40 g，女性较男性稍重，机能也达到人一生中的高峰。甲状腺分泌甲状腺素，有兴奋神经、调节新陈代谢、促进生长发育的功能。甲状腺素对于促进身体发育和维持人体充足的能量至关重要。在垂体促肾上腺皮质激素的作用下，青春期肾上腺激素的分泌量猛增，有的调节糖和蛋白质代谢，有的调节水和电解质平衡，有的调节生长发育，生长激素协同促进青春期生长突增和第二性征的发育。有些青年女性的汗毛特别浓重，可能是由于肾上腺雄激素分泌过多的缘故。肾上腺皮质分泌的肾上腺皮质激素能提高肌肉力量，影响肌肉生长和身体的发育。

在青春发育期开始以前，性腺的生长发育非常缓慢。性生理发育是青春期生理发育的最重要和显著的特征。性生理发育的内在原因是性激素（雄激素、雌激素）的作用，雌激素促进和维持女性生殖器官的发育，雄激素促进和维持男性生殖器官的发育，由于性激素作用的不同，形成了男女间第二性征的差异。一般来说，女性比较纤弱，皮肤较细腻，皮下脂肪比较丰富，无喉结，嗓音尖细，乳房隆起，骨盆宽大，无胡须，体毛较少等；男性比较高大，肩膀宽平，皮肤较粗糙，有胡须，体毛较多等。医学上称这些为第二性征。性生理不断成熟，不仅引起了大学生身体外部变化，而且也引起了性心理的出现和变化。在这一时期，大学生更关注自己的外部形象，希望自己能引起异性的关注，渴望并开始与异性交往，寻求自己心目中理想的恋爱对象。

三、大脑及神经系统的成熟

大学生的大脑及神经系统已基本发育成熟，主要有如下表现：

（一）脑质量的增加

脑的质量，女性在20岁左右最大，男性在20～24岁最大，人的脑质量的年龄指标如表2.1所示。

表2.1　脑质量的年龄指标

年龄	初生	1岁	7岁	12岁	20～35岁	35岁以上
脑质量(g)	390	660	1280	1400	1420	1400

由表2.1可见，大学生的脑质量已达到成人的水平，尽管在12～20岁，脑质量的增加不太多，但脑的功能在不断完善。这为大学生在大学期间接受繁重的学习任务奠定了生理基础。

（二）神经系统功能的健全和发达

神经系统由于内分泌的作用，在青年前期具有较强的兴奋性。因而，15～16岁的青年，情绪特别容易激动，也容易疲劳。到了大学阶段，大脑发育逐渐成熟，表现为大脑皮质的沟回已经完善、分明，脑皮质神经纤维的髓鞘化、增长与分支已接近完成。这时，大脑皮质的兴奋与抑制已具有较好的平衡性。一方面，由于激素分泌旺盛，大脑皮质层的兴奋水平提高了；另一方面，大脑皮质的抑制机能也在发展，使他们能在意识的控制与调节下坚持较长时间的脑力劳动，并较为客观地分析和综合外界刺激，作出理智的判断，从而为大学生的观察力、记忆力、想象力、逻辑思维能力和操作能力的发展奠定了基础。

四、内脏机能的健全

（一）心脏的发育

心脏的生长发育也有两次高峰：一次是出生后两周，心脏迅速发育，质量可增加到出生时的 3 倍；另一次是在青春期，心脏再次猛长，质量可达到出生时的 10 倍。由于心肌增长、加厚、收缩力增强，心脏容积增大，血压和脉搏逐渐接近成年人的水平。心脏供血能力的显著提高，保证了青春期日益旺盛的新陈代谢的需要。

（二）肺的发育

随着青春期生理发育的成熟，肺、胸腔及呼吸肌的发育和呼吸功能也明显增强，表现为肺活量增大，呼吸频率相对降低，大学生已接近成人水平，为 12～20 次/min。男女学生肺活量的均值都随着年龄的增长而逐年增加。女性 19 岁、男性 21 岁后肺活量的增加趋于稳定。肺活量可以反映人体呼吸运动的能力，在一般情况下，男生为 3500～4000 mL，女生为 2500～3000 mL。缺乏运动或活动的人肺活量较低，而训练有素者可达 5000 mL。

（三）防御能力的增强

进入青春期，人体制造免疫球蛋白（即抗体）的能力、种类和数量都大大增加，防御能力增强。

生理上的良好发展，不仅为心理发展提供了更深厚的生理基础，同时也影响着现实的心理活动。青春荡漾的大学生机体洋溢着浓烈的生命气息和力量，这是一部令人称羡的、性能优良的崭新“机器”，时时奏鸣着动听的乐曲。每一个朝气蓬勃、乐观向上的大学生都应该对自己健康的体魄充满自信！

第二节　青年期的身心异步现象

在个体的成长过程中，由于诸多原因，会出现两次（青年初期与青年中期）比较明显的心理发育和生理发育不同步的现象，心理学上把这一现象称为“身心异步现象”，如图 2.1 所示。

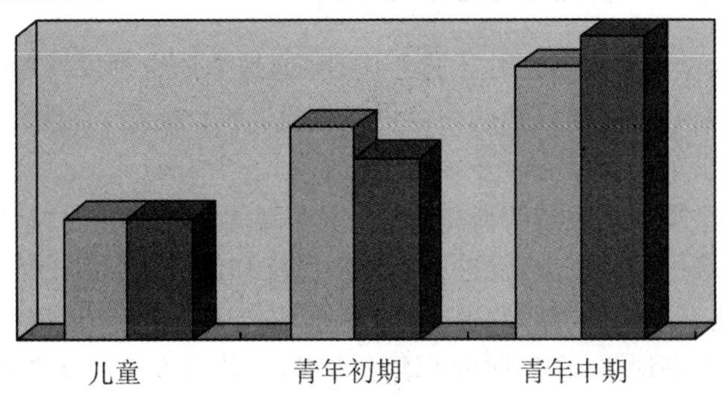

图 2.1　青年期的身心异步现象

■生理发育水平　■心理发育水平

一、青年初期

心理学上把 14～18 岁这一心理发展阶段称为青年初期(青春期)。在青年初期,随着身体的迅速发育,青少年必须学习适应发展中所形成的新的自我,同时还必须适应别人对自己的变化所表现出的反应,这就首次出现了生理发育超过心理发育的现象,因为生理的发育是一个自然的成熟过程,而心理的成熟是一个社会化的过程,它与个体的知识、阅历、参与社会实践的广度和深度密切相关。生理的迅速发育与心理的成熟不同步,使这个阶段的青年会在“幼稚”与“成熟”的尺度上有着大幅度的徘徊,出现身心矛盾。

在这一时期内,青年的生理与心理、心理与社会的发展是不同步的,具有异步性和较大的不平衡性。具体表现为:生理发育迅速,心理发展相对滞后。从生长发育上看,他们像个大人,其实内心世界的不完全成熟使他们的行为活动仍像个小孩。

例如,独立意识与依赖心理之间的矛盾,即青年想摆脱父母和其他成年人对自己的约束而独立行事,但又发现自己并无独立的资源和能力;成人感与幼稚性的矛盾,即觉得自己长大了,无所不能,为显示自己是“成人”而去做些冒险的事,然而对做事的方式和后果却很少考虑,往往惹出一些麻烦而后悔莫及;自我封闭与融入社会的矛盾,即有意保守自己内心和行动的秘密,不愿向父母、老师甚至同龄朋友吐露心事,但又渴望周围的人能够理解和接纳自己,这种矛盾常常会导致青春期少男少女产生孤独感和疏离亲人的行为;冲动性与自制力的矛盾,即青少年情绪起伏较大,容易轻率鲁莽、义气用事,但为了保持自己的形象和维护自尊,或担心受父母或老师指责,又不得不考虑控制自己的感情和行为,二者总是处于矛盾冲突之中,使处于青春期的少男少女容易产生焦虑不安、彷徨、压抑等情绪。

二、青年中期(大学生时期)

我国当代大学生大多数正处于青年中期,这是个体生理发育趋于完善和成熟的一个时期,也是心理走向成熟的一个重要阶段。在此阶段,心理发育水平超过了生理发育,出现了第二次身心异步现象。

首先,在这个重要的发展阶段中,大学生在高等学校里接受有计划、系统的教育,社会实践领域进一步扩大,促进了逻辑性思维和创造性思维的发展。他们的情绪体验强烈而富有热情,高尚情操正在逐步形成。由于大学生自我意识进一步发展,其独立意向逐渐增强,自我评价能力逐步提高,从而人生观逐步确立、稳定。

其次,由于环境的变化,大学生摆脱了升学的压力,开始从应试教育向素质教育转变,使以往无暇顾及的人生问题、自我价值的实现问题、社会问题等都提到议事日程上。

第三,相对独立的生活环境使他们的独立意识迅速发展,独立意识的发展为大学生心理的成熟提供了条件。

第四,大学是大学生社会化和知识学习的一个极其重要的环节,从狭义上讲,可能是最后一个环节,客观上也要求大学生完善自我,满足心理成熟的条件,迎接社会的挑战,以成为一名合格的社会成员。这些都是大学生心理迅速走向成熟的重要原因。

【课程思政导航】

讨论:大学生生理与心理发展不同步,在自己身上是如何表现的?如何调节这些矛盾?

第三节 大学生的心理特征

大学生的心理发展正处在迅速走向成熟的重要阶段,自我意识增强,思维活跃、情感丰富,个性逐渐形成并趋向稳定,其他各种心理品质也得到全面发展,并具有强烈的社会性等基本特征。由于这一阶段心理成熟度远远赶不上知识的增长量,在知识激增与心理成熟之间差距较大,再加上大学校园特有的学习、生活、人际环境以及大学生特有的人生观、社会地位等因素,大学生出现了明显的身心异步现象,表现出一系列的心身矛盾。大学生的心理特征又可以划分为发展的阶段性特征和发展的一般性特征两个维度。

一、大学生心理发展的阶段性特征

大学生在校期间的学习和生活从大一到大四，一般可以划分为三个阶段，即入学适应阶段、稳定发展阶段和准备就业阶段。不同阶段的大学生所关注的问题和发展的任务不同，因此心理状况也不同。

（一）入学适应阶段

每一个即将步入大学校园的学生，都曾有过一系列关于大学生活的美妙联想：幽静的校园，灯火通明的教室，笑声朗朗的宿舍楼，还有"睡在我上铺的兄弟"……然而，要在最短的时间里去适应既新鲜又陌生的大学生活，对每个青年学生来说，无疑是对自己心理素质和能力的考验。

大学生活在生活环境、人际关系、学习方式、管理制度等方面都与高中的学习和生活有着极大的差异。大一新生经过短暂的生活体验后，新鲜感逐渐消退，各种各样的心理适应问题就会慢慢地凸显出来。例如：① 孤独心理。在大学里，来自全国各地的学生汇集成一个社会群体，由于他们原来各自的生活习惯、性格、兴趣等方面的不同，不可避免地会产生一些摩擦、冲突等，很容易导致孤独和抑郁。② 失落心理。一部分学生在中学时是班级的尖子生，过去经常被老师夸赞，而今在高手如云的新的集体里，昔日那种处处敢为人先的优越感荡然无存，无形之中会在心理上产生一种失落感。③ 自卑心理。高校中有许多学生组织和社团活动，新生对这些既新奇又困惑，满怀信心地去参加，但由于缺乏经验，经常会遭受挫折，从而陷入痛苦的自我否定的深渊，觉得自己一无是处，事事不如人。④ 茫然心理。中学阶段学生的奋斗目标非常明确，即一切为了高考而努力，每天的生活都是充实而又专注的，考入大学后，新的人生目标尚未确立，再加上高校管理不像中学那么严格，面对突如其来的自由，许多新生不知道自己该干什么，不知道怎么安排自己的生活和学习。

入学适应期是整个大学阶段最困难的时期，而大学新生能否尽快适应大学的生活，则对其在大学期间的个人发展起着重要的作用。大学新生只有努力去适应新的环境，建立新的心理结构，才能实现新的心理平衡。

（二）稳定发展阶段

经过适应和调整，大学生基本适应了大学的生活，新的心理平衡已初步建立起来。稳定发展阶段是大学生心理发展的主要阶段和主体部分，是大学生活全面深化和发展的阶段，也是大学生活中最长久的阶段，会一直延续到毕业前夕。

在这一阶段，大学生步入了一个相对稳定的发展时期，大学生的自我意识水平得到提高，自我心理调控能力也有所增强。大学生极强的可塑性在这一阶段得到了充分的展示，每个人都按照自身独特的方式塑造自己。但由于个体处于不断上升和发展的历程中，经常会遇到许多新问题、新情况，要求大学生作出抉择和回答，比如对学习的焦虑、人与人之间的互动和竞争等。在面对问题和解决问题的过程中，他们可能会遇到许多挫折，也可能会享受克服困难后获得成功的喜悦。同时，这个阶段也是大学生恋爱的高发期，在努力寻求可靠、亲密关系的过程中，也可能会产生困惑、苦恼，甚至难以自拔。然而，多数大学生正是经过了种种磨炼后才逐渐成长起来的。

（三）准备就业阶段

这个阶段是大学生从学生生活向职业生活过渡的阶段。面对又一次环境变迁、角色变化，大学生在心理上将又起波澜。不过，此时的大学生已接受了严格的专业训练和独特的校园生活的陶冶，自主感较强，自我意识也有了很大的提高，对未来的生活道路产生了种种设想。尽管这些设想多数可能会与现实有一定的距离，但是这是每个大学生都会经历的。在此阶段，大学生必须开始认真思考，做好走向社会的心理准备，进一步深入地了解社会，把握好自己在生活中的位置，这是所有大学生面临的任务。面对着考研还是就业的痛苦选择、投出无数份简历却不知未来在何方的等待、如何处理毕业后与恋人的关系等，每个大学生的心理负担、心理冲突都是不会少的。这个阶段往往是对大学生各方面素质进行综合考验的阶段，同时又是进一步促进大学生心理成熟的重要阶段。

二、大学生心理发展的一般性特征

（一）注重对自我的评价和认识

当自我分化为主体“我”和客体“我”时，大学生既是自我观察、自我评价的主体，又是自我观察、自我评价的客体。于是“眼光”经常朝向自己的内心世界，对过去从来没有注意到的“我”有了新的认识，产生了强烈的了解自己的愿望，迫切地想知道“我究竟是个什么样的人”“我有哪些优缺点”“我应向什么方向发展”，于是经常陷入自我沉思和频繁的内省之中。在观察和评价自己时，哪怕是一句平常的评语，也会促使他们反复思考，引起强烈的情绪反应，时而体验到激动和喜悦，时而体验到不安和焦虑。

大学生有强烈的了解自我的愿望，但正确、客观地了解自己并不是一件容易的事情。虽然我们可以接触到自己最隐蔽的思想情感，但也可能会用有利于自己、自我夸大的信息去认识自己，并拒绝承认内心存在的某些真实的观点和欲望，因而往往不能正确、客观地了解自己。这就要求大学生能够勇于面对自己，诚实地暴露和分析自己，善于在社会实践中，在与他人的对比中，把自己作为认识的对象，进行客观的自我评价和认识。

(二)思维活跃

思维活跃是当代大学生所具有的重要特征之一。思维活跃主要表现在思维的深度、广度达到一定的水平;思维的独立性和批判性增强;思维敏捷但简单、片面。此外,大学生已具有一定的创造性思维能力,而“怀疑”就是创造性思维的一个重要方面,因此,大学生喜欢对事物质疑,甚至据此对事情下结论。随着学习的深入、知识的积累、学术视野的拓宽,大学生的抽象思维能力得到全面的提升,他们能经常意识到事物各方面的相互关联,从而摆脱直接接触当前事物的局限,更加间接地进行演绎或归纳推理、推断和预测未来。但有时候由于他们的辩证逻辑思维能力还不理想,社会经验不够丰富,识别能力有限,容易过分依赖想象与间接抽象思维,脱离现实,得出片面性结论。

(三)感情丰富而不稳定

大学生有着丰富、复杂而强烈的情感世界,他们在自我情感方面敏感丰富,注重独立感、自尊心、自信心和好胜心;有强烈的求知欲、好奇心,热爱科学和真理,憎恨迷信和谬误;他们对祖国、社会和集体有深厚的情感,有“天下兴亡,匹夫有责”的责任感,疾恶如仇,善恶分明,正义感鲜明;他们对纯洁的友谊和爱情十分向往,还积极地在发现美、欣赏美、创造美的活动中体验美的感受。大学时期是人生面临多种选择的时期,学习、交友甚至恋爱等都是人生大事。社会、家庭、学校及生活事件都会对大学生的情绪产生影响。与成年人相比,大学生相对敏感,情绪带有明显的波动性。一句善意的话语、一个感人的故事、一支动听的歌曲、一首情理交融的诗歌,都可以使大学生的情绪骤然发生变化。有人对大学生进行调查发现,70%的人情绪经常都是两极波动的,也就是像波动曲线一样,忽高忽低,忽愉快忽愁闷。

(四)渴望独立和依旧依赖的矛盾心理

进入大学以后,在这个社会气氛很浓的环境中,大学生的成人感迅速增强。他们渴望独立,强烈要求社会承认他们的成人资格。同时,大学生活中又有很多事情要他们完全靠自己的能力来处理,这使他们的独立意识迅速发展。但由于他们无法完全靠自己来处理所遇到的一系列复杂的实际问题,特别是他们在经济上还没有独立,因此,他们仍然要依赖父母、依赖学校。经济上不独立,无法真正做到人格上的独立。所以,在大学生身上,一方面有强烈的独立意识,另一方面却又要依赖他人,这就使他们在心理上出现了独立性和依赖性的矛盾。这一矛盾,经常困扰着他们的心灵。

（五）理想与现实的矛盾心理

年轻人都会有自己的理想。一方面，大学生由于有较高的文化层次，更富有理想。所以大学生一般表现得朝气蓬勃，富有幻想，有远大的理想、信念，憧憬美好的未来，在心理上形成急于自立的倾向。另一方面，因为大学生往往对现实生活中可能遇到的困难和阻碍估计不足，所以他们容易在学习、就业、恋爱等问题上遭受挫折。例如：学习上，所得成绩与自己的期望有很大差距；同学之间相处出现困难，特别是在班级中，自己不像在中学时那样受到尊重等。此外，由于受到现实社会生活中某些不正之风的影响，容易产生激烈的情绪波动和沉重的挫折感。有的甚至悲观失望，丧失学习、生活的信心，陷入绝望的境地，等等。这些都是青年学生在理想与现实相矛盾时极易产生的消极心理问题。

（六）性成熟与性心理的矛盾

大学生正处于青年中期，生理发育已基本完成，所以性意识的明朗化与进一步发展都是正常的。大学校园是年轻人的世界，每个大学生都有充分的机会与同龄的异性接触，因而性意识的发展以及与之相伴而来的是对性知识的好奇，对异性的爱慕和追求，对美好爱情的向往。恋爱问题是大学生心理发展过程中的重要内容。一方面，性意识的发展带来强烈的按照性别特征来塑造个性和形象的精神向往，每个大学生都会在心里产生一种愿望，即成为什么样的男子或女子；另一方面，性意识的发展也带来了对异性的倾慕与追求，这是每一个青春萌动的大学生都会遇到的问题。大学生的性意识以惊人的速度发展，但这种发展又极不平衡，他们还不善于处理与异性之间的关系，或者他们的经济地位与心理成熟度还不足以应付这种问题与矛盾，从而产生种种不安和烦恼。

大学阶段的学生始终经历着爱与性的矛盾和性压抑所带来的困惑。性心理成熟落后于性生理成熟的现实，导致产生许多与性有关的心理矛盾。性方面的问题既多又隐蔽，使许多人默默忍受痛苦，却没有勇气去接受指导，这更进一步加剧了大学生的心理困惑、心理冲突。

当然，大学生心理发展的这些特点反映了他们正在走向成熟的心理发展水平和状态，这些心理特征蕴含着自我更新发展的内在动力，是大学生心理发展的重要基础。

【课程思政导航】

> **情景剧角色扮演**：选择当下的一个社会热点事件，让学生扮演事件中的人或物，并说出他们自己的观点、看法。

第四节　生理变化对大学生心理的影响

生理成熟是心理发展的物质基础，生理成熟影响心理发展，但同时也应该看到，生理成熟只是为心理发展提供可能性，使人的心理发展可以达到一定的程度或水平，这还不是心理发展的现实，也不能保证它一定能实现。人的心理是在与外界的交互作用中发展的。伴随着身体发育的逐步成熟，大学生的心理发展也经历了一个由不成熟向成熟、不定型向定型发展的过程。处于青年中期的大学生，“生理-心理”的联动反应也表现得分外明显。

一、体型变化对大学生心理的影响

身高、体重与胸围等并不单纯是一种生理指标，从一定意义上说，它们还具有某种“社会意义”，即能够引起周围人适当的情感和期望。为了追求总体效果和表达个性，大学生不仅关心自己的容貌体态，而且也注意到发型、服装样式以及化妆打扮等。与此相联系，他们更进一步注意到个人的风度、品格、气质修养、知识结构和谈吐方式等。这样做，不仅是为了满足自我意识的需要，也是为了满足人际关系的需要。在大学里，独立的人际交往活动与日俱增，在与其他人尤其是与异性同学的交往方面，他（她）们都特别期望能给人留下一个美好而深刻的印象。在交往过程中，有的大学生因为意识到自己的体态、容貌的优点而洋洋得意，过高评价自己；有的大学生会因为自己体态和容貌的缺陷而产生烦恼和自卑心理，甚至形成孤僻的性格，这些都是需要注意和加以克服的。

对于大学生而言，男子追求英俊健壮的体态，女子追求婀娜妩媚的美，应该说是无可非议的。但同时也要意识到，外貌美并不等于心灵美，过分炫耀的行为无异于是在证实自身的浅薄。此外还要注意到，大学阶段仍然是大学生身体发展阶段，有证据表明，人的身高到25岁左右才逐渐停止生长，体重、胸围等更是可以通过有意识的锻炼而加以调整的；再说，即使体态、容貌并不完美，还可以从学业、科研等的发展与成就中求得补偿。“人不可貌相，海水不可斗量”“失之东隅，收之桑榆”，说的都是这个意思。

二、生理机能变化对大学生心理的影响

由于身体全面发育成熟，大学生显得朝气蓬勃，充满活力。很多在校大学生积极参加体育运动，一方面发展和锻炼自己的体力和运动能力，另一方面也期望通过竞争来证实自己的能力和满足好胜心。有研究表明，运动锻炼能够降低应激反应、调节情绪、增强自信和自尊、促进心理健康、预防和治疗心理疾病。

神经系统,尤其是大脑,是人体机能的重要调节机构,是心理活动的物质基础。大学生大脑皮层的发育,已经基本上达到成熟的水平,这为思维的发展创造了物质基础。皮层细胞活动的数量迅速增加,联络神经纤维高度发达,尤其是第二信号系统的调节能力迅速增强。

循环系统和呼吸系统都对心理发展有积极的促进作用。成熟、完善的循环系统和呼吸系统能够提供心理发展所必需的物质基础,而发育不完善的循环系统和呼吸系统会阻碍心理的健康发展。

青年期,大部分内分泌腺经历了一个急剧发育的过程,它们影响着人的生长、人的体能、情绪和健康等。如甲状腺素分泌过多("甲亢")可能会导致神经质、过敏或不安;而甲状腺素分泌不足常与一般的呆滞或精神迟钝有关系。

三、性成熟对大学生心理的影响

生殖机能的成熟,促使性意识的觉醒。性的成熟规律表明,青年对性的要求和性意识的产生,是无法避免的现象。日本一些专家的研究认为,在 12～13 岁的男子和 13～14 岁的女子中,已经有一半左右的人对性的问题产生兴趣。目前,我国中小学普遍缺少正常而有效的性教育,随着对外经济与文化交往活动的不断增加,在戏剧、小说、影视、杂志等各种传播媒介中,有关性的描写显著增加,使大学生的心理受到不同程度的冲击,这些都带来了一些严肃的课题:怎样看待性成熟对大学生心理的影响,怎样对待大学生普遍存在的恋爱现象等。

大学生们年龄相仿,都处在性意识高度发展的青年中期。相同或相近的专业和兴趣爱好使他们有更多的共同语言,校园丰富多彩的娱乐活动和幽静的环境,也为增进异性间的了解和接触提供了有利的条件,这些都有助于青年学生性心理的强化。但是,与性成熟相关联的性爱行为,由于受到社会的干涉和道德的束缚,往往只能表现得比较曲折或者压抑,这是造成大学生心理冲突的重要原因之一。

总之,人的生理发展和心理发展是不可分的。生理发展对心理发展的特殊影响力是不容低估的。

【课程思政导航】

讨论:如何通过恰当的途径来调节大学生自身的性的需要,使之得到升华或替换?哪些途径可以增强道德观念及道德意志力,从而使大学生妥善处理两性交往、恋爱等问题?

心理测试

心理适应性自测

为了帮助人们了解心理适应能力，我国心理工作者陈会昌编制了一个心理适应性测量表，包括20个题目，每个题目后面有5种供选择的答案。具体做法为：在阅读每道题目后，从答案中选择符合你实际情况的一个。

(1) 把每次考试的试卷拿到一个安安静静、无人监考的房间去做，我的成绩一定会好一些。

A. 很对　B. 对　C. 无所谓　D. 不对　E. 很不对

(2) 夜间走路时，我能比别人看得更清楚。

A. 是　B. 好像是　C. 不知道　D. 好像不是　E. 不是

(3) 每次离家到一个新地方，总爱闹点毛病，如失眠、拉肚子、皮肤过敏等。

A. 完全对　B. 有些对　C. 不知道　D. 不太对　E. 不对

(4) 我在正式运动会上取得的成绩比体育课或平时练习的成绩好些。

A. 是　B. 似乎是　C. 吃不准　D. 似乎不是　E. 正相反

(5) 每次把课文背得滚瓜烂熟，可在课堂上背的时候，总要出点差错。

A. 经常如此　B. 有时如此　C. 吃不准

D. 很少这样　E. 没有这种情况

(6) 到我发言时，我似乎比别人更镇定，发言也显得自然。

A. 对　B. 有些对　C. 不知道　D. 不太对　E. 正相反

(7) 冬天我比别人更怕冷，夏天我比别人更怕热。

A. 是　B. 好像是　C. 不知道　D. 好像不是　E. 不是

(8) 在嘈杂、混乱的环境里，我仍能集中精力地学习、工作，效率并不大幅度降低。

A. 对　B. 略对　C. 吃不准　D. 有些不对　E. 不对

(9) 每次体检时，医生总说我“心跳过速”，其实平时我的脉搏很正常。

A. 是　B. 有时是　C. 时有时无　D. 很少有　E. 根本没有

(10) 如果需要的话，我可以熬一个通宵，精力充沛地学习或工作。

A. 完全同意　B. 有些同意　C. 无所谓　D. 略不同意　E. 不同意

(11) 当父母或兄弟姐妹的朋友来家做客时，我尽量回避他们。

A. 是　B. 有时是　C. 时有时无　D. 很少有　E. 根本没有

(12) 出门在外，虽然吃饭、睡觉、环境等变化很大，可是我很快就能习惯。

A. 是　B. 有时是　C. 是与否之间　D. 很少是　E. 完全不是

(13) 参加比赛时,赛场上越激烈,观众越加油,我的成绩反而越是上不去。

A. 是　B. 有时是　C. 是与否之间　D. 很少是　E. 不是

(14) 上课回答问题或开会发言时,我能镇定自若地把事先想好的一切完整地说出来。

A. 对　B. 略对　C. 对与不对之间　D. 略不对　E. 不对

(15) 我觉得一个人做事比大家一起干效率高,所以我愿意一个人做事。

A. 是　B. 好像是　C. 是与否之间　D. 好像不是　E. 不是

(16) 为了求得和睦相处,我常常放弃自己的意见,附和大家。

A. 是　B. 有时是　C. 是与否之间　D. 很少是　E. 不是

(17) 当着众人和生人的面,我感到窘迫。

A. 是　B. 有时是　C. 是与否之间　D. 很少是　E. 不是

(18) 无论情况多么紧迫,我都能注意到该注意的细节,不会丢三落四。

A. 对　B. 略对　C. 对与不对之间　D. 略不对　E. 不对

(19) 和别人争吵起来时,我常常哑口无言,事后才想起怎样反驳对方,可是已经晚了。

A. 是　B. 有时是　C. 是与否之间　D. 很少是　E. 不是

(20) 我每次参加正式考核或考试的成绩,常常比平时好些。

A. 是　B. 有时是　C. 是与否之间　D. 很少是　E. 不是

计分方法:

凡是单号题(1,3,5,…),从A到E五种回答依次计1,2,3,4,5分;凡双号题(2,4,6,…),从A到E五种回答依次计5,4,3,2,1分。

得分之和与心理适应能力的关系是:81～100分,适应能力很强;61～80分,适应能力较强;41～60分,适应能力一般;21～40分,适应能力较差;0～20分,适应能力很弱。

思考题

1. 大学生心理发展有哪些特点?
2. 生理变化对大学生心理有何影响?试举出一些实例并加以分析。
3. 大学生心理发展分哪几个阶段?

第三章 我的情绪我做主
——大学生情绪与情感

案例 3.1

失控的情绪

老师：

您好！

我是一个大一的学生，这段时间以来，我发现根本控制不了自己的情绪。

刚进校时，我的情绪特别高昂，喜欢跟室友一起聊天、一起吃饭、一起去玩，喜欢参加各种各样的活动。后来我参加了学生会竞选，可是由于准备不充分，演讲时表现很差，结果落选了。老师和学长都告诉过我，大学期间能够进入学生会的话，会使自己得到很大的锻炼，可是我却失去了最好的机会，心情一下子就低落了很多，虽然这件事已过去很长时间了，但是我还是没能完全恢复过来。

现在我发现自己的情绪波动很大，心情不好时，室友和我说话我都不想理睬他们；心情好的时候，我又主动找他们说话。他们都说我怎么变得怪怪的了。

学习上也是如此，情绪不好的时候，书一点也看不下去。但是看到周围同学都在认真学习，我也硬着头皮跟他们一起去学习，可是上课老是走神，听不进去，上自习时学习效率也极低。除了学习，慢慢地我发现我在很多方面都不如别人，跟同学去 KTV，我觉得自己唱得不好，因为平时连麦克风都很少去碰。跟家里打电话，听着父母一句句的叮嘱，虽然心里知道他们都是为我好，但是感觉很烦，动不动就会冲他们发火。

老师，您说我到底是怎么了？我该怎么办啊？

人生在世，有生、老、病、死，也有荣、辱、得、失，所以就有与之相对应的喜、怒、哀、乐、悲、恐、惊。人世间有“七情”，生活才有波澜，才会丰富多彩。然而在生活的波涛中，有人乘风破浪勇往直前，有人却被波涛吞没沉入大海——你想过这是为什么吗？这可能就是时刻与你相伴的情绪、情感的影响。它们可以使你从平凡走向卓越，也可以使你从天堂走进地狱。因此，渴望成功和成才的大学生们必须认识它们、驾驭它们。

第一节 情绪、情感的本质

情绪、情感是个体心理活动的重要组成部分，渗透于每个人的各种活动之中。喜、怒、哀、乐、悲、恐、惊等乃人之常情，几乎每个人都有过这样的体验。可以说，每个人的日常活动都是在某种特定的情绪、情感背景下展开的，情绪、情感总是伴随着我们生活。

一、什么是情绪、情感

情绪和情感是人对客观事物的态度体验，是人的需要获得满足与否的反映。由于情绪和情感所描述的都是同一种性质的心理现象，因此在日常生活中这两个概念常常被人们混用或相互代替，而在专业的心理学领域，这两个概念还是有区别的。

情绪是人对客观事物的态度体验，通常是指有机体的天然生物需要是否获得满足而产生的暂时性的、较剧烈的态度体验。例如，由饮食的需求引起满意或不满意的情绪，由危险情景引起的恐惧以及和搏斗相联系的愤怒等。人类的基本情绪包括快乐、愤怒、恐惧、悲哀等形式。

情感是人对其社会性需要是否得到满足而产生的较复杂而又稳定的态度体验，包括道德感、理智感、美感等。例如，当自己或他人的言行不符合道德规范时，对自己会产生自责、内疚等情感，对他人会产生厌恶、憎恨等情感。

从上述两个定义可以看出，首先，它们都是人对客观现实的一种反映形式，不同于认识过程。认识过程是人对客观事物本身的反映，而情绪和情感则是反映客观事物与人的主观需要之间的关系。其次，需要是人的情绪、情感产生的根源和基础。当客观事物能够满足人的需要时，人会产生积极的情绪、情感体验。例如，考试取得好成绩会兴高采烈，得到梦寐以求的爱情会激动不已。反之，当客观事物不能满足人的需要时，人会产生消极的情绪、情感体验。例如，失去亲人会悲痛欲绝，遇到危险会紧张恐惧，恋爱受挫会失望悲伤等。人类的需要是多种多样的，既有生理需要又有社会需要，既有物质需要又有精神需要，涉及方方面面，因而就会产生复杂多样的情绪、情感体验。

心理故事

盛怒杀爱鹰

相传成吉思汗有一个“盛怒杀爱鹰”的故事。说的是：一次成吉思汗带着他心爱的老鹰上山打猎，在干渴难耐时发现一个有少量水渗出的山谷，便耐着性子用杯子接那滴答下来的泉水，在接满水准备喝的那一刻，杯子却被老鹰扑翻在地，如此反复两次，成吉思汗勃然大怒，一气之下杀了老鹰。之后当他寻找高处的水源地时才发现，原来爱鹰不让他喝水并不是出于逗弄，而是水源里有一条死去的毒蛇的尸体。成吉思汗在盛怒那一刻已经被情绪“绑架”了，阻断了自己合理的思考过程，最终酿成大错。

二、情绪、情感的区别与联系

情绪和情感之间有着密切的联系，但又有一定的区别。

（一）情绪和情感的区别

首先，从需要的角度来看，情绪是原始的，是更多地与生理需要满足与否相联系的心理活动。而情感是一种比较高级复杂的心理活动，一般与人的社会需要和精神需要相联系，如爱、恨、荣誉感、责任感等。人在饥饿时若吃到食物就很高兴，这是一种情绪，但不能由此说他产生了热爱食物的情感。情绪是比较简单的体验，为人和动物所共有。情感却是人类所特有的心理活动，它是在人类社会发展过程中产生的，具有一定的社会历史性。例如，民族自豪感是与对本民族的爱相伴而产生的社会性情感。

其次，从发生早晚的角度来看差异。在人类个体发展过程中，情绪发展在先，情感体验在后。例如，婴儿出生后不久就产生了对身体舒适状态作出反应的“爱”的情绪，而对母亲的依恋与爱的情感则是在不断受到爱抚、关怀的过程中，愉快的情绪体验持久且稳定下来，从而逐渐培养起来的。

第三，从反应特点来看，情绪是短暂的、冲动的、不稳定的心理体验，有较大的情境性。一旦情境发生变化，情绪也会随之发生相应的改变。而情感则是较为稳定的、深刻的、持久的心理体验，是构成个性或道德品质中稳定的成分。

第四，从表现形式上看，情绪有较明显的外部表现，常常表现在面部、身体动作和言语方面。例如，一个人高兴时眉飞色舞、手舞足蹈；愤怒时咬牙切齿、捶胸顿足；悲伤时目光呆滞、唉声叹气等。而情感有时也会以外显的方式表露出来，但多以内在体验的形式存在，比较含蓄、内隐。

（二）情绪和情感的联系

如上所述，情绪和情感是有区别的，但二者又有一定的联系。从本质上说，它们都是对个体需要满足与否的心理反应，是同一类的心理体验，二者有着密切的联系。

一方面，情绪是情感的基础，情感离不开情绪。这是因为，情感是在情绪不断稳定化的基础上发展形成的，又是通过情绪的形式表达出来的。

另一方面，情绪离不开情感，情绪是情感的具体体现。情感的深度决定着情绪表现的强弱程度，情感的性质决定了情绪在一定情境下表现的形式。在情绪的发生过程中，往往深含着情感因素。

三、情绪的类型

由于客观现实和主观体验的多样性和复杂性，人的情绪、情感是较为复杂的。自古以来许多中西方学者试图对情绪和情感进行分类。我国古代，《白虎通》一书中就有“六情说”，即喜、怒、哀、乐、爱、悲；根据《礼记》记载，情绪还可分为喜、怒、哀、惧、爱、恶、欲，即“七情说”。美国心理学家普拉切克(Plutchik)提出了八种基本情绪：悲痛、恐惧、惊奇、接受、狂喜、狂怒、警惕、憎恨。还有的心理学家提出了九种类别。虽然类别很多，但一般认为有四种基本情绪，即快乐、愤怒、恐惧和悲哀。

美国心理学家克雷奇(Krech)、克拉奇菲尔德(Crutchfield)和利维森(Livson)等人把情绪分为以下四类：第一，原始情绪或基本情绪，包括快乐、愤怒、恐惧和悲哀；第二，与感觉刺激有关的情绪，包括厌恶、疼痛、轻快等，这类情绪可以是愉快的，也可以是不愉快的；第三，与自我评价有关的情绪，包括骄傲、羞耻、内疚、悔恨等，这些情绪决定于一个人对自身行为与客观行为标准的关系的知觉；第四，与别人有关的情绪，包括热爱、仇恨、尊重、轻视等。

情绪状态是指在一定的生活事件影响下，一段时间内各种情绪体验的一般特征表现。苏联心理学家根据情绪持续的时间和强度把情绪分为三种状态，即心境、激情、应激。这是大家比较公认的一种分类。

（一）心境

心境是一种比较微弱、平静和持久的情绪状态。心境具有弥散性的特点，它不是关于某一事物的特定体验，而是以同样的态度体验对待一切事物。比如，高兴时看什么都高兴，俗话说“人逢喜事精神爽”，似有“万事称心如意”之态；烦闷、不高兴时，看什么都不顺眼，正如古语云：“忧者见之而忧，喜者见之而喜。”这些就是心境的表现。另外，心境持续时间长短依赖于引起心境的客观刺激的性质和个体的人格特征，如失去亲人往往使人产生较长时间的郁闷心境；面对同一件不好的事，性格开朗的人往往会一笑了之，而性格内向的人则容易耿耿于怀。

引起不同心境的原因是多种多样的。外部方面，生活中的顺境和逆境，工作、学习上的成功和失败，人际关系的亲与疏，个人健康的好与坏，自然气候的变化等都可能引起某种心境。例如，时令季节和气候的变化会影响心境，正如“秋风秋雨愁煞人”之体验。曾有人对气候与心境的关系作了研究，方法是让受试者在一个月内，对自己的心境（包括专心、焦虑、起劲、困倦、疑虑、自制、乐观）按一些量表进行评定，然后求出评定的分数，再与七项气候指标（包括日照、时间、降雨量、气温、风向风速、湿度、当日气压及当日气压与前一日的压差）相对照。结果发现：某种气候指标与一定的心境有密切关系，如焦虑、疑虑与日照时间呈负相关，即日照越短，这种心境的发生率越高。困倦心境与气温或湿度呈正相关，即气温较高或湿度较大，越容易引起困倦。但心境并不完全取决于外部因素，还与人的世界观和人生观有联系。一个有高尚人生追求的人会无视人生的失意和挫折，始终以乐观的心境面对生活。陈毅元帅的《梅岭三章》可以说就是这种心境的体现。

心境有积极和消极之分，良好心境使人精神振奋，有助于积极性的发挥和工作效率的提高；不良心境可使人颓丧、悲观、烦恼、消沉，不利于学习和工作的顺利进行。研究发现，良好的心境是可以培养的，不良的心境也是可以改变的。因此，人们必须学会把握自己的心境，使自己经常处于良好的心境中。

（二）激情

激情是一种强烈的、短暂的、有爆发性的情绪状态，如狂喜、暴怒、惊恐、悲痛、绝望等都属于这种状态。和心境相比，激情在强度上更大，但维持的时间一般较短暂，并且牵涉的面不广。

在激情状态下，人的理解力、自制力降低，自我控制能力减弱，进而使人的行为失去控制，甚至作出一些鲁莽的行为或动作。《儒林外史》中的范进听到自己金榜题名，狂喜之下，竟然意识混乱，手舞足蹈，疯疯癫癫。此时，人们很难遮掩内心强烈的情绪体验，总是伴有机体状态的改变和明显的表情动作。比如，愤怒时全身发抖，紧握拳头；恐惧时毛骨悚然，面如土色；狂喜时手舞足蹈，欢呼跳跃等。激情的生理特征是由于大脑皮质活动的剧烈变化，强烈兴奋或普遍抑制，皮质下活动占了优势。有人用激情爆发来试图掩盖自己的错误，认为“激情时完全失去理智，自己无法控制”，这种说法是不对的。人能够意识到自己的激情状态，也能够有意识地调节和控制它。因此，任何人对在激情状态下的失控行为所造成的不良后果都是要负责任的。

激情有积极和消极之分。积极的激情与理智、坚强的意志相联系，它能激励人们勇往直前，战胜困难。比如，一个运动员参加国际比赛时，为祖国争光的激情是其力量的源泉。消极的激情对机体的活动具有抑制作用，会使人的自制力下降。比如，人在绝望时常常目瞪口呆，失去勇气，甚至会引起冲动行为，做出一些不该做的事，一旦事过境迁，情绪平定后，又后悔莫及。

（三）应激

应激是在出乎意料的紧迫情况下所产生的高度紧张的情绪状态。在人们遇到紧急事故时就会出现应激状态，比如，遇到地震、火灾、车祸或亲人意外死亡等重大事件后，会发生两种可能的应激状态：一是目瞪口呆，手忙脚乱，陷于困境；二是急中生智，行动果断，摆脱困境。

应激状态的产生与人面临的情景、人对自己能力的估计有关。当情景对一个人提出了要求，而他意识到自己无力应付当前情境的过高要求时，就会产生紧张情绪而处于应激状态。

人若长期处于应激状态，对健康是不利的。加拿大生理学家谢·塞里（H. Selye）指出：应激状态的延续能击溃一个人的生物化学保护机制，使人的抵抗力降低，以致被疾病所侵袭。塞里把应激分为以下三个动态过程（称"三期"）。

（1）警戒期：此时肾上腺分泌增加，心率加快，体温和肌肉弹性降低，血糖水平和胃酸度一时性增加，严重时可导致休克。

（2）抵抗期：此时警戒期的形态和生物化学变化多已消失，全身代谢水平提高，肝脏大量释放血糖，如果此期过长或过强，而机体的"适应能力"有限，则可能最终进入衰竭期。

（3）衰竭期：此时出现肾上腺类脂质丧失、胸腺淋巴组织萎缩、胃肠溃疡病等，机体处于危险状态，可导致重病或死亡。

由此可见，应激对人的身心健康有影响，在生活中应尽量减少和避免不必要的应激状态，学会科学地对待应激。

四、情感的类型

情感是人类特有的、与人的社会和精神需要相联系的心理体验。人的情感是多种多样的，是在人类社会历史发展过程中形成的，它反映着人们的社会关系和生活状况，具有明显的历史性，并对人的社会性行为起着积极的或消极的作用。常见的情感有道德感、理智感、美感等。

（一）道德感

道德感是一种比较复杂的高级情感，是由人的行为、举止、思想、意图是否符合社会道德行为准则而产生的情感体验，它是由那些能满足人的社会道德行为准则的需要而产生的。这种体验总是和人们的道德观念、价值观念及评价观念等相关联的，不同的社会制度有不同的道德观、价值观及评价观，人们所处的阶级地位或社会地位不同，其观念也会有所不同。道德感可以分为三类：一是政治道德感，即对祖国、人民、集体、社会制度、政党、社会团体等的情感，如爱国主义情感、集体荣誉感和责任感等；二是对他人行为及人际关系的道德感，如真挚的同志情谊，对嫉妒心的厌恶，对虐待妇女、儿童行为的义愤等；三是个人行为的道德感，如个人作为同事、朋友、领导、下属、夫妻、子女、父母等社会角色在活动中所产生的情感等。

（二）理智感

理智感是指由人认识事物和探求真理的需要是否得到满足而产生的情感体验。如人在发现、发明、创造的过程中所产生的怀疑、惊讶、喜悦以及烦恼等都属于理智感。列宁说："没有'人的情感'，就从来没有也不可能有人对真理的追求。"没有情感参与认识，认识就不可能得到深入和提高，所以情感是大学生认知活动的强大动力，它能激励人们去积极地探索和创造新的世界。

（三）美感

美感是由审美的需要是否得到满足而产生的情感体验，是具有一定审美观点的人对外界事物美的评价而产生的内心体验。

美感的成分是复杂的，它具有两个特点：

第一，愉悦的体验。美感不是单纯的快感，它比快感的内容丰富、深刻、高级，欣赏悲剧时也有美感。

第二，倾向性体验。其主要表现为人们对某些美好事物多次欣赏，达到迷恋的程度，它能诱发人们积极向上的生活乐趣，增强战胜困难的勇气。

美感也受社会条件的制约，不同的社会制度、不同的历史时期和不同的风俗习惯，对美的感受不同。

作为美产生的源泉，并不限于事物的外部特征，起决定作用的还是事物的内部特征。例如，看过《巴黎圣母院》的人都可能体会到：道貌岸然的神父、军官都是假、丑、恶的化身，而相貌丑陋的敲钟人却是真、善、美的化身。

美感能激发人们对学习、工作和创造的热情，能陶冶情操，促进人格的全面发展。有人说，美感是一个人事业成功的催化剂。很多伟大的科学家、发明家、作家都具有很强的审美能力。例如，爱因斯坦喜爱音乐，数学家苏步青酷爱文学等。

【课程思政导航】

讨论：中华传统文化提倡"修身、齐家、治国、平天下"，而修身，以"孝"文化为起步。心理健康课程不仅要求学生掌握心理学知识和方法，更要求他们学以致用，以积极向上的精神面貌投身日常实践。假如你因为生活琐事与亲人发生争执，越吵越凶，对方愤怒至极，情绪崩溃，你认为正确的做法是什么呢？

第二节　情绪、情感与大学生的发展

情绪、情感作为一种独特的心理体验，渗透于人们的一切活动中，关系着每个人的成长和发展。情绪有积极情绪和消极情绪两种，二者虽无好坏之分，但是由情绪引发的行为则有好坏之分，行为的后果也有优劣之别。处在青年期的大学生，心理上正经历着急剧的变化，尤其反映在情绪和情感方面，表现为情绪起伏波动大，情感体验深刻、丰富和复杂，容易陷入情绪困扰。这一特点明显地影响到大学生的学习、生活等各个方面，长期持续的不良情绪还会严重危害大学生的身心健康。因而正确了解大学生情绪和情感发展的特点，对于调整和改善消极情绪，矫正不良的行为和认知，增进大学生的心理健康有着重要的意义。

一、情绪、情感与身心健康

现代心理学、生理学和医学的研究成果表明，情绪对人的身心健康具有直接的作用，在一定意义上可以说，情绪主宰健康。

（一）消极的情绪、情感危害人的身心健康

消极情绪有两种：一是过度的情绪反应；二是持久性的不良情绪。

过度的情绪反应是指情绪反应过分强烈，超过了一定的限度，比如狂喜、暴怒、悲痛欲绝、激动不已等。持久性的不良情绪是指在引起悲、忧、恐、惊、怒等不良情绪的因素消失后，仍数日、数周甚至数月一直沉浸在消极状态中不能自拔。

目前，大量的实验研究和临床观察都已证明：消极情绪会危害人的身心健康。一方面，这种情绪的出现可使人的整个心理活动失去平衡；另一方面，这种情绪会造成生理机制的紊乱，从而导致各种身体疾病。

在过度的情绪反应或持久性的消极情绪的作用下，神经系统的功能会受到影响。突然而强烈的紧张情绪的冲击会抑制大脑皮层的高级心智活动，打破大脑皮层的兴奋和抑制之间的平衡，使人的意识范围变得狭窄，正常判断力减弱，甚至有可能使人精神错乱，神志不清，行为失常。许多反应性精神病就是这样引发的。持久的消极情绪，常会使人的大脑机能严重失调，从而导致各种神经症和精神病。据调查，大学生中常见的焦虑症、抑郁症、强迫症、神经衰弱等心理问题和疾病大多与消极情绪有着密切的关系。因此，正如美国心理学家斯通曼（K. T. Stoneman）所言："情绪在变态行为或精神障碍中起着核心的作用。"

消极情绪不仅会对人的心理健康产生很大的危害，而且会损害人的生理健康。我国古代医学很早就有关于消极情绪影响人的生理功能的论述。如：喜伤心，怒伤肝，忧伤肺，思伤脾，恐伤肾。再如：怒则气上，喜则气缓，悲则气消，恐则气下，惊则

气乱，思则气结，等等。现代医学、心理学的研究更加科学地揭示了情绪与生理疾病之间的关系。

强烈或长久的消极情绪会造成心血管机能紊乱，引起心律不齐、高血压或冠心病，严重时还可导致脑血栓或心肌梗死，甚至危及生命。

消极情绪会影响消化系统的功能。例如：人在恐惧或悲哀时，胃黏膜会变白，胃酸会停止分泌，可引起消化不良；而在焦虑、愤怒、厌恶时，胃黏膜充血，胃酸分泌增多，从而引起胃溃疡。

消极情绪会影响内分泌系统的功能。医学研究表明，强烈的情绪刺激，会抑制从丘脑到脑垂体的正常活力，从而导致内分泌失调，皮肤灰暗无华。在女性身上，还表现为月经不调，甚至发生闭经。

消极情绪还会影响人的免疫力，即人体识别和消灭外来侵入的任何异物的能力降低。此外，情绪与糖尿病、风湿病的发病也都有密切关系。

心理实验

消极情绪影响健康的经典实验

有位名字叫阿维森纳的阿拉伯学者曾做过这样的实验，把同胎所生的两只羊羔置于不同的生活环境：一只小羊羔放入羊群里，在草地上平静地生活；另一只小羊羔身边则拴着一只狼，凶残的狼总让小羊羔处于极度惊恐的状态，不久这只小羊就因恐慌而死去。

医学心理学家还用狗进行过嫉妒情绪的实验：把一只处于极其饥饿状态的狗关在一个铁笼里，在笼子外面也放一只饿狗，并且扔一些骨头给笼子外面的狗吃，故意让笼子里面的狗看到。不久，笼子里的狗产生一些神经症的病态反应，这些反应都是气愤、急躁和嫉妒等负性情绪所引起的。

实验告诉我们：恐惧、焦虑、抑郁、嫉妒、敌意、冲动等消极情绪，是一种破坏性的情感，长期被这些负面情绪和情感所困扰，容易导致心身疾病的发生。

（二）积极的情绪、情感能促进人的身心健康

欢乐、愉快、高兴、喜悦等都是积极的情绪体验。这些情绪的出现，能提高大脑及整个神经系统的活力，使体内各器官的活动协调一致，有助于充分发挥整个机体的潜能，有益于身心健康和提高学习、工作的效率。

积极的情绪能增强机体活力，从而提高免疫力，并减少神经系统、消化系统等躯体疾病的发生。许多临床实践表明，积极开朗的情绪对治愈疾病大有好处。长寿者的共同特点之一就是心情愉快、乐观豁达、心平气和、笑口常开。心情愉快还

会改变一个人的容貌，使人容光焕发、神采奕奕。我们常说的“人逢喜事精神爽”就是这个道理。

二、情绪、情感与人的认知和行为

大学生都有这种体验：在情绪良好时思路开阔，思维敏捷，学习和工作效率高；而在情绪低沉或郁闷时，则思路阻塞，动作迟缓，无创造性，学习和工作效率低。突然出现的强烈情绪会骤然中断人们正在进行的思维加工；持久而炽热的情绪则能激发无限的能量去完成任务。当你对某人、某事、某物产生强烈的爱或恨的情感时，你的认知和行为都会有所改变。譬如，我们常说的“情人眼里出西施”“爱屋及乌”等。情绪和情感对人们的认知和行为有很大的影响，从而关系着人们的发展和成功，具体而言表现如下。

（一）左右你的动机

情绪、情感可以激励人的行为，改变人的行为效率，发挥重要的动机作用。积极的情绪、情感可以使人们提高行为效率，起到正向的推动作用；消极的情绪、情感则会干扰、阻碍人的行动，降低行为效率，产生负面的影响。研究发现，适度的情绪兴奋性会使人的身心处于最佳活动状态，能促进主体积极地行动，从而提高活动效率。

（二）调控智力活动

情绪、情感是心理活动的反映。它可以影响人们对事物的知觉选择，维持稳定的注意，或重新分配注意资源到更重要的刺激上，对人的记忆和思维活动也会产生明显的影响。例如，人们往往更容易记住那些自己喜欢的事物，而对不喜欢的东西记起来则比较吃力。人在高兴时思维会很敏捷，思路也很开阔，而在悲观抑郁时会感到思维迟钝，做事不能够专心。此外，过于强烈的情绪，会让人的大脑处于抑制状态，继而妨碍人的智力正常发挥，降低人们解决问题的能力。

（三）调控人际关系和适应能力

情绪、情感在人际关系中起着信号作用，是人际交流的重要手段。与人相处、与人沟通，对于成功和成才也是至关重要的。在人际交往中，对自我情绪、情感的控制和调节，对他人情绪、情感的觉察和把握，有助于达到良好的人际沟通。情绪、情感在人际交往中具有非凡的力量。

美国一个叫杰列文的心理学家说，会不会笑是衡量一个人能不能良好适应的尺度。随着社会的变革、科技的发展、生活环境的改变等，个人对现实生活的适应就成为一个经常要面临的问题。调节情绪也就成了人们适应社会环境的一种重要手段。

总之，情绪、情感可以通过对个体身心健康的影响，通过对个体认知、行为等方方面面的影响来促进或阻碍个体的发展和成功。

三、大学生情绪、情感发展的特点

人们的情绪和情感都有着从简单到丰富、从不成熟到成熟的发展进程，每个发展阶段各有不同特点：婴幼儿(1～3岁)在出生后不久基本上只有愉快和不愉快两种情绪，渐渐会形成快乐、害怕、发怒、害羞等情绪，和母亲产生感情依恋；童年期(4～14岁)各种情绪继续丰富发展，同时理智感、道德感、美感等社会性情感产生并逐渐发展；青年期(15～25岁)情感丰富复杂且体验深刻，情绪的波动起伏大，易冲动；到了壮年期(26～45岁)，情绪和情感则渐趋稳定成熟，能够自我控制和调节情绪，此时社会责任感强烈；中老年期(45岁以后)情绪基本是平静、恬淡，顺其自然，但受更年期、疾病、衰老、家庭生活变故等影响，易出现忧郁悲观、孤独寂寞、多疑易怒等消极情绪。

大学生正处在青年期，具有青年人共有的情绪和情感特征，情感丰富复杂、不稳定。青年人对人、事和社会现象十分敏感、关注，对友谊、美、爱情、正义等的追求十分执着，爱思考辩论，甚至于以行动来维护心目中的真善美；他们的情感体验深刻、强烈，感情容易外露，喜怒哀乐常形于表面，在外界刺激下容易冲动、凭感情用事，过后又懊悔不已；情绪起伏波动较大，呈两极趋势，有时兴奋激动如火山爆发，有时消沉忧郁，甚至失去活下去的勇气。此外，大学生这一群体由于其独特的社会地位、知识水平、心理发展特点以及生理状况，其情绪和情感具有鲜明的特点。

(一) 稳定性和波动性并存

一方面，大学生的情绪、情感日趋稳定，对于人、事、物的情绪、情感反应能持续较长时间。这是因为大学生随着年龄的增长、知识水平的提高，加上社会和自我的高要求、高期望，在日常生活和活动中，已经具有一定的自我控制情绪的能力，一般能用理智约束冲动，对不良情绪进行自我调适。从总体上看，大学生情绪和情感是比较稳定的。

另一方面，与成年人相比，大学生的情绪和情感仍不成熟，突出表现在情绪和情感经常在两极之间起伏、动荡，时而平静，时而激动；时而积极，时而消极；时而外显，时而内隐，呈现出波动性的特征。这种波动性是由大学生在生理、心理和社会性三方面发展的特点决定的。

大学生的生理发展已经成熟，由于性成熟和性激素分泌旺盛，大脑皮层和皮层下中枢之间出现暂时的不平衡，易产生情绪波动。另外，从人体生物节律来看，人的体力、情绪和智力都有周期性的变化，呈波动的特点：处在高潮期时，人会感到体力充沛、心情愉快、思维敏捷；处在低潮期时则正好相反，人会觉得疲劳乏力、心情沮丧、思维迟钝。

大学生的心理发展正处于由不成熟向成熟过渡的时期，容易产生各种内心矛盾和冲突，如独立与依赖、自尊与自卑、理想与现实、闭锁与开放等，这些内心矛盾和冲突常常会打破大学生的心理平衡状态，引起情绪和情感的波动起伏。

大学生的社会性发展尚未成熟，虽然他们对社会现象和政治事务极为敏感、活跃，但是人生观的不稳定、认识上的不成熟往往使他们不能对社会现实和现象进行全面分析，容易以偏概全地加以肯定或否定，从一个极端走向另一个极端。尤其是在遇到困难和挫折时，更容易跌到悲观失望的谷底，难以自拔。

总之，由于大学生自身在生理、心理和社会性发展上的不平衡，他们的情绪和情感呈现出忽高忽低、激烈多变的两极波动状态，并与稳定性共存，形成稳中有动的特点。

（二）丰富性和复杂性并存

大学生的情绪和情感丰富复杂，表现形式多种多样。

首先，大学生的情绪和情感极为丰富，不论是在日常生活、学习、交往中，还是在从事社会活动时，无不带有浓厚的感情色彩。大学生在自我情感体验方面敏感丰富，注重独立感、自尊心、自信心和好胜心；大学生在学习活动中有强烈的求知欲、好奇心，热爱科学和真理，憎恨迷信和谬误；大学生对祖国、社会和集体有着深厚的情感，有强烈的民族自豪感和自尊感，有“天下兴亡，匹夫有责”的责任感、义务感，疾恶如仇，喜恶分明，正义感鲜明；大学生对纯洁的友谊和爱情十分向往，还积极地在发现美、欣赏美、创造美的活动中体验美的感受；等等。

其次，这些丰富的情感在表现形式上多种多样，呈现出外显和闭锁、克制和冲动交错的特征。通常情况下，大学生对外部刺激的反应迅速、敏感，喜怒哀乐溢于言表，内心体验和外部表现是一致的，呈现出明显的外显性特点。例如：为比赛胜利而欢呼雀跃，因考试失败而垂头丧气。然而，在一些特定场景和事件上，大学生情绪的外在表现和内心体验往往并不一致，有时会把内心真实的情绪和情感隐藏起来，显得冷淡、无所谓。例如：当大学生感受到不友好、不公正的对待和压制时，在得不到理解和尊重的场合，在对立紧张的情况下，他们就会把心扉紧闭起来，不轻易表露自己的真情实感；有时，还会采用文饰、反向的办法来掩饰内心情感，就像《伊索寓言》中的狐狸那样，吃不到葡萄说葡萄酸，或者说自己从来就不爱吃，也不想吃。大学生正处在青年期，他们精力充沛、血气方刚，在外界刺激下极易产生冲动性情绪和行为，尤其是在感受到挑衅和敌意时，容易情绪失控，呈现出冲动性的特点。大学生对自己的情绪和行为有一定的自制力，多数情况下能理智地克制冲动、约束自我、调节自我。

（三）阶段性和层次性并存

大学生情绪和情感的发展呈现出明显的阶段性和层次性的特点。一方面，随着年龄的增长、知识的积累和阅历的增加，不同年级阶段的大学生各有特点；另一方面，同一年级的大学生由于成绩、能力等方面的差异，又表现出不同层次的情绪和情感特点，二者交织共存。

1. 不同年级阶段大学生情绪和情感的特点

(1) 低年级大学生情绪和情感的特点：刚刚跨入大学校园的新生，心中涌动着成为一名大学生的自豪感，对校园中的一切都感到新鲜、好奇，体验到走出“黑色六月”的轻松和愉快；同时，由于没有考上更理想的专业和学校或在新班级中失去原有的中心位置，以及理想中的大学生活与现实存在很大的差距等原因，许多大学生感到强烈的失望、迷惑或自卑。激烈的竞争、繁重的课程、不同的教学方法使大学生在短暂的轻松感之后很快便感受到压力和紧迫感；陌生的环境、陌生的人和生活上的不适应，使得低年级大学生产生恋旧感，深深地思念父母、家人和往日同学。因而，一年级大学生的情绪和情感体现出自豪感和自卑感交织、轻松感和压力感交织、新鲜感和恋旧感交织的特点。

(2) 中年级大学生情绪和情感的特点：二、三年级的大学生经过一年时间的调整后，已逐渐融入大学生活和学习中，适应性情感增强，主要表现在：专业思想渐趋稳定，学习兴趣浓厚，求知欲强，思维活跃，对自我的认识进一步深入，独立感、自尊感和自信心得到发展。此时大学生的人际交往逐渐增多，与班级同学的感情较为密切，并建立起深厚的友谊，一些大学生还开始了对爱情的追求。中年级大学生爱好广泛，积极参加社会活动和审美活动等，社会责任感、义务感、荣誉感和美感进一步发展并成熟，情绪和情感总体看来较为平稳。

(3) 高年级大学生情绪和情感的特点：经过近四年时间的大学学习，高年级学生即将告别学校，走上工作岗位，此时他们的社会责任感明显增强，社会性情感日趋丰富，主要表现为更多地关心个人与社会的关系，注重思考人生问题。毕业在即，高年级学生大多面临毕业考试、论文答辩、求职择业、恋人去向诸多抉择和压力，因此紧迫感和忧虑感十分明显，同时对母校、班级和同学产生惜别留恋之情，依依不舍。但是也有个别大学生，因学习或择业遭到挫折，产生愤怒、焦虑、紧张情绪，在冲动中作出毁坏公物、打架斗殴等恶劣行为，需要引起注意，并加以教育和引导。

2. 不同层次大学生情绪和情感的特点

一般来说，人们常常根据学生在校学习成绩、表现及能力，将学生分为优秀、一般和较差三个层次。现就优秀学生与较差学生的情绪和情感特点作一简单介绍。

优秀学生的情绪和情感特点是有独立感、自尊心和自信心较强，情绪大多积极、愉快、乐观，他们的求知欲极强，学习兴趣浓厚，能体验到获取知识和有所创造时的快乐，对班集体的责任感和荣誉感较强。

较差学生的情绪和情感特点是其内心充满了矛盾。一方面，他们想努力学习，奋发进取，甩掉落后的帽子；另一方面，他们又常常因缺乏毅力和恒心，半途而废，徘徊不前，因而内心常常感到苦恼、痛苦、自责，他们既有强烈的自卑感，又有一定的自尊心，最忌别人揭短，最怕人瞧不起。

科学地认识大学生情绪和情感发展的特点，有助于准确把握他们的心理和行为，调适不良情绪，促进良好情绪和情感的培养。

拓展阅读

情绪和色彩

一种颜色代表一种心情，色彩会影响情绪变化，我们可以充分利用色彩来缓解焦虑，调整情绪。

绿色。绿色是一种令人感到舒服的色彩，具有镇静神经、解除疲劳、改善肌肉运动能力等作用。自然的绿色还对消极情绪有一定的舒缓作用。但长时间在绿色的环境中，易使人感到冷清，食欲减退。

蓝色。蓝色是一种令人产生遐想的色彩。另一方面，蓝色也是相当严肃的色彩，具有调节神经、镇静安神的作用。蓝色的灯光在降低血压、预防感冒和治疗失眠等方面有明显作用。但患有神经衰弱、抑郁症的人不宜接触蓝色，容易加重病情。

黄色。黄色是一种象征健康的颜色，显得健康明亮。黄色具有双重功能，既有稳定情绪、增进食欲的一面，又有加重压抑、悲观失望等不良情绪的一面。

橙色。橙色是暖色系中的代表色彩，能诱发食欲，使人产生活力。橙色不仅代表健康，而且也含有成熟与幸福之意。

白色。白色能反射全部的光线，具有洁净感。空间较小时，白色可调节血压，使易怒的人保持血压正常。但孤独症、抑郁症患者则不宜在纯白色的环境中久住。

粉色。粉色代表温柔。粉色可以使发怒的人很快冷静下来，因粉色能使肾上腺激素分泌减少，从而使情绪趋于稳定。孤独症、焦虑症患者不妨经常接触粉色。

【课程思政导航】

讨论：新冠肺炎疫情给我们带来灾难的同时有没有带来好处呢？

学会辩证地看待生活中的负性事件，即便是负面情绪，也有正向意义。“危机”通常是既有“危险”又有“契机”，疫情防控管理使得我们不能出门娱乐，但我们也有了更多时间与家人相处，有机会重新思考自己的生活，重新梳理自己对未来的思考，反省收获幸福的途径。

第三节　大学生常见的情绪问题及其调适

由于主客观原因，人们的需要经常难以得到满足，因而就会产生这样或那样的消极情绪体验。随着社会的发展、竞争的加剧，人们在情绪、情感方面遇到的困惑和问题也与日俱增，它严重妨碍人们正常的学习、工作和生活，阻碍人们的成功，因此必须正确认识它、面对它。

一、大学生常见的不良情绪

（一）焦虑

焦虑是一种没有明确原因的、令人不愉快的紧张状态，它没有明确的对象和内容。例如，在你面临一次重要的考试之前，在你第一次和某位姑娘约会之前，你都会感到焦虑。其表现是：提心吊胆、惶惶不安、忧心忡忡，似乎是大祸临头，却又说不出究竟怕什么或究竟会发生什么样的灾难和不幸。焦虑并不是坏事，焦虑是有进化意义的。

但是，如果你有太多的焦虑，以至于达到焦虑症的指征，这种有进化意义的情绪就会起到相反的作用——它会妨碍你去应付、处理眼前的危机，甚至妨碍你的日常生活。这种焦虑情绪突出表现在焦虑性神经症中，主要包括：

(1) 精神性焦虑，常常表现为无原因、无对象的烦躁，易激怒，注意力不集中，记忆力下降，经常处于惊觉状态。

(2) 躯体性焦虑，如颤抖、坐立不安、来回走动、经常变换姿势等，以及植物性神经功能的紊乱，如心跳加快、呼吸紧迫、胸闷、心悸、心慌、多汗等症状。

焦虑和焦虑症是大学生常见的异常情绪和心理障碍，主要涉及以下几个方面：

1. 适应焦虑

适应焦虑是指由于对大学的环境、学习方式和人际关系等不能很快适应而产生的焦虑，常见于大学一年级学生。

2. 考试焦虑

考试焦虑是指由于担心考试失败或渴望获得更高的分数而产生的一种忧虑、紧张的心理状态。一般在考试前几天就表现出来，随着考试日期的临近而日益严重。

因为考试对学生来说是一种造成紧张的压力源，所以考试焦虑几乎在所有大学生身上都有不同程度的表现。心理学研究证明：个体智力活动的效率与其相应的焦虑水平之间存在着一定的函数关系，表现为一种倒 U 形曲线。即随着考试焦虑水平的增加，个体积极性、主动性以及克服困难的意志力也会随之增强。这时焦虑水平对效率可以起到促进作用，当焦虑水平为中等时，能力发挥的效率最高；而当焦虑水平超过了一定限度时，就会引起失眠、易怒、心跳加快等症状，必将影响考试成绩，学生需要对其进行调适。

3. 健康焦虑

健康焦虑是由于对身体健康过分关注而产生的焦虑不安，并伴有失眠、疲倦等症状。大学生中较常见的还有一种焦虑是由遗精和手淫而引起的，由于观念的不正确，人们通常认为这种行为有损健康或“不道德”，但又无法控制，难以克服，于是终日惶惶不安。其实青年人遗精是正常现象，不要过度紧张，应采取积极健康的方式转移注意力。

4. 社交焦虑

社交焦虑是一种在与人交往的时候觉得不舒服、不自然、紧张甚至恐惧的情绪体验。当事人害怕别人看不起自己，还往往把各种反馈加上消极的色彩。他们非常注重别人如何看待自己，在他们遇到陌生人或是在很多人面前发表讲话时，就会过于关注自我，并经常会认为自己在犯错误，这样就更容易紧张，说话时会有点结巴，出现口误，有外显的紧张行为，感到羞怯或尴尬。他们中的大多数人愿意有更多的朋友，只不过他们由于羞怯而不能认识更多的朋友罢了。

5. 就业焦虑

就业焦虑是大学生在面对毕业求职问题时，对于可能出现的无法实现理想就业目标的就业失败所产生的情绪体验。1997 年，我国高校开始实行并轨招生，逐步建立起“上学自己缴纳学费，毕业后多数人自主择业”的机制。1999 年，全国高校开始扩招，我国普通高等学校毕业生人数剧增。根据 2017 年教育部对于全国高校毕业人数的统计分析，2011～2017 年，我国普通高校毕业生的人数分别是 660 万、680 万、699 万、727 万、749 万、765 万和 795 万。① 日益严峻的就业形势使即将毕业的大学生担负着沉重的心理压力，甚至普遍出现了严重的就业焦虑问题。

焦虑是一种比较普遍的情绪表现，并非所有的焦虑都是病理性的，轻度焦虑往往会随着时间的流逝而自动消失。但对于患有较严重的焦虑或焦虑性神经症的学生来说，则应及时到心理咨询机构寻求帮助和治疗。

（二）抑郁

抑郁是一种因为感到无力应付外界压力而产生的消极情绪，常伴有厌恶、痛苦、羞愧、自卑等情绪体验。它表现为“六无”：无兴趣、无希望、无助感、无动机、无价值、无意义。它是大学生群体中常见的情绪困扰。对大多数人来说，抑郁只是偶尔的、暂时的，但也有少数人长期处于抑郁状态，从而导致抑郁症。性格内向、不爱交际、孤僻、多疑或遭受意外挫折的人容易陷入抑郁状态。

大学生情绪抑郁的综合表现是：情绪低落，无法专注学习，社交退缩，故意回避

---

① 数据来源：中国产业发展研究网。

熟人，情绪不稳定，干什么都高兴不起来，总觉得自己什么都不好，并伴有失眠、食欲不振、疲劳、头昏、头痛等症状。引起抑郁情绪的原因有很多，主要是学习成绩落后、失恋、人际关系不和谐甚至紧张，以及其他负面生活事件等，然而并不是每个人遇到这些事件都会产生强烈的抑郁反应。

（三）恐惧

当人面对危险时会产生不同程度的恐惧情绪，这是人正常的心理反应。但当危险过后恐惧心理难以消除，或对并不可怕的事物产生过分的恐惧心理，或自知恐惧不必要、不正常，却难以自控，感到不安、害怕，即是恐惧情绪障碍。例如，对社交、考试、新环境的恐惧，对争吵、异性交往的恐惧等，严重的即为恐惧症。

根据患者恐惧对象的不同，恐惧可以分为社交恐惧、物体恐惧、处境恐惧和疾病恐惧等类型。在大学生中常见的恐惧主要是社交恐惧，特别是在与异性交往中常常有畏惧、紧张情绪。患有社交恐惧症的学生，往往表现出明显的回避行为，面部表情紧张、手足无措、语无伦次、内心紧张不安、心慌、胸闷等。

恐惧症产生的原因并不是单一的，一般认为和患者以前生活中的不良经历有关，或是通过条件反射作用而建立的一种不适应行为。此外，恐惧症还和人们的一些性格特点，如胆小、孤僻、敏感、退缩、依赖性强等有关。

（四）易激惹

易激惹是指人容易发火、动怒，对于一般的甚至轻微的刺激也会产生强烈的情绪反应。例如，有的人因一句刺耳的话、一件不顺心的事就暴跳如雷，或出口伤人，甚至拳脚相加，酿成大错。事过境迁，往往又感到追悔莫及。

易激惹常常危害人际关系，导致人际关系紧张、不和谐。同时，这种不良情绪也会危害个体的身心健康。一位科学家研究发现，人在生气时的分泌物甚至可以毒死一只老鼠。他还据此算出，一个人如果生气 10 分钟，不亚于 3000 米长跑所消耗的能量。当人发怒时，会造成心跳加速、心律紊乱，严重时可导致心脏停搏，甚至猝死。由发怒引起心悸、失眠、高血压、胃溃疡等病症的人也不在少数。另外，发怒容易使人失去理智，导致毁物、伤人、自虐、自残，甚至犯罪等许多失去理智行为的发生。

（五）冷漠

冷漠是一种对人、对事漠不关心、无动于衷的消极情绪。从面部表情和身体姿态上来看，冷漠的人表情平淡呆板，行动无生气，缺乏活力，懒散懈怠。他们往往将内心体验加以自我封闭，对生活失去乐趣，缺乏责任感和成就感。

国内外心理卫生学家认为，冷漠是一种个体对挫折环境的自我逃避式的退缩性心理反应。表面冷漠的人事实上内心很痛苦、很孤寂，具有强烈的压抑感。冷漠既不利于个体的身心健康，也不利于个体的全面发展。

二、大学生不良情绪产生的原因

不良情绪产生的原因错综复杂，既有个体自身方面的影响，也有客观环境的作用。

（一）个体因素

个体因素主要包括生理状况和心理因素两个方面。

个体的生理状况会对情绪产生一定的影响。因为人的情绪、情感活动有着广泛的大脑神经和生理、生化基础，是大脑皮层、皮层下结构和内分泌等系统协同活动的结果。如果这些系统中的某一环节发生了故障，就有可能造成情绪障碍。人的身体是一个有机统一的系统，牵一发而动全身。身体某一器官受到损伤或机能出现障碍，会间接或直接地引起情绪活动的紊乱。许多人都有这样的体验：当体力不佳或身体有病时出现情绪低落、烦躁不安的情况。

影响情绪的心理因素很复杂，个体的知识经验、能力水平、认知方式、情感成熟水平、意志品质和个性特点等都可能导致不良情绪。

比较而言，有以下特征的人更易陷入情绪困扰之中：

(1) 情绪特征：不稳定、易冲动、易躁易怒、消沉、冷漠、抑郁寡欢等。

(2) 意志特征：固执、刻板、胆怯、优柔寡断、缺乏自制力、耐挫力差等。

(3) 自我意识特征：过分自尊或自负、缺乏自信等。

(4) 社交特征：孤僻、退缩、自我封闭、敏感、多疑、心胸狭窄、嫉妒心强等。

(5) 认知特征：以偏概全、夸大后果、爱钻牛角尖等。

（二）环境因素

个体赖以生存和发展的环境中的一些因素会影响到人的情绪，这些因素主要来自家庭、学校和社会三个方面。

家庭中的经济状况、成员之间的关系及其变更都会触及大学生脆弱的心理。一些家境贫困的学生，由于经济问题，过早地承担了生活压力，或由于缺少社会的必要支持，容易产生认知偏差，在同辈群体中表现为自卑和退缩性行为，并以消极的眼光来审视自己、他人以及社会，产生情绪困扰。

学校环境中的教育方法、学习压力、人际关系、校风校貌等都会影响大学生的情绪。例如，教育方法单调落后、学习压力过大、人际关系紧张、校风不良等，都可导致大学生的不良情绪。

社会环境中的一些因素，如社会风气、社会变革、经济文化条件、竞争等，都可引发不良情绪的产生。还有因大学扩招，社会就业市场竞争加剧，对人才要求高，造成就业难的问题，增加了大学生的心理压力和焦虑程度。

另外，物理环境中的不良刺激，如高温、严寒、噪声、强光等，都可影响人的情绪。

三、大学生情绪、情感的自我调适

情绪、情感是一种巨大的精神力量，与人们的正常学习、生活和工作密切相关，对人的成功和发展影响很大，因此必须学会有效调节情绪、情感，使自己经常处于一种健康的情绪状态下。那么，什么是健康的情绪、情感呢？如何才能有效地调节自我的情绪情感呢？

（一）大学生情绪、情感健康的标准

情绪、情感健康的主要标准是情绪稳定和心情愉快，具体而言，包括以下几个方面：

（1）愉快情绪多于不愉快情绪。一般表现为：乐观开朗，充满热情，富有朝气，善于自得其乐，对自己、对生活充满信心和希望。

（2）情绪稳定性好。善于控制和调节自己的情绪，既能克制约束，又能适度宣泄，不过分压抑，使情绪的表达既符合社会的要求，也符合自身的需要，在不同的时间和场合有恰如其分的表达。

（3）情绪反应适度。情绪反应是由适当的原因引起的，也就是说，一个人的喜、怒、哀、惧等情绪，是由具体的可感知的现象或事物引起的，而非莫名其妙的无端的反应。同时，情绪反应的性质、强度和持续时间应与引起这种情绪的情境相符合。

（4）高级的社会性情感（如理智感、道德感、美感等）得到良好的发展。

（二）大学生情绪、情感的自我调节

所谓情绪健康，并非意味着人总是处于良好的情绪状态下，总是喜形于色、心花怒放，没有消极的情绪，体验不到悲、忧、愁、苦等。对于各种消极的情绪反应，只要反应适度，能加以适当的自我调节，就不会对人产生不利影响。情绪的调节一方面在于学会保持愉快的情绪，保持良好的心境，另一方面在于能够合理调适不良情绪。这里的调适并非指压抑各种情绪反应，如遇到悲伤的事竭力加以掩饰，压抑到内心深处而不加以适度表达，但对消极情绪的压抑，不仅不可能形成健康的情绪，相反有可能导致严重的心理障碍。

对自我情绪、情感的调适是情绪智力的重要指标。立志成为卓越人才，使自身得到很好发展的大学生，都应学会有效调适自己的情绪、情感。下面有一些具体方法可供借鉴：

（1）转换认识角度。决定情绪的是人的认识，正如哲学家科慕塔的一句名言所说："人受困扰，不是由于发生的事实，而是由于对事实的观念。"现实中，人们的

许多情绪困扰并不一定是由诱发事件直接引起的，而是由经历者对事件的非理性认识和评价引起的。因此，主动地调整认知，换一个角度去重新看待发生的事情，纠正认识上的偏差，就可减弱或消除不良情绪。

（2）自我暗示。自我暗示是运用内部语言或书面语言的形式来自我调节情绪的方法。暗示对人的情绪乃至行为有奇妙的影响，既可用来松弛过分紧张的情绪，也可用来激励自己。此法适合自卑感较强的人，或有焦虑、抑郁、恐惧、强迫观念的人。例如，在学习成绩落后、恋爱失败、生理上有缺陷，或交往技巧缺乏等情况下，要使自己振作起来，就要克服消极的心理定势，进行积极的自我调整和改变。此时积极的心理暗示是很有必要的，比如，在心中经常默念“别人能行，我也一定能行”“我能考好，我有信心”“别人不怕，我也不怕”等，努力挖掘自己的长处及优点。在很多情况下，此法能驱散忧郁和怯弱，使自己恢复快乐和自信。

（3）调控期望值。即对人、对事不要过分苛求，期望值不要太高。需要是情绪、情感产生的基础，需要愈强烈，情绪、情感反应也就愈强烈。在现实环境中对他人、对自己、对事物所抱期望值过高，势必在需求难以满足时产生不好的情绪反应，因此要在一定的范围内学会知足。对自身的目标不要定得高不可攀、脱离实际，对人、对事不要苛求十全十美，这样就不会因不满足而产生烦恼。

（4）合理宣泄。人的情绪处于压抑状态时，应加以合理宣泄，这样才能调节机体的不平衡，缓解不良情绪的困扰，恢复正常的情绪、情感状态。例如，遇到挫折或不顺心的事情，心情苦闷痛苦时，痛痛快快地哭一场，或者找亲朋好友倾诉一番，或者以写日记的方式倾诉不快，或者去心理咨询机构面谈等。

（5）转移注意力。当情绪不佳时，可通过转移自己的注意力来平静自己的情绪。如外出散步、听听音乐、打打球、找朋友玩、读本轻松的书、看场电影等。切记不可钻牛角尖而沉浸在不良情绪的陷阱中不能自拔。

（6）增强自信心。悦纳自己，不自怜、不自责、不自卑。要充分全面地认识自己，对自我作出恰当的评价。要善于发现自己的长处，肯定自己的成绩和优势，注意自我激励。同时注意正确地补偿自己，选好突破口，扬长避短，不断提高自己。充分的自信是保持心情愉快的重要条件。

（7）学会幽默。得体的幽默是精神的消毒剂，是消除不良情绪的有效工具，当你遇到某些无关大局的不良刺激时，要避免使自己陷入被动局面或激惹状态，最好的办法就是以超然洒脱的态度去应对。此时，一句得体的幽默话，往往可以使你摆脱困境，使愤怒、不安的情绪得以缓解。不要针尖对麦芒，激化矛盾。幽默是智慧和成熟的象征。学会幽默，乐观地面对生活，才能使自己快活起来，成为真正的强者。

（8）健全人格。健全的人格对保持良好的情绪状态至关重要，健全人格是调整情绪的根本所在。而健全人格的培养，首先是以丰富的知识和强大的能力为基础的。其次，要培养良好的行为习惯和提高个人的修养水平。一个有良好个人修养的人，会主动地、自觉地调整自己的情绪，使自己达到最佳情绪状态。再次，要培

养和形成积极的人生观、科学的世界观和价值观，这是人的情绪调节的最深刻内容，也是培养大学生良好心理素质的关键。

(9) 升华。将不为社会认可的情绪反应方式或欲望需求导向正确的方向，将情绪、情感激起的能量引导到对人、对己、对社会都有利的方面。安徒生、贝多芬等人都曾在失恋之后，以更大的热情投入到文学艺术的创作之中，为人类社会创造出了不朽的传世作品。居里夫人在其爱人因车祸不幸身亡之后，忍受着巨大的悲痛，把自己的情感升华到对科学的忘我追求之中，终于第二次获得了诺贝尔奖。

情绪、情感的调适方法是多种多样的，每个人可结合自身的实际，视具体情况选用适宜的方法来自我调适；如果情绪、情感的困扰较为严重，自己无法调适时，就应及时寻求心理咨询或治疗机构的帮助。

【课程思政导航】

活动：请仔细回想发生在自己或亲友身上的三件好事，记录下来。

三件好事的训练可以帮助人们在现实生活中更多关注和品味好事，培养和提高个体发现美、感受美、品鉴美的能力，进而形成乐观、自信、坚毅的人生态度。

案例分析

[问题]

老师：

您好！

在大学生活中，有着很多空闲时间可以自由支配，其中人际交往一般不可或缺，但是在人际交往时往往难免产生摩擦，我觉得我还是不能适应这里的环境，每天都想着回家。在宿舍，我现在不知该如何面对一个跟我交往了快两年的室友。我们在一起吵闹的时间比和好的时间还多，应该是性格不合，她是北方人，而我是南方人。也许是北方人习惯表达自己的情感吧，可我不喜欢那种方式。我现在对她的感受就是永远不想见到她。在别人看来这是不可思议的。我们每次争吵完后，她都板着脸，感觉别人欠了她几百万元钱似的。然后大家把所有的矛头指向了我，为了大家和谐相处，我不得不跟她和好。每次都这样，很烦！我好想回家，因为回家就见不到她了。我到底该怎么去面对自己的生活？

[回复]

我理解你在每次吵架之后的那种沮丧感和再次面对对方时的尴尬心境。因为，每个人在遇到同类情况时大概都会有和你一样的感受。我想，你可以从以下几点入手来改变现状：

第一，每次吵完架之后，你有没有想过在这次冲突中，自己错在哪里？对于自己的错误，有没有在接下来的生活中勇敢地去改正？有没有想过为什么总是自己和别人吵架？

许多人在发生矛盾时，只想着对方的错，总想着让对方先改错，总想着对方的错误更大。殊不知，人际交往要先从自身做起。

你的性格似乎有一些可以改进的地方，如不够豁达，有些过于计较，喜欢逃避。这些可能都是影响你和别人和谐相处的原因。

第二，与人交往是不能逃避的。因为你终归要走入社会，到那时再去学习如何与人相处就太晚了。傻孩子，因为吵架就不想上大学是不是太幼稚了？

常言道："大度集群朋。"做一个宽宏豁达的人是有一定难度的，但我们在日常的生活、交往中一定要注重这种品质的培养，以求更好地适应生活和社会。对于同宿舍的室友，一般接触多，交往方便。但也正因为接触多而往往会摩擦多、矛盾多，交往也最难。这就要求我们每个人都要注意观察，尽量满足他人的需要，如经常打水、扫地，为生病或有事的同学打饭、补习功课等。

现在的大学生在交往中，普遍存在一种"以我为中心"的交往倾向，很多人只强调他人对自己应该承认、理解、接受和尊重，却忽视对等地去理解和尊重他人；只想着达到自己的目的，却无视他人的利益和要求等。在这种倾向支配下，他们常常不顾场合和对方心情，一味由着自己的性子去交往，致使在交往中出现尴尬的局面。试想一个人处于心理低潮时，你却在他面前宣告自己的成就，结果会怎样呢？所以在很多时候，我们需要多进行换位思考，只有将心比心，以诚换诚，才能达到心灵的沟通和情感的共鸣。

多反思，勇于改正，是你目前需要做的。

第三，今后尽量避免冲突。生气了，要发火了，赶紧出去，找个朋友去聊聊，把苦水倒给她(他)，听听别人客观的意见。等气消了，再找个机会和室友心平气和地谈一谈，化解矛盾。

当然，我们心理中心的大门也是一直向你敞开的，苦水也可以倒给我们嘛！为你加油！

思考题

1. 什么是情绪与情感？它们之间有什么区别与联系？
2. 什么是情商？情商在大学生成才过程中有什么意义？
3. 大学生应如何培养健康的情绪与情感？

第四章　独一无二的我
——大学生人格心理

【案例 4.1】

想　家　了

小丽是一位刚上大学的女生，今年 19 岁。她现在觉得自己真不该上大学，觉得在学校里一天也待不下去了。她是家中的独生女，上大学之前，一切事情都由爸妈照料，甚至连衣服、鞋袜都不用自己洗。爸妈也经常对她说："这些事情你不用管，我们帮你弄好。"进入大学以后，她非常想念自己的家，对大学生活很不适应，自己什么也做不好；经常做梦，常梦见自己的爸妈，醒来后暗自流泪。为此，她力求使自己快乐起来，强迫自己忘掉家中的温馨和幸福时光，把注意力集中在学习上。但无论如何，她的眼前总是浮现出父母以及家乡同学的身影。她真的不知道自己现在该怎么办。

人格是一个人素质的重要组成部分，也是一个人心理面貌的集中反映。大学阶段是一个人从青春期向成年期转变的重要时期，是人格发展、完善的关键时期。所以关注自己的人格状况，克服个性缺陷，积极主动地塑造自己，是大学生自我成长的需要，也是社会发展的需要。

第一节　人 格 概 述

一、人格的含义

如果我们把社会比作一个巨大的舞台，那么每个人都是这个舞台上的演员。当然，因为每个人在社会上所处的位置是不同的，所以所扮演的角色各不相同。就像我们的京剧有生、旦、净、末、丑等，正是这迥然不同的角色，给了我们以艺术的享受。从京剧的角色，我们联想到了人物的性格，想到了人格。其实，"人格"一词，最早来源于拉丁语中的"面具"(persona)一词。这面具是指戏台上扮演角色所戴的特殊脸谱，亦指人的个体特征和人的社会地位等。随着社会的发展，人格的含义几经扩充和引申，并且被广泛地应用于哲学、社会学、心理学、法学和伦理学等不同的领域。比如，在日常生活中常常从伦理道德观点出发，使用“人格”概念对人们的行为进行评价，说某人的人格高尚或卑鄙，即一个人的人品怎样，与品格同义；还有从法律含义上使用“人格”概念，说某人的言行损害了他人的人格等，这里指的是权利和义务主体的资格。

“人格”在不同的学科、不同作者的笔下，具有不同的含义。那么，作为心理学，从人的心理结构特征及其外在的行为方式上去定义它，其含义是什么呢？一般认为，人格是相对于认知、情绪、意志等而言的一种心理现象，亦称个性，是指个体内在的行为倾向性，表现一个人在不断变化中的整体与个体的心理要素，是一种具有动力一致性、连续性的持久的自我，是人在社会化过程中形成的、给予人特色的身心组织。这里的人格，强调了人格在个体方面作为整体的人、持久统一的自我、有特色的个人和社会化的实体。

二、人格的特征

（一）稳定性

一个人总是有其一贯的行为方式，正所谓“江山易改，禀性难移”。一个人的某种人格特点一旦稳定下来，要改变它就是较为困难的事情了。有些人格特点甚至是与遗传有关的，正如婴儿一出生就表现出来不同的特点，这些人格特点，会影响个体一生的心理发展，给人生各种活动打下深深的烙印。

（二）独特性

个体的人格是在遗传、环境、教育等先天和后天环境交互作用下形成的。不同的遗传、生活及教育环境，形成了各自独特的心理特点，这些独特的心理特点成为个体区别于他人的重要标志。“世界上没有两片完全一样的树叶”，同样也没有两个完全一样的人：有的人自然开放，有的人顽固保守、沉默寡言，有的人粗犷豪爽，有的人谨言慎行……

（三）统合性

人格是由许多成分组成的一个统一的整体。这些成分不是简单的堆砌，而是依据一定的内容、秩序与规则有机地组合起来，形成一个各方面彼此协调一致，并有其内在的自我调节机制的动力系统。当一个人人格结构中的各个部分不一致或失控时，就会出现各种心理冲突，导致“人格分裂”。

（四）功能性

人格决定了一个人的生活方式，甚至有时会决定一个人的命运。正如人们常说的“性格决定命运”。具有某种人格特征的人，在其从事各种社会活动时，这种特征会影响其对待事物的态度、行为的动力以及对行为过程和结果的评价等方面。例如，面对挫折与失败，有志者会认真总结经验和教训，在失败的废墟上重建人生的辉煌；而怯懦的人往往会一蹶不振，失去奋斗的目标。当人格功能发挥正常时，表现为健康而有力，支配着人的生活和事业；当人格功能失调时，就会表现出懦弱、无力、失控甚至变态。

三、人格的理论

关于人格问题的研究，有许许多多的理论学派，从不同的侧面进行了多维度的探讨。

（一）弗洛伊德与精神分析学派

弗洛伊德（1859～1939 年）是精神分析学派的创始人。因受到 19 世纪物理学和生物学思想的影响，他认为人的行为也遵循能量守恒定律，人的心理也被一种能激奋，这种能来源于神经生理的兴奋状态，这种能就是以愿望和冲动为中心的“本能”，而人格就是释放或转换这种本能的一个系统。

弗洛伊德认为，人格的结构由三个部分组成，这就是“本我”（id，也称“伊特”）、“自我”（ego）、“超我”（superego），这三者是在有意识、无意识活动的机制下，在心理发展的关系中形成的。

在弗洛伊德看来，“本我”是遗传下来的动物本能，是一种动力机制，其目标是毫不掩饰地满足生物要求，内部充满了非理性、反社会和破坏性的冲动。“本我”是人格的深层内涵。“自我”是“本我”的调节者，它处于“本我”的对立面，是检查和把关的门户。“自我”有部分意识参加，它的任务是使“本我”与外界社会更好地协调，并采取某种方式转移不能被社会所接受的本能冲动。“自我”是人格的表层。“超我”是充满清规戒律和类似于良心的人格层面，它是来自内心的道德理念。它在很大程度上依赖于父母的影响，是在儿童成长过程中逐步形成的。一旦“超我”建立，“自我”就可以按照“超我”提供的价值观和“本我”的要求进行调节，以采取合适的方式行事。

（二）特质流派

特质流派的主要代表人物有奥尔波特、卡特尔与艾森克。

1. 奥尔波特的人格特质理论

美国心理学家奥尔波特（1897～1967 年）首先提出了人格特质理论。他有句名言：“同样的火候，使黄油融化，使鸡蛋变硬。”他认为“人格是个体内部那些决定个人对其环境独特顺应方式的身心系统的动力结构”，他强调人格的个别特点，创立了人格特质理论。

这种人格特质理论认为，人格以特质迎接外部世界，用特质来组织经验，构成一个人完整的系统，由此引发人的思想和行为。奥尔波特把特质分为两种：一种为个人特质，是在某个具体人身上的特质；另一种为共同特质，是群体具有的特质。奥尔波特的特质可分为三种类型，并且认为三者在人身上是重叠交叉的。第一种特质是枢纽特质，是一个人的一切行动都受其影响的特质，它渗透于一个人全部活动的所有方面；第二种是核心特质，是一个人具有一般意义的倾向，其渗透性差一些，但也有相当的概括性，是人格结构中的主要构成因素；第三种是次要特质，是不受人注目的一致性和一般性都较少的那些人格特质，其渗透性极小，与习惯和态度有关，情境性、突发性较强。

奥尔波特反对精神分析学的观点，他认为人格不是已经形成的东西，而是正在形成的东西，是一个不断变化着的动力组织。他借用了古希腊的一句名言"没有已成的，一切都在变成中"，说明了他对人格不确定性的解释。

2. 卡特尔的人格特质理论

卡特尔认为人格基本结构的元素是特质，认为特质是人在不同时间和情境中都保持的一致性。他还认为人格特质是有层次的：第一层次是个别特质和共同特质，第二层次是表面特质和根源特质。表面特质是指外部表现能直接观察到的行为或特征，表面上看相似的行为都有着不同的原因。根源特质是指具有相互关联的特征或行为以相同原因为基础。例如，大学生考试作弊相同的表面特质后面有着极其不同的心理动因；考前睡眠不好、考试紧张、体育测试双腿发抖等都源于同样的根源特质——焦虑。1949 年，卡特尔用因素分析法筛选出 16 种人格根源特质，它们分别是：乐群性、聪慧性、稳定性、恃强性、兴奋性、有恒性、敢为性、敏感性、怀疑性、幻想性、世故性、忧虑性、激进性、独立性、自律性、紧张性，被广泛使用在人格测验上，如表 4.1 所示。

表 4.1 卡特尔的 16 种人格根源特质

	人格因素	低分者特征	高分者特征
A	乐群性	缄默孤独	乐群外向
B	聪慧性	迟钝、知识面窄	聪慧、富有才识
C	稳定性	情绪激动	情绪稳定
E	恃强性	谦逊顺从	支配、攻击
F	兴奋性	严肃审慎	轻松兴奋
G	有恒性	权宜敷衍	有恒负责
H	敢为性	畏怯退缩	冒险敢为
I	敏感性	理智、着重实际	敏感、感情用事

续表

	人格因素	低分者特征	高分者特征
L	怀疑性	信赖随和	怀疑刚愎
M	幻想性	现实、合乎成规	幻想、狂放不羁
N	世故性	坦白直率、天真	聪明能干、世故
O	忧虑性	安详沉着、有自信心	忧虑抑郁、烦恼多端
Q1	激进性	保守、服从传统	自由、批评激进
Q2	独立性	依赖、随群附众	自立、当机立断
Q3	自律性	矛盾冲突、不拘小节	知己知彼、自律严谨
Q4	紧张性	心平气和	紧张困扰

3. 艾森克的人格结构维度理论

艾森克(Eysenck)依据因素分析方法提出了人格的三因素模型：一是外倾性(Extraversion)，表现为内、外倾的差异；二是神经质(Neuroticism)，表现为情绪稳定性的差异；三是精神质(Psychoticism)，表现为孤独、冷酷、敌视等偏于负面的人格特征。之后，艾森克编制了人格问卷(Eysenck Personality Questionnaire，简称EPQ)；为提高人格测量的信效度，他在三维度的基础上增加了 Lie 因素，指说谎引起的自身隐蔽。前三者为人格的三种维度，它们是彼此独立的。EPQ 在大量受试者身上应用的结果表明，各量表计分以 E 最高，N 次之，L 再次之，P 最低；男、女需要分别计分；P、E、N 计分随年龄增长而逐渐降下，L 则逐渐上升，青少年受试者各量表的年龄计分与成人大致相反。艾森克以神经过程兴奋-抑制为基础构建各水平的人格层次结构，按照他的理论，人格的结构主要包括行为方面(如行为外倾)和体质方面(如体质外倾)。行为外倾可以通过量表，如 EPQ 或 EPI 等进行测定。体质外倾则可以在各种程度上采用实验方法测得。尽管艾森克认为他的人格和行为观点并没有排除环境的作用，但人格的生物倾向性仍是他的理论的主要方面。

近年来，研究者们在人格描述模式上形成了比较一致的共识，提出了人格的大五模式，研究者通过词汇学的方法，发现大约有五种特质可以涵盖人格描述的所有方面。

(1) 外倾性(extraversion)：好交际对不好交际，爱娱乐对严肃，感情丰富对含蓄，表现出热情、社交、果断、活跃、冒险、乐观等特点。

(2) 神经质或情绪稳定性(neuroticism)：烦恼对平静，不安全感对安全感，自怜对自我满意，包括焦虑、敌对、压抑、自我意识、冲动、脆弱等特质。

(3) 开放性(openness)：富有想象对务实，寻求变化对遵守惯例，自主对顺从，具有想象、审美、情感丰富、求异、创造、智慧等特征。

(4) 随和性(agreeableness):热心对无情,信赖对怀疑,乐于助人对不合作,包括信任、利他、直率、谦虚、移情等品质。

(5) 尽责性(conscientiousness):有序对无序,谨慎细心对粗心大意,自律对意志薄弱,包括胜任、公正、条理、尽职、成就、自律、谨慎、克制等特点。

五种特质英文名称的开头字母恰好组成 OCEAN(海洋)一词,因此“大五人格”也被称为涵盖了人格所有特质的海洋。

(三) 马斯洛的人格理论

马斯洛(1908~1970 年)是美国心理学家,人本主义心理学的创始人。马斯洛认为以往的心理学家都把目光投向人类消极、阴暗和病态的一面,他把这种心理学称为“残疾”心理学。而他的研究是基于“人是一个有思维、有感情的统一体”的观点,研究的对象是一些有成就的著名人物,因而创立了研究人类积极的本性和因素的健康人格心理学。

马斯洛对人格内部的分析重心是动机和需要理论,他提出了著名的“需要层次理论”,主张人类有一些本能的需要,同时也有一些高层次的需要,这些需要就是生理的需要、安全的需要、交往(归属和爱)的需要、尊重的需要及自我实现的需要。他认为在人类的进化和作为一个主体的人的生长过程中,一种低级的需要在得到满足后就会被更高的一种需要代替,一直走向“自我实现”的需要。

“自我实现”的人是马斯洛推崇的具有理想人格的人,他详细描述了“自我实现”者的特征。他认为自我实现者是“充分地利用和开发天资、能力、潜能的,这样的人似乎竭尽所能,使自己趋于完美”。他的人格理论为我们正常人发现自己的潜能,使自己的人格日益趋向完美,提供了许多宝贵的启示。

【课程思政导航】

讨论:如何看待马斯洛需要层次理论?

马斯洛的需要层次理论把人的需要看做多层次的组织系统,反映了人的需要由低级向高级发展的趋势,也反映了需要和行为之间的关系。该理论明确了由低到高的人的需求层次发展方向,这一趋势符合社会的一般发展规律,同时也为后来人本主义心理学掀开了对人正确研究的序幕。但是,马斯洛认为人的需要是自然禀赋的,是生物进化到人类以后出现的特征。他忽视了人是社会的人,人的需要是对客观现实的反映,是受社会历史条件制约的。正如马克思所说:“人的本质是一切社会关系的总和。”马斯洛的理论从根本上离开了人的社会历史条件和生活实践来考察人的需要及其层次性,低估了社会环境和人文教育对人身心的塑造和影响,因此具有一定的局限性。

四、人格的内容

人格理论所涉及的内容很广，包括对人的特性的最基本的概括，对人的行为动机和目的的了解，对生活危机和转折点的认识，还包括价值观、信念的形成与选择的条件，理解自己和认识世界的过程是怎样形成的，等等。

在人格的形成和发展过程中，人格与气质和性格的关系最为密切。就人格与气质的关系而言，可以说没有离开人格的气质，也没有缺乏气质的人格。就人格与性格的关系而言，有些心理学家认为性格即狭义的人格，从严格的意义上来区分，性格是对人格的评价，而人格则是对性格的再评价。由此可见人格、气质、性格三者之间的紧密联系。

（一）气质

1. 气质的概念

从"气质"一词的渊源上说，它最早起源于古希腊。

公元前5世纪，古希腊著名医生希波克拉底和他的学生们观察到，不同的人有不同的脾气，对此他们认为，有机体的状态主要取决于机体内液体（血液、黏液、黄胆液和黑胆液）的数量关系，根据这些体液的混合比例中哪一种占优势，就把人划分为哪一种类型。这种体液的混合比例在古希腊语中被称作"克拉西斯"。几个世纪之后，罗马医生哈林又用拉丁语表示了这个概念，其大概思想是指"各个部分应有的相互关系"，泛称为气质。由此，希波克拉底的气质概念一直沿用至今。

那么气质到底是什么呢？从心理学上讲，气质是一个人生来就具有的心理活动的动力特征，是高级神经活动类型在后天行为或活动中的表现，是一个人心理活动发生的速度、强度、稳定性、灵活性和指向性等动力方面特点的综合。

心理活动的动力，是指个体在认识过程中，存在着知觉的速度、思维的灵活性、注意力集中与稳定的时间长短等方面的特征；在情感活动中，也会表现出意志努力程度的差异；在心理指向性上，有人倾向于外部，有人倾向于内部，由于这种气质的差异性，使得一个人的全部心理活动都染上了个人独特的色彩。

2. 气质的类型

人们一般把气质分为四种，即多血质、黏液质、胆汁质和抑郁质。四种不同的气质类型具有不同的心理特征（见表4.2）。例如，有四位同学一同去看戏，可是他们到达时已经开演了。A与检票员大声争吵，并不顾阻拦强行入场；B见楼下入口处看守很严，但楼上没人看守，便悄悄地溜到楼上去看戏；C心平气和地等候，一直到第一场结束后的休息时间再进去；D则感到十分沮丧，再也提不起看戏的兴致了，便垂头丧气地转身回去了，而且在接下来的很长一段时间内可能都闷闷不乐，难以释怀。

表 4.2 气质类型及其行为特征

气质类型	行为特征
多血质(春雨)	活泼好动、反应敏捷、情绪发生快而多变、注意和兴趣易转移、善于交际、亲切有生气,但往往轻率,具有外倾性
胆汁质(夏火)	直率、精力旺盛、热情奔放、急躁、莽撞、易感情用事、自制力差,具有外倾性
黏液质(秋风)	沉着、安静,情绪不易外露,行动缓慢、注意稳定不易转移、自制力强、不善随机应变,具有内倾性
抑郁质(冬雪)	行为孤僻,多愁善感,动作迟缓,情绪体验深刻,善于觉察细节,富于想象,具有内倾性

(1) 胆汁质。胆汁质属于兴奋而热烈的类型。表现为有理想和抱负;有独立见解,反应迅速,行为果断,表里如一;在言语、面部表情和体态上都给人以热情直爽、善于交际的印象;不愿受人指挥而喜欢指挥别人;一旦认准目标,就希望尽快实现;遇到困难也百折不挠,有魄力,敢负责;但往往比较粗心,自制力较差,容易感情用事,有时会出现刚愎自用、鲁莽的表现。由于神经过程的不平衡,工作带有明显的周期性,能以极大的热情投身于事业,但是一旦精疲力竭,情绪会顿时转为沮丧而心灰意冷。

(2) 多血质。多血质属于敏捷而好动的类型。由于神经过程平衡且灵活性强,这种人能较好地适应环境的变化,性情开朗、热情,喜闻乐道,善于交际;在群体中精神愉快,相处自然,常能机智地摆脱窘境;在工作和学习上爱动脑筋,常表现出机敏的工作能力和较高的办事效率;对外界事物有广泛的兴趣,不安于循规蹈矩的工作,情绪不够稳定,易于浮躁,时有轻诺寡信、见异思迁的表现。

(3) 黏液质。黏液质属于缄默而安静的类型。由于神经过程平衡且灵活性低,反应较迟缓,无论环境如何变化,都能基本保持心理平衡;凡事力求稳妥、深思熟虑,一般不做无把握的事,具有很强的自我克制能力;外柔内刚,沉静多思,很少流露出内心的真情实感;与人交往时,态度持重适度,不卑不亢,不爱抛头露面或做空泛的争辩;行动缓慢而沉着,有板有眼,严格恪守既定的生活秩序和工作制度。因此,能够高质量地完成那些要求有坚韧不拔、埋头苦干的品质和长时间集中注意力的工作。其中不足之处是过于拘谨,不善于随机应变,常常墨守成规,沉稳有余、灵活不足。

(4) 抑郁质。抑郁质属于呆板而羞涩的类型。精神上难以承受或大或小的神经紧张,常因微不足道的小事而引起情绪波动。极少向外表露自己的情感,但内心体验却相当深刻;喜欢独处,交往拘束;兴趣爱好少,性格孤僻;在友爱的集体中,可能是一个很易相处的人;对力所能及的工作认真完成,遇事三思而后行,求稳不求快,因而显得迟缓刻板;学习工作易疲倦,在困难面前怯懦、自卑、优柔寡断。

3. 如何评价气质

由于人的气质带有自然的属性，所以气质类型在比较时不能进行社会意义的评价，也就是说，它们之间没有好坏之分。气质的各种类型及其特点都是客观的，虽然参与到人们生活的各个方面，但是它并不决定人的智能水平和成就的高低，它影响的仅仅是智能活动的特点，而不是智能的水准。任何一类气质的人在现实生活中，既可以是优秀的人才，也可能成为碌碌无为之辈，问题的本质不在于人的气质类型及其心理特点，而在于其对生活的信念和追求。

当然，气质在人的行为方式上，也会因类型的不同而各具特点，具体地讲：多血质的人，既可表现出聪明好学、肯动脑筋的特点，也可表现出爱耍小聪明、满足一知半解；黏液质的人，学习踏实、有条不紊，但同时会让人感到不开窍、反应迟钝；胆汁质的人，学习有韧性，有独立见解，但也较为自负和傲慢；抑郁质的人，思想深沉，学习认真，可又疑心重、好幻想等。

总之，每一种典型的气质类型，既有积极的一面，又有消极的一面，不能简单地断言哪一种好，哪一种不好。大学生应正确对待自己的气质特点。无论哪种气质类型的人都可以成才。例如，有人研究，俄国著名文学家普希金、赫尔牟、克雷洛夫、果戈里分别属于胆汁质、多血质、黏液质和抑郁质的人，但他们在文学领域都取得了杰出的成就。

气质与职业活动及职业选择密切相关，一方面要使个人的气质特征适应于职业活动的客观要求，另一方面在选拔人才和安排工作时应考虑个人的气质特点（见表 4.3）。

表 4.3 气质类型及其适宜从事的工作

气质类型	适宜的工作
多血质	适宜从事社交工作、外交工作、管理人员、律师、记者、演员、侦探等需要有表达力、活动力、组织力的工作
胆汁质	适宜从事社交、政治、经济、军事、地质勘探、推销、节目主持人、演说家等工作
黏液质	适宜从事自然科学研究、教育、医生、财务会计等需要安静、独处、有条不紊以及思辨力较强的的工作
抑郁质	适宜从事研究工作、机要秘书、检查员、打字员、排版员等无需过多与人交往，但需较强分析与观察力以及耐心细致的工作

在这里，我们还要特别强调指出，以上所讲的气质类型及其心理特点和行为方式，都是典型的气质特点，并且这些特点具有极端性。在现实的社会生活中，只具有某一种类型气质的人只是少数，大多数人属于非典型气质类型，只不过是某一种类型的特点比较突出罢了。

尽管人的气质类型是与生俱来的，更多地打上了自然的烙印，但是并非不可改变。事实证明，青年人随着年龄的增长，在环境的影响和熏陶下，经过自身的努力，气质是可以发生某种变化的，这种变化使得人格的塑造更加完美。因此，大学生应当经常有意识地控制自己气质的消极品质，发扬积极品质，以有利于形成良好的个性。

（二）性格

1. 性格的含义

什么是性格？从心理学上看，性格是指具有核心意义的个性心理特征，是指一个人对周围事物的一种稳固的态度和与之相适应的习惯化了的行为方式的总和。

性格是人们具有核心意义的稳定的个性心理特征。这里有两点需说明：其一，性格不是生来就有的，是后天习得的结果，是在社会生活、教育影响和自身实践的基础上长期塑造而成的，是人格的具体体现；其二，这种对现实的态度和行为方式的稳定性，贯穿在人的全部行为活动之中，在类似的甚至是不同的情境中，都以特有的人格特质表现出来。

性格是人们对客观现实的主观反应。神经类型是性格的自然基础，但它并不是性格。性格产生的机制是神经类型和后天生活环境所形成的暂时联系系统的合金。

2. 性格与气质的关系

性格与气质都是描述个人典型行为的概念。这两个概念既有区别，又有密切的联系。

1）性格与气质的区别

（1）从起源上看，气质是先天的，一般产生在个体生命的早期阶段，主要体现为神经类型的自然表现。性格是后天的，在个体的生命开始时期并没有性格，它是人在活动中与社会环境相互作用的产物，反映了人的社会性。

（2）从可塑性上看，气质的变化较慢，可塑性较小，即使可以改变，但也较不容易。性格的可塑性较大，环境对性格的塑造作用是明显的，即使已经形成的性格是稳定的，但也较容易改变。

（3）气质所指的典型行为是它的动力特征而与行为内容无关，因而气质无好坏、善恶之分。性格主要是指行为内容，它表现为个体与社会环境的关系，因而性格有好坏、善恶之分。

2）性格与气质的联系

性格与气质又是密切联系、相互制约的。我们先从气质对性格形成的影响上来看。

首先，气质会影响个人性格的形成。因为性格特征依赖于教育和社会相互作用的性质和方法。气质作为性格形成的一种变量，在个体发生的早期阶段就表现了出来，有些婴儿喜欢哭或笑，有些婴儿安静，有些婴儿很好动，这些气质特征必然会影响家庭环境，影响父母或其他哺育者的不同行为反应。一个人的性格就是在这种不同性质的教育和社会环境的相互作用的过程中逐渐形成的。

其次，气质可以按照自己的动力方式渲染性格特征，从而使性格特征具有独特的色彩。例如，同样是乐于助人的性格特征，多血质者在帮助别人时，往往动作敏捷，情感明显表露在外；而黏液质者则可能动作沉着，情感不表露于外。

第三，气质还会影响性格特征形成或改造的速度。例如，要形成自制力，胆汁质的人往往需要做极大的努力和克制；而抑郁质的人则比较容易做到，他们用不着特别抑制自己就能办到。

第四，从性格对气质的影响上来看，性格也可以在一定程度上掩盖或改变气质，使它服从于生活实践的要求。

总之，性格和气质是密切联系的。在日常生活中，甚至在心理学文献中，都很难把性格和气质这两类心理特征严格区分开来。这是因为人具有生物社会性。人的发展是生物因素和社会因素相互作用的结果。我们不能排除生物因素来看待性格的形成和发展，也不能排除社会因素来看待人的气质。不过，为了研究工作的需要，把气质和性格适当地加以区分还是有必要的。

3. 性格的分类

与人的气质一样，性格也是有差异的，也可以划分为多种类型，一般的划分方法有以下几种：

(1) 按照理智、意志、情绪在性格特征中哪个占优势，划分为理智型、意志型和情绪型。

(2) 按照个体心理倾向可划分为内倾型和外倾型。

(3) 按照个体独立程度可划分为独立型和顺从型。

(4) 按照人际关系同时考虑其他心理品质，可以划分为 A 型(行为型)、B 型(一般型)、C 型(平稳型)、D 型(积极型)、E 型(逃避型)。

在这里，我们主要介绍两种性格的分类，即按个体心理倾向和人际关系划分的类型。

瑞士心理学家荣格把性格按照个体心理倾向分为内倾型和外倾型。属于内倾型的人，心理活动倾向于内部，沉静、处事谨慎、深思熟虑、反应缓慢、适应环境困难、顾虑多、孤僻、不善交际。外倾型的人，心理活动倾向于外部，经常对外部事物表示关心，开朗、活泼、情感外露、当机立断、不拘小节、独立性强、善于交际。大多数人属于中间型，兼有内、外倾型的特征，其特点如表 4.4 所示。

表 4.4　用个体心理倾向法表述性格特点

内倾型		外倾型	
孤独型	沉默寡言，谨慎，消极，孤独	社会型	爽朗，积极，善辩，顺应
思考型	善思考，肯钻研，提纲挈领	行动型	现实，说干就干，易变，好动
丧失自信型	自卑，自责，强烈罪恶感	过于自信型	瞧不起人，高估自己
不安型	规矩，清高，小心	乐天型	胆量大，大方，不拘小节
冷静型	小心谨慎，沉着稳重	感情型	敏感，喜怒变化无常

根据个体在人际关系中的行为方式，人们把人的性格分为五种，其特点如表4.5所示。

表 4.5　用人际关系表述性格特点

类型	性格特点
A型	争强好胜，喜怒无常，情绪不稳，遇事急躁，带有外倾型特点
B型	情绪较平稳，社会适应性较均衡，智力、体力表现一般，主观能动性较差
C型	情绪稳定，社会适应性好，处事沉着，有条理，但不善交际，带有内倾型特点
D型	积极主动，社会适应性一般，但善于交际，乐于助人，带有外倾型特点，有较强的组织能力和管理才干
E型	不爱交际，宁可独处，常沉浸在自己的内心世界中，有自己独特的兴趣爱好，社会适应性差或一般

性格的分类，一般是在各种性格特征相互联系的基础上将人们的性格加以划分，从而找出每个具体人的性格中的典型特点。到目前为止，虽然各种分类方法都有不尽完善之处，但是却为我们提供了基本的思路与方法。在日常生活中，了解并正确地划分性格类型，有助于加深同学、同事等彼此间的了解，合理调整自己的工作和学习，充分发挥自己的潜能。

4. 性格的形成和发展

性格的形成与发展并不是一次完成的，而是在后天习得的过程中逐步实现的，主要包括以下几个时期：

(1) 性格形成期。主要指学龄前3～6岁。这一阶段儿童主要生活在家庭和周围环境中，性格的形成与家庭教育密切相关，家庭是孩子性格形成的第一所学校，父母是孩子的第一任老师。

(2) 性格发展期。主要指学龄期，即7～17岁。这时孩子入学，扩大了生活范围，并参加一定的社会活动。他们对各种新奇的事物都有强烈的好奇心，模仿力强，但分辨是非的能力相对较弱。凡是有影响力的集体舆论或社会思潮，都可能熏染他们的性格，表现出性格形成过程中较大的可塑性。因此，正确巧妙的引导，加之健康和谐的生活环境的影响，对其性格发展十分重要。

(3) 性格定型期。一般是 18～25 岁。这时人已进入青年中期，开始跨入社会或进入大学，在生理和心理上都日益接近成人，世界观逐步形成，有了一个比较稳固的态度和与之相适应的稳定的行为方式，对社会环境的能动作用也不断增强。

(4) 性格成熟期。一般是指青年后期和中年期。性格已定型，虽然社会环境的变化、个人生活中的重大事件仍可能改变性格，但已不是一朝一夕可以完成的，成熟的性格是一个人独特的稳定的标志。

一般而言，大学生的性格在大学一二年级时变化剧烈，大学三四年级时则相对稳定、成熟。

5. 性格完善的标准

性格完善并非随心所欲，而是有标准的。如何测量性格品质，其完善程度如何，是可以用标准来衡量的。社会心理学家的研究表明，良好而成熟的性格，应该是能够最大限度地发挥自己的精神力量，并与环境建立起和谐的关系。美国人本主义心理学创始人马斯洛通过对“自我实现的人”的研究，认为人在性格上应具有共同的特征，这些特征虽然不能完全涵盖我们所有的性格特点，但是具有借鉴的作用。

这些性格特征的主要内容有：

(1) 在对现实的客观知觉方面，能明确区别已知事实和未知事实，并对这些事实表达意见，能明确区别事物的本质与表面现象。

(2) 能正确地对待自己、他人和社会。

(3) 崇尚非利己主义，追求崇高目标，不搞内部摩擦，经常考虑“我对集体有什么贡献”等。

(4) 能忍受孤单和寂寞。

(5) 有创新能力。

(6) 行为自然，不会由于出现矛盾而破坏常规。

(7) 看人重实际而不重表面，对有良好性格的人抱友好尊重的态度，无出身、门第、地位的偏见。

(8) 对一部分人常有深情的依恋，不会无端地敌视别人。

(9) 能清楚地辨别善恶，其实际行动与道德认识一致。

(10) 具有摆脱现实环境的相对独立性。

(11) 意识到目的和手段的区别，既注重目的，也不忽视手段。

(12) 超然于琐碎事物之上，有广阔的视野与远见，其活动以是否具有价值为指南。

第二节　人格的形成和发展

早期的心理学家，有的主张人格的形成完全由遗传因素决定，也有的主张人格的形成与遗传毫不相关，完全是在后天环境中受社会文化的影响而形成的。现代心理学家们不再主张人格形成只受遗传或环境单方面因素的影响，而一致认为，无论是人格的整体结构，还是代表人格的某方面特质，都是在遗传与环境两因素交互作用之下逐渐形成和发展的。

一、遗传因素

首先看看人格形成的遗传因素。人格是一个在与环境交互作用过程中形成的独特的身心组织。它有不可忽视的生理基础，其中大部分是靠遗传获得的。

案例 4.2

奥斯卡·斯托卡和杰克·伊弗是一对同卵双胞胎，出生在特里尼达，父亲是犹太人，母亲是德国人。刚出生时他们就被分开。母亲把奥斯卡带到德国，由信奉天主教和纳粹主义的外婆抚养；杰克由犹太人父亲抚养，他在青年时期大部分时光是在以色列的一个集体农场度过的。居住在两地的这一家人从未通过信，兄弟俩过着截然不同的生活。

三十多年未曾见过面的兄弟俩竟然表现出惊人的相似性：

都穿着蓝色、双排扣、带肩章的衬衫，都留有短髮，戴金丝边眼镜；

都喜欢吃辣的食物，喝甜酒，喜欢把涂了黄油的土司放在咖啡里；

都习惯在便前先冲洗厕所，甚至乘电梯时都会打喷嚏，如此等等。

曾有心理学家从学前儿童中，选取 139 对出生后共同生活的同性别孪生子为对象（年龄为 4 岁半），单就情绪（稳定或激动）、活动（爱动或好静）、社交（活泼或羞怯）三个方面人格特质为方向，采用观察评定法，分析和比较遗传与环境两方面因素的不同影响。表 4.6 列出了研究的大致结果。

表 4.6　孪生子间人格特质的相似度

人格特质	男生间的关系		女生间的关系	
	同卵孪生	异卵孪生	同卵孪生	异卵孪生
情绪	0.68	0.00	0.60	0.05
活动	0.73	0.18	0.50	0.00
社交	0.63	0.20	0.58	0.06

上述观察研究显示出的意义是：在学龄前儿童中同样都是孪生子，出生后生活在同一家庭，其环境因素的影响应大致相同，然而在同卵者与异卵者之间，无论男女，均显示出极大的不同。这一点表明，遗传因素对人格的形成的确具有相当大的影响。

分别选 24 对同卵双生子(5～7 岁 13 对，11～13 岁 11 对)和 26 对异卵双生子(5～7 岁 14 对，11～13 岁 12 对)进行测试，结果如下：

测试简单能力(如记忆力和辨别几何图形)时，同卵双生子成绩接近，异卵双生子成绩差异大。学前期时，异卵双生子成绩上的差异是同卵双生子的 3.3 倍，而到了学龄期时，异卵双生子成绩上的差异则是同卵双生子的 2.5 倍。

这说明，随着年龄的增长，环境对人格的影响逐步显露出来了，复杂能力的形成更是如此。

二、环境因素

环境对一个人人格形成的影响在许多方面都能得到证实。5～6 岁是人格形成的基础时期，因而早期经验和养育态度就成为一个重要问题。中小学学习阶段又是人格形成和发展的重要时期，学校和社会对他们的影响是至关重要的。

案例 4.3

心理学家科瓦列夫对一对同卵双生的女学生进行了四年的观察，她们的外貌非常相似，在同一个家庭抚养，在同一个小学、中学和大学(历史系)受教育，但在性格上两个人却有相当明显的差别。姐姐比妹妹好交际，也比较果断、勇敢和主动。在谈话和回答问题时，总是姐姐先回答，妹妹只表示同意或补充。

产生这些差异的原因是什么呢？

从生活史上了解到，原来在小的时候，由祖母经他们父母同意作出决定，在双生子中认定一个是姐姐，一个是妹妹。从早期的童年时代起，就责成做姐姐的要照管妹妹，对她的行为负责，做她的榜样。

帕金森把家庭称为“制造人格的工厂”。家庭对人格的影响主要体现在家庭成员关系、家庭教育、父母自身素质三个方面。

(一) 家庭

1. 家庭成员之间关系和谐

家庭成员之间的关系包括父母、兄弟姐妹及祖孙之间的关系。其中对一个人人格形成影响最大的是父母。父母之间相互信任、关怀体贴、相亲相爱，不仅能使孩子生活得安全、幸福、温暖，而且还会使他们对生活充满希望，养成尊敬、理解、信任、关怀、自信、乐观等良好的个性品质，为人生发展打下最坚实的基础。相反，父母长期不和，经常发生感情冲突，甚至最终离异，会使孩子的情绪、情感受到伤害，容易形成抑郁、焦虑、自卑、孤僻等消极心理特征。有人对破裂家庭与少年犯罪率作过调查研究，结果发现：生活在破裂家庭（父母离异或双亲死亡）的 9 岁前的少年犯罪率比正常少年犯罪率高 2 倍，10～14 岁则高 4 倍以上。

2. 家庭教育

美国学者鲍姆林德对不同类型父母教养子女的方式对子女性格的影响作了比较研究，结果如表 4.7 所示。

表 4.7　不同类型教养方式对个性的影响

家教类型	家 教 表 现	孩 子 性 格
民主型（宽容）	保护与文化教养并重，满足与限制并用，父母与孩子关系和谐融洽	谦虚，有礼貌，待人诚恳、亲切，自立、乐观、自信等
权威型（专断）	严格控制、严厉惩罚、斥责、打骂	畏缩怯弱、说谎、不信任、内向、孤僻、性情暴躁等
放纵型（溺爱）	过分娇惯宠爱、百依百顺、放任自流、随意	处事能力差、好吃懒做、自私蛮横、不负责任、任性、没有礼貌

由表 4.7 可见，在家教方式上应当提倡科学、民主、开放的方式，以表扬鼓励为主，给孩子创造一个个性发展的良好环境。

3. 父母自身素质对子女人格发展的影响

父母是孩子的第一任老师，他们自身的心理素质、品德素质、文化素质等都对孩子心理品质的形成具有潜移默化的影响。心理学研究表明：孩子学习行为的主要方式是观察和模仿。因此，父母言传身教的榜样作用格外重要。父母对长辈、子女、朋友、同事尊重和爱的情感特征奠定了孩子情感生活的基础，会养成孩子友爱、助人、开朗的个性；父母对事业的执着、热爱，面对挫折的乐观态度，会养成孩子坚韧不拔的意志品质和强烈的社会责任感。在我国，一些父母虽然也希望自己的子女能够健康成才，但是他们却不重视自身素质的提高，他们看不到孩子个性发展中的很多问题实际都与他们自身心理素质上存在的问题有关。因此，家长要努力优化自己的心理素质和个性品质，当好合格的"第一任老师"。

（二）学校

在学校，老师的教学态度对学生的影响很大。从这个意义上讲，老师的确是人类灵魂的工程师。老师的不同教学态度会造就出不同的人格：第一种，权威主义的教学态度。教师独揽大权，采取专制作风，班级活动、学习方法等都由老师说了算，学生没有自由。在这样的老师指导下，学生的情绪紧张，不是冷淡就是带有攻击性，自我控制能力差。第二种，民主的教学态度。老师十分重视集体的作用，与学生共同制订计划，指导学生通过自己的努力实现计划，根据客观的情况对学生进行表扬或批评。在这样的老师指导下成长起来的学生，情绪稳定、积极、友好，具有领导能力，自制能力强，有责任感。第三种，放任的教学态度。教师不管学生的行为如何，也不指导学生的学习方法，一切活动全由学生自己做主，老师常无原则地迁就学生的要求。因此，学生便无团体目标，无组织观念，自我控制能力差，缺乏责任感。

另外，学生在班级中的地位、在活动中扮演的角色，也会影响学生的人格。有人做过一项实验：从一个班级中挑选了四名一直不受人重视的普通学生，任命他们为班委会成员。老师对他们的工作给予适当的指导。结果，第二学期班委会改选时，四名学生中有三名又被同学们选为班委。同时，对这四名学生的人格测验显示：他们的自尊心、安全感、开朗性、协调性、诚实和责任感的得分都明显提高了。

（三）社会环境

人们往往有自己交往的圈子，从而形成一个小的群体。尤其是青年人，往往可以从同龄人中找到共同语言。这样的社会群体对人格的形成有不可低估的影响。首先，群体的一套规范会改变一个人的行为，比如，穿同样的衣服、留同样的发型等。更进一步，他们会有同样的价值观，对于对错、好坏、美丑都会有一致的看法。这便会使一个人的人格发生变化。其次，心理气氛也会对人格产生影响。一个群体的心理气氛和谐、欢乐而有秩序，会使人情绪稳定、开朗、乐观，善于交往，有责任感和自我控制能力。如果一个群体的心理气氛喧嚣、烦闷、苦恼，那么就会使人沮丧、易怒、情绪起伏，具有反抗性和破坏性。

总之，影响人格形成的因素是多方面的，了解这些因素对人格的影响途径，了解人的本能需要和人格形成过程，就容易找到改造自我人格的途径和方法。

【课程思政导航】

> **讨论**：社会主义核心价值观对于青少年人格的形成具有哪些重要意义？

三、人格的发展

每个人的人格塑造，都经历了不同的发展阶段，大体上可分为萌芽期、重建期和成熟期，每个阶段又有不同的特点。

第一个阶段为萌芽期。这个阶段是从人一出生到进入青春期之前。当婴儿出生3～8个月时，婴儿便可区分“我”和“他”。成长到8个月到1岁时，对自我开始有些模糊的认识。2周岁时，开始确立作为个体的一些基本概念，如性别、年龄等。

此后，在父母和老师的教育下，在生理上提高了动作的协调性和自控能力，逐步能比较自如地运用语言，在心理上形成了初步的性格及情绪反应方式等。随着怀疑感的产生，也会对周围的事情提出问题，并逐步发展到在一定程度上对周围世界的观察与思考。在观念上因灌输等而产生了朦胧、机械的道德观、价值观等。在这个时期，人以模仿为主，依赖性很强，自觉程度低，缺乏个体的主动性。

第二阶段为重建期。重建期是指从青春期开始到青年期结束。这是人格突变、重建和产生新质的时期，是人的生理和心理都处于显著变化的时期。

身体的急剧发育和性的成熟使青年在关心自己的身体和探索自己的内心世界的同时，也开始关心他人对自己的评价。学者们把这个时期称为"断乳期""I 与 me 的分裂期""感情上的暴风雨期"等。人在这个时期由过去的依附走向独立，由无忧无虑的儿童成为承担责任和义务的成年人。在心理方面，气质、性格、情感、态度等都开始转向稳定，独立意识增强，学会用自己的眼睛去审视世界，加以判断，确立自己的世界观与人生观，人格在此阶段得到调整、修正和完善，也就是人格的重建。

第三阶段为成熟期。这个阶段是从成年期到老年期。随着自我意识的日趋成熟，人在社会中的位置和适应性得到强化，人格特质也逐步稳定，行为方式进一步稳固，社会角色得到确立，由过多的自我调节向积极参加社会生活迈进。开始专注于各自的事业，发挥才干，为社会谋利益并进一步实现人生价值，同时会关注、维持家庭及教育子女。在事业和情感上会产生全面的体验和认识。心理上若遇到强烈刺激也会趋于平稳，观念上会把青年期后积淀下来的东西消化掉，有选择地由成熟走向坚定和开阔。

第三节　大学生人格的形成及特征

一、大学生人格的形成

心理学研究表明，人格的形成与发展是贯穿于一个人生命整个历程的。如前所述，人格发展大致经历了三个阶段：从一出生到进入青春期之前的萌芽期、从青春期开始到青春期结束的重建期、从成年期到老年期的成熟期。每个阶段都有不同的特点。大学阶段的大学生正处于青年期，这是人格形成和确定的关键时期。大学生作为一个比较特殊的青年群体，他们正处于身心急剧发展和自我意识由分化、矛盾逐渐走向整合的特殊时期。对大学生来说，这一时期的发展将直接影响到其以后人格的最终定型。有研究表明，大学期间形成的人格特点在其后的一生中有相当的稳定性。大学生人格的形成具有两个重要的特点：第一，人格主体的不断发展性。随着身心的成长发展和社会活动的扩展多样，大学生对外部世界的认识逐步深化，自我意识不断产生和发展，并且日趋成熟。他们的行动带有鲜明的、独特的个人色彩，性格特征和表现已趋于稳定和定型。但是，他们还缺乏完全独立的思考和判断能力，仍然需要不断地加以引导和锤炼。第二，人格形成因素的多样性。大学阶段是青少年成长以来接受外界信息量最大、内容最广泛的时期，此时，家庭、学校、同龄群体、社会、大众传媒和网络对他们人格的形成都有着重大的影响，都起着举足轻重的作用。

二、大学生人格的特征

人格是社会文化的产物，恩格斯说："人的性格是由环境造成的。"随着我国现代化进程的日益推进，大学生有了更大的适应性、灵活性和更大的发展空间，这为他们的人格塑造提供了一个广阔的天地。北京师范大学许燕对当代大学生核心人格结构进行了研究，通过大学生对自身群体人格特征的分析，得出了构成大学生核心人格结构的七个因素：① 敢为性，体现了大学生在思想行为层面的进取、开拓精神和积极向上的心态；② 宜人性，反映在人际交往领域中大学生的人格特征；③ 道德感，指大学生自我完善的品质，正面特征表现在正直、爱国、奉献、大公无私，负面特征表现在自私自利、见利忘义；④ 开放性，体现了大学生的聪明才智与朝气活力；⑤ 责任感，对大学生的学习与未来职业有重要作用的人格特征；⑥ 务实性，体现了大学生社会适应的人格特点；⑦ 情绪性，是涉及大学生心理健康的人格特征。

当代大学生的人格一方面受到中国文化特征的影响，同时也会受到所处时代特征的影响。面对日益开放的社会、发展多样的社会组织形式、各种利益关系、不同的价值取向，生活方式快速变更，就业竞争日趋激烈，压力日趋严重，各种思潮相互碰撞，使大学生的眼界越来越开阔，有利于形成积极向上、适应变化、独立自主的人格特征，当然他们的生存与发展也受到了前所未有的挑战。可以说大学生的人格特征是时代精神与自身特点相融合的综合反映。根据我国当今社会发展的现状和大学生的实际情况，当代大学生群体在人格发展中呈现出如下一些特征。

（一）自我意识趋向成熟，能正确认知自我

自我意识是反映大学生人格健康成熟的一个重要特征。首先，大学生人格的形成在一定程度上摆脱了依赖性，走上了自主发展的道路，这是和大学生们自我意识的发展紧密相连的。在大学阶段，个体的自我意识急剧增长、迅速发展和趋于完善。他们逐步获得心理自我，能够自我认可，基本上能接受一切属于自我的东西，不再简单地认同别人的观点，而是有自己独特的见解，具有浓厚的主观性。其次，大学生在自我控制上开始有了明显的自觉性、主动性，自我控制的水平明显提高，自我控制的独立性也显著增强。但是由于自我意识的分化，"主体我"和"客体我""理想自我"和"现实自我"之间的种种矛盾开始出现，从而造成自我调控能力的波动。第三，大学生已接近成年，对社会有自己独立的看法，向往自我实现，在心理上

有强烈的成人感和独立感，希望摆脱对家长、教师的依赖，向周围人显示自己的主张和能力。

（二）情感体验丰富深刻，情感饱满适度

情感是人的需要是否得到满足而产生的内心体验的一种特殊的反映形式，它影响着认知、意志活动的进行，也影响着个性心理的形成和发展。大学生进入大学校园后，崭新的生活环境、对知识的追求、人际关系的拓宽、对社会接触范围的扩大，相应地使他们的情感体验变得细腻敏感、丰富多彩、深刻多样，任何与自己有关的事物，都易引起他们的情绪、情感反应。由于他们重视自己在别人心目中的形象，特别是在异性心目中的形象，因而对别人的言行和态度极为敏感，容易引起情绪体验。但随着自我表达能力的提高和强烈的人际关系需要，大学生的自我体验也就从封闭性过渡到开放性。总的来说，当代大学生的情感饱满适度，情绪上稳定性与波动性、外显性与内隐性并存，情感丰富多彩，积极的情绪、情感体验在学习、生活中占主导地位。

（三）智能结构健全合理，思维品质不断提高

处于青年中期的大学生的智力水平达到了人生发展的高峰。大学期间，大学生受到各种文化专业知识的教育与熏陶，其思维能力、批判能力和创新能力都得到了一定的训练和发展，具有了良好的观察力、记忆力、思维力、注意力和想象力，且各种认知能力能够有机结合并发挥应有的作用。作为智力的核心成分，思维品质不断提高，达到了最佳水平。大学生随着实践经验的丰富和知识的积累，辩证逻辑思维能力迅速发展，独立思考能力迅速发展，出现了更多创造性思维，开始从不同的角度和不同的方面，用不同的方法思考问题。

（四）具有务实的态度、开放的观念，社会环境适应能力较强

随着时代的发展，社会竞争日益激烈以及主客观环境的影响，大学生人格由务虚走向务实，务实性成为当代大学生人格的重要特征之一。目前，在校大学生基本上都把事业看成生活的重要组成部分，在事业上他们一方面有着较强的进取心、不甘落后和崇尚勇敢的务实精神；另一方面，他们能够采取果断行动，培养自身的应变能力，积极参与竞争，具有开放精神。开放观念是一种面向社会、面向未来的观念，是一种跨越时空、富有创造力的优势观念。大学生置身于开放的环境中，受环境影响深刻，在其自身人格特征中必然表现出来，因而他们的视野变得开阔，思维活跃不僵化，行为开放不拘束，敢于开拓进取。大学生的活力、智力和创造力都得到了较为充分的发挥和发展，既提高了自我支配能力，又增强了社会驾驭能力，为将来走向社会做好了心理和能力上的准备。

【课程思政导航】

> **讨论**：当今社会大学生的人格发展面临着怎样的挑战？如何将时代精神与自身特点相融合，实现人格的不断完善？

第四节　大学生健康人格的塑造

人是社会人，人格的模式必然与社会生活相适应，并受社会价值观的制约。因此，人格的完善被社会历史的发展赋予了广泛而深刻的内涵。在急剧变革、观念多元化的今天，对于正在探索和选择理想人格的青年一代而言，把握人格的社会模式并且选择健康的人格尤为重要。

一、人格模式与人格选择

（一）中西方理想人格模式

1. 中国传统理想人格模式

中国传统理想人格定形于春秋战国时期。随着社会的变革，整个封建社会逐步完善，形成了一整套中华民族特有的理想人格标准。这一理想人格是围绕着“君子”设计的，其核心有两个方面：其一是以德为首，仁礼合一，这是儒家思想竭力推崇的；其二是儒家的中庸与道家的顺其自然融合，以儒、道互补的架构，形成了中国传统的理想人格——君子。

这种传统人格有其合理、科学的思想内涵，当然也有需要摒弃的东西。在今天，我们要弘扬其合理的一面，剔除其消极的一面，构建一种能够体现中华民族伟大精神并走向现代化、立于世界民族之林的崭新人格。

2. 西方的理想人格模式

西方的理想人格是围绕着理性的灵魂和自由意志这个中心展开的。古希腊人推崇美德至上，文艺复兴时期人们主张大力发展人的潜能的“全才”观念，近代资产阶级又把所谓“真正自由的人”作为他们的理想人格。

3. 马克思主义的人格模式

马克思主义的人格模式是与人类社会发展的美好理想分不开的，因而把“全面发展的人”作为人格完善的标准。具体地讲，这一标准有两个显著的特点：人是历史的产物，个人的发展是由社会历史条件决定的；人只有在改变社会的能动实践中才能使自身不断地获得完善和发展，认为社会实践对理想人格的塑造起决定性作用。

归结起来就是，马克思主义主张全面发展的人格模式，应该是理想与现实的统一和理论与实践的统一。

（二）对健康人格模式的选择

健康人格模式的选择要有时代感。今天在我们建设中国特色社会主义的历史进程中，当代青年理想的人格模式应该是：在爱国主义、集体主义、社会主义和中华民族传统美德的基础上构建起来的人格特征，包括独立的意识，鲜明的个性，高度的理性精神和科学态度，批判、继承、创新的意识；在心理活动上与多数人一致，有健康向上的情趣，能全身心地投入学习和工作，能开拓进取并能与人合作，具有忍耐力等。同时，要在现代化发展的进程中弘扬“不降其志，不辱其身”“老吾老以及人之老，幼吾幼以及人之幼”“学而不厌，诲人不倦”“天行健，君子以自强不息”和“天下兴亡，匹夫有责”的民族精神，把理想与健康的人格作为人生追求的目标，塑造自我，攀登现代人格的高级境界。

不论是从社会生活的基本需要还是从人格的修炼过程来看，人格模式的选择应该而且必须追求真、善、美的标准，否则就将失去人格存在的社会意义。

【课程思政导航】

【扩展】 当代青年在选择构建自己高尚人格的过程中，应坚持以下原则：

(1) 坚持历史客观性的原则。我们的国家是一个有着五千年文化的文明古国，我们的精神家园里有着丰富的文化遗产，现代化的人格是历史性人格的继续和发展，因此，弘扬中华民族的传统美德，是人格选择的历史环境。

(2) 坚持现实性的原则。理想的人格及其人格精神是我们追求的目标，现实的人格是人格形成与发展的客观存在。这里所讲的现实性是指，一定要根据我国的国情（包括物质与精神方面的国情现实）来选择和塑造自己的人格。既不要闭门造车，也不可虚无缥缈，而是活生生的现实人格的塑造。

(3) 坚持科学性的原则。古今中外，人格的模式多种多样，在选择的过程中，切忌邯郸学步，而应采取冷静的、批判的态度，取其精华，去其糟粕，为发展一种健康的人格进行理性的思考。

(4) 坚持人性的原则。人格的发展，重要的是体现在每一个人的身上。自我人格的塑造，要与自身的个性心理特征相适应，反映出真实的自我形象，而不是形成多重人格的形象。

二、追求健康人格

凡是理智正常的人都渴望美好的生活；凡是有上进心的青年，都希望自己的人生辉煌卓越。拥有卓越人生的前提是首先要有健康的人格。

健康的人格不仅是人们应该追求的价值目标，也是人们充分发展所能达到的一种境界。具有健康人格的人，其最显著的特点是，他们能够有意识地控制自己的生活，掌握自己的命运；他们正视自己，正视过去，面对现实，注重未来，渴望迎接生活的挑战，在实践中充分发挥自己的潜能并实现自己的价值。

（一）健康人格的标准

健康人格的标准可分为理想标准和相对标准。健康人格的理想标准就是人格的生理、心理、社会、道德和审美各要素达到完美地统一、平衡、协调，人的才能得以充分发挥。从相对意义上讲，不同的时代、不同的社会条件有相对应的健康人格标准。人只有在自己所处的特定历史条件下，不断进取、不懈努力，才能使自己的人格健康水平不断提高。

健康人格的标准又可分为概括的标准和具体的标准。从总体上看，人格健康的人应该是在推动社会进步的实践中充分发挥自己的才干，为人类、为社会作出自己的贡献，同时使自己的人格在各个方面得到充分、协调发展的人。从具体特征上讲，健康人格应具有以下标准：

1. 和谐的人际关系

人际关系最能体现一个人人格健康的程度。人格健康的人乐于与他人交往，并与他人建立良好的关系；与人相处时，尊敬、信任等积极态度多于嫉妒、怀疑等消极态度。健康的人常常以诚恳、公平、谦虚、宽容的态度尊重他人，同时也受到他人的尊重与接纳。

2. 良好的社会适应能力

社会适应能力反映了人与社会的协调程度。人格健康的人能够和社会保持良好密切的接触，以一种开放的态度，主动关心社会、了解社会；在认识社会的同时，使自己的思想、行为跟上时代的发展，与社会的要求相符合，能很快适应新的环境。

3. 正确的自我意识

自我意识是个体对自己和自己与他人、与周围世界关系的认识。具有健康人格的人对自己有恰如其分的评价，充满自信、扬长避短，在日常生活中能有效地调整自己的行为，与环境保持平衡。缺乏正确自我意识的人常常表现出自我冲突、自我矛盾，或者自视清高、妄自尊大，做力不能及的工作，或者自轻自贱、妄自菲薄，轻易放弃可以努力争取的机遇。

4. 乐观向上的生活态度

积极的人生态度是人类在社会实践中获得的本质力量的表现。乐观的人常常能看到生活中的阳光，对前途充满希望和信心，对自己所从事的工作或学习抱有浓厚的兴趣，并在其中发挥自身的智慧和能力，即使遇到困难和挫折，也能不畏艰险，勇于拼搏。青年学生的主要任务是学习，因而对学习的兴趣如何，可以反映出一个人对生活的基本态度倾向。人格健康的学生对学习怀有浓厚的兴趣，表现出观察力敏锐、注意力集中、想象力丰富、充满信心、勇于克服困难，通过刻苦、严谨的学习过程，获得学习的满足感和成就感。相反，对学习和生活缺乏兴趣，整天萎靡不振的学生，我们很难想象他们的人格是健康的。

5. 良好的情绪调控能力

情绪标志着人格的成熟程度。人格健康的人情绪反应适度，具有调节和控制情绪的能力，经常具有愉快、满意、开朗的心境，并富有幽默感，当消极情绪出现时能合情合理地宣泄、排解、转移和升华。

健康人格的各个标准都是相关的。“具有体验丰富的情绪并控制情绪表现的人，通常是有能力满足自身基本需要的人，是能紧紧地把握现实的人，是获得健康的自我的人，是拥有稳定可靠的人际关系的人。”总之，人格健康的人，其人格的各个方面是统一、平衡的。上述标准不仅是我们衡量一个人人格健康的尺度，同时也为青年朋友们改善自己的人格提供了具体的努力方向。

【课程思政导航】

讨论：如何理解马克思所描述的健康人格的理想标准：“全面发展的、自由的人”？如何成长为“有理想、有道德、有文化、有纪律”的新时代“四有”青年？

（二）塑造健康人格的途径

大学生健康人格的塑造，一是要服从人格健康发展的需要，二是要服从现代化建设和社会进步的需要。这是大学生健康人格塑造的基本原则和指导思想，也是鉴别大学生健康人格塑造效果的尺度。具体而言，怎样塑造健康人格呢？除了创造良好的生活环境外，就每个人而言，应该从以下几方面着手：

(1) 保持开朗的心境，学会控制和调节自己的情绪，建立积极、健康的情绪状态。

(2) 加强意志磨炼，自觉主动地控制自己的行为，培养经受挫折的耐受力，不盲目冲动，不消极低沉，始终保持乐观的生活态度。

(3) 注意性格完善，自觉检查并修正自己的性格特点，培养健康的性格模式。

(4) 养成良好的思维品质，培养独立分析问题和解决问题的能力。

(5) 培养良好的情操，加强思想品德修养，树立科学的世界观、人生观，注重社会实践，提高自身综合素质。

总而言之，当代青年追求卓越的人生，必须具备健康的人格，因此了解人格形成与发展的规律，掌握塑造健康人格的途径和方法，才能使人格素质趋于完美，创造辉煌的人生。

三、优化人格——让生命放出光彩

（一）人格障碍面面观

健康的人格是我们孜孜以求的，但并不是每个人都有健康的人格，甚至可以说，并不是每个人都有常态的人格。在大千世界里，人格障碍、人格缺陷的确也困扰着许多人的生活，使其美好的人生陷入了误区，这确实应该引起我们足够的注意。因为这种误区是人生的障碍，更是成才的大敌。

人格障碍又称病态人格，指不伴有精神分裂症状的人格适应缺陷。一般表现为行为受原始欲望驱使，知行脱节，具有高度的冲动性和攻击性，缺乏羞愧、自责和责任感。紊乱不定的心理特点和难以与人和谐相处的人际关系是各类人格障碍的突出特征。常见的人格障碍有以下七种：

1. 悖德型和反社会型人格

情绪不稳，常常为一时的冲动所左右，以自我为中心，不顾别人的痛苦和社会的损失，易发生违纪行为和不正当的意向活动，是心理学家和精神病学家最为重视的。根据精神病学家和心理学家研究的成果来看，产生反社会型人格的主要原因有：早年丧父丧母或双亲离异、被父母抛弃、先天体质异常、恶劣的社会环境、家庭环境和不合理的社会制度的影响以及中枢神经系统发育不成熟等。一般认为，家庭破裂、儿童被父母抛弃或受到忽视、从小缺乏父母在生活上和情感上的照顾与爱护，是反社会型人格形成和发展的主要社会因素。

2. 偏执型人格

偏执型人格又叫妄想型人格，其行为特点常常表现为：极度的感觉过敏，对侮辱或伤害耿耿于怀；思想行为固执死板、敏感多疑、心胸狭隘；爱嫉妒，对别人获得的成就或荣誉感到紧张不安，妒火中烧，不是寻衅争吵，就是在背后说风凉话，或公开抱怨和指责别人；自以为是，自命不凡，对自己的能力估计过高，惯于把失败和责任归咎于他人，在工作和学习上往往言过其实；同时又很自卑，总是过多、过高地要求别人，但从来不信任别人的动机和愿望，认为别人存心不良；不能正确、客观地分析形势，有问题时容易从个人感情出发，主观片面性大；如果建立家庭，常怀疑自己的配偶不忠；等等。具有这种人格的人在家不能与家人和睦相处，在外不能与朋友、同事融洽相处，别人只好对他敬而远之。

3. 分裂型人格

《中国精神疾病分类方案与诊断标准》（CCMD－2－R）中把分裂型（样）人格障碍的特征表述为：

（1）有奇异的信念或与文化背景不相称的行为，如相信透视力、心灵感应、特异功能和第六感官等。

（2）有奇怪的、反常的或特殊的行为或外貌，如服饰奇特、不修边幅、行为不合时宜、习惯或目的不明确。

(3) 言语怪异,如离题、用词不当、繁简失当、表达意见不清等,但并非由文化程度或智能障碍等因素引起。

(4) 有不寻常的知觉体验,如一过性的错觉、幻觉,看见不存在的人。

(5) 对人冷淡,对亲属也不例外,缺少温暖体贴。

(6) 表情淡漠,缺乏深刻或生动的情感体验。

(7) 多单独活动,主动与人交往仅限于生活或工作中必需的接触,除一级亲属外无亲密友人。

患者症状至少符合上述项目中的三项,方可诊断为分裂型(样)人格障碍。从以上的诊断标准可以看出,分裂型人格障碍患者主要表现出缺乏温情,难以与别人建立深切的情感联系,因此,他们的人际关系一般很差。他们似乎超脱凡尘,不能享受人间的种种乐趣,如夫妻间的交融、家人团聚的天伦之乐等,同时也缺乏表达人类细腻情感的能力。分裂型人格障碍患者中独身人士居多,即使结了婚,也多以离婚告终。一般来说,这类人对别人的意见也漠不关心,无论是赞扬还是批评,均无动于衷,过着一种孤独寂寞的生活。其中,有些人或许有些业余爱好,但多是阅读、欣赏音乐、思考之类安静、被动的活动,部分人还可能一生沉醉于某种专业,甚至获得较高的成就。但从总体来说,这类人生活平淡、刻板,缺乏创造性和独立性,难以适应多变的现代社会生活。

这类人的性欲淡漠也颇为突出,他们可谓"不近女色"的模范。内心世界极其广阔,常常想入非非,但同时缺乏相应的情感内容,缺乏进取心。他们总是以冷漠无情来应付环境,以"眼不见为净"的方式逃避现实,但他们这种与世无争的外表不能压抑内心的焦虑和敌意的痛苦。

分裂型人格的人可以适应人少的工作,如在图书馆书库、山地农场、林场场所工作等,他们更容易从事宗教活动和过隐居生活,但很难适应人员众多的场合和需要交际的工作。

分裂型人格很容易让人联想起另一个词:精神分裂症。一般认为,分裂型人格容易诱发精神分裂症,但一直没有令人信服的证明。有些学者研究表明多数精神分裂症患者病前有分裂型人格,而另一些学者的研究发现,对分裂型人格患者持续观察 15～20 年,极少有变为精神分裂症的,分裂型人格的血清中也并无较正常族群多的精神分裂症病患特征。因此分裂型人格和精神分裂症与遗传的关系尚待证实。

分裂型人格障碍的形成一般与人的早期心理发展有很大关系。

人类个体出生以后,有很长一段时间不能独立,需要父母的照顾,在这个过程中,儿童与父母的关系占重要地位,儿童就是在与父母的关系中建立自己的早期人格的。在成长过程中,尽管每个儿童不免要受到一些指责,但只要他感觉到周围有人爱他,就不会产生心理上的偏差。但是如果终日不断被骂、被批评,得不到父母的爱，儿童就会觉得自己毫无价值。更进一步，如果父母对子女不公正，就会使儿童是非观念不稳定，产生心理上的焦虑和敌对情绪，有些儿童因此而分离、独立、逃避与父母身体和情感的接触，进而逃避与其他人和事物的接触，这样就极易形成分裂型人格。

4. 强迫型人格

一般男性患者多于女性患者。以过分的谨小慎微、严格要求与完美主义及内心的不安全感为主要特征，并且在下列各项中至少具备三项：

(1) 因个人内心深处的不安全感导致优柔寡断、怀疑及过分谨慎。

(2) 凡事需提前早早就对所有的活动作出计划并不厌其烦地进行完善。

(3) 凡事一定要反复核对，因对细节的过分注意，以致忽视全局。

(4) 经常被讨厌的思想或冲动所困扰，但尚未达到强迫症的程度。

(5) 过分谨慎多虑、过分专注于工作成效而不顾个人消遣及人际关系。

(6) 刻板和固执，要求别人按其规矩办事。

(7) 因循守旧、缺乏表达温情的能力。

5. 自恋型人格

自恋(narcissism)一词来源于一个凄美的古希腊神话故事——美少年那西斯在水中看到了自己的倒影，便爱上了自己，每日茶饭不思，最终憔悴而死，变成了一朵花，后人称之为水仙花。

案例 4.4

许先生，男，35 岁，已婚，人际关系不良来诊。

许先生从小便被父母视为掌上明珠，百般宠爱，既不做家务，也不承担家庭责任；家庭中的一切活动都以许先生的好恶为转移，例如，为了让许先生能学习艺术，全家人节衣缩食十多年。从小学到大学，许先生学业优秀，一帆风顺。

婚前，一表人才的许先生自命不凡，孤芳自赏，目空一切，既看不起同学也看不起邻居，是一位孤傲的“绅士”。婚后，其妻评价他是“一位聪明能干、衣冠整洁、眉清目秀的美男子，却不是一位称心的丈夫”。许先生自私、吝啬，只关心自己、不关心他人；他要求妻子承担一切的家务，要求家庭生活以他的好恶、情绪和心愿为中心；除了微薄的收入，他几乎未对婚姻作出任何的贡献；他从不承担任何家庭责任；他结婚的目的，不是要找一位相亲相爱的妻子，而是要找一位从各方面都能照顾他的“老妈子”。

在单位，同事们认为许先生以自我为中心、淡漠和势利。对此，许先生说：“我只考虑自己，不在乎别人对我的评价，我不知道怎样与同事们沟通和建立友情，也认为没有必要。”

一般认为自恋型人格的主要特征如下：

(1) 对批评的反应是愤怒、羞愧或感到耻辱(尽管不一定当即表露出来)。

(2) 喜欢指使他人，要他人为自己服务。

(3) 过分自高自大，对自己的才能夸大其辞，希望受人特别关注。

(4) 坚信他关注的问题是世上独有的，不能被普通人了解。

(5) 对无限的成功、权力、荣誉、美丽或理想爱情有非分的幻想。

(6) 认为自己应享有他人没有的特权。

(7) 渴望持久的关注与赞美。

(8) 缺乏同情心。

(9) 有很强的嫉妒心。

在上述特征中，只要出现其中的五项，即可诊断为自恋型人格。

6. 表演型人格

表演型人格障碍是一种以过分情感化和用夸张的言行吸引注意为主要特点的人格障碍。这类人感情多变、容易受别人的暗示影响，常希望领导和同事表扬和敬佩自己，爱出风头，积极参加各种人多的活动，常以外貌和言行的戏剧化来引人注意。他们常感情用事，用自己的好恶来判断事物，喜欢幻想，言行与事实往往相差甚远。

案例 4.5

小菲，女，20 岁，大二学生。从小娇生惯养，动不动就使小性子，自幼喜欢在热闹场合抛头露面，耍小聪明，来博得大人的夸奖，别人越夸她，她就越来劲。上大学后，学习成绩不错，但是好吹捧自己的毛病仍旧未改，总是有意无意标榜自己。在爱情方面，吹嘘帅哥们是如何欣赏她、追求她，而她又是如何刁难他们，大放厥词。为了招人注意，甚至不顾他人尊严。性格喜怒无常，高兴时嘻嘻哈哈，劲头十足，稍不顺心，大吵大闹，弄得人际关系十分紧张。近日，正当她瞎吹时，有人用话语刺激了她一下，她顿时觉得自己并非魅力超群，立刻萎靡不振，非常难过。然而难过归难过，之后她依然我行我素。

7. 依赖型人格

美国《精神障碍的诊断与统计手册》中将依赖型人格的特征概括如下：

(1) 在没有从他人处得到大量的建议和保证之前，对日常事物不能作出决策。

(2) 无助感，让别人为自己作大多数的重要决定，如在何处生活、该选择什么职业等。

(3) 被遗弃感，明知他人错了，也随声附和，因为害怕被别人遗弃。

(4) 无独立性，很难单独展开计划或做事。

(5) 过度容忍，为讨好他人甘愿做低下的或自己不愿做的事。

(6) 独处时有不适和无助感,或竭尽全力以逃避孤独。

(7) 当亲密的关系中止时感到无助或崩溃。

(8) 经常被遭人遗弃的念头所折磨。

(9) 很容易因未得到赞许或遭到批评而受到伤害。

只要满足上述特征中的五项,即可诊断为依赖型人格。

依赖型人格源于人类发展的早期。幼年时期的儿童离开父母就不能生存,在儿童印象中保护他、养育他、满足他一切需要的父母是万能的,自己必须依赖他们,总怕失去了这个"保护神"。这时如果父母对儿童溺爱,会促使子女依赖父母,使他们失去长大和自立的机会,久而久之,在子女的心目中就会逐渐产生对父母或权威的依赖心理,成年以后依然不能自主,缺乏自信心,总是依靠他人来做决定,终身不能负担起选择、接受各项任务和工作的责任,形成依赖型人格。

8. 攻击型人格

攻击型人格障碍是一种以行为和情绪具有明显冲动性为主要特征的人格障碍,又称为爆发型或冲动型人格障碍,通常具有以下特征:

(1) 情绪急躁易怒,存在无法自控的冲动和驱动力。

(2) 性格上常表现出向外攻击、鲁莽和盲动。

(3) 冲动的动机形成可以是有意识的,亦可以是无意识的。

(4) 行动反复无常,可以是有计划的,亦可以是无计划的。行动之前有强烈的紧张感,行动之后体验到愉快、满足或放松感,无真正的悔恨、自责或罪恶感。

(5) 心理发育不健全和不成熟,经常导致心理不平衡。

(6) 容易产生不良行为和犯罪的倾向。

攻击型人格还有一种被动攻击型形式,其主要特征是以被动的方式表现其强烈的攻击倾向。这类人外表表现得被动和服从、百依百顺,内心却充满敌意和攻击性。例如,故意晚到,故意不回电话或不回信,故意拆台使工作无法进行;顽固执拗,不听调动;拖延时间,暗地破坏或阻挠。他们的仇视情感与攻击倾向十分强烈,但又不敢直接表露于外,他们虽然牢骚满腹,但心里又很依赖权威。

以上人格障碍的表现有男女性别差异:依赖型多见于女性;偏执型、强迫型、悖德型多见于男性。

除人格障碍外,还有人格缺陷问题。人格缺陷是介于正常人格与人格障碍之间的一种人格状态,也可以说是一种人格发展的不良倾向,或者说是某种轻度的人格障碍。常见的人格缺陷有自卑、抑郁、怯懦、孤僻、冷漠、悲观、依赖、敏感、多疑、焦虑或对人敌视、暴躁冲动、破坏等。这些都是不健康的心理因素,它们不仅影响活动效率、妨碍建立正常的人际关系,而且也会给人生蒙上一层消极的阴影,如不及时矫正与治疗,会发展为各种人格障碍。日常生活中,具有人格缺陷的人比人格障碍的人在数量上多一些,在青年群体中也较为常见。它的形成与童年、少年期的家庭环境、个人经历、认识结构偏颇等有关。对于人格缺陷问题,如果在青年期能得到适当的教育与治疗,是可以矫正的。

(二)自我调适的方法

青年学生要克服心理障碍,走上健康人格之路,需要掌握自我调适的方法,其中最主要的是自我分析、自我评价和自我教育。

自我分析,就是对自己特别是对自己性格的基本认识。这种分析要客观,恰到好处,既不过高也不过低,始终保持一种比较合乎实际的水平。

自我评价,就是给自己"定格",根据分析为自己"打分",打分要准确、公正,当然也要参照别人的评价,但重要的是对自我的认知,即有自知之明。

自我教育,又分为自省、自警和自励。自省,就是回忆、反思自己的思想、行为、性格、面貌,总结优点,发现缺点,从而不断上进;自警,就是经常给自己以警示、提醒,自我警戒,自我约束;自励,即自我砥砺,也就是有意识地进行自我磨炼,锻炼意志品质。

除了上述的方法之外,还需要进行心理与行为的调节,比如,负性情绪的消除,通过疏泄、转移、升华、反思等"排忧解难";通过培养广泛的兴趣,建立和谐的生活空间;通过积极的放松,消除紧张与焦虑,并且注重动用心理治疗中的相应方法,摆脱人格障碍和人格缺陷,塑造健康的人格。

案例分析

优秀的少年研究生,生命之花为何如此早谢?

2000年5月13日,星期六,在南京某综合大学,19岁的女研究生徐某在宿舍里,将汽油浇到了自己身上,平静地用打火机将自己点燃……

当我们追寻徐某成长的轨迹时发现:这位出生在苏北某偏僻小镇的女孩,天资聪颖,深得身为教师的父母的欢心和喜爱。聪明早慧的她,1994年9月,年仅13岁就以优异的成绩考入某全国著名高校生物系,成为该校历史上最年轻的大学生。年少的她笼罩在绚丽耀眼的光环之中,获得了巨大的心理满足。

在大学,徐某凭着自己的睿智,学习轻松,成绩优异。这让她既自信又自负,在校园获"天才少女"的美名。一方面,学习优异掩盖了她人格的不成熟;另一方面,其心理年龄的成熟与学业的成长不同步,同学因她年龄小而对她宽容,使她心理的成熟脚步并没有因为进入大学而加速,反而更加迟滞。可以想象,一个13岁的孩子,其心智发展水平很难使她融入群体之中,徐某的生活自理能力弱,不会洗衣服,不会计划用钱,更不会与人相处。面对这样一个不谙世事的小妹妹,同寝室的姐妹们给予了她许多呵护和关爱。大学四年,她的衣服大都是由同学代洗，凌乱的床铺和书桌也大多是同学们默默地帮助整理。生活中的她同样表现出人格不成熟。随着连续剧《还珠格格》的播放，剧中人物小燕子得到徐某的偏爱。一日，她在图书馆看书，管理员说自己不喜欢小燕子，她听到后大发脾气，不许对方讲小燕子的坏话，与管理员争得面红耳赤。

1998 年 9 月，17 岁的徐某因成绩优异，成为免试研究生。早已习惯了众星捧月的感觉，读研后她感到孤独寂寞。入学后，院里对新生进行摸底考试，她的成绩竟不在前列。不久，她又感到了另一种压力。班里许多同学都有电脑，她便开始向家里要钱。起初，对于女儿的要求，徐父都尽力满足，但时间长了，他也发现了女儿的变化，便写信批评她不要乱花钱。

1999 年 10 月，徐某偶然结识了刑满释放的王某。王某是情场老手，带她出入高档娱乐场所，送她价格不菲的礼物，徐某很快坠入爱河。2000 年 1 月，王某因犯罪被逮捕。徐某得知消息后，匆匆赶到公安局，不问案情，见到办案人员双膝跪倒在地："他不会杀人的，我可以保证，求求你们放了他吧！"任凭办案人员如何劝说，她也不肯离开，最后，办案人员只有通知学校派人将她领回去。回到寝室的徐某整日不吃不喝，使劲哭闹。当得知王某因故意伤害罪致人死亡，被判处死刑时，徐某竟然一反常态，出奇地平静。此后她正常上课，在班里也经常主动和别人打招呼。一直为她担心的同学们终于松了一口气，暗暗庆幸这位小妹妹已经走出了自我的误区。谁也没有想到，2000 年 5 月 13 日晚出现了开头的一幕。

从这个案例我们可以看出：第一，徐某的成长过程本身就带有一定的缺憾，当她过早进入大学后，她的心理与生理年龄的差异性便凸显出来，特别是她的生活自理能力差、不适应大学生活、人际关系不成熟；第二，与她的成长环境有关，她从小在封闭的环境中学习，又因年少而得到周围人们的宠爱与呵护，形成了一种孤傲、唯我独尊的性格和狭隘的思维定式，学习的道路一帆风顺，在赞扬和掌声中成长的她对挫折没有足够的认识，一旦受到挫折便不知所措；第三，当她进入研究生阶段学习时，她的优越感消失的失落与原来的完美的理想形成强烈的反差，因此心里特别空虚，王某的出现填补了她心灵的空缺，她更没有时间认真反思自己的生活与学业，而是沉浸于爱情之中。她需要别人对她的特别关注，因为这份关注已经成为她生命中的一部分，当学业的自我中心失去后，爱情成为她自我中心的最后屏障，但当她发现自己爱上一个魔鬼时，她不能接受这双重的打击，以致走上轻生的道路。

心理学家认为：每个人都存在不同程度的自恋倾向，但绝大多数人没有成为自恋型人格。这是为什么呢？因为在人的成长过程中，社会化起到重要的作用。在与他人的交往中，我们逐步发现自己的不足，调整自我，并在与他人的社会比较中，确立正确的自我观，走出自我中心的误区。

附：气质测验

气质测验60题

下面60道题，可以帮助你大致确定自己的气质类型。在回答这些问题时，你认为：

很符合自己情况的	计2分；
比较符合的	计1分；
介于符合与不符合之间的	计0分；
比较不符合的	计－1分；
完全不符合的	计－2分。

1. 做事力求稳妥，一般不做无把握的事。
2. 遇到可气的事就怒不可遏，得把心里的话全说出来才痛快。
3. 宁可一个人干事，不愿很多人在一起干。
4. 到一个新环境很快就能适应。
5. 厌恶那些强烈的刺激，如尖叫、噪声、危险镜头等。
6. 和人争吵时，总是先发制人，喜欢挑衅。
7. 喜欢安静的环境。
8. 善于和人交往。
9. 羡慕那种善于克制自己感情的人。
10. 生活有规律，很少违反作息制度。
11. 在多数情况下情绪是乐观的。
12. 碰到陌生人觉得很拘束。
13. 遇到令人气愤的事，能很好地自我克制。
14. 做事总有旺盛的精力。
15. 遇到问题总是举棋不定，优柔寡断。
16. 在人群中从不觉得过分拘束。
17. 情绪高昂时，觉得干什么都有趣；情绪低落时，又觉得什么都没意思。
18. 当注意力集中于某一事物时，别的事很难使自己分心。
19. 理解问题总比别人快。
20. 碰到危险情景时，常有一种极度恐惧感。
21. 对学习、工作、事业怀有很高的热情。
22. 能够长时间做枯燥、单调的工作。
23. 符合兴趣的事情，干起来劲头十足，否则就不想干。
24. 一点小事就能引起情绪波动。
25. 讨厌做那种需要耐心的工作。

26. 与人交往不卑不亢。
27. 喜欢参加气氛热烈的活动。
28. 爱看感情细腻、描写人物内心活动的文学作品。
29. 工作和学习时间长了，常感到厌倦。
30. 不喜欢长时间谈论一个问题，愿意实际动手干。
31. 宁愿侃侃而谈，不愿窃窃私语。
32. 别人总是说我闷闷不乐。
33. 理解问题常比别人慢些。
34. 疲倦时只要短暂的休息就能精神抖擞，重新投入工作。
35. 心里有话宁愿自己想，不愿说出来。
36. 认准一个目标就希望尽快实现，不达目的，誓不罢休。
37. 学习和工作同样一段时间后，常比别人更疲倦。
38. 做事有些莽撞，常常不考虑后果。
39. 老师讲授新知识时，总希望他讲得慢些，多重复几遍。
40. 能够很快地忘记那些不愉快的事情。
41. 做作业或完成一件工作总比别人花的时间长。
42. 喜欢运动量大的剧烈体育运动或参加各种文艺活动。
43. 不能很快地把注意力从一件事转移到另一件事上去。
44. 接受一个任务后，就希望把它迅速解决。
45. 认为墨守成规比冒风险强些。
46. 能够同时注意几个事物。
47. 当我烦闷的时候，别人很难使我高兴起来。
48. 爱看情节起伏跌宕、激动人心的小说。
49. 对工作抱认真严谨、始终如一的态度。
50. 和周围人的关系总是相处不好。
51. 喜欢复习学过的知识，重复做能熟练做的工作。
52. 希望做变化大、花样多的工作。
53. 小时候背的诗歌，我似乎比别人记得清楚。
54. 别人说我“出语伤人”，可我并不觉得这样。
55. 在体育活动中，常因反应慢而落后。
56. 反应敏捷、头脑机智。
57. 喜欢有条理而不甚麻烦的工作。
58. 兴奋的事常使我失眠。
59. 老师讲新概念时常常听不懂，但是弄懂了以后很难忘记。
60. 假如工作枯燥无味，马上就会情绪低落。

确定气质类型的方法如下：

第一步，将每题得分填入表4.8中的“得分”栏内。

第二步，计算每种气质类型的总分。

（注：测试时间一般为15～20分钟。）

第三步，确定气质类型：

（1）如果某类气质得分明显高出其他三种，且均高出4分以上，则可定为该类气质。如果该类气质得分超过20分，则为典型型；如果该类得分在10～20分，则为一般型。

（2）两种气质类型得分接近，其差异低于3分，而且又明显高于其他两种（高出4分以上），则可定为这两种气质的混合型。

（3）三种气质得分均高于第四种，而且很接近，则为三种气质的混合型，例如多血-胆汁-黏液质混合型或黏液-多血-抑郁质混合型。

需要强调的是，运用短时间的观察和实验法来确定气质类型有一定的局限性。全面而准确地测定需要通过长时间和多方面的观察，并联系对受试者整个生活历程的了解和分析，才能真正看出一个人精神活动类型的稳定特征。因此，气质的问卷调查对受试者气质类型的确定只是一种“大致的确定”。

表4.8 气质测验得分表

胆汁质	题号	2	6	9	14	17	21	27	31	36	38	42	48	50	54	58	总分
	得分																
多血质	题号	4	8	11	16	19	23	25	29	34	40	44	46	52	56	60	总分
	得分																
黏液质	题号	1	7	10	13	18	22	26	30	33	39	43	45	49	55	57	总分
	得分																
抑郁质	题号	3	5	12	15	20	24	28	32	35	37	41	47	51	53	59	总分
	得分																

思 考 题

1. 什么是人格？影响人格形成的因素有哪些？
2. 认真分析一下你的家庭教养方式，评述家庭对你成长的影响。
3. 什么是气质？什么是性格？
4. 大学生如何塑造良好的性格？
5. 内心自我剖析十分重要，请你认真回答以下四个问题：
(1) 最怕发生的事是什么？
(2) 最不敢想的事是什么？
(3) 最不容易忘记的事是什么？
(4) 从未告诉别人的事是什么？

第五章　问世间情为何物
——大学生恋爱心理

案例 5.1

一见钟情的困惑

[问题]

老师：

您好！

最近，我对一个人有心跳的感觉，只要一看到她，我的心跳就加速。我不知道这是不是爱一个人的感觉？但心里只想和她做个朋友，做一辈子的知心朋友。我心里很矛盾，我该不该上前去认识她呢？又害怕被拒绝，到那时连远远看她的机会都没有了。我该怎么办呢？眼看就要期末考试了，我不想为这件事所困扰。

[回复]

在生活中，那种第一次见面就有一种心动的感觉并非罕见。但那不是爱，而是心理学上所说的由第一印象引起的“晕轮效应”。

晕轮效应最早是由美国著名心理学家桑戴克于 20 世纪 20 年代提出的。他认为，人们对人的认知和判断往往只从局部出发扩散而得出整体印象，即常常以偏概全。一个人如果被贴上好的标签，他就会被一种积极肯定的光环笼罩，并被赋予一切都好的品质；如果一个人被贴上坏的标签，他就被一种消极否定的光环所笼罩，并被认为具有各种坏品质。这就好像刮大风天气前夜月亮周围出现的圆环（月晕）一样，其实呢，圆环不过是月亮光的扩大化而已。据此，桑戴克为这一心理现象起了一个恰如其分的名称——“晕轮效应”，也称作“光环作用”。

晕轮效应不但常表现在以貌取人上，而且还常表现在以服装定地位与性格，以初次言谈定人的才能与品德等方面。在对不太熟悉的人进行评价时，这种效应体现得尤其明显。因此，“晕轮效应”仅仅抓住并根据事物的个别特征而对事物的本质或全部特征下结论，是很片面的。

所以，如果有机会，可以很自然地和她接触。如果没有机会，劝你放手。

记住：一般来说，在正常情况下，一个人从他（她）一来到这个世界，就会有另一个适合他（她）的异性在人生的旅途中在等待着他（她），与他（她）相伴。别太着急了！

大学阶段是人生发展的重要时期。有人这样概括此阶段的核心任务:求学、求爱、求职。求学、求职是为了将来在社会上立足,寻求事业的发展;求爱即求偶,是为未来组建家庭做准备。“三求”并无时间的先后之分,是相互交织贯穿始终的一个过程。

对于许多大学生来说,发生在青春岁月里的校园恋情,往往是比学校的学习和生活更让人难忘的一段经历。当然,这难忘的原因是多方面的,比如,因为那是第一次,因为那是最甜蜜的,因为那是最纯情的,因为那是最心痛的,因为那是最追悔莫及的……

“爱”一个人意味着什么?为什么有些爱会持续,而有些却消失得比产生时还要快?在本章之中,我们通过学习一些相关领域的知识,分析一些发生在这一领域的案例来探讨如何处理亲密关系之道。

第一节 爱情理论概述

一、西方心理学界的爱情理论

(一)爱情态度理论

1970年,Rubin将爱情定义成对某一特定的他人所持有的一种态度,由此使爱情得以并入人际吸引的社会心理学主流内,并能使用一般测量方法研究爱情。

Rubin假设爱情是可以被测量的独立概念,可以视为一个人对特定他人的多面性态度。他从文艺著作、普通常识及人际吸引的文献资料中,寻找拟定叙述感情的题目,经过项目分析、信度和效度考验,建立爱情量表(love scale)和喜欢量表(liking scale),发现爱情与喜欢有质的差别。爱情量表中包含三种成分:① 亲和和依赖需求;② 欲帮助对方的倾向;③ 排他性与独占性。

(二)Lee的爱情观类型理论

1973年,加拿大社会学家John Alan Lee经由文献收集及调查访谈两个阶段的研究,将男女之间的爱情分成六种形态:情欲之爱(eros)、游戏之爱(ludus)、友谊之爱(storge)、依附之爱(mania)、现实之爱(pragama)及利他之爱(agape)。

“情欲之爱”是建立在理想化的外在美,并且是罗曼蒂克、激情的爱情。

“游戏之爱”是指视爱情为一场让异性青睐的游戏,并不会将真实的情感投入,常更换对象,且重视的是过程而非结果。

“友谊之爱”是指如青梅竹马般的感情,是一种细水长流型、稳定的爱。

“依附之爱”者对于情感的需求非常大。

“现实之爱”是指会考虑对方的现实条件，以期让自己的酬赏增加且减少付出成本的爱情。

“利他之爱”者则带着一种牺牲、奉献的态度，追求爱情且不求对方回报。

承接 Rubin 将爱情视为态度的方向，有些研究者编制爱情态度量表来验证 Lee 的爱情类型理论，研究结果发现的确有 6 个向度，因此验证了 Lee 的理论。此量表有 6 个分量表，分别代表不同的爱情类型，每个分量表各有 7 题，总共有 42 题，答题者采用 5 点量表的反应方式回答对各陈述句的同意程度。此后，大多数研究都以此量表为测量工具，这也受到多位学者的认可。

（三）爱情关系的依附风格理论

1. 三类型依附风格理论

此类研究取向将爱情关系与依附关系做了一个连接。有些研究者（Hazan，Shaver，1987；Bartholomew，Horowitz，1991）认为个体婴儿时期与人建立的依附关系，会使个体形成一个持久且稳定的人格特质，这项特质对个体在与异性建立亲密关系时会自然流露出来。他们认为小时候形成的亲密的人际关系的形态对后来的爱情互动形态可能存在因果关系。

Hazan 和 Shaver（1987）将成人的爱情关系视为一种依附的过程，即伴侣间建立爱情连接的过程，就如婴幼儿在幼年时期与父母双亲建立依附性情感连接的过程一样，他们根据 Bowlby（1969，引自 Hazan，Shaver，1987）的依附理论和 Ainsworth 等人（1978，引自 Hazan，Shaver，1987）的三种婴幼儿倾向，提出爱情关系的三种“依附风格”：

(1) “安全依附（secure style）”：与伴侣的关系良好、稳定，能彼此信任、互相支持。

(2) “逃避依附（avoidant style）”：害怕且逃避与伴侣的亲密。

(3) “焦虑/矛盾依附（anxious/ambivalent style）”：时常具有情绪不稳、极端反应的现象，善于嫉妒且希望跟伴侣的关系是互惠的。

在 Hazan 和 Shaver（1987）的研究中发现，三种不同爱情依附风格在成人中所占比例（安全依附约占 56%，逃避依附约占 25%，而焦虑/矛盾依附约占 19%）与婴儿依附类型的调查比例相当接近，而且成人受试者的爱情依附风格，可以从他们对其与父母关系的主观知觉来加以预测。因此，他们认为成人的爱情依附风格可能是从婴幼儿时期就开始发展的一种人际关系取向。

2. 四类型依附风格理论

Bartholomew 和 Horowitz（1991）以上述爱情依附风格理论的概念为基础，发展出一种四类型的爱情依附风格理论，他们以“正向或负向的自我意象”和“正向或负向的他人意象”两个不同的向度来分析，得到四种类型的爱情依附风格：

安全依附：由正向自我意象和正向的他人意象所造成。

焦虑依附：由负向自我意象和正向的他人意象所造成。

排除依附：由正向自我意象和负向的他人意象所造成。

逃避依附：由负向自我意象和负向的他人意象所造成。

（四）爱情三成分理论

除了上述 Rubin 在爱情量表中将爱情分成三类之外，斯腾伯格（Sternberg，1986）的爱情三成分理论（triangular theory of love）是目前最重要且最为人熟知的理论。他认为爱情包括三种成分：亲密（intimacy）、激情（passion）及承诺（commitment）。

所谓的亲密是指与伴侣间心灵相近、互相契合、互相归属的感觉，属于爱情的情感成分。

激情是指强烈地渴望与伴侣结合，促使关系产生浪漫和外在吸引力的动机，也就是与"性"相关的动机驱力，属于爱情的动机成分。

承诺则包括短期和长期两个部分，短期的部分是指个体"决定"去爱一个人，长期的部分是指对两人之间亲密关系所作的持久性承诺，属于爱情的认知成分。

随着认识时间的增加及相处方式的改变，上述的三种成分将有所改变，爱情三角形的形状和大小会因其组成元素的增减而发生改变。三角形的面积代表爱情的质与量，根据斯腾伯格的说法，"三角形面积越大，爱情就越丰富"。如图 5.1 所示。

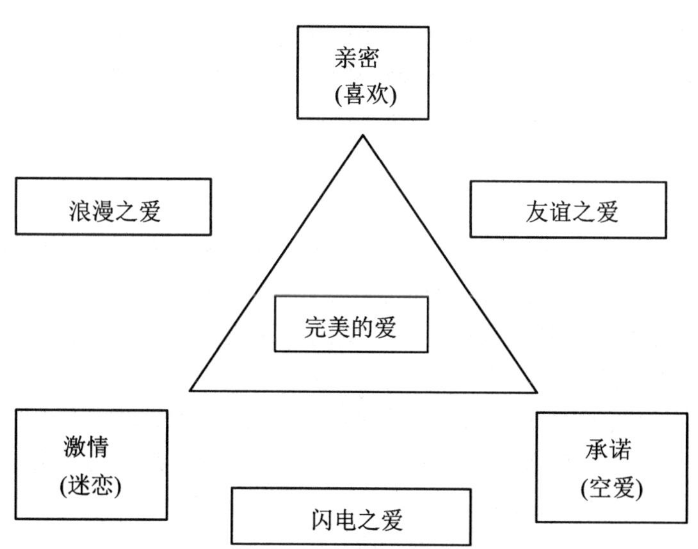

图 5.1 斯腾伯格的爱情三成分理论

1986 年，斯腾伯格进一步提出，在三种成分下有以下八种不同的爱情关系组合：

1. 无爱

无爱是指爱的三种成分都缺少。无爱是大部分人际关系具有的特征，它只有偶尔的相互作用，并不会涉及爱。

2. 喜欢

喜欢是指只经历亲密而缺少激情和决定(承诺)。喜欢在这里不仅仅用来描述一个人在生命中对熟人或过客的感觉，而是指在真正的友谊中拥有的感觉，一个人感觉亲近、关联和温暖，而没有感觉到强烈的激情和长期的承诺。用另一种方式说，一个人对朋友感情上很亲密，但是朋友不会误解，也不会产生“爱上朋友”这样的念头或计划在余生去爱朋友。

朋友间也可能有激情或长期承诺因素存在，但是在这种情况里，友谊超越了喜欢，可以分成以下几类(一个能区别纯粹喜欢和超越喜欢的爱的测验是“缺少测验”)：如果喜欢的一个特别的朋友，离开一段时间，可能会想念他，但是不会沉溺于失去；一个人能在几年后用不同的形式找回友谊，但在中间这些年里没有很想这段友谊；当一段亲密关系超越了友谊，则人对缺少测验的反应就会完全不同，他会很想念这个人，并且深陷于这个人离开的伤痛。另一方面，这种想念是积极的而不是消极的，并且会对生活和生活态度产生影响；当对另一个人的离开产生亲密、激情或承诺的强烈的感情，就可以将这种关系归类为爱。

3. 狂热的爱

狂热的爱是指“一见钟情”。狂热的爱，或简单地说狂热，产生于激情而没有亲密和承诺。狂热通常很容易确定，在适当的环境下狂热会很快产生，虽然有时候陷入爱情的人比旁观者要茫然。狂热的特征是会产生生理、心理热度，比如说心跳加快、分泌激素等。“狂热”和 Tennov 在 1979 年提出的“limerence”概念相同，它能够在特定的环境下很持久。

4. 空洞的爱

如果一个人决定去爱，并且对爱作出承诺，但是缺少爱的亲密和激情，那么这时候的爱就是空洞的爱。这种爱有时会在持续了很久的停滞的关系中存在，这种爱已经失去了情感和身体的吸引。除非爱的承诺很有力量，否则这样的爱迟早会结束，因为承诺很容易受到清醒的改变的影响。虽然在现代社会中，我们已经习惯了空洞的爱，因为它产生于长期关系的最终结果或接近最终的阶段，然而在其他社会，空洞的爱可能是长期关系的第一阶段。比如，在包办婚姻的社会，结婚双方在开始的时候是因为承诺而爱，或者相互努力去爱。这种关系说明缺少爱不一定是长期关系的最终阶段，也可能是开始阶段。

5. 浪漫的爱

这种爱由亲密和激情成分组合而成。从本质上说，它比喜欢多一个因素，就是身体的吸引。根据这种观点，浪漫的爱不只是身体上互相吸引，在情感上也相互联系。这种爱和文学经典小说里的爱情很相似，比如“罗密欧与朱丽叶”“Tristan 和

Isolde”。这种浪漫的爱与 Hatfield 和 Walster 在 1981 年提出的爱不同，他们认为浪漫的爱和狂热的爱相同。

6. 伴侣之爱

这种爱是亲密和决定/承诺的组合。它实质上是一种长期的、有承诺的友谊，经常发生在身体吸引已经消失的婚姻中。这种观点在 Duck 的《生命中的朋友》一书中有论述。这种爱与 Berscheid 和 Walster 在 1978 年提出的观点相同。

7. 愚昧的爱

愚昧的爱产生于激情和决定/承诺的组合，但是缺少亲密成分。我们有时会将这种爱和好莱坞爱情剧联系起来，或者和旋风求爱联系起来，在这种爱里一对情侣在某一天相遇，两个星期后订婚，过一个月就结婚。这样将承诺建立在激情基础上而缺少亲密成分带来的稳定因素是愚蠢的。虽然激情成分能很快产生，但是亲密却不能，因此由愚蠢的爱建立的关系经不起考验，例如闪电结婚会有更高的离婚风险。

8. 完美的爱

这种爱由三种成分共同组合而成。我们都追寻这样的爱，尤其是在浪漫的关系中。获得完美的爱和期望与在减肥中达到目标相类似，达到目标比保持要容易。获得完美的爱不代表爱会持续，实际上，它的失去有时和减肥中体重恢复类似：人们经常在目标丢失时才能意识到。

在上述这些关系中，完美的爱很难形成和保持，它依赖于要建立和保持的关系和环境。

【课程思政导航】

讨论：如何看待希特勒与马克思不同的“爱情”？

希特勒一生的最爱是同父异母的姐姐的女儿葛丽，他认识她时自己已经是纳粹党的党魁，且年龄是葛丽年龄的近两倍。可他却像一个十几岁的少年那样迷恋葛丽。而葛丽却爱上了希特勒的司机莫里斯，这使希特勒十分嫉妒。后来，每逢葛丽外出，希特勒总派两名纳粹分子陪伴，还要求葛丽必须分秒不差地按规定时间回家。1931 年 9 月 7 日，希特勒有事外出，临走时他一再命令葛丽待在别墅里不得外出。葛丽气得发抖，坚决要走，而希特勒不肯松口。次日，葛丽开枪自尽。

马克思是普通市民家庭出身，而燕妮是贵族出身，在家乡被公认是最美丽的姑娘。但燕妮对马克思情有独钟，18 岁时就和马克思私定终身，直到 25 岁才结婚。婚后因马克思的政治见解，欧洲许多国家都反对他、驱逐他。他们一家四处转移，生活极其困难。这种情况下，他们依然彼此相爱。燕妮每天除了操持生活外，还要帮马克思整理手稿，与出版社交涉一些琐碎的手续。她曾说：“他（马克思）的忧愁和快乐，同样也是我的忧愁和快乐，他的道路就是我的道路，他的思想就是我的思想。”

二、恋爱的过程

恋爱是指男女双方培养感情、发展爱情的过程。一般来讲，爱情的产生也有一个发展的阶段。曾经有人很形象地说恋爱的过程就是“谈、恋、爱”这三个过程，先是双方相谈甚欢而产生好感，然后是彼此喜欢、恋恋不舍，最后产生爱情。“谈”和“恋”多停留在友谊的层次，而“爱”则达到了关系亲密的层次。

（一）“谈”的阶段

这一阶段是指男女在生活、工作和学习中，通过相识、接触，彼此谈得来，产生好感，希望进一步接近的心理阶段。好感是一种彼此欣赏的情感体验。男女之间的好感，并非全是爱情，但却是爱情产生的必要前提。异性之间的好感会增强相互的吸引，形成一种内在动力，促进双方的接近和情感交流。这个阶段的代表语是：“我们谈得来，喜欢和你在一起聊天。”

（二）“恋”的阶段

这一阶段是指男女之间在因“谈”而生好感的基础上，产生了恋恋不舍的爱慕之情的心理阶段。男女双方经过“谈”的阶段对对方的爱好、志趣、性格、为人等各方面有了更多的了解，从而产生了更深刻的情感体验。这种内在感情使人心旷神怡，进而萌发与对方结合的强烈情感倾向，并在理智支配下，发展为对对方的爱慕之情。这个阶段的代表语是：“我只愿意和他（她）在一起，不想分开。”

（三）“爱”的阶段

这一阶段是指男女之间从单方面的爱慕发展到互相爱慕，建立彼此难分的亲密情感的心理阶段。在恋爱中，从单方爱慕到相爱，有时可能同步，也有很多时候可能是不同步的，甚至还会经受一些波折与磨难。但只要双方心心相印，彼此爱慕，只要一方首先打开自己的心扉，总会赢得对方的回应，开出美丽的爱情之花。这个阶段的代表语是：“他（她）很好，我希望能让他（她）幸福。”

三、恋爱中的男女差异

恋爱意味着两个人的生活圈开始有重叠部分。两个人既有各自独立的生活领域，也有着共同的部分。只要是两个人，就会有着不同的性格、不同的经历，就需要彼此适应，更何况是不同性别的两个人。恋人之间产生矛盾有时也在所难免，原因有很多，其中包括：男性与女性对事情有不同的心理感受；两个人在个性方面不一样；双方都不是完美无缺的等。可见，了解男女的差异对于经营爱情非常重要，有心理学者告诉我们，男女在许多方面截然不同，如表 5.1 所示。

表 5.1　恋爱中的男女差异

	女　性	男　性
在产生爱情的速度上	较慢	常常迅速坠入爱河
在变心的速度上	通常不易变心，但是一旦变心，很难回头	容易变心，也容易后悔
在感情的需求上	关心、照顾、了解、尊重、专一、肯定、承诺	信任、接纳、欣赏、羡慕、认可、鼓励
在爱的关系中	需要感到被珍爱，而不是生活照顾、物质满足	需要感到他的能力被肯定而不是不请自来的忠告
在情绪低落时	需要别人聆听她的感受，而不是帮她分析和给她提建议	需要独自安静，而不是勉强他细说因由
在寻找自己价值时	从人际关系中肯定自己	从成就中建立自我
在增进爱情时	需要感到被对方了解和重视	需要感到被对方欣赏和感激
在互相沟通时	总是以为男方的沉默就是对她不满和疏离	总是以为女方的宣泄就是向他寻求解决问题的方法

因此，要想得到美好的爱情，恋爱双方必须学会经营爱情，了解男女之间的不同心理，遵循恋爱的规则，双方力求做到真诚开放、甘苦共享、求同存异、互敬互爱。

小知识

征婚启事分析

有研究者（钟道平，王绪朗，2003）通过对 860 例征婚启事的内容进行分析，结果发现，女性青年和男性青年的择偶标准存在着显著差异。具体表现为：在生理条件方面，女性更关注对方的健康状况，男性更关注对方的容貌特征；在经济条件方面，女性关注对方的收入、住房、事业状况等，而男青年则不太计较对方的经济条件；在性格人品方面，女性更关注对方的人品修养和是否富有责任心，男性则更加看重对方的气质、温柔、善良等特征；在社会地位条件方面，女性比男性更关注对方的职业。另外，不同性别的择偶标准也具有一些共性：生理条件方面，都较重视对方的年龄而忽视身高；经济条件方面，大多不计较对方的家庭负担；性格人品方面，都普遍要求对方性格好、重感情；社会条件方面，都较重视对方的学历、能力、事业心等个体素质状况。

【课程思政导航】

> **课堂练习**：请静静思考一下“爱”是什么，并在白纸上写出5条你认为的爱的实质并分享。
>
> 例如，爱是……
>
> 同时，分享同学们眼中的爱情。

第二节 大学生的恋爱

一、大学生恋爱的心理过程

一般来说，大学生爱情的产生和发展大致要经过好感、爱慕和相爱等阶段。

（一）好感

好感是指在人际交往中所产生的一种彼此欣赏的情感体验。例如，人们在生活、工作和学习中，通过相互的接触、相识与往来，而产生彼此希望进一步接触的心情。男女之间的好感，并非是性爱，但却是爱情产生的必要前提。异性之间的好感会增强相互的吸引，形成一种内在动力，促进双方接近和情感交流。

（二）爱慕

男女之间在好感的基础上，经过对对方的爱好、志趣、性格、为人等各方面的更多的了解，而产生更深刻的情感体验，这种内在感情使人心旷神怡，萌发了希望与其结合的强烈情感倾向，并在理智的支配下，发展成对对方的爱慕之情。

（三）相爱

男女之间单方面的爱慕还不是爱情，只有相互爱慕，爱情才能建立。在恋爱中，从单方爱慕到互爱，有时可能是同步到来的，有时也可能是异步的，或者还会经受一些波折与困难，但只要双方心心相印，无论是谁首先打开自己的心扉，最终都会赢得对方的回应，从而开出绚丽多彩的爱情之花。

二、大学生恋爱的类型

恋爱是难以驾驭的人生艺术。渴望谈恋爱是一回事，会不会谈恋爱则是另一回事。大学校园的恋爱一般是普遍开花，零星结果，成功率极低。许多人疯狂地投进去，却惨败地退出来。有的成功，有的失败，有的因恋爱引发犯罪，甚至轻生。大学生恋爱因动机不同而呈现出多样化的类型。

（一）比翼双飞型

这类大学生基本上具备成熟的人格，有正确的恋爱观，能够以理性引导爱情，正确处理恋爱与学习、感情与爱情、情爱与性爱的关系。双方都有较强的事业心、进取心和自控能力，有共同的理想抱负和价值观念，把事业的成功作为爱情持久的目标，他们不仅把恋爱看作人生的快乐，而且能把幸福的爱情转化为学习和工作的动力。他们认为，恋爱不仅应该促使双方的进步，而且应该促进双方的成长。

（二）生活实惠型

进入大学后，毕业去向是大学生最为关注的问题。恋爱不可避免地成为决定毕业去向的条件之一，同时对方的家庭条件和发展前途也是各自关注的、必不可少的条件。一些大学生彼此的倾慕与向往也许不够强烈，但是他们有确定的就业方向和生活目标。大三是这类学生恋爱的高潮期，他（她）们认为这时谈恋爱相互了解多，信任程度高（特别是女生）。这种爱情是理智的、现实的，确定恋爱关系可能引起的争议也较少。

（三）时尚攀比型

在一些高校，恋爱成为一种时尚。当周边许多同学有了异性朋友时，一些男同学为了不使自己显得无能，一些女同学为了证明自己的魅力，也学别人的样子，匆匆地谈起“恋爱”。由于目的性不强，缺乏认真的态度，常常是跟着感觉走，把谈恋爱看作“一种精神上的补偿”，最终常以“因为没有考虑那么多”为借口而各奔东西。这种恋爱带有很大的随意性，容易引起许多问题。

（四）玩伴消遣型

这类学生同性朋友较少，时常感到孤独、烦闷，为了弥补精神世界的空虚，急欲与异性朋友交往，“恋爱”成为一种近景性的精神需求。尤其是周末，当同寝室的室友成双成对走出校园，独留自己一人在寝室时，有些同学会有一种空虚得想谈恋爱的感觉。女生的这种心理体验尤为明显。据了解，某大学一个班级全部女生在大二时就“名花有主”，她们真的是在谈恋爱吗？用她们自己的话说，“我其实不是真的在谈恋爱，只是生活太乏味了，又没有知己，想找个伴儿畅快畅快。”

（五）追求浪漫型

这类学生情感比较丰富，罗曼蒂克的爱情对他们有着强烈的吸引。不可否认，一些文艺作品对这类大学生有着潜移默化的影响，使他们对爱情的浪漫色彩的追逐和窥探心理日趋强烈。他们并非不尊重爱情，而是觉得出没于花前月下的刺激比爱情中富有理性的责任和义务更富有色彩和韵味。与这种色彩和韵味相比较，对方的性格品质被淡化了。他们对爱情的缠绵悱恻有较深体验并乐于身陷其中，时时沉浸于两个人的世界，忘却了集体，甚至忘却了学业。这种状况在低年级大学生中表现得尤为明显。

（六）功利世俗型

这是以对方的门第、家产、地位、名誉、处所、职业、社交能力等为恋爱前提的功利类型。某大学学生会提供的一份资料表明，在该校尚未毕业的女大学生中，有将近 70%的人在抽样调查中表示，希望自己未来的“白马王子”是一位商界老板。个别“超前”的女大学生甚至在校期间已和一些社会人士情来意往，建立了不同寻常的“关系”。这种择偶标准的悄悄变化是爱情在商品经济大潮中被物化的结果，是恋爱的异化，有着浓厚的功利色彩。

三、大学生恋爱的特点

随着社会的发展和周围生活环境的变化，人们的价值取向趋向多元化，在这些社会文化因素的影响下，大学生的恋爱观较以往的传统观念也有了一定的变化，呈现出明显的时代特点。

我国一些心理学专家研究认为，当代大学生在恋爱的态度、行为和方式上一般具有以下特点。

（一）恋爱行为公开化

大学生是一个特殊的青年社会群体，他们思想比较开放，容易接受新观念，独立意识强。在今天这个开放的社会中，大学生往往注重突出个性，不愿受他人尤其是长辈的影响，在恋爱问题上不再顾忌他人的评价，校园道路、草坪、食堂、教室等公共场合处处可见恋人们卿卿我我的身影。

（二）注重恋爱过程

在校大学生谈恋爱一般不考虑经济、地位、家庭等社会性问题，浪漫主义情感色彩浓厚，自主性强，约束性差，情感性强，理智性弱。他们中流传关于爱情的一句顺口溜——“只求曾经拥有，不求天长地久。”大学生谈恋爱注重情感体验和交流，对恋爱的结果不太在意。恋爱向来被人们看作为了寻觅生活伴侣，是婚姻的前奏。但是大学生恋爱一般不是指向婚姻，注重的是恋爱过程本身。

注重恋爱过程，从某种意义上来说有利于双方相互了解、加深认识，也有利于培养感情、增加心理相容度，同时也反映出大学生不落世俗、执意追求爱情的真谛。但是，如果仅仅只注重恋爱过程，未免失之偏颇。一些大学生只把恋爱当作一种感情体验，借以寻求刺激；一些大学生则是为了充实课余生活，排解寂寞，填补空虚，把恋爱当作一种消遣和弥补。只注重恋爱过程，轻视恋爱结果，实质上是只强调爱的权利，而不关注爱的责任，这也容易导致恋爱关系脆弱化，使得双方往往不能理性地对待恋爱中的挫折。因此，大学生恋爱常常表现为恋爱率高、持久率低，能发展为缔结婚姻关系的则寥寥无几。

（三）重视恋爱的形式

我们一般很容易发现男女大学生在谈恋爱，因为他们一起上自习、吃饭、在校园散步、看电影，所有流行的恋爱方式都不自觉地在他们身上出现。但只有这些外在行为不一定表明他们是真心相爱。一方面，大学生自身存在经济条件较差、年龄较小、未来去向不明确等不稳定性因素，另一方面，也确实有些大学生谈恋爱追求的并不是走向婚姻殿堂。大学生中“有情人”虽多，但“终成眷属”者少，这样就会产生一批失恋大军。感情遭受挫折后出现一段时期的心理困扰是正常的，大多数大学生通过找朋友诉说、自我调整，能够对自己和对方采取宽容的态度，尊重对方的选择。但仍有一部分大学生摆脱不了情感危机，有的失去信心，放弃对爱情的追求；有的一蹶不振、自暴自弃，对生活失去信心，以至于悲观厌世；有的视对方如仇人，肆意诽谤，甚至作出极端行为伤害对方。这样的情况虽是少数，但影响很坏。

（四）恋爱观念开放

中国传统文化及伦理道德观虽对大学生影响较深，但随着时代的变迁，社会价值多元化的发展，当代大学生的恋爱观念也日益开放，很多同学对婚前性行为持理解和宽容的态度，对部分在外租房同居的现象也能接纳。传统的贞操观在大学生的思想观念中逐渐淡化，恋爱方式公开化，甚至有些大学生在公共场所之中、大庭广众之下，旁若无人，竟作出过分亲密的动作，有的竟然搞多角恋爱。这些过分开放的恋爱观念不仅可能会导致一些不良行为的发生，而且还可能引发对恋爱双方造成伤害的严重问题，应该引起大学生们高度警醒。

拓展阅读

爱情的非理性观念

(1) 大学期间一定要谈一回恋爱，认为没有爱情的大学生活是失败的。

(2) 爱凭的是感觉，爱不需要理由。

(3) 爱与性是统一的，因为相爱而发生性关系无可非议。

(4) 恋人是完美的，爱情是至高无上的。

(5) 不在乎天长之久，只在乎曾经拥有。

(6) 爱情是永恒的。

(7) 我的恋人只属于我。
(8) 爱情是靠努力可以争取到的,只要付出必有回报。
(9) 失恋是人生的重大失败。
(10) 爱的给予就是“付出”,满足对方一切要求。

四、恋爱对大学生的影响

关于恋爱对大学生将产生什么影响,有三种代表性的观点:

一是动力论。认为利多弊少,恋爱可以产生动力,促进学习,陶冶情感,丰富精神生活,激发大学生的潜能。

二是阻力论。认为弊多利少,大学阶段学习紧张,时间有限,恋爱花费时间,耗费精力,妨碍学习,影响团结,不利于全面发展。

三是均衡论。认为利弊均衡。

在现实生活中,恋爱对大学生学习的作用具有两种可能性:一是恋爱关系处理得当,可以成为学习的催化剂,使人学习努力,成绩上升;二是恋爱关系处理不当,可能分散精力,浪费时间,使情绪波动,成绩下降。

恋爱对大学生道德影响具有两重性。积极高尚的爱情对道德观念的形成和发展具有显著的催化和促进作用。与此相反,庸俗的爱情使大学生流连或追求低级趣味,甚至行为越轨。因此,大学生只有树立正确的恋爱观,把爱情融进实现“中国梦”的伟大事业中,把爱情建立在为实现中华民族伟大复兴的崇高理想而共同奋斗的基础上,才能使爱情成为奋发向上的力量。

【课程思政导航】

讨论:大学生在校园道路、草坪、食堂、教室等公共场合卿卿我我的行为,与建立文明和谐社会的意识相符吗?

第三节　大学生恋爱中常见的心理困扰

恋爱在给人带来幸福和甜蜜的同时,也给人带来烦恼和苦涩。尤其是大学生在经济尚未独立、人格尚未成熟的时候就谈恋爱,给恋爱双方的人生有可能带来不利影响。所以,重视恋爱中的心理问题是十分必要的。

一、大学生常见的不良恋爱心理

(1) 性爱的过度好奇心理。这是由生理发育成熟而导致的性冲动与性亲近要求而形成的。

(2) 急于求成的占有心理。这与高校聚集着才华、风度、美貌于一身的特殊人群氛围直接相关。有些男大学生固执地认为:直到毕业还没有男朋友的女孩都是别人挑剩下的。这种观点是由所谓的“不恋爱就变态”等错误言论的蛊惑所形成的。

(3) 依赖心理。这是由独生子女的孤独感和习惯了他人的呵护与关爱所致,属于“情感寄托型”的恋爱动机,缺乏独立意识和自立能力,容易受挫。

(4) 补偿心理。由功利型的恋爱动机所引发,即希望在所爱的人那儿获得社会地位和经济等方面的补偿。

(5) 游戏人生心理。其恋爱动机是满足与异性交往的欲望,寻求刺激,填补精神上的空虚,甚至发生婚前性行为,他们见一个爱一个,玩完一个丢一个,完全是一种游离于婚姻之外的“享受”和“消费”。

二、大学生恋爱中常见的心理困扰

如前所述,恋爱在给人带来幸福和甜蜜的同时,往往也会给人带来烦恼和苦涩。正处在青春初期的大学生,恋爱心理非常复杂,由于各种主观和客观的条件限制,经常是困扰缠身,甚至陷入“爱河”,难以自拔。

(一) 单恋

案例 5.2

挥之不去的“单相思”

一个偶然的机会,我认识了一个女生,在一起只有几天的时间,后来差不多要忘了的时候她又出现了。我们俩高中一直在一个学校,能经常见面,不过没说过话,因为不知道她还认不认识我了,但如果时间长没见到她我会想见到她。后来高考结束后,整个暑假在家也没怎么想起她。开学了,我以为我跟她不会再见面,因为她成绩比我好。没想到,在这个学校我居然又见到她了。当时我只知道自己无法控制感情了,心跳加速。看到她时我会假装不在意她,看不到她时会觉得很失落,会去寻找她的影子。我不知道自己是不是喜欢上了她。她和我不在一个校区。我以为不见面就会好的,后来确实我一般不会想她,可是当我生病、伤心、难过的时候,我一定会想她,很想,很痛苦地想念!她好像在我的心灵深处了。我觉得在感情方面我是个挺现实的人,因为我知道我还承担不起什么。可我想如果让我跟她在一起的话,我就不会去考虑那么多现实的问题,我觉得只要和她在一起就够了!我真的不知道我是怎么了。我是不是真的喜欢上她了呢?我是不是在压抑自己的感情?

单恋是一方的倾慕情感苦于不被对方知晓和接受而造成的一厢情愿或对恋爱的渴望,俗称“单相思”。它是仅仅停留在个体单方面爱恋而无法发展成双方相恋的状态。它是一种深沉而无望的爱情,充满了毁灭性的激情和疯狂,在幻觉中自然、自愿奉献一切,具有痴迷而深刻的悲哀。

单恋有时会使人丧失自尊,不顾人格尊严地乞恋于所恋对象,严重影响人的知觉判断和理性选择,同时也干扰了所恋对象的学习和生活,有时会走向极端,以伤人的方式终结单恋。

单恋形成的原因很复杂,主要与单恋者的幻想特质、信念误差和认知偏差等有密切关系。

(1) 幻想因素。人的幻想特质与先天的气质类型和后天的心理发展过程有密切联系。一个从没有被人爱过且敏感、内心体验丰富的人,是难以爱上别人的。即使爱上别人,也羞于向人承认,甚至不敢奢望被爱。但是,人都有爱和被爱的渴望。如果他(她)对爱的需要不能被满足,就往往转向自己,回到内心,自编自导一个玫瑰色的梦,并在这个梦境中满足自己对爱和被爱的渴求。这样,当他(她)进入真正的异性之爱时,就很难适应正常的恋爱,于是只好退回到过去那种满足方式上,把爱的渴望当成现实的异性之爱,以其丰富的想象力,在幻想中得到异性爱的一切满足。

(2) 信念误区。单恋者往往信守“伟大的爱充满艰辛和痛苦,它往往是得不到回报”的信念,于是在得不到对方的爱时,就在单恋中自我暗示:爱仅仅是为了爱,不要承诺,不要回报,认为这种不顾一切的爱才是最伟大的爱。

(3) 认知偏差。单恋者往往由于对倾慕对象一往情深,希望得到对方的动机十分强烈。在这种心理的支配下,常常会把对方的言行举止纳入自己的主观需要的想象中,造成对他人的认知偏差。另外,有的单恋者不能正确地对待被拒绝的事实,认为如果承认事实,就是承认自己配不上对方。因此,为了自尊和面子,就强迫自己坚持求爱到底。

显然,单恋是一个人的精彩,与对方无关。

每个单恋的人都如一只辛勤的小蜘蛛,日夜忙碌,编织一张晶莹的网,这张网的猎物是什么呢?空空的网,疼疼的心,认了,就把自己粘在上面,日复一日,任自己在网上守着、念着、思着、痛着、恋着、苦着、甜着,却依然默默地等着。

我们要对那些正处于单恋中的大学生说,如果你真的想从自己的世界走出来,又不确定对方对自己的感觉是否是喜欢,为什么要急于表白呢?不如和她(他)多接触一段时间,确定一下自己一直喜欢的到底是心中的那个她(他)还是现实生活中的她(他)?

所谓“距离产生美”,对于一个人来说,往往有这样一种倾向:得不到的总是好的,结果却忽视了身边“优秀”的存在。正如一个高中生在高中期间从来没有觉得高中有多么好,因为当时身处其境;等进了大学,和高中生活拉开了距离,这时才发觉记忆中的高中生活，原来竟是如此美好。

另外，正处于单恋中的大学生还需要认真地问一问自己：我身上有哪些值得别人喜欢的地方？

要知道，如果仅仅只有真诚、善良以及永不变心这三个“优点”，是得不到异性倾心的。因为这三个优点几乎全世界的人都有。所以即使有缘，幸福也要靠自己去争取！如果想去争取，先得让自己值得别人来爱！

（二）恋爱中的苦恼

案例 5.3

恋爱中的烦恼

老师：

您好！

我与我的男友在一起近三年了，但是现在我们之间有很多的问题。他说是性格不合，他说他想一个人过些日子……他想自由……我以前为了他还流产过，我心里因为这些道德上的事，而放不开这份感情。前几天，他上了个通宵的晚班，回家后睡了一天。晚上六点钟左右，他说让我自己一个人去吃饭，他再睡会，可是没过多久他的同事打电话给他，叫他去打球，他很快就起床了。我有些生气，刚刚还说自己要再睡会，现在因为要打球马上就起来了。我问他，打球比我还重要吗？他没说什么，等他正准备走时，我对他说分手，但是他没有同意。我不知道他现在是爱我还是不爱我，但是他说他会娶我，我该怎么办？相信他，还是放弃他？

常有人问：为什么没谈恋爱的时候特别想谈恋爱，真谈起恋爱来又觉得特别没有意思？

有一首歌叫《心太软》，就回答了这个问题。它里面有一句歌词：“相爱总是简单，相处太难。”所有恋爱中的人都会深感“相爱容易相处难”。

在这个过程中，男女双方首先要学会相互包容，然后才是努力做到相互了解。

为什么要先包容呢？因为“了解”这个词虽然我们常用，但是做到却很难。别看许多男女在恋爱之后兴高采烈地说：“我爱他是因为他很了解我。可是日子长了，或者是结婚以后才发现，对方并不了解自己，自己也并不了解对方。”

人的思想和感情是很复杂的，相互了解其实是一件很不容易的事。刚恋爱不久，两个人在狂热中常误认为能谈得来便是了解，其实那只是一时的“情”热而已，只是一种尽量宽恕对方、不计较对方缺点的“情”热，并没有真正的了解对方。等到恋爱已久或是结婚以后，两个人回到了清醒的现实中，发现一起过日子才是实实在在的。这时就会发现对方有很多的缺点，有很多和自己不协调的地方。于是很多人选择了分手。

那么，分手之后，让双方再来一次，会不会就意见相合了呢？

未必，假如没有包容，还是难免分手。因为两个人闹别扭、吵架是不可避免的。只有在包容中细心地体谅对方、了解对方，明白一个人难免有缺点，那么彼此相爱的双方才会因爱而容忍，因容忍而了解，因了解而宽恕，慢慢地就达到了一种境界：那是他的老毛病，不理他，过一段时间就好了。

恋爱中的男女双方都具备了这样的思想，差不多就达到了由恋爱至婚姻的必要境界了。

爱上一个人不需要靠努力，只需要靠“际遇”，是机缘的安排，但是“持续地爱一个人”就要靠“努力”，在爱情的经营中，运转顺畅的要素就是沟通、体谅、包容与自制（面临诱惑有所自制）。许多人总是为“际遇”所迷惑与苦恼，意念不停、欲念不断、争逐不散，而忘记了培养经营感情的能力才是幸福的关键。

还记得《大话西游》里的那段话吗？

“曾经有一份真诚的爱情放在我面前，我没有珍惜，等我失去的时候才后悔莫及，人世间最痛苦的事莫过于此。”

案例 5.4

为什么没有了刚开始的甜蜜

老师：

您好！

我是一个 23 岁的女孩子，现在正处于困境，真的不知道该怎么办，天天都快愁死了。我和现在的男友认识 5 年了，开始我们交往得很好，可是在我们交往了两年后，我感觉真不合适，他很老实，但是脾气却有点古怪，我们在一起天天吵架。例如，当我们有了事情要商量的时候，我就问他这样做可以吗？可是他什么也不说，要说也就只是说，随你吧，你自己看着办。弄得我很烦，为此我们经常吵架，想着和他分手算了，可从心里又有点舍不得，毕竟我们有着 5 年的感情。哎，现在的心情很乱，不知道怎么跟您说，您说我该怎么办呢？

有位心理学家曾写道：一个成熟，称得上真爱的爱情必须经过四个阶段，阶段之间转换所需的时间不一，因人而异。

第一个阶段：共存。通常是一个人被另一个人的较为显而易见的特质所吸引。当双方相互吸引和相互满足都存在时，爱情关系就变得特别强烈。这时，恋人是在消费彼此的爱情，他们无时无刻不在相互眷恋，渴望在一起。这是热恋时期。

第二个阶段：反依赖。等到感情稳定后，至少会有一方想要做自己想做的事，这时另一方就会感到被冷落。

第三个阶段：独立。这是第二个阶段的延续，双方要求有更多的独立自主的时间。

第四个阶段：共生。这时新的相处之道已经形成，双方已经成为彼此最亲的人，你们在一起相互扶持，一起开创属于你们自己的人生，你们在一起不会互相牵制，而是共同成长。

但是，狂热和激情洋溢的初始阶段通常不会很久，大部分人都通不过第二或第三阶段。因为当恋人在一起的时间多了，彼此就了解得更多了，他们都会发现对方身上某些并不让人喜欢的东西，或者说“弱点”。此外，他们的意志也开始发生冲突，两人并不总是一致的，他们的需求开始变化，发现当初让他们觉得互相吸引的东西现在变得让人厌倦了，于是双方就开始想到其爱情将走向终结。他们断言说：“爱情已经死亡。在这个阶段通常有些恋人争吵不休，另一些恋人则互相回避，处于一种‘冷战状态’。”在此阶段，恋人们也开始因为自己的痛苦而相互指责，彼此的爱都有所保留和衰减。于是，其中一方或双方就开始寻找新的朋友，希望开始一场新的浪漫爱情。

处于这两个阶段的恋爱双方有时选择了分手。这是非常可惜的，和所爱的人相遇相恋是非常不容易的事，两个人的相聚是因为有缘，相知是因为有心，真的得好好珍惜这份福分，莫说分手不是无由。

因此，如果我们愿意进一步认识自己和认识所爱的人，如果我们愿意用我们的意志来帮助自己成长和自我完善，那么我们就能达到爱情关系的第四阶段。在此阶段，爱情关系被更高程度的自我认识和互相认识所加强。我们更多地发现彼此的优点和缺点，对彼此的需求和能力也有更高的敏感性，我们变得对他人更有耐心，不再需要竞争。我们愿意鼓励对方，用整体性观点来看待对方，承认对方的光明面并帮助对方进步与成长。以成熟一点的心态去看待你的爱人，你或许会发现，男人、女人其实都是一个样的。如果你无法成熟地看待爱情，不管重新开始几段恋情，你都得不到心中最完美的爱情。

总之，人要知足！

（三）多角恋

案例5.5

同时爱上了两个女孩

老师：

您好！

我想请教一个问题，不知道这是不是个问题。请问一个人会不会同时爱上两个或者更多个异性呢？比如，一个男生已经和一个女生恋爱了，而且双方都认同已经确立了恋爱关系（他很喜欢她）。但这个男生又真的很喜欢另一个女孩子，他知道自己这样做是不对的，于是他把他的真实情况如实告诉了另外的那个女孩子，他知道另外的那个女孩子也很喜欢他。您说这种情况可怎么办？

所谓多角恋，是一个人同时被两个或两个以上的异性所追求或自己同时追求两个或两个以上的异性，并建立了爱情关系。多角恋现象是爱情纠纷的主要原因之一。多角恋实质上是比单恋更为复杂、更为严重的异常现象。调查表明，由于性爱具有排他性、冲动性，因此无论何种多角恋都有极大的危险性，一旦丧失理智，就会给相关者及社会带来恶果。

导致多角恋的原因主要有以下几个方面：

（1）择偶标准不明确。由于个性不成熟，生活经验不足，择偶前没有一个较为明确的标准，不知如何才能断定与自己关系密切的异性中哪一个与自己更合适，所以只好颇费心思地多方应付、多头追逐，从而出现了选择性多角恋。

（2）择偶动机不良。有的人刚开始和异性交往时，就出现了动机冲突。一会儿认为张三英俊、潇洒，一会儿又觉得李四深沉、稳重；今天认为王某开朗、可爱，明天又觉得赵某妩媚、艳丽。各人的长处她（他）都想兼得，为了满足自己的不同欲求，只好在不同对象之间周旋以寻快乐，有的甚至发展到了玩弄异性的程度。

（3）虚荣心强。总以为追求者越多，其身价就越高，若退出竞争，就是承认失败，承认自己比别人差，这是导致在恋爱上自私自利，对别人和自己的感情不负责任的多角恋的主要原因。

（4）盲目崇拜。明知对方已有对象，但由于盲目崇拜，加上嫉妒好胜、固执任性，从而导致盲目性、冲动性、竞争性的多角恋。

通常，一个人在一生中不会只爱一个人，可以在不同的时段爱上不同的人。但是如果同时爱上几个人，那么也只能有一个人是你真爱的，而其他的只是有好感或喜欢而已。喜欢和爱是不一样的概念，需要分清。

所以,如果同时对两个或两个以上的异性有好感,那么很可能只是一种欣赏,应该说是在两个人或几个人身上都有些东西吸引了自己。当一个人处于这种状况时,常常会想,如果有一个集她(他)们的优点于一身的人出现该有多好啊!对于这种情况,我们应该说你爱的是她们(他们)各自身上的优点,而不是爱她(他)们本人。

(四)失恋

案例5.6

分手了还是忘不了他

老师:

您好!

我与男友分手已经快四个月了,可是我还是忘不了他!

虽然我过得还很潇洒,但是在静下来的时候,心里、眼里还是他!这时候,那种难言的孤寂与悲哀总是让人很无助!有朋友说我为他着了魔,可是,爱这个东西,本来就是无法控制的事,对不对?我是个怀旧的人,也本是个对爱一腔赤诚的人,可是经历了一场轰轰烈烈的爱后,身心俱疲,我好累!我不知道我还能不能相信爱情了,更不知道我还能不能再爱了!如果我连一颗敢爱的心、一颗全心全意为爱付出的心都没有,那么我觉得自己已经失去了爱的资格和权利了!爱,不就应该全心全意吗?爱,难道不就应该全力以赴吗?为何我曾做过的一切,在他眼里,在别人眼里,都只是像一个小傻子一样呢?我知道我为此付出的代价,是很沉重的,可是,我从来没有后悔过!即使失去了所有,只要能换回他,我仍然觉得值得,心甘情愿!可是,再多的爱,再真诚的一颗心,也挽回不了一份逝去的爱!余下的心痛,留下的伤痕,只有自己一个人懂,只有自己一个人暗自神伤!到底我要多久才能走出去呢?是的,好久没有说过关于他的什么了,今天对您说这些的时候,我还是忍不住流泪心痛!我为自己心痛!真的,再也不要让自己那么痛了,再也不要了……

失恋是指恋爱的一方否认或中止恋爱关系后给另一方造成的一种严重的心理挫折。恋爱失败和失恋是两个不同的概念。恋爱失败是指对恋爱关系的否定,它有两种表现:一是恋爱双方都不满意,彼此分手;二是恋爱的一方已无情意而提出与对方分手,而另一方却仍然情意绵绵,沉湎于对恋情的怀念之中。失恋就是指恋爱失败的第二种表现。从心理学角度上看,失恋可以说是大学生在校期间可能遇到的最严重的挫折之一。失恋会引起一系列心理反应,如难堪、羞辱、失落、悲伤、孤独、虚无、绝望和报复等。这些不良情绪如果得不到及时的排除或转移,很容易导致失恋者忧郁、自卑,严重者甚至会采取报复乃至自杀等方式来排解心中的郁结。

由于恋爱关系是建立在相互完全自由选择的基础上的,因而是不稳定的。如果恋爱双方不能把感情升华到足够高度,那么终会因各种原因而使恋爱关系保持不下去。失恋后之所以产生种种不同的心理及相应的行为反应,与大学生的个性倾向有着密切的关系。另外,单就大学生失恋现象而论,有一个值得重视的因素——异性爱慕的本能冲动与爱的能力之间不协调,存在矛盾。

在大学里,很多人之所以整天被感情上的事情困扰着,是因为在他们的心里只剩下爱情,认为拥有爱情才是自我救赎的唯一途径。

殊不知,如果自己过分在意爱情,爱情就会变成你以及你爱的对象的负担,会把对方吓跑的。因为,爱是一种选择。

也就是说,付出多少爱和付出的方式应该是对方能够感知到的,同时也必须能够得到对方的积极回应。否则,就是无效的爱。

对待感情,人们也许会想,只要争取了就一定会有回报。可是恰恰相反,很多时候,感情是一种充满了未知的"怪物"。越是希望拥有,越是会容易失去;越是不懂得如何回避和放弃,越是会陷入迷途的悲剧。

举一个例子:对方需要苹果,你却给了他一个西瓜,你认为你付出了很多的爱(西瓜比苹果大,而且价格也高),他却可能根本感受不到,而这种不能被感受到的爱是没有价值的。

有这样一句话:"如果你不爱一个人,请放手,好让别人有机会爱她;如果你爱的人放弃了你,请放开自己,好让自己有机会爱别人。"其实,每个人寻找自己幸福的过程,本身就是一个在爱与不爱之间学习接受和拒绝的艺术的过程。苏格拉底说:"时间是人最伟大的导师,我见过无数被失恋折磨得死去活来的人,是时间帮助他们抚平了心灵的创伤,并重新为他们选择了梦中情人,最后他们都享受到了本该属于自己的那份人间之乐。"

心理学有一个神奇方法,叫做"伤痛管理"。根据统计,人类失去爱情后疗伤的时间大约是 6 个月,所以你应该最多给自己 6 个月的时间去难过,而且每天只限定在某一个时段里难过。例如,晚上 8 点到 8 点半,这段时间你安全地坐在家里,尽可能地回想过去的甜蜜,然后尽情放声痛哭,等到 8 点半一过,你就得强迫自己转移焦点,硬生生地把痛苦放到一旁,接着告诉自己,如果需要可以明天晚上 8 点再接着痛苦。请相信我,只要认真实行这个方法,不出 6 个月你就会发现你不再是那么痛彻心扉了。

因此,要想从失恋中摆脱出来,必须走出二人世界的狭窄空间,用信仰和对生活的爱充实自己。

首先,找到人陪你玩,可以经常和一群朋友出去玩,唱歌、打球、跳舞都可以。如果没有人陪,打个电话给以前的朋友聊聊天,也一定会很开心的。

其次,为自己找到一个切实的目标,在短期内让自己忙起来、充实起来。

因为世界上几乎所有的幸福婚姻之前，都会有几段失败的恋情。失恋使人痛苦，但失恋也会让人学会如何经营爱情，如何培养爱的能力，从而使人更加成熟。

记住：好的在后头呢！

（五）网恋

案例 5.7

网上的爱情有结果吗？

老师：

您好！

我和她是暑假上网认识的，但没想到彼此会产生感情。

一次上网，她加我为好友，彼此就认识了。后来放假回家了，家里没有连通网络，但我用手机登录 QQ，看见她给我留言了，我就把自己的手机号码给她了。

后来，上 QQ 碰到她，聊得蛮开心。

我一直喜欢一个女孩(暂用 A 表示)，可 A 却不喜欢我，但我也一直没放弃。暑假我和 A 经常联系，但她还是那样，我们关系很好，就是不能发展为恋人！于是我把这件事告诉了她，她很欣赏我的痴情，说自己怎么遇不到这样的人。

暑假和 A 见了一次面，我也暗暗下决心告诉自己这是最后一次见面，买了一件生日礼物送给她，就再也没联系她了。

后来经常和这位网友聊天，她没有手机，只能晚上等她上网聊天。这样持续了几天，她对我很不错，我有点喜欢她了，并对她说我喜欢她，她也答应我了！就这样聊了一段时间，彼此之间感觉很不错，我们约好国庆在合肥见面。

然而，8 月中旬她就消失了，一直不见她上网，我也没有联系她的其他方式，因此只能等！

回到学校，上网，看到她空间，说她骗了我，说我们不能在一起，并说她真的喜欢过我！我给她留了很多言，但一直没得到回复！

一段时间后，她给我发 E-mail 了，说我们不能在一起，但想我！

最近，我终于碰到她上网了，她回家了，说很想我，但又很生气，因为我后来没给她留言！她说她骗我是因为她曾说她在合肥念书，明年毕业，但实际上是今年就毕业了，马上要到上海工作了。

我说我不介意这事，后来我们感情又变好了！

她说离开我是为了考验我是不是真的喜欢她！

现在，又好几天没她消息了，她说到上海会办手机卡，再和我联系。

我想问：这样的感情，我该相信它有结果吗？

所谓网恋，就是通过上网聊天的方式认识异性朋友，并且在进一步的交谈中发生感情，随着网上聊天的加深，逐步走到一起的恋爱过程。当然这个定义尚未经过验证，所以现在还不能完全解释网恋，但是既然有人提出来了，就有一定的代表性，所以也就姑且一用吧。

当代大学生最明显的特征就是接受新事物的能力特别强，跟得上潮流，所以网恋也就自然而然地成了大学生所追求的潮流之一。据一项网上调查表明：有 78% 的大学生经常上网，有 56% 的大学生曾经有过网恋，但是成功率却非常之低，几乎是接近“绝望”，可见网恋成功的可能性非常小。

现在让我们来看看网恋者的心态吧。首先，大学阶段由于种种原因，总有一些人过得很空虚，空虚的时候他们难免会找点刺激的事情来做，而网恋正好迎合了这种心态，成为众多大学生打发时间的方式之一。可以说追求刺激是大学生网恋的动机之一。其次，网恋给人的压力也没有现实生活中那么大，比如说，“网上那么多男男女女，即使失败了也无所谓，最多再找一个”，“很多人在网上谈了一个又一个，然而都是没有见过面的，这样也就不用为承担现实生活中那样的责任而苦恼”，而这正是导致网恋失败的原因之一。

网恋为什么会失败呢？通过调查，我们得出以下几点结论：

首先，网恋过程中（见面之前），双方只能通过声音、言语等表现自己、了解对方，手段相对来说是比较有限的。时间稍长，就逐渐对对方形成了某种所谓的“印象”，而这种印象只是一个人的一部分，而不是全部，对于这个“印象”以外的其他通过网络无法表达的部分，也就由着所谓的人类完美主义天性，在潜意识里给对方打了满分。我们毕竟是人，也必定是要生活在现实中的，所以双方还是要见面的，而一旦把这份通过网络培养的感情带到现实中来的时候，那些现实和网络交集以外的东西，也就是前面所说的通过网络无法表达的部分，也必然要出现。这也就意味着双方就要面对一个有点陌生的“熟人”一样，因为人无完人，我们在网络中给对方打了满分，可是见面后就发现对方不是这个样子，距离满分要求远着呢！双方都很失望，因而分手也是必然的了。

其次，归根结底，失败在什么地方呢？第一，没有意识到网络和现实是有很大差距的，没有做好心理准备，而且往往也太急于求成，经常是刚在聊天室里聊了几个小时，觉得比较投机，就匆匆忙忙地要见面；第二，双方太容易放弃。当觉得很失望的时候，我们应该去调整心态，想一想对方的长处，想一想当初是对方的哪一方面吸引了你，这时候不要轻言放弃，可以采取网络和现实两种方式继续接触，试着去了解现实中的对方，因为网络和现实还是有交集的，感情基础也是存在的。

据《新快报》报道，河北曾经发生了一次网恋悲剧，故事的女主人公把她网恋的男朋友给杀了。这引发了人们对网恋的深思，象牙塔里的青年们，你们是怎么想的呢？面对这新时代的新的爱情模式，你应该怎么做呢？我想每个人心中都有一个答案，关键是看你怎么去认识这个问题，怎么去对待这个问题！

如果网恋发生在自己身上,该怎么做呢?

我们建议:① 不要太急于早早见面,要学会克制自己;② 不管现在是不是在一起,如果双方将来不可能在一起,还是早早分开为好,免得伤人误己;③ 不要欺瞒,在网络中展现尽可能真实完整的自我;④ 多进行心灵深处的交流,而不要总停留在表层的问候上;⑤ 多探讨一些比较现实的问题,不要过多地停留在虚拟的网络上,比如两个人的性格是否合得来,看待一些问题的观点是否相近等。要把网络当做感情交流的一种手段,而不是把它当做感情存在的基础。

总之,网恋可能是看得见、抓不着的“海市蜃楼”。

【课程思政导航】

失恋的哲学

古希腊哲学家苏格拉底见到一位年轻人茶饭不思,精神萎靡,其状甚哀。

苏格拉底:孩子,为什么悲伤?

失恋者:我失恋了。

苏格拉底:哦,这很正常。如果失恋了没有悲伤,恋爱大概也就没有什么味道。可是,年轻人,我怎么发现你对失恋的投入甚至比对恋爱的投入还要倾心呢?

失恋者:到手的葡萄给丢了,这份遗憾,这份失落,您非局中人,怎知其中的酸楚啊。

苏格拉底:丢了就是丢了,何不继续向前走去,鲜美的葡萄还有很多。

失恋者:等待,等到海枯石烂,直到她回心转意向我走来。

苏格拉底:但这一天也许永远不会到来。你最后会眼睁睁地看着她和另一个人走了。

失恋者:那我就用自杀来表示我的诚心。

苏格拉底:但如果这样,你不但失去了你的恋人,同时还失去了你自己,你会蒙受双倍的损失。

失恋者:狠狠地伤害她,我得不到的,别人也别想得到。

苏格拉底:可这只能使你离她更远,而你本来是想与她更接近的。

失恋者:您说我该怎么办?我是真的很爱她。

苏格拉底:真的很爱?

失恋者:是的。

苏格拉底:那你当然希望你所爱的人幸福?

失恋者:那是自然。

苏格拉底:如果她认为离开你是一种幸福呢?

失恋者：不会的！她曾经跟我说，只有跟我在一起的时候她才感到幸福！

苏格拉底：那是曾经，是过去，可她现在并不这么认为。

失恋者：这就是说，她一直在骗我？

苏格拉底：不，她一直对你很忠诚。当她爱你的时候，她和你在一起，现在她不爱你，她就离去了，世界上再没有比这更大的忠诚。如果她不再爱你，却还装着对你很有情意，甚至要跟你结婚、生子，那才是真正的欺骗呢。

失恋者：可我为她所投入的感情不是白白浪费了吗？谁来补偿我？

苏格拉底：不，你的感情从来没有浪费，根本不存在补偿的问题，因为在你付出感情的同时，她也对你付出了感情，在你给她快乐的时候，她也给了你快乐。

失恋者：可是，她现在不爱我了，我却还苦苦地爱着她，这多不公平啊！

苏格拉底：的确不公平，我是说你对所爱的那个人不公平。本来，爱她是你的权利，但爱不爱你则是她的权利，而你却想在自己行使权利的时候剥夺别人行使权利的自由。这是何等地不公平！

失恋者：可是您看得明明白白，现在痛苦的是我而不是她，是我在为她痛苦。

苏格拉底：为她而痛苦？她的日子可能过得很好，不如说是你为自己而痛苦吧。明明是为自己，却还打着别人的旗号。年轻人，德行可不能丢哟。

失恋者：依您的说法，这一切倒成了我的错？

苏格拉底：是的，从一开始你就犯了错。如果你能给她带来幸福，她是不会从你的生活中离开的，要知道，没有人会逃避幸福。

失恋者：什么是幸福？难道我把我的整个身心都给了她还不够吗？您知道她为什么离开我吗？仅仅因为我没有钱！

苏格拉底：你也有健全的双手，为什么不去挣钱呢？

失恋者：可她连机会都不给我，您说可恶不可恶？

苏格拉底：当然可恶。好在你现在已经摆脱了这个可恶的人，你应该感到高兴，孩子。

失恋者：高兴？怎么可能呢，不管怎么说，我是被人给抛弃了，这总是叫人感到自卑。

苏格拉底：不，年轻人的身上只能有自豪，不可自卑。要记住，被抛弃的并非是不好的。

失恋者：此话怎讲？

苏格拉底：有一次，我在商店看中一套高贵的西服，可谓爱不释手，营业员问我要不要。你猜我怎么说，我说质地太差，不要！其实，我口袋里没有钱。年轻人，也许你就是这件被抛弃的西服。

失恋者：您真会安慰人，可惜您还是不能把我从失恋的痛苦中引出。

苏格拉底:是的,我很遗憾自己没有这个能力,但可以向你推荐一位有能力的朋友。

失恋者:谁?

苏格拉底:时间,时间是人最伟大的导师,我见过无数被失恋折磨得死去活来的人,是时间帮助他们抚平了心灵的创伤,并重新为他们选择了梦中情人,最后他们都享受到了本该属于自己的那份人间之乐。

失恋者:但愿我也有这一天,可我的第一步该从哪里做起呢?

苏格拉底:去感谢那个抛弃你的人,为她祝福。

失恋者:为什么?

苏格拉底:因为她给了你一份忠诚,给了你寻找幸福的新机会。

第四节　大学生爱的能力培养

案例 5.8

既相爱又相长

朱心雨和尹西明的恋爱,开始于 2013 年清华大学组织的那场年夜饭。因为同是经管学院的学生,两人在年夜饭桌上开始聊天。聊着聊着,他们发现彼此有太多相似点:曾上过同一门西方古典音乐课;都当过国外交换生;都曾支教,都热衷公益。气氛由沉闷到融洽再到开怀,两人不觉就聊到了深夜 3 点。

尹西明认为,真正好的爱情是两个人目标方向一致,然后一起忘情奋斗。这对优秀的校园恋人把相同的追求变成了事业——组织社团。大四那年,两人一起商量,开通了一个叫“爷爷奶奶读书会”的微信公众号,以读书志的形式每天分享自己的感悟,一来督促彼此认真读书,二来也可表达一些平时难言的情愫。没承想,这个原本是情侣间精神互动的小园地,竟慢慢吸引了越来越多爱读书人的关注。

为了培养健康的生活作息,尹西明与朱心雨制订了一个晨跑计划:每天 7 点起床,用奔跑迎接黎明。因为每天跑完在微信朋友圈打卡,一些同学看到后开始加入,然后就一发不可收拾。他们干脆成立了一个叫“清华晨跑队”的社团,目前已经有 500 人的核心队员,从两人到五百人,两人的爱情小故事竟成就了一群人自我完善的新世界,晨跑小分队成立的第一百天,两人幸福地领了结婚证。

弗罗姆在《爱的艺术》一书中指出:恋爱的许多麻烦在于人们以被人爱代替了去爱人。人们求爱往往是为了摆脱孤独和空虚,爱情虽然能起到这种作用,但这种情感是短暂的。相反的是,成熟的爱情应该以自爱为基础,只有在自己的人格完全成熟,知道自己需要怎样的爱,并且具有给予爱的能力时,才能真正地体验爱的真谛。

爱的能力,首先表现为给予的能力。爱是一种奉献而非索取,爱是一种给予而不仅仅是获得。但是,这种给予、奉献并不是一般意义上的给予与奉献,它是用自己的人格来影响对方的人格,用自己的生命力去激发对方的生命力。爱的本质在于:双方爱的能力交互影响乃至最后完善融合。那么,如何获得这种能力呢?

一、提高自我心理成熟

一个人的成熟需要经过两次断乳。第一次是生理上脱离对母乳的依赖。第二次则是从成人的扶植下摆脱出来,成为一名平等和独立的社会成员。第二次断乳则被称为“心理断乳”。心理断乳的早晚因人而异。如果一个人早期所受的教育越接近社会现实,个体社会化的历程越短,其断乳的时间就越早。人们在心理断乳的过程中,逐渐使理想的自我和现实的自我协调统一,达到心理成熟。

心理成熟的表现是多种多样的。单就恋爱而言,心理成熟的主要表现为以下几个方面:

(1) 具有确定的人生观、价值观和恰当的择偶标准。恋爱不是一种纯粹的精神活动,它是个人生理、心理发展的需要,更是一种社会性的行为。恋爱本身就体现了一个人的追求,即体现了一个人的人生观和价值观。只有在人生观和价值观确定时,才能懂得什么是真正的爱情,知道自己需要什么样的恋人,以及爱情在社会生活中的位置。

(2) 具备独立的人格、健全的理性思维。具有独立人格的人能够正确地认识自己、悦纳自己、发展自己,充满信心和勇气,他们不会因为外界的变化而失去自我,他们首先拥有的是对生活的信念和充实的生活,而后才拥有爱。而人格未完全独立的人,会因为生活的空虚而恋爱,感情也容易飘忽不定,一旦恋爱则陷于激情之中难以自拔,倘若失败,便对自己作出负面评价、丧失自信。实际上,爱与人格的独立并不矛盾,一个人的独立性强一分,他恋爱中的吸引力也就大一分,失恋对其打击便弱一分。因为独立的人格本身就具有强大的内在魅力。具有独立人格的人不会因爱情的丧失而否定生活的意义,也不会因爱情的获得而失去自我发展的空间,他们在恋爱中相互尊重,相互帮助,注重彼此的发展成长。正由于在独立人格的基础上,重视自我个性的完善和事业的发展,爱情才充满活力。

(3) 能体察、关怀与尊重他人。成熟的人具有对他人的敏感性,能知晓对方的需求、利益、观点和风格,能在此基础上包容对方,主动关心对方,与对方进行思想情感交流;尊重对方的人格独立,给对方以自信和力量。而心理不成熟的恋人则难以体察、关怀、尊重对方,他们基本上未摆脱青春期“自我关注”“自我中心”的状态,没有关怀、照顾和尊重别人的能力。

(4) 把恋爱看做人格再造的契机。心理成熟的人不是为恋爱而恋爱，而是把恋爱看作人格再造的契机。确实，恋爱不仅能检验人格而且能促进人格的完善。一方面，因为"就它(恋爱)的最细腻、最不着痕迹的表现而论，是一个男子和一个女子在人格方面发生最亲切的协调的结果"。恋爱中双方关系的协调，各种矛盾的解决，都会丰富各自的生活经验，促使双方在心理上趋于成熟。另一方面，恋爱前后的男女为了获得异性的爱，提高自己在对方心目中的形象，总是力图完善自己，爱成了一种强大的内在动力。爱升华了双方的人格，促进了人的新生，开发了人的潜能。拥有这种观念的人能够在恋爱中积极主动地化解矛盾，承担责任，并且善待恋爱，既不会轻易地涉入爱河，也不会轻易地离开爱河。

当代大学生普遍存在心理成熟较晚的情况，在大学期间，许多人的人生观、价值观还未确立，人格的独立性较差，恋爱所应具备的心理条件还不成熟。在这种状态下开始的恋爱并不完美，有的甚至阻碍了人格的发展，导致心理疾患的发生。所以在心理尚未成熟、不具备爱的能力的情况下，不要轻易恋爱。

二、培养与异性交往的能力

异性间的友谊不仅有助于人的个性发展，而且有助于健康心理的培养，为未来恋爱关系的建立提供了一条有效途径。这不仅因为异性间的友谊自然、真挚，而且因为它具有兼容性、不排他性。处在有异性交往的社交圈里，同学之间可以求得心理的接近和情绪的接近，满足青春期特有的心理需求。异性同学通过学习讨论、文娱体育和旅游活动等交往途径，增进了解，认识到男女之间生理上、心理上的差异，逐渐掌握与异性交往的方法，从而把对异性的向往变成学习和生活中的相互关心、相互帮助，进而提高对性问题的认识，理解它的道德意义和道德责任。男女同学之间如果缺乏正常的交往，对异性的好奇和神秘感就会转化为对性的过度敏感，想入非非。不可避免的是，在与异性交往的过程中，男女同学多少都会想到恋爱问题。但是，如果在恋爱前缺乏与异性的交往，那就无法避免对异性的好奇和神秘感，从而出现更多的虚假恋爱。

异性间的交往应该注意：

(1) 不要有过强的目的性。近些年来，大学生的交际范围有不断扩展的趋势，从班级内交往到同乡间交往，跨系、跨校交往等，为大学生交友提供了前提。在这种交往中我们应该排除过强的目的性和功利性色彩，只有如此，才能轻松、自然地展示真实的自我。

(2) 注意交往的范围、间距。异性交往应该有一个广泛的友爱圈，如果没有对某一对象萌发爱意，那么就应该注意交往的距离和频率。不要轻易涉入一对一的单独活动，切不可过于频繁地与某一特定对象长期交往，这容易引起恋爱幻想。

(3) 注意交往的场所、分寸。异性交往有敏感的地域，所以要注意交往的场所、分寸。如果不想谈恋爱，就不要轻易接受某个异性单独相处的邀请，更不要与某个异性在电影院、公园和酒吧等能引起性浪漫幻想的场所单独相处。

三、完善自我爱的能力

爱的能力对人一生的发展有着重要的意义，爱的能力不高或发展不够完善，常常影响人们爱的付出或得到，导致人们爱的心理需要得不到满足，从而带来心理健康方面的问题。良好的爱的能力会引导个体真正地爱他人，也真正地爱自己，同样也使自己更容易被爱，让人真正体验到爱与被爱的心理需要得到满足所带来的快乐和幸福。爱的能力实际上是一种综合的素质，既要有上述两个方面的素质准备，又要有在爱的过程中体现出的多方面的能力准备。心理学专家提出有必要提高以下几方面的爱的能力。

（一）表达爱的能力

表达爱需要勇气和信心。很多大学生苦恼于不知如何表达自己的爱，从而错失爱情。当一个人爱上另一个人时，能否用恰当的方式和语言向对方表达出来，往往是爱情成功与否的重要因素。同时我们应该知道表达爱是在表明一种爱的幸福，即使可能得不到回报，也满足了爱的心理需要。

小故事

沈从文给张兆和的情书上写着："在青山绿水之间，我想牵着你的手，走过这座桥，桥上是绿叶红花，桥下是流水人家，桥的那头是青丝，桥的这头是白发。"

朱生豪给宋清如的情书写着："忆昨秦山初见时，十分娇瘦十分痴。席边款款吴侬语，笔底纤纤稚子诗。交尚浅，意先移，平生心虚诉君知。飞花逝水初无意，可奈衷情不自持。"

鲁迅给许广平的情书写着："我不知乖姑睡了没有？我觉得她一定还未睡着，以为我正在大谈三年来的经历了。其实并未大谈，我现在只望乖姑要乖，保养自己，我也当平心和气，度过预订的时光，不使小刺猬忧虑。"

（二）接受爱的能力

当期望的爱来到了身边，能否勇敢地、正确地接受也是爱的能力的表现。有的大学生当面对别人向自己表达爱时不知所措，明明心理喜欢，可表达方式却让对方误解。有的大学生在别人向自己示爱后，内心挺高兴，但又不敢接受别人的爱，或者觉得自己不配、不值得爱，因此而失去发展爱情的机会。

（三）拒绝爱的能力

有爱的能力的人并不是对所有的爱都是来者不拒，也不是对对方不是自己所爱就简单地拒之千里，真正具备爱的能力也包括对不是自己想要的爱能合理恰当的拒绝。不少大学生在遇到别人向自己示爱时往往表现出优柔寡断，既怕伤害对方，又怕对方误会，为此苦恼不已。拒绝爱的能力，一是表现为对他人的尊重，要感谢对方对自己的欣赏；二是要态度明确、表达清楚，不要给对方任何幻想，明确你们之间只能是同学或者是一般朋友的关系，或者什么关系都不可能；三是行动与语言要一致，可能有些同学，虽然语言上拒绝了对方，但是行动上还与对方有较亲密的接触，他们认为是怕对方受伤害，还单独和对方去看电影、吃饭、逛街等，使对方误解，导致情感纠缠不清甚至出现心理问题。

（四）鉴别爱的能力

鉴别爱是指能较好地分清什么是好感、喜欢和爱情。大学生群体对恋爱现象非常敏感，一看到男女生单独在一起就会联想到恋爱，有些同学苦恼于别人将一般友谊被说成爱情。有鉴别爱的能力的人是自信并尊重别人的人，会自然地与别人交往，主动扩展交往的范围，他们珍惜友谊，尽量多地体验他人的感受，会用不同的行为方式区别不同的感情。

（五）持续爱的能力

爱需要双方真正地关心对方，理解对方的内心世界，以对方的快乐为自己的快乐。要保持爱情的长久，需要爱的智慧和持之以恒的奉献，同时又不能失去自己的个性，要有自己的追求与发展。及时更新知识、善于沟通、相互欣赏是爱的重要源泉。保持爱情长久的能力，需要综合上面多种能力。有爱的能力的人是健康的人，有自己独立的价值观，有自己的生活空间；他们不排斥他人，懂得尊重他人、关心他人；他们会尊重对方的选择，尊重对方的个人隐私，尊重对方的发展方向。同时，他们能处理好恋爱与学业的关系，发展好与其他人交往的关系，将爱情作为发展的动力，也是保持爱情长久的能力。心中有美好爱情的人，会表现出积极的精神风貌，散发着生命的光彩，不断进取，积极向上，给人以美好的感受。

小贴士

女生最爱说的“双关语”

1. 我们还是当朋友好了。>>其实你还是有利用价值的。
2. 我想我真的不适合你。>>我根本就不喜欢你。

3. 天气好冷哦，手都快结冰了。＞＞快牵我的手吧，“大木头”！

4. 我觉得我需要更多一点的空间。＞＞我不太想看到你啦！

5. 其实你人很好。＞＞我不想跟你在一起。

6. 你人真的很好。＞＞我真的不想跟你在一起。

7. 你人真的真的很好……真的。＞＞你不适合我，离我远一点。

8. 我暂时不想交男朋友。＞＞闪一边啦！你距离我心目中帅哥的标准远着呢。

9. 我不想伤害我们之间的友谊。＞＞我们之间永远只会有友谊。

10. 你这样让我感到很尴尬。＞＞我无法强迫自己说我不想说的答案。

11. 我的心中牵挂着一个人。＞＞那个人是我特地虚设用来挡像你这种人的。

12. 朋友才是长久的，不是吗？＞＞想当我男朋友，自己不照照镜子。

13. 我从来没想过这个问题。＞＞这根本是不可能的嘛！别做白日梦啦。

14. 我不适合当个情人。＞＞废话，没有人会适合当你情人的啦。

15. 你给我点时间考虑。＞＞不给我时间，我怎么跑得掉……

16. 我们不可能在一起。＞＞虽然理由很烂，不过挡你绰绰有余啦。

17. 我们的距离太远了。＞＞当个朋友就不错了，还想有别的？

18. 你的条件真的很好。＞＞你的条件真的还没好到我想要的地步。

19. 我觉得男女之间是真的有纯友谊的。＞＞对，没错，我和你之间就真的只可能有纯友谊。

20. 你真可爱。＞＞你真幼稚。

21. 你真的很可爱。＞＞你真的很幼稚。

22. 遇到你，总会让我重温童年的快乐。＞＞感觉你太幼稚了，简直就像幼儿园里的小朋友一样。

23. 我觉得你很乖耶。＞＞穿得俗里俗气的，一看就知道跟你出去不好玩。

24. 我们应该给彼此一点缓冲时间。＞＞给你时间滚！你再不走，我真的会翻脸！

25. 上次迟到真的很不好意思。＞＞先迟到给你看，下次我绝对不会到！

26. 别人都说你条件不错耶。＞＞我从来没这样认为过。

27. 如果我们早一点认识就好了。＞＞说不定你会早点觉悟。

28. 别急嘛，我们可以先做朋友。＞＞我可以趁这个时机找个男朋友。

【课程思政导航】

> **讨论**：大学生应该如何树立正确的恋爱价值观？
>
> 人的价值观一定会反应在恋爱观上，恋爱观是一个人的世界观、人生观和价值观在恋爱问题上的集中体现，是对恋爱和爱情所持的基本观点和态度。大学是人生的黄金阶段，也是人生恋爱观形成的关键时期。大学生身为当代进步青年、中国特色社会主义的接班人，一定要有一个正确的恋爱价值观，有了正确的价值观，才能正确地对待这个社会，正确地对待国家。

思考题

1. 联系自己或身边人的若干实际，谈谈你对恋爱中的男女差异的理解。
2. 结合自己的实际，谈谈大学生是否适合谈恋爱？
3. 大学生在爱情方面有哪些心理困扰？应该如何处理？
4. 培养爱的能力对大学生的人生发展有什么意义？你认为怎样才能培养爱的能力？

第六章　学海无涯心相伴——大学生学习心理

案例 6.1

“三无”学生

在大学里常常会出现一些“三无”学生——无理想、无精神、无积极性。在这些“三无”学生中，有相当一部分人在小学、中学阶段是尖子生，学习能力强。但是进入大学后，突然莫名其妙地失去了目标，变成了无精打采的人。他们不满足于现在的生活、学习状况，出现了逃避现实的行为。他们也都能理解学习的重要性，如“该……不该……”。然而在实际行动中，却往往做不到。他们往往不知道自己能做什么，应该做什么和想做什么。他们无法控制地热衷于上网聊天、玩网络游戏、看电视、打牌等，从中得到乐趣而逃避学习。

在身边的同学或在自己身上有没有“三无”的现象？如何变“三无”为“三有”呢？

进入大学以后，中学阶段的学习方法已经不能适应大学学习的需要，学习不仅仅是基础知识的学习，也不只是“学会”，而是专业学习、自主学习和创新学习，“会学”才是根本，“学会学习”已经成为大学生学习的主题。歌德曾说：“人不光是靠他生来就拥有一切，而是靠他从学习中所得到的一切来造就自己。”可见，学习能力已成为一项基本的生存能力，是大学生实现人生理想的关键。当今世界，随着社会的发展，通过网络传播渠道学习已经成为大学生成长发展的重要手段。在新形势下，如何理解学习的真正含义，如何有效地学习，如何通过学习来提高自己的素质、培养自己的创新能力，如何正确认识和处理学习中的心理问题，都对大学生的学习生活和未来的发展有着重要影响。本章将从学习与心理健康的角度，介绍大学生学习的心理特点、智能结构与优化、学习与心理健康的关系以及常见的学习心理问题及其调适方法，希望能够帮助大学生树立正确的学习观念、激发学习动力、调适不良学习心理、提高学习效率。

第一节　大学生学习及学习心理特点

一、什么是学习

提到学习，人们首先想到的是学生的学习或新手掌握技能，如学习外语、骑(驾)车、游泳等。虽然这些活动都包含着学习，但从心理学的角度来看，它们所表示的只是学习活动中较典型的事例。学习是一种十分复杂而又普遍的心理现象，学习有广义和狭义之分。广义上的学习是指人和动物在生存和发展过程中的经验获得及行为变化的过程。对这一概念的理解要把握四个要点：

(1) 学习是一种行为，但不是本能的行为，而是后天习得性行为，是由经验或实践引起的。人和动物的行为有两类：一类是本能行为，一类是习得行为。本能行为是通过遗传而获得的种族经验，是生来就有的。例如，鸭子会游水、母鸡会孵蛋、婴儿会吸奶等，这些行为都是不学自会的。习得性行为即是在后天环境中通过学习而获得的个体经验。例如，狮子滚绣球、小狗跳地圈、熊猫骑自行车等，这些行为都是通过学习而获得的。只有这种习得性行为才是学习。因此，不能把有机体的一切行为都看成是学习。

(2) 学习所引起的行为或行为潜能的变化是相对持久的。药物、疲劳、疾病等因素均能引起行为或行为潜能的变化，如运动员服用兴奋剂而提高了比赛成绩、大学生因疲劳而降低学习效率，等等。但是这些变化都是非常短暂的，一旦药效消失或疲劳恢复，行为表现又会与过去相同。而学习则不然，学习所引起的行为或行为潜能的变化则相对持久。比如，我们学会了游泳、滑冰、骑(驾)车等，这些技能几乎终生不忘。知识观念的学习虽然有时也会发生遗忘或被新的学习内容所干扰，但相对于那些因药物或疲劳等所引起的暂时性行为变化来说，它们保持的时间还是比较持久的。

(3) 学习是由反复经验而产生的。个体的成熟乃至衰老也会使其行为产生持久的变化，如青春期少年的嗓音变化，这种变化是由于个体的生理发育而引起的，是成熟的结果，与经验无关，因而不能称之为学习。因此，不能把引起有机体行为或行为潜能相对持久变化的行为都看成是学习。

(4) 学习所引起的行为变化，有的是外显的，而有的则是潜在的。当人们表现出一种新的技能时，如游泳、驾车、打字、编织等，我们即可推知，学习已经发生了。有时，人们通过学习获得的是一些一般性的知识、观念，这类学习往往不一定会在人们的日常行为中直接地表现出来，但是它们却影响着人们在将来价值观念和对待某些事物的态度，即它们改变的将是人的行为潜能。因此，不能从行为变化是否发生来判断学习行为发生与否，如不能因考试成绩不好，就断定学生学习不用功。

广义的学习包括人和动物后天获得经验的过程，而狭义的学习只是指学生的学习，即学生在教师的指导下，有目的、有计划、有组织地获得知识、形成技能、培养才智的过程。与人类其他学习相比，学生的学习具有以下特点：

(1) 学生学习是有目的、有计划、有组织、有系统地进行的。学校通过课程设置、教学计划安排，对学生的学习进行控制，学生必须在规定的、有限的时间内完成一定的学习任务并接受考核。

(2) 学生的学习是集中统一进行的。一般来说，同一年龄段、同一层次的学生总是被集中在同一集体(通常为班级或年级)中进行学习的，学习内容、学习材料、学习任务、学习要求以及学习条件基本上是相同的、一致的。

(3) 学生的学习是在教师指导下进行的，教师的传道、授业、解惑作用非常重要。

(4) 学生的学习内容是多方面的，一般来说，大致可分为三个方面：一是知识的掌握和技能的形成；二是智能的开发和非智力因素的发展；三是行为规范的学习和道德品质的培养。

二、大学生学习的特点

大学生学习是人类学习的一种特殊形式，属于狭义的学习，也是更高层次的学习。大学生正值智力发展高峰期，良好的记忆力、创造性的学习加上专业化的教育使大学生的学习活动与普通中小学学习教育活动既有共同之处，又有明显不同的特点。它既不同于中小学的学习活动(主要掌握基础知识)，也不同于一般职业者的活动(完成一定的职务职能，具有一定的职业方向)，而是有一定的专业性、目标性和研究方向，同时有深刻的意义、广泛的兴趣和各种方式方法。具体在大学生学习活动中就表现为学习内容的专业性、学习过程的自主性、学习途径的多样性以及学习目的的探索性。

(一) 学习内容的专业性

专业性是指大学生的学习有其一定的专业指向性。这是大学生学习与中学生学习的明显不同之处。中学是基础教育阶段，中学生是不区分专业的，学生主要是按年级划分的，各年级开设的主要课程基本相同，只是程度有差异，学生对开设的各门课程都必须学习。而大学则不同，大学是专业教育阶段，大学学习的课程内容都是围绕某一类专门人才的培养目标设置的，大学的教学过程以传授、学习专业的理论知识和基本技能为主要任务。步入大学后，每个学生都有自己的专业领域，大学的学习除了强调各方面能力都要有发展外，还要求学生的专业知识和技能得到更大程度的提升。所以需要大学生从入学起就应该对所学专业形成正确的认识，制订学习计划，将专业领域的学习向纵深扩展，掌握专业的知识与技能。

【课程思政导航】

讨论:三百六十行,行行出状元。无论所学专业是“冷门”还是“热门”,都与社会发展密切相关,国家需要各行各业的人才,只要认真、投入地去学习,总会有用武之地。请问如何把专业学习与国家发展需要联系起来?

(二)学习过程的自主性

自主性是指在学习过程中,大学生的主观能动作用的增强,主要表现在自觉性和主动性两个方面。首先,大学的学习虽然也强调教师的课堂教学,但教师授课之后的理解、消化、巩固等环节主要靠学生独立完成,这样一来,除了上课之外,大学生还有大量时间可以自由支配。其次,在大学里没有家长和老师盯着、管着,大学生可以做自己感兴趣的事情,这就要求大学生的学习要更具自觉性。此外,对学习内容的自主选择也是大学生独立自主学习能力得以展示的重要方面。大学教育的课程设置,一般来说,除了公共必修课和专业课外,各高校还有形式多样的专业选修、通识教育等课程,可以供大学生们根据自己的兴趣、爱好、能力、精力等各方面的条件自由选择,从而达到扩充知识、发展各种能力的目的。

可见,不论是学习时间的自由安排,还是学习内容的自主选择,都需要大学生在学习过程中充分发挥主动性、积极性,独立自主地进行学习,这是大学教育对大学生们提出的一个要求,也是大学学习活动的特点之一。

(三)学习途径的多样性

多样性是指学生除了课堂教学这一途径外,还可以通过多种渠道来获得知识。大学生要获得知识,陶冶情操,发展能力,光靠课堂教学获得的知识,是远远不能满足需要的。除了自己抓紧时间自学外,还必须依靠各类第二课堂获取知识,诸如各种学术报告、知识讲座、专题讨论会以及走出课堂进行社会调查、参加各类咨询服务等。随着科技和网络的发展,大学生学习的渠道更加多样化。面对这些种类繁多、形式多样的学习途径,采取什么样的学习方式才能处理好课本知识与课外知识、专业学习与能力培养等各方面的关系,是许多大学生需要思考和解决的问题。

(四)学习目的的探索性

探索性是指大学生在学习过程中对于书本结论之外新观点的寻求和钻研。大学阶段是学生接受系统教育的高级阶段,是从“求学期”向“工作期”“创造期”转变的过渡阶段。学生的学习方法和思维方式也逐渐从正确再现教学内容向汇集众家之长、确立个人见解的方向转变。比如,学生从在教师指导下完成作业、课题到独立完成毕业论文;有些学生还开始在某些学科领域内做有一定价值的创新探索;不少学生在实习期间主动走向社会，结合社会实践，在实地考察的基础上写出了有较高学术水平及应用价值的论文，并主动举办论文报告会，把自己最新的见解公诸同行；有些优秀学生已经能参与学校科研项目，承担一定的课题研究，甚至走向社会承担生产实践中的科研任务。随着教育改革的不断深入，培养大学生独立思考能力和探索科学世界的方法将会愈来愈重要。

以上是大学生学习活动的四个特点。这四个特点既有区别，又有联系。其中自主性是大学生学习活动的基础，多样性是大学生学习活动效益的保证，专业性和探索性是大学生学习活动的目的。这说明大学生的学习活动是复杂的、紧张的，需要很大的心智能量、良好的心理素质、多方面的能力和健康的身体来保障。

三、大学生学习心理的特点

大学阶段的学习与中学相比是更高层次的学习，在学习内容上更精细，专业性和应用性更强，同时也要求具有探索性与社会性等。在这种独具特色的学习中，需要大学生的自主意识、学习动机以及学习策略等多方面的心理机能参与，形成大学阶段独特的学习心理特点。

（一）学习意识基本成熟

随着大学生自我意识的基本成熟，学习意识也逐渐成熟。大学生学习意识的形成是学会自主学习的关键。大学生的学习意识具有更强的独立性、自主性和可控性。意识独立性是指大学生在学习过程中除了接受老师的教授和指导，还表现出独立发现问题的能力；敢于质疑课本的能力；具备一定的收集、处理信息的能力以及独立思考解疑的能力。大学生学习意识的自主性有很多方面的表现，例如，花大量时间研究自己感兴趣的事情；学习过程中主动与老师沟通，敢于说出自己的见解；有自己的学习策略，创新意识强等。学习意识的可控性是指大学生能够觉察到自己的学习过程和学习状况，并对自己的学习动机、学习兴趣和学习方法等进行调整，如发现学习策略不适合，能适时转变，以符合学习的要求。

（二）学习动机多元化与复杂化

由于人生观、世界观、理想抱负和个性心理特点的不同，使得大学生的学习动机也呈现出多元化与复杂化的特点。在同一个学生身上可能同时存在几种学习动机，而有些学生则不愿表露自己的学习动机。作为一种心理倾向的动机，有时是一种潜意识的体验，有些学生说出的动机与实际起主导作用的动机并不一致。这些都使当代大学生的学习动机变得复杂。虽然大学生的学习动机具有多元化与复杂化的特点，但是总的来说，大学生的学习动机是积极向上的，在大学生的学习动机中，发展成才的需要始终占据主要地位。

【课程思政导航】

> **讨论**：如何将自己的理想与国家责任相结合？

（三）学习智力与能力发展已经达到最佳期

韦克斯勒用标准化的智力测验研究从7岁到65岁不同人的智力，结果发现智力发展的高峰一般在22岁左右。虽然不同研究对于个体智力发展速度和高峰期的看法并不特别一致，但是一般认为，儿童、青少年时期是智力快速发展时期，20～35岁发展保持高水平。大学生的年龄一般为18～23岁，这说明大学时期是人生智力发展水平的最佳时期，这有利于个体接受复杂、深刻、专业的学习。

第二节　大学生合理的知识结构与智能优化

知识结构是指一个人的知识构成状况，即其掌握的知识的比例、相互联系、相互协调与相互作用以及由此形成的整体功能。大学生合理的知识结构是既有精深的专门知识，又有广博的知识面，具有事业发展实际需要的最合理、最优化的知识体系，其包括基础知识结构、专业知识结构和动态知识结构三个部分，合理的知识结构总是处于动态调节之中的。智能结构是人们认识周围事物及解决实际问题的诸种能力的构成及排列组合，它是由多种能力所组成的多序列、多要素、多层次的动态综合体。大学生的智能结构主要包括自学的能力、运筹时间的能力、调查研究的能力、社会活动的能力、表达能力与创造能力，对智能结构进行整体优化具有十分重要的意义。

一、大学生合理的知识结构

从事不同的专业，研究不同的学科，对于知识结构有着不同的要求。一般来说，合理的知识结构在于既满足专业的需要，又有自己的独特之处，博而不杂，专而不偏，基础雄厚，适应性强。

大学生合理的知识结构是金字塔式结构，它包括基础知识结构、专业知识结构和动态知识结构三个部分。

首先，大学生合理的知识结构应该包括自然科学知识、社会科学知识和个体生理、心理知识三个方面的基础知识储备。自然科学知识主要包括物理学、化学、天文学、地质学、动物学、植物学、数学等学科；社会科学知识主要包括哲学、逻辑学、政治学、经济学、历史学、文学艺术等学科；个体生理、心理知识主要包括脑生理学、心理学、思维科学等学科。

其次，大学生合理的知识结构应该包含与自己所学专业相一致的专业知识结构。专业知识结构包括专业基础知识、专业知识、专业前沿知识。专业基础知识是学科专业赖以存在和发展的基础知识，通常的情况是基础知识与专业知识的融合。专业知识是一个人知识结构中的主要部分，其他部分都是作为辅助性的知识，能否在本专业创造性地进行工作，集中表现于专业知识的深度和广度。专业前沿知识，主要是学科发展的新动向、新观点、新思潮、新突破。这部分知识往往不是很成熟，处于研究和探讨之中，而一旦发展成熟并得到广泛应用，也就转化为专业知识或专业基础知识。

第三，大学生合理的知识结构还应包含能够随时进行调节的动态知识结构。大学生追求的知识结构绝不应是僵化不变的，而是能够不断进行调节的，这是适应科技发展、知识更新、研究探索新的课题和领域、职业和工作变动等因素的需要，不然就跟不上飞速发展的时代步伐。动态知识结构主要包括现代科学发展的最新成就和潜科学等。

大学生合理知识结构的三个部分是相互联系、相互制约的，其划分并没有明确的界线，其功能则是通过各部分的相互融合、相互渗透、相互补充来体现的。

二、合理知识结构的建立

建立合理的知识结构是大学生的一项重要任务，也是大学生成才的一项基本建设。怎样才能建立合理的知识结构呢?

(一) 要正确地处理“博”与“精”的关系

基础知识要广博、宽厚，专业知识则要精深、透彻，有人形象地称之为T形结构。一方面，在广博的基础知识上争取专业知识的精深;另一方面，围绕专业知识精深的目标寻求基础知识的广博。这里有几点值得注意:一是基础知识的广博，并不意味着面面俱到，而是要围绕设定的专业目标去组织基础知识结构，这就要深刻地理解知识结构的层次性特征。二是要正确地理解“博”与“专”的相对性。基础知识要广博，并不是不要精深。基础知识结构中的工具性知识等，不但要博，更要精深，只有这样在需要的时候才能信手拈来，正确运用。譬如，学理工的，数学知识不可不精;学文科的驾驭语言文字应能得心应手。同样，专业知识的精深，也需要广泛地涉猎相关专业学科，致力于探寻自己的专业与相关专业的“内在通道”(内部联系)，以免一叶障目，不见泰山。

(二) 要正确地处理理论与实践的关系

合理的知识结构在很大程度上是依靠理论知识的积累来建立的。但理论本身是从实践中提炼、发展而来的，更重要的则是要应用并服务于实践。在实践过程中最能发现知识结构的缺陷。同时，在实际工作中，也有着许多经验性的知识。这些“实践火花”尚未经过科学的整理而上升为理论，暂未登上科学的“大雅之堂”，但也是合理的知识结构所不可缺少的，说不定还会发展成为“绝招”和“秘密武器”。

（三）要正确地处理普遍性与特殊性的关系

从客观上看，人们的知识结构有很多共性的东西，但具体到每一个人，则应有自己的独特之处。根据个体的具体情况，扬长避短，建立有某种特色的独特的知识结构，这可称得上是成才的“捷径”了。在人才学的研究中有一类特殊的对象，他们基础知识薄弱，知识结构中有大片的空白区，但却有很多发明创造。过去人们难以理解这种现象，称他们为“鬼才”。其实，鬼才成功的秘诀在于他善于利用自己的优势去组织自己的知识结构，通过知识的互补作用，独辟蹊径而成才。

合理的知识结构总是处于动态发展和变化之中的，一个人不能指望十天半个月内知识结构就能合理，同样也不能一劳永逸地一直合理。调节知识结构的方法有：

（1）精选法。对各类各层次的知识分类排队，精选吸收最需要的知识完善自己的知识结构。

（2）补缺法。在学习和实际工作中，发现自己的知识结构中缺少一些必备的知识，可以在短时间内，集中力量打“歼灭战”，并及时学以致用，掌握提高。

（3）逾越法。对一些特殊情况下需要运用，但从长远来看价值不大的知识，可以边用边学，“现炒现卖”，迅速越过，囫囵吞枣、不求甚解也无不可。对一些难点，还可以暂时放在一边，在学习、运用、研究相关学科的知识时，通过互补作用，常可以化难为易，逐步解决。

应该指出，调整知识结构的方法也是互补的。比如运用补缺法、逾越法就要以精选法为基础，补缺法、逾越法也要联系起来运用，这样才能最大限度地发挥调节的效能。

三、大学生的智能结构及其优化

大学生的智能结构一般包括自学能力、运筹时间的能力、调查研究能力、社会活动能力、表达能力和创造能力等。其中有些方面如表达能力，更多地属于技能要素，按习惯仍称为“能力”。大学生是现代化建设所需要的专门人才的预备队，走向社会以后，将要遇到许多新情况，必须解决许多新问题。只有在大学学习阶段不断地完善和优化智能结构，才能尽快地适应社会，临危不乱，处变不惊，勇于探索，善于创新。

（一）自学能力

自学能力包括阅读、理解中外学术著作和期刊的能力，查找和积累文献资料的能力。由于新学科、新知识不断涌现，终身教育已经成为人人都必须接受的现实。终身教育的核心是良好的自学能力。在现代社会，“文盲”的含义已经有了变化，不具有自学能力的人将是新的“功能性文盲”。在大学阶段，教师的授课方式与中学相比有了显著的变化，教师的授课时间少了，学生学习上可供自由支配的时间大大增加了，没有一定的自学能力，学习就会相当被动。从长远看，没有在大学阶段培养出较强的自学能力，大学毕业以后就很难进入创造期，无法适应社会的需要。

培养自学能力，主要是加强逻辑思维能力，如分析和综合、归纳和演绎、比较和判断、类比和推理、抽象和概括等；其次是自律能力，能够约束自己的行为，克服惰性和依赖性；再次是能够及时总结经验教训，反馈调节自己的自学活动，并不断提出新的合理的学习任务和学习目标。

（二）运筹时间的能力

运筹时间的能力也就是合理地安排和使用时间的能力，能够在有限的时间内完成最多的工作，取得最大的效益。

要最大限度地发挥时间的效益，首先要具有现代化的时间观念。现代化的时间观念的核心在于能主动地、积极地提高工作效率，最大限度地利用每一“寸”光阴。其次要科学地支配时间，掌握运筹时间的艺术，以免在繁重的学习和工作中顾此失彼，疲于应付。安排好时间有以下几个步骤：① 要合理地计划时间，制订大学阶段时间上的总体规划，并根据每学年、每学期的学习任务订出具体安排，同时还要考虑计划外事务占用的时间，在时间安排上保持一定的弹性。② 要经常检查时间的利用情况和学习任务的完成情况，避免遗忘。③ 要根据自己的生理特点，掌握体内的“生物钟”，在一天当中的最佳工作时间内完成最重要、难度最大的工作。④ 每天休息前要考虑当天及第二天的学习和工作，不断地调整、改进时间的利用情况。

正确地认识时间、科学地支配时间、有效地管理时间，这是大学生成才应该具备的基本功。

（三）调查研究的能力

调查研究是获取和利用信息的重要方法。调查研究获得的往往是第一手资料，可信度比较高。因此，大学生应该掌握一般的调查研究方法。例如，访问调查法、书面调查法、普遍调查法、抽样调查法、典型调查法、文献调查法等。

（四）社会活动能力

社会活动能力主要是指组织管理能力，是指为了有效地实现目标，灵活地运用各种方法，把各种力量合理地组织和有效地协调起来的能力，包括协调关系的能力和善于用人的能力等等。组织管理能力是一个人的知识、素质等基础条件的外在综合表现。

随着科学技术向整体化、综合化、网络化的方向发展，在科学研究上也常需要组织力量协同攻关，组织管理能力就显得格外重要了。当代大学生如何培养组织管理能力呢？实践给出的答案是：一方面，要注重组织管理知识的学习，阅读相关的书籍；另一方面，要通过各种各样的学生干部等职务锻炼以及向他人学习等方式提高自己的组织管理能力。

（五）表达能力

学术思想、科技信息的交流，科技成果的转移，都需要用语言、文字、图表或数字来进行表达。对于理工科大学生来说，除了需要语言、文字表达能力以外，还要更多地侧重于图表和数字表达能力，人们常把图表和数字表达能力称为“工程师的语言”。需要指出的是，语言、文字表达能力指的不仅仅是母语，应该还包括外国语。总的来说，为了有效地进行学术交流和信息传输，语言简洁、文字精练、图表严谨、数字准确是科技人才的基本素质要求。

培养良好的表达能力，首先要克服心理障碍，争取在各种公共场合练习发言、参加演讲比赛，并学习与研究一些演讲理论；其次是勤学苦练、一丝不苟、长期坚持，提高文字、图表和数字表达能力。

（六）创造能力

创造能力是指对已积累的知识和经验进行科学加工，从而产生新知识、新思想、新概念、新成果和新产品的能力。创造能力是一种高层次的思维能力和行动能力。在大学生的智能结构中，创造能力是核心，在成才活动中起决定作用。

创造能力是在实践中不断地锻炼和培养出来的。怎样才能培养创造能力呢？

(1) 要有强烈的创新意识和创新热情，这是创造能力的内在源泉。创新意识就是创造的激情，革新的渴望，勇于探索，善于探索的思想观念。创新热情是对于科学的热爱、对于真理的追求的强烈感情，是探索和创造的内在动力。

(2) 要有敢于冲破传统观念的勇气和胆略，不迷信权威，不拘泥于陈案俗套，这是培养创造能力的心理因素。

(3) 合理的知识结构是创造能力的基础。合理的知识结构能激发创造性思维的积极性，不断地强化创造能力。

(4) 要勤于思考，善于质疑。“思”与“疑”是创造的起点，创造的过程就是不断地质疑、释疑，不断探索的过程。在这一过程中，仅仅依靠自己的努力往往是不够的，需要依靠集体的智慧，相互激励、相互启发，不断地提高创造能力。

以上是大学生智能结构的六个组成部分及其优化的方法。在此基础上，还要进行“整体优化”，也就是“结构优化”。由于结构决定功能，因此结构优化具有更为重要的意义。结构优化主要是智能结构中各方面能力的相互补充、相互促进及其相互联系与相互配合。结构优化能够弥补某方面能力的缺陷与不足，更有效地发挥整体结构的功能。

培养合理的知识结构，进而不断地优化智能结构，这是大学生早成才、成好才的关键。只要坚持不断地探索与实践,不断地总结,知识结构、智能结构就会不断地完善、优化,不断地趋于合理。

表6.1列出了知识能力的分类情况。

表6.1 知识能力分类表

后天知识能力	定义	举例	特点
专业知识	又称内容性知识,多用名词描述,一般不可迁移,常常与人们的专业学习、工作分工直接相关	管理、财务、销售、技术、其他领域知识	这部分能力不止通过学习一个途径获得,专业知识的作用存在积累效应,专业知识的组合很重要
自我管理技能	是适应性技能,指一个人如何使用自己的专业知识,以什么样的态度从事工作的技能	积极心态、时间管理、情绪管理、压力管理、工作方法	是人们管理好生活和做好工作的保障
可迁移能力	是功能性能力,一般用动词描述,这部分能力可以迁移到不同的工作之中,是人们最可靠的能力,能够持久地发挥作用	沟通、分析、演讲、计算、决策、团队合作、组织等	是人们安身立命的根本,使人们能够适应不同工作变动和职位要求的变化,面对生活的各种挑战和机遇

第三节 大学生学习与心理健康

一、学习观念的转变

在传统的学习理念里,考试成绩是评价学习好坏的唯一标准。在这个标准的指导下,大学生的任务就是努力学习和掌握好老师课堂教授的知识,弄清楚教材的内容和考试的考点。然而随着社会的进步和发展,很多在校期间考试成绩好的大学生不见得能找到好工作,甚至找不到工作,人们开始思考学习观念。学习观念的转变给大学生的学习心理也带来许多挑战。

(一)由依赖型学习观向自主型学习观转变

依赖型学习观指的是一种学习上表现出被动和依赖等特征的学习观。自主型学习观也称为主体型学习观,表现为自觉地、能动地、有目的地从事学习活动。在大学之前,学生主要在老师和升学考试的压力下为了考出一个好分数、上一个好学校而学习;进了大学以后,家长不在身边,老师的精力也不会全部放在学生身上,这就要求大学生能根据自己的兴趣和目标自主学习。

（二）由知识型学习观向能力型学习观转变，进而向人格型学习观转变

知识型学习观指的是一种重知识，轻能力、轻实践的传统学习观。能力型学习观既强调学习者能力的提高，又重视学习者职业适应和发展能力的提高，这种学习观满足了现代社会能力本位人才观对学习提出的要求。人格型学习观不仅重视知识和能力的相互促进和共同提高，而且更重视受教育者人格的健全发展，“要成才，先成人”，成人是成才的基础和前提。

（三）由封闭型学习观向开放型学习观转变

封闭型学习观指的是一系列“以课堂为中心、以课本为中心、以教师为中心”的学习观的总称。开放型学习观是面向社会、面向生活，多层次、全方位开放的学习观。在过去，大学是象牙塔，教师和学生都沉浸在小小的校园里，“一心只读圣贤书，两耳不闻窗外事”。按照这种模式培养出的人才不符合社会发展的要求，没有社会经验以致和社会脱节，招聘单位也不欢迎这样的大学生，他们更欢迎那些有社会经验、能力强和懂得人情世故的毕业生。

（四）由学会型学习观向会学型学习观转变

学会型学习观指的是“教什么学什么，学什么会什么”的观念，以“学懂”“学会”评价学得如何的问题，突出了实用，而忽视了创新。会学型学习观指的是学会学习、善于学习的观念，用“懂学”“会学”来回答“如何学”的问题。古人所说的“授人以鱼不如授人以渔”指的正是这两方面观念的关系。

【课程思政导航】

［拓展］　影响大学生学习观形成的因素

1. 学习和活动经验。首先，学习经验的丰富性程度影响了学习观。随着学生获得更多的教育，其学习观也会变得更加成熟。其次，学习经验的性质影响了学习观。如果一个学生常常做低水平的多项选择题测验，他就可能认为知识就是事实的集合，为了测验而学习就是要学会使用记忆和复述策略。学习活动的形式影响了学习观的形成。学生进行自主、合作和探究性的学习经验越多，其学习观就会变得越成熟。

2. 所学学科领域。学生的学习经验与具体所学的学科专业紧密相关，不同的学科具有不同的知识结构和认识论假设，学生的学习观也可能影响他们对专业的选择，并且会进一步受到所选专业活动的强化。

3. 课堂教学。课堂教学是影响大学生学习观形成和发展的主渠道,其影响表现在两个方面:首先是教师自身内隐的学习观,其次是教师的教学过程、方法和语言。

4. 学校文化和社会文化。学生的学习观也是在学校文化风气和社会文化背景的熏陶和教化过程中形成的。

二、大学生学习与心理健康

绝大多数学生都是经过中学学习阶段的努力拼搏才考上大学的。在经历激烈的竞争之后,有一部分同学认为上大学后,学习可以放松一下了。有些人虽然主观上没有这么想,但是由于思想观念上习惯于中学时期那种学习靠学校抓、靠老师管的学习方式,不了解大学的学习要求学生有高度的自觉性、主动性的特点,客观上放松了学习。实践证明,进入大学以后,学习非但松懈不得,还必须加倍努力。学生以学为本,学习是学生的首要任务,学习活动则是学生的主要活动形式。因此,学习效果将直接影响大学生的自我形象和心理健康。

(一) 学习对大学生心理健康的影响

1. 学习对大学生心理健康的积极影响

(1) 学习能够开发大学生的智力。人们常常说:“刀越磨越快,脑子越用越活。”这句话有一定的道理。大学生的观察力、注意力、记忆力、思维力以及想象力只有在实际学习过程中才能得到开发、利用和提高。一个人的智力再好、智商再高,如果不学习,智能就得不到开发和利用。

(2) 学习能够提高大学生的能力。大学生的能力包括:自学能力、运筹时间的能力、创造能力、表达能力和管理能力等。一方面,上述能力是通过学习获得的;另一方面,只有通过学习,才能使上述能力不断得到提高。

(3) 学习能促进大学生认知水平的提高和自我概念的发展。只有多学习,才能提高理论水平,从而提高认识问题、分析问题的能力,掌握科学的认知方法;也只有多学习,才能发现自身的不足,才能正确认识和评价自己和他人,也才能不断根据社会需要进行自我调节。

(4) 学习能够调节大学生的情绪和情感。学习能够带来愉快和满足。乐于学习的人常常能从学习中找到乐趣和精神寄托,每当完成一项学习任务、取得一定成绩时,就会感到喜悦和快乐。而在遇到不如意的事情时,若能埋头学习,也会冲淡或忘掉烦恼。

2. 不良学习对大学生心理健康的消极影响

不良学习会对心理健康产生消极的、不良的影响。学习负担过重,容易造成心理压力,造成精神高度紧张;学习内容不健康,容易造成心理污染,使一些辨别能力差、抵抗力弱的大学生受害；学习难度过大，容易使人产生畏难情绪，甚至失去信心；学习方式、方法不当，学习成绩长期得不到提高，容易导致自卑心理，甚至自暴自弃；劳逸结合不当，过度疲劳，容易对身体健康造成危害，进而影响心理健康。凡此种种，都应该引起足够的重视。

（二）心理健康对大学生学习的影响

在相当长的时间里，大学生在学习过程中的心理健康问题没有得到应有的重视。通常，人们会把那些突然对学习产生厌倦、学习成绩下降、考试不及格、受到警告、留级乃至不能坚持学习而辍学的学生视为学习不刻苦、对自己要求不严、智力不足或缺乏理想，等等。不可否认这些因素确实影响了某些大学生的学习，但是严峻的事实告诉我们，大学生的心理健康状况也是影响大学生学习的重要原因。因此，大学生应自觉地关注自身的心理健康状况，提高心理健康水平以促进学习，从而建立学习与心理健康的良性循环。

学习活动是智力和非智力因素共同参与的过程。对于具备一定智力基础的大学生来说，非智力因素比智力因素对学习影响更大。非智力因素是个体内部的动力系统，影响着人们认识和行为方式的积极性，对人的认识活动和行为的驱动、定向、引导、持续、调节和强化等有着重要作用。非智力因素与人的需要、兴趣、情绪、态度、意志、个性特点等心理因素有直接关系，在学习过程中，学习动机来自于学生的非智力因素，是推动人们进行学习的内在动力。

学习活动是艰苦的脑力劳动，长时间的学习也会产生疲倦、松懈、枯燥乏味等情绪，如果不消除这些不良的心理状态，学习将不会长时间保证质量和效率的提高。

一般而言，心理健康的大学生学习成绩优于心理不健康者。良好的心理健康状况，即正常的智力、健康的情绪、坚强的意志、良好的个性、正确的自我意识、和谐的人际关系、较强的适应能力等，对大学生的学习有很大的促进作用；反之，如果心理健康状况不佳，甚至有心理疾患，则会不同程度地妨碍大学生的学习，抑制大学生潜能的开发，甚至中断他们的学业。

（三）大学生健康学习心理的培养

教师或心理咨询人员对大学生健康学习心理的培养，旨在帮助大学生摆脱学习困境、发挥内在潜力、获得学习成功。根据大学生学习的特点，可以从以下几个方面入手进行培养：

(1) 培养良好的班风、学风。入学后，大多数新生对大学生活抱有新鲜感，对自己的前途充满信心。所以要不失时机地给予正面引导，帮助新生较快、较好地完成思想上、心理上、学习上从高中到大学的过渡。另外，加快班级内同学之间的相互了解，增强凝聚力，也是保持学生顺利学习的一个重要条件。

(2) 引导大学生树立正确的学习目标和抱负水平。学习动机是学生学习积极性的关键。可以采用听报告、参观访问、讨论等多种形式让大学生能把握时代的脉搏,感受到自己身上的重担,自觉地把个人命运同国家、人民的命运联系起来,端正专业思想,从而产生强烈的学习愿望。另外,要帮助大学生学会客观地认识自己、评价自己,考虑各种实际情况,确定一个适宜的个人奋斗目标,避免由于对自己的期望值过高或过低而造成心理上的焦虑不安或情绪松懈。

(3) 掌握有效的学习方法和自学能力。如何学习是学生进入大学首先要学习的一课。适合大学学习的方法很多,学生应根据自己的特点选定一种或几种学习方法,如整体与部分的学习方法、集中和分散的学习方法、与同学相互交流的学习方法等。为了提高学生的自学能力,应该指导学生学会如何读书、如何做笔记。如何利用图书馆、如何制订切实可行的学习计划,帮助学生合理安排课余时间,这些都是非常必要的。

(4) 注意用脑卫生,学会科学用脑。指导学生掌握科学的用脑方法,即学会适度用脑,学会规律起居和科学的休息方法以及均衡营养、锻炼身体等。

(5) 注意考试的心理卫生。考试是大学生学习生活的重要方面,考试焦虑是目前大学生中普遍存在的心理问题。产生考试焦虑往往与生理、认知评价、知识经验、应试技能、外在环境等多方面因素有关。因此,消除过度的考试焦虑,可以从充分备考、增强考试信心、形成对考试的正确评价、学习和掌握必要的应试技能等方面对学生进行指导。

对大学生进行健康学习心理的培养,主要基于以上几个方面进行,其培养方法有团体培养和个体培养等。团体培养主要可采用讨论、班会、参观、板报宣传等形式进行。对个体的培养,灵活性较大,没有固定模式,但一定要在坚持大学生学习心理特点和心理咨询原则的基础上,由浅入深地予以指导。

【课程思政导航】

讨论:在大学里,你有哪些学习压力?这些压力来自哪些方面?

第四节 大学生常见的学习心理问题及其调适

在大学校园里,大多数学生能经受住紧张的学习和对大学生各方面素质的综合考验,顺利地完成学业。但是也必须看到确有相当数量的大学生存在时间或长或短、程度或轻或重的学习困难。导致学习困难的原因虽然多种多样,但是分析的结果表明,心理问题是主要的原因之一。心理学研究表明,心理健康状况良好,对学习有积极的促进作用;反之,心理健康状况不好,甚至患有心理疾病,则会程度或大或小地妨碍大学生的学习，抑制大学生潜能的发挥。大学生常见的心理问题有：学习方法不适应、缺乏学习动机、注意障碍、学习焦虑、严重的学习疲劳以及考试中的心理卫生问题等。

案例 6.2

小王从上高中起就有要学心理学的决心，功夫不负有心人，她高中毕业考上了自己喜爱的学校，并且选择应用心理学专业就读。上大学以后，她发现心理学的课程好像很容易学，每周的课时也不多，她认为自己考试之前突击背一下就可以了，老师推荐的专业书籍也从来没有看过。于是，小王参加了很多社团活动，每天只是晨读一下英语，晚上睡觉之前看一下第二天的课表。到了期末的时候，她熬了几个通宵就去考试了，结果考试成绩很不理想。

一、学习方法的不适应

（一）表现

一年级大学生对大学学习的不适应主要是对大学学习方法的不适应，表现在学习的心理条件具备但心理准备不足。所有考上大学的同学在过去十几年的学习过程中，差不多都有一套适合中学学习和自身特点的学习方法，但是这套方法并不一定适用于大学。大学的学习特点和方法与中学相比发生了许多变化。

（二）原因

1. 教学方式的不适应

中学的教学方式一般以灌输为主，教师日日在班，几乎天天辅导，学习的内容少且较为浅显，多为基础理论知识，多数课程是多年一贯制。教师安排着学生的学习及活动内容，学生对所教内容没有任何选择的余地，只是被动接受教师的意见，随从学习，养成了学习上的随从性。而大学的教学方式则不同，教师每天上课来，下课走，课程多，内容深，进度快，跨度大，抽象性强。教师授课是提纲挈领式的，往往只讲授有关内容的重点或难点，介绍有争议的问题和学科发展趋势，较多的内容则要求学生通过自学掌握，学生在学习上要有独立性和自觉性。

2. 学习方式的不适应

这种学习内容和学习方式的转变，要求学生由态度上的被动随从变为主动自觉，由教师灌输变为自主自觉，由追求分数变为真正获得知识和能力。大多数一年级大学生反映对大学的学习方式不适应或不太适应，这种学习方式的不适应造成了他们心理压抑。面对新的学习和教学方式，他们茫然不知所措，学习不得章法、不得要领，有人甚至怀疑自己的学习能力，处于一种学习焦虑的心理状态。

（三）对策

1. 培养自主学习的习惯

大学阶段学习方法的一个显著特点就是自学占很大比例。因此，一年级学生应培养自己的自学习惯和自学能力，有选择地学习，有计划地学习。学生应根据大学学习涉及课程多、包含内容多、难度大、范围广以及教师讲课方式灵活、教无定法的特点，克服依赖心理，树立起自我识别、自我选择、自我控制、自我评价的自主学习观，掌握各种学习渠道和手段，养成良好的学习习惯，在学习中要开拓思路，探索专业领域的相关问题，逐步形成自己独立的知识体系和学习方式。

2. 学会管理时间

要把主要的精力投入到学习中。要取得较好的学习效果，学会管理时间是至关重要的。具体地说就是制订并执行学习计划，即明确要做的事情，决定哪些事先做，哪些事后做。执行的过程中要随时注意时间安排，及时反思时间花费，知道何事是浪费时间，懂得何时的学习效果最好。

3. 改变学习策略

学习策略指学习者为了提高学习的效果和效率，有目的、有意识地制订有关学习过程的复杂方案。学习策略主要有以下几种：

(1) 检索学习：从记忆中检索相关的知识和技能，进行自我检测，而不只是机械阅读记忆。当你读完书或者做完笔记的时候，可以问几个以下问题提高检索学习的效果：这段的核心概念是什么？哪些属于概念或者是我没有接触过的知识？我可以如何定义它们？这些概念和我以前的知识有什么联系吗？

(2) 间隔学习：是重新复习，检索所学的过程，会促进知识巩固，强化记忆。你可以巧用间隔学习的方法给自己制定一份自测计划，在每个学习阶段之间都留出一段时间间隔，之后再进行自测，寻找那些可能被你遗忘的知识，重新进行检索学习，这会让你记得更牢固。

(3) 联系学习：在学习过程中尽可能提问，加深对所学内容意义的理解，主动与以前所学的知识相互联系。

(4) 优秀学习习惯列表：优秀学习习惯的养成，需要我们刻意联系，不断反思，付出努力，总结优秀的学习习惯举例，例如：课前要阅读相关材料，做阅读笔记时摘抄重点术语与定义，用自己的方式把课上的信息重新组成一份学习指南，不定时地自测复杂或重要的概念，等等。

二、学习动力缺乏

学习动力缺乏是指学习没有内在的驱动力量，没有明确的学习方向，无知识要求，不想学习，也就是有的学生常讲的“学习没劲”。

案例 6.3

某大学一年级男生李某，入学成绩在班级中名列前茅，但是第一次期末考试有两门功课不及格，考试后来到心理中心寻求帮助。

李某自述出生在一个中学教师家庭，父母对自己要求比较严格，因此从小到大学习很好，父母和老师都对他寄予了很多期望，以为他可以考上重点高校，但他高考失利，没有考上理想的学校。在进入现在这所学校之前，他一直不能接受现实，坚持要复读，但是父亲突然患病，他才无奈上了这所学校，学习了自己不喜欢的财务专业。他看到班级中一些同学的成绩比自己差很多，学习态度也不积极，越发后悔来到这样一个不适合自己的地方，感到十分失落。来到学校学习两三个月，他干什么都提不起精神，也学不进去，整日浑浑噩噩。

（一）表现

学习缺乏动力常常有如下表现：

（1）逃避学习。不愿上课，上课也无精打采，不能积极思维；课后不学为妙，常把主要精力放在打扑克、下棋等与学习无关的活动上；无成就感，无抱负和期望，无求知上进的愿望。

（2）焦虑过低。缺乏自尊心、自信心，即使学习不好也无所谓，甚至考试成绩不及格也不在乎。这些学生缺乏必要的压力、唤起水平和认知反应，因而懒于学习。

（3）注意分散。学习动力缺乏会使注意涣散、兴趣转移，易受各种内外因素的干扰，因而上课时听课不专心，不能集中精神思考问题，课后不肯下功夫复习巩固所学的知识。写作业不认真，对知识的掌握满足于一知半解，对学习基本上采取的是“对付”的态度。对学习以外的事反而兴致勃勃，如沉迷网络游戏、热衷于社会兼职等，不惜在这些事情上花时间，常常喧宾夺主、主次颠倒。

（4）厌倦、冷漠的情绪。学习动力缺乏常会导致冷漠、厌倦情绪，说到或想到学习就头痛，硬着头皮上课，无心写作业，有的学生为了获得一纸文凭不得不一天天应付学习，有的学生索性回家、中途辍学。

（5）缺乏适宜的学习方法。缺乏学习动力的学生由于对学习总是采取一种消极的态度，因此也不可能积极地摸索一套适合自己的学习方法，从而难以适应紧张、繁忙的学习。

总之，当一个学生缺乏动力时，相对广大学生紧张而有节奏的学习生活，他如同一个局外人，与学习群体不相融，如不及时矫治就难以坚持学习，不能完成学习任务。

（二）原因

造成大学生学习动力缺乏的原因是多方面的，但是大体上可以归为两类：内部原因和外部原因。

1. 内部原因

这是指来自学生自身的原因。主要有：

(1) 学习动机不明确。凡动力缺乏的学生被问到为什么学习、为什么读书、为什么上大学等问题时，他们往往会给出这样一些答案——就是为了考大学，考大学是为父母，为了将来找一个好工作，为了离开穷乡僻壤，等等。这些学生没有崇高的学习目的，没有把个人成才与祖国的前途命运联系在一起，没有树立起为振兴中华而努力学习的信念，所以缺少或者没有什么奋发向上、努力学习的原动力，对待学习基本上采取一种放任的态度。

(2) 对所学专业缺少兴趣。这是造成学习动力缺乏的重要原因之一。在高考填报志愿时，由于学生和家长对专业缺乏了解，学生到校学习后才发现对本专业并不喜欢；另一种情况则是家长的意志，家长从当前社会就业"热点"出发为子女填报了所谓好找工作又挣钱多，或相比之下将来工作较轻松的专业，然而学生本人对家长选定的专业缺乏兴趣；还有些学生则是受考试成绩的限制，只能服从分配，不具备选择专业的条件。心理学认为兴趣是力求认识、探究某种事物的心理倾向，是一个人对某事物所抱的积极态度。既然对所学专业没有兴趣，那就必然不会有学好它的积极态度。

(3) 错误归因。归因是个体寻求导致某种结果之原因的一种心理倾向。心理学根据个体在进行归因时常涉及的能力、努力、任务难度和机遇等几方面的问题，把归因分为四种：① 内归因，把成败归结为自己的努力不够与能力不足；② 外归因，把成败归结为任务的难度太大或缺少机遇；③ 稳定性归因，把成败归结为任务的难度太大或自身能力不够；④ 非稳定性归因，把成败归结为缺少机遇或努力不够。不同的归因使大学生对成败的理解不同，从而影响到他们的学习动机、兴趣和态度。如当考试未通过时，做内归因的大学生会认为是自己努力不够，今后还需要付出更大的努力。这样，每一次学习活动，不论成功与否，都能增强学习动力。做外归因的学生则不同，他们会认为失败是由于运气不好、考题太难或老师教学无方等，从而把失败的原因归结于他人。

2. 外部原因

所谓外因，具体地说就是指来自社会、学校和家庭等方面的原因。例如，改革开放以来，在商品经济大潮的冲击下，知识贬值、脑体倒挂的社会现象长期没得到根本解决；学校专业设置过细、口径过窄，课程设置不合理，教学内容陈旧，方法刻板等；有的家庭急功近利，更多地考虑什么专业挣钱多、好找工作就让子女学什么专业，而不考虑他们对这些专业是否有兴趣、是否适合他们学习等。这些因素都对学生造成了不良影响，甚至成为学生中途退学的隐性原因。

【课程思政导航】

［拓展］　积极期待的作用

将一直大白鼠放入了一个装了水的容器中，它会拼命地挣扎求生，一般可以坚持8分钟左右。然后，在同样的容器中放入另外一只大白鼠，在它挣扎了5分钟左右的时候放入一个可以让它爬出容器的跳板，使这只大白鼠可以活下来。若干天后，再将这只大难不死的大白鼠放入同样的容器，结果令人吃惊，这只大白鼠竟然可以坚持24分钟。

积极心理学认为，前面的那只大白鼠因为没有逃生的经验，只能凭自己本来的体力挣扎求生，而有过逃生经验的大白鼠却多了一种精神力量，它相信在某一时刻一个跳板会帮它逃生，这使得它能够坚持更长的时间。这种积极期待的作用使大白鼠具有了强大的精神力量，使它存活的时间更长。

（三）对策

1. 帮助学生树立正确的学习目标

期望-价值理论告诉我们，学习任务的难易水平是影响学生学习动机的一个非常重要的因素，直接影响着学生对目标实现可能性的评估。如果是太难以实现的目标，哪怕此目标的实现对于个人有着重要的意义，也难以激发个体的成就动机。相反，太容易的目标，虽然不用怎样的努力就能完成既定目标，但此目标的完成对于个人几乎没有什么激励作用，也无法激发个体的成就动机。因而，只有难度适当的任务，对于学生才有最佳的激励作用。为此，我们应该帮助学生根据自己的实际情况树立适宜的期望目标，以期最大可能地激发学生的学习动机。

2. 培养学习兴趣

兴趣是指在积极探究某种事物或从事某种活动的过程中，伴随着一定的情感体验的心理倾向。兴趣是引起和维持注意的一个重要的内部因素，是学习过程中的一种积极的心理倾向。大学生要想在学习中发挥积极性和创造性，就要对自己所学的知识培养浓厚的兴趣，这样才会心向神往、保持积极的学习态度。

学习兴趣是可以在学习过程中逐步培养的，应做到多读、多听、多看、多动手、多参与。多读，就是多读书，古人说“开卷有益”。多读书不仅能增加信息量，扩大知识面，更重要的是能够养成良好的阅读习惯，培养学习兴趣。多听，就是要多听学术报告，了解学术动态和本学科当前最新研究成果，这样不仅可以加深对所学知识的理解、消化，更重要的是可以激发求知欲和探索欲。多看，就是要多参观一些学术成就展览，多看一些科技资料，这样往往能对大学生起到很大的鼓舞和启示作用。多动手，就是要多参加实践活动，并要尽量亲自动手操作，在实际操作中增长技能，使理论能联系实践。多参与，就是要积极参与各种科技文化活动，包括各种小发明、小创造活动，有条件的可参加教师的科研项目，并撰写论文。

【课程思政导航】

> **[拓展]　中国铁路工程之父詹天佑**
>
> 詹天佑是我国首位铁路总工程师，他负责修建了京张铁路等工程，被誉为“中国铁路之父”。詹天佑出生在一个普通的茶商家庭，从小就对机器十分感兴趣，常常用泥土捏各种机器模型。有时，他还偷偷把家里的自鸣钟拆开，摆弄和琢磨里面的构件，提出一些大人也无法解答的问题。凭着自己的兴趣，詹天佑留学美国后考取了耶鲁大学的土木工程系，专攻铁路工程。在兴趣的引导下，他刻苦努力，成绩名列前茅。以优异的成绩毕业回国后，詹天佑满腔热忱地把所学本领献给祖国的铁路事业，为我国铁路事业的发展做出了卓越的贡献。

3. 加强学生的归因训练

归因训练是指通过一定的程序使人掌握某种归因技能，形成比较积极的归因方式的训练。教育工作者对学生进行的归因训练大致可以经历这样几个步骤：第一，了解学生的归因风格；第二，通过学生在学习活动中的成败体验，让其对自己的成败进行归因；第三，引导学生进行积极的归因。归因训练的目的主要在于让学生形成努力归因的良好习惯，即把成功归因于自己的能力和努力，而把失败归因于努力（包括对学习方法的掌握和运用）不够，以此使得那些“习得性无助”的学生形成适当的归因方式，帮助他们增加自信心和提高学习动机。

4. 改善学习的外部条件

针对学生学习动力缺乏的外部原因，应通过多方面的努力改善外部环境和条件。例如，创造良好的学习气氛和环境；宣传、呼吁有关部门切实注意提高知识分子的社会地位和经济待遇，落实知识分子政策，提高教学质量；及时更新知识；严肃校规校纪和奖惩条例等。

三、学习疲劳

学习疲劳是因长时间持续进行学习，在生理、心理方面产生的劳累，这会导致学习效率下降，甚至头晕目眩，进入不能继续学习的状态。

（一）表现

学习疲劳可分为生理疲劳和心理疲劳两种。生理疲劳通常表现为肌肉痉挛、麻木，眼球疼痛、发胀，腰酸背痛、动作不准确、打瞌睡等。常见的心理疲劳症状表现为感觉器官活动机能降低，注意力涣散，思维迟钝，情绪躁动、忧郁、厌烦、易怒，学习效率下降。

学习疲劳是一种保护性反应，经过适当的休息即可得到恢复，这是合乎生理、心理规律的。但是如果长期处于疲劳状态，大脑有关部位持续兴奋，就会导致大脑兴奋和抑制过程的失调，严重的还会引起神经衰弱。

（二）原因

造成学习疲劳的主要原因有：学习时过分紧张，注意力高度集中；持久的积极思维和记忆；学习内容单调乏味；缺乏学习的兴趣；在异常的气温、湿度、噪音或光线不足等环境下学习以及睡眠不足等。

（三）对策

1. 科学用脑

如何才能科学用脑呢？第一是合理安排用脑时间；第二是优化大脑的信息储存；第三是要及时转移大脑兴奋中心；第四是理解和记忆交替进行；第五是劳逸必须适当结合；第六是注意大脑的营养。总之，科学用脑是学生求学、成才的基本功，也是将来事业成功的重要基础。用脑要有艺术，还要讲究卫生，只有这样，才能充分发挥大脑功能，更有效地进行学习。

2. 把握自己的生物钟

人体的各种生理和心理功能随时间推移做规律性运动。以前苏联科学家的研究表明，人在一天中，生物机能的变化规律是：上午 7～10 时逐渐上升，10 时左右精力充沛，处于最佳工作和学习状态，此后逐渐下降；下午 5 时再度上升，到晚上 9 时又达到高峰，晚上 11 时后又急剧下降。然而，人群中最佳学习时间的分配又存在着差异，有的人上午无精打采，晚上精力十足；有的人白天精神好，晚上学习效果差。大学生应摸清自己的生物活动规律，把握“黄金时间”，在此期间安排难度较大的学习活动，避免过度疲劳。

3. 培养对学习的兴趣

兴趣在繁重的学习活动中起着重要作用。俄国大教育家乌申斯基曾指出：“没有丝毫兴趣的强制性学习，将会扼杀学生探求真理的愿望。”教育实践证明，如果学习兴趣浓厚，学习时心情愉快，即使长时间学习也不易感疲劳。反之，如果没有学习兴趣，则很快就会进入疲劳状态。

4. 创造良好的学习环境

学习环境尽量布置得优雅、整洁、使人感到心身舒畅；不在有刺耳噪音的地方学习，以免心烦意乱、焦躁不安；不在过暗或过亮的地方学习，以免头晕目眩、出现视觉疲劳；不在空气污浊的条件下学习，以免胸闷、呼吸困难。

总之，当出现学习疲劳时，应引起重视，及时地采取相应的措施，一般都可以得到矫正。

四、注意障碍

注意是心理活动对一定对象的指向和集中。注意障碍是指心理活动难以或过分地指向和集中于特定的对象。

（一）表现

一般来说，注意障碍主要表现为：注意的稳定性很差，难以长时间保持在特定的对象或活动上，注意力分散且难以持久；或注意的稳定性极高，对某种观念固定不变，也无法摆脱，不能转移注意。

（二）原因

1. 生理原因

造成注意障碍的生理原因很多，例如：① 学习过度疲劳造成大脑脑细胞负担过重，大脑皮层觉醒功能不足，使人昏昏欲睡，不能集中注意力；② 由于大脑过度兴奋，大脑觉醒过度，造成注意力涣散，容易转移，难以集中。

2. 社会心理原因

对学习的目的、作用认识不足，缺少集中注意力的自觉性；对学习内容的价值认识不足，缺乏学习动力和兴趣；学校教学制度不健全，学风、班风不正等现象也会影响学习注意力。

3. 个性心理原因

情绪不稳定，紧张、焦虑、烦躁、兴奋等都妨碍学生集中注意力；自制力差、缺乏恒心、好冲动等人格因素也会造成学生注意力差。此外，某些外部原因，如家庭意外、人际冲突等也会导致学生注意力难以集中。

（三）对策

大学生要调整注意障碍的问题，就要了解自己注意障碍的原因，以利于对症下药。比如，树立合适的、明确的学习目标，培养学习兴趣，尤其是对专业课的兴趣；减少社会活动，把生活的重心放到学习上来；戒除网络依赖或游戏成瘾；正确应对挫折，减少因挫折而致的情绪困扰；劳逸结合，注意锻炼，减少学习疲劳；运用正强化等行为矫正技术，例如，上课时一旦自己做到注意力集中一节课或自习时注意力能集中一小时，就给自己奖励，以后慢慢提高奖励的标准，等等。

五、学习焦虑

学习焦虑是指学生由于不能达到预期目标或不能克服障碍的威胁，致使自尊心、自信心受挫，或失败感、内疚感增加而形成的一种紧张不安、带有恐惧的情绪状态。适度的焦虑对于学习是有益的，但是过度的焦虑会影响学习的效率，影响正常水平的发挥。

（一）表现

学习焦虑是学生在学习过程中常见的一种心理现象，它是学生感到来自现实的或预想的学习情境对自己自尊心构成威胁而产生的某种担忧的心理反应倾向。现代心理学把焦虑分为三种情况：低、中、高焦虑，并且认为适当水平的焦虑，可以增强学习效果，但是焦虑过度会对学习起不良作用。严重的学习焦虑表现为忧虑、紧张、恐惧、坐立不安；面对繁杂的学习内容心乱如麻、茫然无措，不知道从哪里着手开始学习。在学习情境中总担心学习会达不到自己的期望，害怕失败，表现出不能集中自己的注意力，记忆力衰退，学习效率下降，情绪变得更加急躁。在生理上多表现为肌肉紧张、呼吸急促、心率加快、头昏、大小便频率增加、多汗、睡眠不良、食欲不佳、胃肠不适等情况。

（二）原因

造成学习焦虑的原因很多，也很复杂，常见的有以下几方面：

(1) 学习期望值过高。有些学生对自己的能力缺乏正确认识，所树立的学习目标远远超过自己的实际水平，千方百计地希望通过努力学习保护自己的自尊心不受损害，而自信心又不足，心理压力很大，内心常常潜藏着一种恐惧感。久而久之便形成了严重的学习焦虑。

(2) 个性原因。性格敏感、易焦虑的大学生往往容易因学习上的失败或挫折体验挫伤自信心和自我效能感，从而产生学习焦虑。

(3) 能力原因。少数学生学习能力稍低，学习效率不高，通常难以取得好成绩。在外在压力下，他们感到自卑，产生焦虑。焦虑使得注意力分散，学习成绩进一步下降，从而更加焦虑和自卑，形成恶性循环，最终导致更严重的学习焦虑。

（三）调适

学习焦虑并非一成不变，心理学家们提出了如下调适策略：

(1) 充分发挥自我调节的能力，控制焦虑的程度。自我调节的能力包括自我放松、自我暗示和向他人倾诉等方法，这些方法可以减轻焦虑的程度。

(2) 找出学习焦虑的原因，稳定情绪。要稳定自己焦躁的情绪，找出自己学习焦虑的原因并加以解决。如果自己无法排除焦虑和苦恼，可以向自己信赖的老师、同学、好友诉说，这样一方面可以使自己的情绪得到宣泄而有所减轻，另一方面知道有学习焦虑的不只是自己一个人，从而使心理得到平衡，增强自信心。同时，还可以从他们那里得到一些有益的指导。

(3) 正确认识和评价自己的能力。确立切合自身实际的学习目标；增强自信和毅力，不怕困难和失败；保持适度的自尊心，降低对胜败的敏感度；保持情绪的稳定;摸索总结出一套适合自己的学习方法等,都有助于克服严重的学习焦虑。

(4) 转移注意力,做好应试准备。情绪稳定后,要努力使自己的注意力从对考试情境及结果的担忧上转移到做好应试准备上。一方面进行知识准备,另一方面进行心理准备。此外,要进行应试技能准备,尽量多了解有关考试的信息,如题型、题量、范围、难易程度、评分标准等,尽可能做到心中有数。在平时,有意识地训练自己,掌握一些应试技能。

(5) 努力创造一个关系和谐的集体和轻松愉快的学习氛围。一个班级、一个宿舍,良好的人际关系,可以使学习者产生积极向上的情绪状态;和谐静谧的学习环境会给人以愉快的心境,使学习效果倍增。

除了上述的方法,还有激发和保护好奇心等等,也都有助于克服严重的学习焦虑。

六、考试心理卫生

考试是大学生面临的主要应激源之一。每个学生都希望能在考场上发挥出自己的最佳水平,以取得优异成绩。可是总有些学生不得不接受一个残酷的事实,即考试成绩并非与自己的努力成正比,考试的结果总与自己的愿望有差距。由此便带来了一系列心理卫生方面的问题,诸如:丧失信心、自尊受挫、精神苦闷、厌倦学习及自暴自弃等。这说明考试对大学生的身心健康有很大影响。因此,学会正确对待考试,讲究考试的心理卫生,防治各种考试心理障碍,培养良好的应试能力,学会一些应试的技巧等,将有助于提高学习效率,巩固学习效果。

(一) 考试心理卫生问题的主要表现

考试中的心理问题主要表现为过度考试焦虑、考试怯场和考试作弊。

1. 过度考试焦虑

大学生的过度考试焦虑是由于过分担心考试失败而出现的一种高度忧虑的情绪反应。主要表现为考前紧张恐惧、心烦意乱、喜怒无常、无精打采;胃肠不适、莫名的腹泻、多汗、尿频、头痛、失眠;记忆力减退、注意力不易集中、思维迟钝、学习效率下降等。

2. 考试怯场

考试怯场是过度考试焦虑在应考时的一种心理反应,是学生在考试中因情绪激动、过度焦虑、恐慌而造成思维和操作困难的一种心理现象。主要表现为心跳加快、呼吸急促、满脸通红、出汗、头昏、烦躁、恶心、软弱无力、思维迟钝,甚至大小便失禁、晕倒等。

3. 考试作弊

目前,大学校园里考试作弊的现象屡见不鲜。尽管各高等院校三令五申地强调考试纪律,不断加大对考试作弊行为的处罚力度,但考试作弊现象屡禁不止。大学生考试作弊的心理主要表现为逆反、虚荣、侥幸和不劳而获的心理过程，在考试时试图以投机取巧的方式蒙混过关。

（二）原因

1. 考试焦虑和考试怯场的原因

考试焦虑和考试怯场的原因主要来源于以下几方面：

(1) 个性气质特点。那些敏感、易焦虑、过于内向、缺乏安全感和自信心、做事追求完美的学生在考试中容易出现考试焦虑。

(2) 考试经验。大学生多数在中学时代都有考试成功的经验，而进入大学后，偶然的考试失败会加剧部分学生的考试焦虑，将过去的考试成功归于题目容易、运气好等，而将大学的考试失败归结为自己不聪明、能力差，因而就会对自己失去信心，面临考试就会紧张焦虑。

(3) 学习态度浮躁，知识掌握不牢，复习准备不足，缺乏自信，对考试没把握，自然就会产生考试焦虑。

(4) 对考试外在价值的过分重视。考试成绩与大学生学业荣誉，如奖学金；政治前途，如入党；学业前途，如研究生保送等密切相关。因而，大学生会对考试成绩特别看重，特别是学业成绩优异的大学生，恐惧考试失败的心理压力更大，更容易出现考试焦虑的症状。

还有考试的重要性、难易程度、竞争程度和学生的学业期望等因素也对大学生的考试焦虑有直接的影响。

2. 考试作弊的原因

大学生之所以考试作弊，除了与大学生的自身素质和心理特点有关外，还与许多外部因素有着直接的联系。首先，大学生作弊受社会不良风气的影响。现实生活中，弄虚作假、急功近利的现象严重影响着大学生，一些学生盲目效仿、投机取巧，平时不努力学习，为了考试过关而不惜采取作弊的行为。其次，许多高校教师不重视授课的质量，对教学采取敷衍了事、得过且过的态度，给学生带来极为不良的影响。再次，一些大学生厌学、弃学，想通过考试作弊蒙混过关。另外，课程设置不合理、教学内容枯燥、教学方法单一、教学手段落后和命题不科学也是大学生考试作弊行为屡禁不止的原因之一。此外，考试监管制度不健全，考场纪律执行不严等也为学生考试作弊提供了可乘之机。

（三）防治

1. 过度考试焦虑和考试怯场的防治

预防过度考试焦虑和考试怯场可从以下几方面入手：

(1) 对考试应有正确的认识。考试只是衡量学习效果的手段之一，考试成绩并不能全面反映一个人的学习能力和知识水平，更不能决定一个人的前途和命运，所以不必把考试看得过重。

(2) 认真制订学习与复习计划。平时勤奋学习,及时掌握所学知识,对各科的学习“不欠账”。考试前认真总结复习,熟悉考试要求,做到“心中有数”,考试就自然不会出现异常现象。另外,对考试成绩的期望要从自己的实际出发,不可过高,否则就会给自己造成心理压力,出现过度焦虑。

(3) 注意身体健康及营养。考前虽然应认真复习,但是不可搞“疲劳战术”,要注意劳逸结合,保证充足的睡眠,并且要加强营养以提供足够的能量。这样就可以保证以充沛的精力、清醒的头脑、健康的身体、良好的情绪参加考试。

(4) 学会自我暗示与放松。如果考试时由于过度紧张、焦虑,以致思维混乱或感到大脑一片空白、手脚发颤、头昏脑胀,应立即停止答卷,轻闭双眼,全身放松,均匀而有节奏地做几次深呼吸,用以稳定情绪。

(5) 寻求专业人员的帮助。考前若感到难以克服考试焦虑或曾出现过几次“怯场”现象,应主动寻求心理咨询帮助。心理咨询人员会通过放松训练、自信训练和系统脱敏等方法来帮助学生摆脱考试焦虑。

2. 杜绝考试作弊

考试作弊心理是不正常的心理状态,不利于大学生人格的塑造和健康成长,因此必须坚决加以杜绝。

(1) 学校必须加强大学生的思想品德和人生修养教育,培养大学生诚实、守信的人格特质,树立远大的人生奋斗目标和崇高理想,提高大学生的自控能力,磨炼百折不挠的坚强意志。

(2) 营造良好的校风和学风。大学校园应营造积极健康的学习氛围,树立严谨求实的学风,使学生自觉、主动地学习。

(3) 大学教师应该不断地提高教学水平,引导大学生好学、乐学的学习态度。在考试中注重对基础知识和解决问题的能力方面的考查。

(4) 学校要严肃考场纪律,提倡良好的考风,形成公平竞争的环境。一旦发现学生在考试中作弊,不仅要取消其当次的考试成绩,而且要给予严厉的纪律处分,予以警示。

小贴士

同学们,如果你在考试之前或者考试时出现了焦虑、紧张情绪,不妨试试下面的方法进行放松:

第一,坐在椅子上,两眼微闭,双脚着地,双手自然放在膝盖上,脚与肩同宽,然后进行腹式呼吸 3~4 次。吸气时用鼻子慢慢地吸,先扩张腹部,再扩张胸部,吸足气后屏气,然后同时用鼻子与嘴将气慢慢吐出去,这个过程就是一次深呼吸。紧张的时候可以多做几次深呼吸,来缓解焦虑和紧张情绪。

第二，双手交叉，反向相握，用力向两边拉，使全身肌肉紧张，同时深吸一口气，屏气，使全身肌肉慢慢放松，同时徐徐呼气。重复做 3～5 次，可以缓解紧张状态。

案例分析

个　案（一）

王某，女，大学二年级学生，家在农村，从小学到中学成绩一直很好，父母对她寄予很大期望。进入大学后，虽然仍像高中那样努力学习，但效果不好。大学第一学期考试她有两门课成绩不及格，觉得很对不起父母，又担心自己成绩不好，毕业以后很难就业。现在一想到考试就会很紧张，心跳加快；考试时心里很急，每次考试的分数都不是很高，甚至有不及格的科目。王某平时性格比较内向，不爱交往，很少参加各种活动，她的这种焦虑很少与人谈过，长期积郁在心中，结果是越想考好反而越考不好。

[分析]

王同学的主要问题是考试焦虑。解决这一问题，要从以下几方面入手：

第一，寻找考试焦虑原因，消除她对考试的不合理顾虑。王某之所以会出现考试焦虑情绪，主要压力来源于两个方面：一是希望自己考出好成绩，来回报父母；二是她把自己的考试成绩和未来的毕业就业联系起来，所以对考试期望很高，思想压力很大，因而产生焦虑情绪。

消解王某的考试焦虑，首先是让她认识到考试成绩只是从某一方面反映学生的学习情况，并不是学生学习情况的综合反映，不需要看得太重。退一步讲，即使考试不及格，补考及格仍然可以毕业，不会有太大影响。其次是让王某明白，就业不只是看考试分数，更看重的是综合能力，只要自己具备足够好的综合素质，仍然可以找到一份好工作，成绩和能力并不是对等的。

第二，建议她平时多与同学接触交往，多参加一些活动。这样一方面可以转移对学习的过分关注，转移焦虑情绪；另一方面也可以通过与同学交流宣泄焦虑情绪，同时认识到大家或多或少都存在些焦虑情绪，适当的焦虑甚至是有利的，对自己的焦虑情绪没有必要太担心。

第三，帮助她调整学习方法，做到对考试有备无患。王某对考试的担心除了焦虑情绪的影响外，努力学习之后分数依旧不理想也是一个方面。对此，王某要反思自己在学习方法上是不是存在一定的问题。大学的学习方法与中学相比是有很大区别的，王某要有意识地调整自己的学习方法，从而提高考试分数以增强自己的考试信心。

第四，平时多做放松练习，一旦出现焦虑情绪，可以马上进行放松练习，以缓解焦虑。

个 案 （二）

周某，男，大学一年级学生。进入大学前在父母的参谋下选择了现在的专业。当时主要考虑的是自己的高考分数与填报专业的分数要求，进校后才发现这个专业与自己所想象专业的相差很大，现在对专业学习没有兴趣和动力，情绪低沉，觉得很迷惘、很失落。

[分析]

周某的情况是典型的大学生专业不理想引发的学习问题。目前在相当一部分大学生中存在这种现象，对这一问题的缓解可以从以下几方面入手：

第一，不少学生进校后发现自己对所修专业不喜欢，遇到专业定向方面的困扰，其实这种情况更多的是由于学生对专业不够了解而产生的。周某应在全面地了解自己、了解专业后再下结论。建议周某向老师和高年级同学咨询，听取他们对专业情况的介绍，此外，自己要更多、更深入地接触专业知识，在可能的条件下，参加一些本专业的实践活动，对本专业有一个更直观的了解。

第二，建议用一些新的经验来改变对专业的原有认知。周某平时可以通过一些积极的心理暗示来转变对专业的认识。例如，可以通过对行业的深入调查，告诉自己“这个专业的岗位工作收入挺不错哟”；通过与同学交流获知“原来班上有那么多同学喜欢这个专业，看来本专业还是很有发展前途的”；通过参加一些专业的实践活动，认识到“把专业知识运用到实践中还很有用的”；等等。

第三，重新选择专业。如果周某在用上面两种方法调适后仍不能克服因专业问题所带来的心理困扰，那么建议周某可以选择换一个专业。如果转专业困难的话，建议周某可以通过读第二学位或继续升学（考研）的方法重新选择专业。这两种情况都能让周某涉足两个不同的专业，既能扩大知识面，增加自己就业的竞争力，也能满足周某对专业与志向之间的一致性需求，何乐而不为呢？

思 考 题

1. 什么是学习？大学生学习有些什么特征？
2. 怎样建立和调节合理的知识结构？
3. 大学生常见的学习心理问题有哪些？如何调适？

第七章　识得庐山真面目
——大学生自我意识

案例 7.1

我是"土包子",我不快乐

小王是一位大二的女生,她对自己的相貌、家境、学习成绩,甚至自己的一口方言都很不满意,认为自己一无是处。在心理咨询室里,她慢慢地举出了从童年到大学很多足以令她自卑的事例。小时候,幼儿园表演节目,挑选小朋友,她因为又矮又黑,从来没有被选中过,直到现在她也没有登台表演的经历。她想努力学习,以优异的成绩引起大家的关注,可是即使她付出 10 倍的时间和精力,也比不上聪明女孩的所得。寝室卧谈会大家兴高采烈地讲高中趣事,她也参与,结果自己的故事和自己的方言成为室友们长时间的笑柄。大学时曾买了一条流行的裙子,她听见寝室一位美女说"王某再怎么穿也是一个'土包子'"。她对着镜子越看越觉得自己真的和裙子不相配。曾有一个男孩接近她,讨好她,结果只是利用她给她的室友带一封情书……她说自己真的很在乎别人对自己的看法,害怕听到别人谈论或者背后指点自己。为了让自己过得心安理得,获得心理安全,她从大一下学期起就拒绝与同学打交道,独来独往。这种状态持续了近一年,也没有人主动关心过她。她很沮丧,但内心里很羡慕那些长相好、学习成绩好的同学。相比之下,她内心深处总觉得自己的人生太失败,永远不会有成功和快乐。

人类一直在不断探索自我、实践自我、超越自我。哲学界围绕"我是谁?我从哪里来?要到哪里去?"这一命题一直在不断探索;心理学界关于这一课题的研究也一直在不断深入,其重点在于讨论个体的自我意识。对于处在青年期的大学生来说,"自我"更是他们积极关注的话题。心理学者认为,从某种意义上讲,人认为自己是怎样一个人比他真正是怎样一个人更重要,因为每个人都是按照自己认为的那样行动的。而一个人只有对自己有良好的接纳与认同,才能在环境的适应、个体的发展上获得较满意的结果。所以具有积极健康的自我意识水平是大学生心理健康的首要条件。

第一节 自我意识概述

一、自我意识的含义

(一) 自我意识的定义

自我意识一般是指个体对自己、自己与他人、自己与周围环境关系认识的总和。自我意识是一种多维度、多层次的心理认知系统，是人所特有的意识的重要形式之一。社会心理学意义上的自我意识通常是指个人对自己身心状况、人我关系的认知、情感以及由此而产生的各种思想倾向和行为倾向。它具有目的性、社会性、能动性等特点，对个性的形成、发展起着调节、监督和矫正的作用。

(二) 自我意识的内容

1. 生理自我

生理自我是指个体对自己身高、体重、容貌、身材、性别等的认识以及生理病痛、温饱饥饿、劳累疲乏的感受等。生理自我在情感体验上表现为自豪或自卑；一般表现为对身体健康、外貌美的追求，对物质欲望的满足，对自己所有物的维护等。

2. 心理自我

心理自我是指个体对自己知识、能力、情绪、兴趣、爱好、性格、气质等的认识和体验。在情感体验上表现为自豪、自尊或自卑；在行为倾向上表现为追求智慧和能力的发展，追求理想、信仰，注意行为符合社会规范等。

3. 社会自我

社会自我是指个体对自己所处的某一时代、所在国家、民族和群体中的地位、名望和受欣赏程度的认识，在情感体验上也表现为自豪感或自卑感。行为意向表现为追求名誉、地位，与人交往、与人竞争、争取得到他人的认可等。

生理自我、社会自我和心理自我是个体自我意识的有机组成部分，三者既相互区别又相互联系。

(三) 自我意识的结构

从形式上看，自我意识表现为认知、情感和意志三个方面，分别称为自我认识、自我体验和自我调控。

1. 自我认识

自我认识是自我意识的认知成分，是指个体对生理自我、心理自我和社会自我的认识，它包括自我感觉、自我观察、自我观念、自我分析和自我评价等层次。自我观念和自我评价是自我认识中最主要的方面，集中反映了个体自我认识乃至自我意识的发展水平，也是自我体验和自我调控的前提。自我认知回答的问题是“我是谁”“我是一个什么样的人”。

2. 自我体验

自我体验是主观自我对客观自我产生的情绪体验，主要是一种自我的感受，是在自我认识的基础上产生的，反映个体对自己所持的态度，是自我意识的情感成分。自我体验的内容十分丰富，包括自尊、自爱、自信、自卑、内疚、自豪感、成就感、自我效能感等。其中，自尊是自我体验中最主要的方面。自我认知决定自我体验，而自我体验又强化着自我认知，自我体验要回答的问题是“我是否喜欢自己”“我是否满意自己”等。

3. 自我调控

自我调控是自我意识的意志成分，是对自己行为、思想和言语的控制，以达到自我期望的目标。表现在两个方面：发动和制止自我的行动。自我调控对个体的学习、工作具有推动作用，使个体为了获得优秀成绩、社会赞誉，达到自己的目标而作出不懈的努力。自我调控是自我意识的关键环节，它包括自立、自主、自律、自我监督、自我控制和自我教育等层次。其中，自我控制和自我教育是自我调控中最主要的方面。自我调控的核心内容是“我将如何规划自己的人生”“我应该做什么”“我应该成为什么样的人”“我可以选择如何做”。

我们常常“心动而不行动”。事实上心动是一件容易的事，而真正历练意志则需要更多的自我调控。当意志调控行为成为一种习惯时，自我调控便转变为“自动化”过程，我们的行动就会容易产生，而不需要过多地承受意志努力的痛苦，心理上处在自由放松状态，工作效率会更高。

以上所述可以简单地归纳起来，列于表 7.1，以帮助读者进一步认识自我意识的内涵。

表 7.1　自我意识的内涵

	自我认识	自我情感	自我控制
生理自我	对自己身高、体重、容貌、身材、性别等的认识	自豪感或自卑感	追求物质利益、身体外表改善、生存欲望的满足
心理自我	对自己能力、情绪、兴趣、爱好、性格、气质等的认识	自尊感或自卑感	追求自我价值实现，注重心智健康发展，注意和谐人际关系
社会自我	对自己所在群体中的地位、名望和受欣赏的程度的认识	自豪感或自卑感	追求社会名誉、地位，积极参与竞争活动，努力争取他人好感

二、自我意识的产生与发展

大学生的自我意识是在儿童及青少年时期自我意识的基础上进一步发展的，它既有继承性，又有自身新的特点。心理学研究表明，个体自我意识从发生、发展到相对稳定和成熟，一般需要二十多年的时间。

（一）自我中心期

在生命降生之初，新生婴儿一般不能意识到自己和外界事物的区别，还生活在主体与客体尚未分化的状态之中。比如，他们经常吸吮自己的手指头，就像吸吮母亲的乳头一样津津有味。婴儿8个月左右，生理自我开始萌生，这就是自我意识的最初形态。到1岁左右，儿童开始能把自己的动作和动作对象区别开来，初步意识到自己是动作的主体。例如，当他们手里抓着玩具的时候，他们不再把玩具当作自己身体的一部分了。1岁以后，儿童逐步认识自己的身体，也开始能意识到自己身体的感觉。不过，他们只是把自己作为客体来认识，他们从成人那里学会使用自己的名字，并且像称呼其他东西一样称呼自己。到了2岁左右，儿童逐渐学会用代词"我"来代表自己。

3岁左右的儿童，自我意识有了新的发展。主要表现在：① 出现了羞愧感与疑虑感。当做错事时，儿童会感到羞愧；当碰到矛盾时，儿童会感到疑虑。② 出现了占有欲和嫉妒感。儿童看到自己喜欢的东西，就想独自占有，不愿与人共享；如果母亲对其他儿童表现出关心和喜爱，他（她）就会产生强烈的嫉妒感。③ 第一人称"我"的使用频率提高，许多事情都要求"我自己来"，开始有了自立的要求。应该说，3岁儿童的自我意识已经有了一定发展，但其行为是以自我为中心的，即按自己的想法解释外部世界，并把自己的想法和情感投射到外界事物上。

（二）客观化时期

一般来说，儿童从3岁到青春期，是个体接受社会文化影响最深的时期，也是学习在社会中担任不同角色的时期。个体在家庭、幼儿园、学校中学习、游戏、劳动，通过模仿、认同、练习等方式，逐渐形成各种角色观念，如性别角色、家庭角色、伙伴角色、学生角色等。这一时期也是获得社会自我的时期，他们开始能意识到自己在人际关系、社会关系中的作用和地位，逐渐能意识到自己所承担的社会义务和享有的社会权利等。

青春期以前，个体的眼光是向外的，引起他们兴趣和注意的是外部世界，他们对自己的内心世界关注不多。他们虽然已经意识到自己是一个主体，可以充分认识到自己的行为，但却不了解自己的心理状态，他们常常把自己的情绪视为某种客观上伴随行为而产生的东西，而不懂得情绪是自己的主观感受；他们还不善于通过用自己的双眼去认识世界，而只是照搬成人的观点作为自己对外部世界的认识。

（三）主观化时期

从青春期到成年大约需要10年的时间，这一时期个体的自我意识趋于成熟，并逐步获得了心理自我。此时，个体的自我意识表现出四个方面的特点：① 用自己的观点来认识与评价事物，使自我意识成为个体认识外部世界的中介因素，从而使个体的思想和行为带有浓厚的个人色彩；② 个体会从自己所见到的人格和身体特征出发，强调相应事物的重要性，形成特有的价值体系，以指导自己的言行，提高自己的社会地位；③ 追求生活目标，出现与价值观相一致的理想自我；④ 抽象思维能力大大提高，使自我意识能超越具体的情境，进入精神领域。

美国新精神分析学家埃里克森将人的心理发展分为八个阶段（见表7.2），认为每个阶段都有一个特殊的核心问题，解决了特殊问题，自我意识就会进入到一个新的阶段。

表7.2　埃里克森心理发展阶段表

阶段	年龄（岁）	发展的危机	发展顺利者的人格特征	发展障碍者的人格特征
婴儿期	0～1.5	信任感与怀疑感	与看护者之间的依恋和信任关系建立，有安全感	面对新环境会焦虑不安
幼儿前期	1.5～3	自主感与羞怯感	能按社会要求表现自主控制行为	缺乏信心，行动畏首畏尾
幼儿后期	3～6	主动感与内疚感	尝试完成新事情，行动有方向，开始有责任感	行为畏惧退缩，缺少自我价值感
学龄期	6～12	勤奋感与自卑感	具有求学、做事、待人的基本能力	缺乏生活基本能力，充满自卑感
青春期	12～18	自我同一与自我混乱	有了明确的自我意识与自我追寻的方向	生活无目的、无方向，时常感到彷徨迷失
青春后期	18～25	亲密感与孤独感	与人相处有亲密感，与他人建立亲密的关系，为事业定向	与社会疏离，时常感到寂寞孤独
成年期	25～65	关心下一代与自我关注	热爱家庭，关怀社会，有责任心，有义务感	不关心别人与社会，缺少生活意义
老年期	65岁以上	完美感与失落感	愉快接受自己，并可以面对、接受死亡，安享晚年	悔恨旧事，消极失望

【课程思政导航】

> **讨论**：透过下列这些人物的作品，你看到他们的自我和国家是什么样的关系？
>
> 李白：黄河之水天上来，奔流到海不复回。
>
> 王维：行到水穷处，坐看云起时。
>
> 陆游：王师北定中原日，家祭无忘告乃翁。
>
> 辛弃疾：醉里挑灯看剑，梦回吹角连营。
>
> 林则徐：苟利国家生死以，岂因祸福避趋之？

第二节　大学生自我意识的发展特点

大学生自我意识的特点和同年龄段的青年有相同之处，但是由于其特殊的教育环境和知识背景，他们的自我意识又与一般的社会青年有一些不同。一般来说，大学生自我意识具有以下特点。

一、强烈关心自己的发展

大学生在四至五年的知识技能学习期间，围绕个人发展、个人和社会的关系，主动积极地探索自我。心理学家斯普兰格指出：青年时期是开始“自我发现”的新时期，主要表现在以下几个方面：① 关于自己是否已成人的自我意识。如：我是一个成人吗？我的行为符合成人要求吗？② 关于自己外貌的自我意识。如：常在镜子面前评价自己。③ 关于自己能力、性格的自我意识。如：我聪明吗？我温柔吗？我是一个诚实的人吗？④ 关于性的自我意识。如：我的男性（女性）特征明显吗？女生（男生）喜欢我吗？怎样才能讨异性喜欢？⑤ 关于社会归属与社会地位的自我意识。如：我被重视吗？我在班上名气大吗？⑥ 关于对人生价值的自我意识。如：人为什么活着？人生的价值与意义是什么？我要成为一个怎样的人？此外，大学生还会自觉地把自我的命运和集体、国家、民族的命运结合在一起，经常考虑如何为社会服务、为人民服务，为国家发展、民族振兴建功立业。

二、较高的自我评价能力

由于各类知识增多，生活经验不断积累，感性与理性趋于成熟、平衡，大多数大学生对自己的分析、评价逐渐变得客观、全面。大多数学生对自我的认识和评价基本与外界的评价类似，并且自觉地按照社会的要求来评价和发展自己。同时，大学生要摆脱长辈、教师、朋友的影响而进入独立的自我分析和评价阶段，是一个艰难的过程。一般要待大学生的世界观、人生观基本确立之后，这个过程才大体完成。

因为成熟的、独立的自我分析和评价，必须以自我对待世界和人生的稳定的态度与评价为前提和依据。

三、自我体验丰富复杂

大学生的自我体验既丰富又复杂，可以说是一生中或各种社会群体中“最多愁善感”的一个年龄阶段或群体。一般来说，大学生自我体验的情绪、情感基调是积极的、健康的。大多数同学能够接纳自己，自尊心较强，充满自信心，但也有少部分同学不能够接纳自己，自信心不足，且有一定程度的波动性。凡是涉及“我”的和与“我”相关联的事物，常常都会引起他们的情绪、情感反应。他们对别人的言行和态度敏感，不轻易表露内心世界。他们自我体验起伏较大，一般表现在：取得成绩时容易产生积极、肯定的自我体验，甚至骄傲自满、忘乎所以；遇到挫折时又易产生消极、否定的情感体验，甚至自暴自弃、悲观失望，有明显的两极情绪。

四、自我控制能力提高

与中学生相比，大学生的自觉性、持久性、独立性和稳定性得到了显著发展。他们有强烈的自我设计和自我规划的愿望，绝大部分同学都奋发向上、力争成才，并且根据自我设计目标自觉调节行为。同时，他们强烈要求独立和自治，希望摆脱依赖和管束。但是少部分大学生的自我控制水平还不够高，往往不顾环境的要求，随意性大，常常是刚刚下定了决心，转身就忘得一干二净。有些学生每天都下同样的决心，但每天都可以找到原谅自己没做到的理由。

五、自我意识水平有年级差异

总体而言，大学生自我意识水平比较高，但不同年级的大学生在自我发展方面存在明显差异，且大学生自我意识发展的趋势与其心理障碍的表现趋势似乎存在某种对应关系。有研究表明，大学一、二、四年级的学生自我意识随着年级的升高而发展，而三年级是大学生自我意识最低、内心矛盾冲突最尖锐、思想斗争最激烈、回顾与展望时间最多的时期。这是大学生自我意识相对稳定阶段中的不稳定时期，但同时也是一次新的情绪不稳定的上升时期，因此，也有人把“大三”称为大学生自我意识发展的转折时期。

【课程思政导航】

活动：拍卖人生。以人生价值观模拟拍卖的形式，让学生在情景中进行自我探索。拍卖清单可以学生现场讨论，也可以由老师提前准备好。

第三节　大学生自我意识的矛盾和常见问题

一、自我意识的矛盾

（一）“主体我”对“客体我”的不接受

“主体我”和“客体我”是自我意识的两个方面：“主体我”是对自己心理行为活动的观察评价者，“客体我”是心理行为活动的发出者。比如，“我不喜欢，我很痛苦”，这句话中前一个“我”是“主体我”，后一个“我”是“客体我”。大学时期，自我意识进一步发展分化，作为“主体我”的观察者，会积极主动地去认识、考察和评价作为“客体我”的被观察者。在这一过程中，大学生对自我的评价常常是矛盾的，对自我的态度常常是波动的，对自我的调控常常是不自觉、不果断的。他们的“主体我”会不断发现“客体我”的不完善、不如意，他们忽而只看到自己的这一面，忽而又只看到自己的那一面；时而能客观地评价自己，时而又高估自己或低估自己；时而感到自己很成熟，时而又感到自己很幼稚；时而步入憧憬的世界，对自己的现实缺乏认识，时而又厌恶自己的长大，津津乐道于那令人难忘的童年；时而对自己充满信心，认为自己什么都行，时而又对自己不满，感到自己什么都不行。他们的“主体我”和“客体我”便在诸多方面出现矛盾冲突，内心产生强烈的痛苦和不安感。

（二）理想自我和现实自我的差距

现实自我指个体对自己被环境熏陶和与环境相互作用中所表现出的综合的现实状况和实际行为的认识，是个体从自己的立场出发对现实自我的看法，即对实在我的认识。理想自我是个体从自己的立场出发对将来的我的希望，也即对想象中我的认识。理想自我是个体想要达到的完善的形象，是个人追求的目标。理想自我的内容尽管也是客观社会现实的反映，包括对来自他人和社会规范要求以及它们是否满足个体需要的反映，但这些内容整合而成的理想自我却是观念的、非当下实际存在的状况。一般而言，理想自我可以在现实自我和社会环境之间起积极的调节作用，指导现实自我积极地适应社会环境，使自我意识得到健康发展。但如果理想自我的实现受阻从而产生焦虑情绪，又不能得到有效疏导时，理想自我和现实自我之间就可能会产生矛盾冲突，因为理想的自我毕竟是属于将来的设想，而现实的自我总是落后于理想的自我。例如，大学生希望自己成为一个开拓型人才，希望作出一番轰轰烈烈的大事业，而现实的自己缺乏开拓、创新的素质，处处墨守成规、因循守旧，在这种情况下矛盾就产生了，引发个体内心的混乱，不断自我谴责或埋怨，从而造成生活适应上的困难。

理想和现实的差距是真实存在的，如果大学生接受并积极努力缩小这一差距，则会促进自我意识的发展；如果不能接受差距并为此而焦虑、紧张、裹足不前，则会影响大学生的健康发展。

（三）自我评价过高与过低的矛盾

在大学阶段，大学生自我意识迅速发展，常常急于对自己下一个定性的结论，作出不客观的极端自我评价。大学生对自我评价的偏差分为两种：一是过高评价自己，孤芳自赏；二是过低评价自己，自轻自贱。对自我的这两种不正确的认知都会影响自我健康发展：过高评价自己会引起自大，导致生活中盛气凌人、固执己见，对他人不屑一顾，看自己是一朵花，看别人是豆腐渣，更不能接受别人的意见；过低评价自己则会引起自卑，总觉得自己不行，自惭形秽，羞于与他人相处，导致各种畏惧心理的产生。这种矛盾更多的时候是发生在人与人的交往中，但也会出现在同一个人的两个方面，有学者认为过度的自卑后面是强烈的自尊。有的大学生一方面对自己评价过高，而在另外一些方面又对自己评价过低，导致自我评价混乱，内心矛盾重重。比如，有的学生在学习方面觉得自己一无是处，什么都比别人差，同时又觉得自己对别人特别好，可是别人总是不理会、不领情，内心痛苦，纠结不已，给自己的发展带来阻碍。有一些新生，入学一段时间后心理压力增大，整天紧张，处处避人。他们在中学里各方面表现很突出，处处是赞扬声，因而自我评价颇高，自视高人一等，进入高校后，看到同学个个才华出众，自己各方面表现平平，内心恐慌，自尊心受损，一下子又自卑起来，自我评价降低，羞于与同学相处，怕别人瞧不起自己。

当然，面对自我意识的种种矛盾，多数大学生并没有逃避，而是开始通过各种活动来对自己进行重新认识和探究，并且积极付出努力，改善和促进自我的健康发展。

二、大学生自我意识常见问题

（一）自卑

自卑是一种自我否定，表现为对自己评价过低，对自己不满和否定，有这种心理体验的人总以为自己存在着不足与失误，因而遇事会胆怯、心虚、逃避、退缩。

自卑的人有时候给周围人的印象是悲观失望，缺乏信心，惧怕与人交往，但实际上，在他们的内心深处往往有着强烈的发展愿望。并不是我们每个人都不能有自卑，有时候某些自卑的存在可能促进自我不断努力，走向成功。

奥地利心理学家阿德勒在《自卑与超越》一书中写道：每个人都有不同程度的自卑，自卑可以超越。许多因身体缺陷引起自卑感的人，能以超出常人 10 倍的努力奋发图强。实际上，自卑感在追求成功的过程中经常出现，只要不过分纠结于自己的那些不足与劣势，正视现实，超越自我，就会获得稳定的自豪感。

自卑产生的具体原因各不相同，总体来说是自我认知偏差所形成的自我轻视和自我否定的情绪体验。一个人对自己的认知先是源于外界的评价，主要是生命里的重要的人的评价。你把对自己的评语写下来仔细研究，可能会发现很多话正是以前你的父母、老师或其他对你重要的人说你的话。当你长大成人了以后慢慢学会客观全面地分析父母、老师或其他对你重要的人说你的话时，就会有新的收获，这有利于形成独立自主、成熟稳定、客观全面的自我认识。如果你还不能走出过去生活中外界对自己的评价，照搬照抄就可能出现自我认知偏差。

大学生常常会因为理想自我与现实自我的差距太大，经过努力仍无法接近目标，或距离虽不大而主观上缺乏自我驾驭能力，心理上呈现一种消极的状态而产生自卑感。作为大学生，你们心中承载着无数的梦想，每个人都渴望有一把登天的云梯，有抱负、有追求、有理想，成就动机强烈，特别是当市场经济将人们的成就意识凸显时，很多人心中涌动着如比尔·盖茨般成功的梦想，为自己设定了一个美丽的"理想自我"，也对大学生活进行了理想化的设定。一脚踏入大学校门后，很多同学惊呼：大学怎么是这个样子！现实与心中的理想形成了巨大的反差，新同学会一时间找不到自己生活的方位。对理想自我的渴望与对现实自我的不满让有些同学无所适从，而有些同学迅速调整适应，努力获得新的目标与成就感。

（二）自恋

有学者认为自恋从本质上说，就是人的异化，一个人通过"以他人的眼光看待自己"，让自己变成一个客体，自己对自我客体进行自我控制、自我改造，然后自我欣赏，不断地沉迷于自己的各种行为装饰和表现中，这就是"自恋"。每个普通人多多少少可能都会有些自恋，不对他人和自己产生太大的影响也没关系，这时候说到的自恋在某种意义上可能包括了自尊自爱。

有些同学自恋，盲目自信、妄自尊大。一种表现是在通往理想自我的道路上，偶有一得之见就以为自己很了不起，大有"天将降大任于斯人也"之感，忘记了自己是谁，甚至开始整天埋头于虚无缥缈的自我设计。另一种表现是自己伪造一个能让人满意并自我陶醉于其中的典型形象，以为那就是自己。他们喜好自吹自擂，大有"世人皆醉唯我独醒"之感，爱慕虚荣，不做实际努力，以为理想自我的实现是轻而易举的事情。

自恋的人，缺乏自知之明，往往以为自己对而别人错，把自己的意志强加在别人身上，不能与人和睦相处。他们往往听不进师长的教诲，听不进同龄人的意见，一意孤行。过分自恋的人往往缺乏辩证思维，他们一般坚持非黑即白、非好即坏这样非此即彼的思维模式，没有缓冲带，对自己的观点要么执意坚持，要么全盘放弃。面对新的环境往往感到无所适从，在人际关系中很难与人达成妥协和谅解。

自恋往往来自成长过程中被不加区分地夸奖和过度认可，有些家长因为听说赏识教育好，于是便不管孩子干了啥都说：孩子，你真棒！结果可能会造成孩子迷恋自我。

（三）独立与依附的自我冲突

大学生生理与心理的成熟使他们渴望独立，以独立的个体面对生活、学习与工作中遇到的问题，但由于长期的校园生活使他们应有的社会阅历与经验相对匮乏，当应激事件出现时，却又盼望亲人、老师、同学能够替自己分忧。一方面，大学生心理上的独立与经济上的不独立也形成了明显的反差。在他们迫切希望摆脱约束、追求自立的同时，却又不可能真正摆脱家长、老师的支持和帮助。特别是对于某些独生子女来说，由于长期受到父母的溺爱，这种独立与依赖的矛盾就表现得非常突出。根据对湖北省武汉市部分高校大学生的问卷测查，30% 的女生表示，她们愿意孝顺父母，但不愿意按父母的意见行事。另一方面，大学生随着自我控制独立性的增强，常力图摆脱社会传统的约束，按照自己的意志行事。绝大多数大学生已度过 18 岁的成年期，他们自认为已达到法定的公民年龄，强烈要求像成年人那样独立自主地行事，“走自己的路”，不愿受父母的约束和教师的训诫。独立意向是大学生自我意识发展中较显著的标志之一，然而大学生在摆脱依赖、走向独立的过程中，有时会矫枉过正，表现出过分的独立意向，导致逆反心理，其表现为不分正确与否一概排斥，情绪成分很大，有时只是为了反抗而反抗。

在心理学上有青春期逆反心理表现，有人叫这段时期为“心理断乳期”。逆反是指个体在生理基本成熟、心理迅速走向成熟而又未真正达到成熟的时候，渴望在思想上、行动上乃至经济上尽快独立，从而具有很强的独立意识和批判精神，大学生正处在这样的时期。此时逆反的对象主要是家长、老师以及社会宣传的观念和典型人物等。在这个时期，他们的智力发展虽已达到成熟，但阅历有限，感性经验不足，情绪表现富有两极性，易于感情用事，以至于形成偏见。当这种偏见与现实生活碰撞时，就很容易出现偏激的行为。其结果是阻碍了他们自己学习新的或正确的经验。持这种心理的大学生往往对师长的教育或周围的正常事物持消极、冷漠、反感甚至抗拒的态度。他们常常以“顶牛”“对着干”来显示自己的“个性”“非凡”。对正面教育和宣传表现出一种怀疑、不认同的抵制态度，对社会、人生和个人前途显示出玩世不恭的态度。在其行为中往往表现出这样的倾向：越是禁止的东西越是感兴趣，越是不让做的事情越要去做。这部分人在网络社会中喜欢搜寻具有刺激性的信息，容易出轨，甚至沦为“网络黑客”，走上违法犯罪的道路。这种情况当然是我们都不希望出现的，希望每个人都能成长为健康、独立的人才。

当然，独立并非意味着独来独往，独立并非不需要任何人的帮助和指导，并非不需要依赖别人，而在于个体必须对自己的行为负责任。“一个好汉三个帮”，即使是一个独立性很强的人，也有依靠别人的需要。不同的是，独立的人更多的是依靠自己的力量和努力去克服或解决自我的问题，而不是完全依靠他人的帮助或依赖于别人；独立的人能够权衡利弊、审时度势，能够勇敢作出决定并能够勇于承担自己的行为责任。

过分地依赖会使大学生缺乏对客观事物的判断能力与决断能力，显得优柔寡断，缺乏主见；而过分地独立又会使部分学生陷入“不需要社会支持”及“凡事都要靠自己”的认识误区，采取我行我素、孤傲自立的行为方式，但在遭遇挫折时又会出现不知如何寻求帮助的情况。事实上，任何心理成熟的独立的现代人，都需要他人的帮助，广泛的社会支持是个体心理健康不可或缺的。所以寻求必要的帮助是强者的行为，而为了舒服享受任何事都想让他人帮忙，就把自己放在弱者的地位了。心理学认为：弱者无自由！每个心灵都是渴望自由的，所以就要努力不把自己放在弱者的地位。

（四）自信心不足

自信心是人们过去的成功带来的心理体验。一个人觉得自己过去做成功的事情越多，自信心就越足；相反，不觉得自己以前做成功过什么事情就会出现自信心不足。自信心往往影响我们在努力过程中的心理体验，自信心足的人在努力的过程中会相信自己能成功；自信心不足的人在努力的过程中常常担心自己做不好，有时候越紧张越不容易做好。当人们越担心出现不好的结果时，越容易出现那个不好的结果，其实这是因为我们在不断给自己消极暗示。我们的大脑思维是按照肯定的方式，而不是否定的方式来运行的。如果你对自己说“不要紧张”，大脑发出的指令是“要紧张”，当你越是不要自己紧张时，那个紧张就抓得你越紧，所以你应当不管那个紧张，随便它在哪里，对自己说“我会放松的”。所以心理学中有句话：“抓住一个东西最好的办法就是不要它。”

自信心是可以培养出来的，因为每个人对成功的看法不一样。比如大学里你问身边的同学会唱歌吗？一种回答“会”。“为什么？”“我以前还得过几次唱歌比赛的冠军呢！”另一种回答“不会”。“为什么？”“因为我唱歌从来没得过奖。”你会看到我们有时候对事情的看法是多么不一样，得奖的才叫会，不得奖就是不会。每个人成功的标准不同，很多同学觉得只有第一才叫成功，其他都是失败。这样对自己过去的成功的体验就少了许多，毕竟一个人什么事情都是第一，也太不现实了。成功的体验少，自信心就不够，容易担心做不好，因为总担心自己做不成功，所以在努力的过程中会出现焦虑紧张，总觉得还不够。

由于大学生的自我意识尚在发展过程中，心理尚未完全成熟，因此不可能对自己有完全正确的认知。与其他群体相比，大学生表现出较强的自尊心理，他们渴望成功，不甘落后，对成功的渴望和预期比较高。合理化自己的成功标准，不断感受成功，增强自信心，可以促使我们轻松而积极地行动。想一想，你成功克服与经历了多少困难与人生的风雨，才达到现在的状态。给自己足够的信心去面对未来的一切可能吧！

（五）消极的自我调控

每个人在成长的过程中都可能需要不断进行自我调控，调整发展方向积极行动。大学生在自我调控上开始有了明显的自觉性、主动性，但在追求上进的同时，由于困难、挫折在所难免，因此不少大学生常常情绪波动，在困难面前望而生畏、自我放弃。还有一些大学生认为中小学寒窗苦读十余载，如今考上大学，总算解放了，再不愿意埋头苦读，只要求“60 分万岁”，甚至面临数门功课不及格仍然无动于衷，消极懒惰。有些人一旦进入“网络社会”便容易找到满足感，因为网络的虚拟性可以让人感受到自身价值的极大化和他人对自己的终极关怀。当他们在网络上获得的快乐比现实多时，就会把更多的时间投入到网络中，只愿意在网络上寻求虚拟的成就感，而更加消极地对待甚至逃避充满矛盾的现实世界。

自我调控是为了实现自己的自我追求，一些人在成长过程中可能不清楚自己到底要追求的是什么。有些同学一味地强调一定要考到第一名才行，问他为什么要第一呢？因为考第一老师喜欢，家长高兴，同学羡慕，大家都围着第一名转。原来考第一是给别人看的，希望得到别人的喜欢。我们仔细想想，一个人喜欢另一个人仅仅会因为对方是第一名吗？那样全世界有几个人会被喜欢呢？事实上不管什么样的人都可能被别人喜欢；当然，不管一个人做到何种程度，也不可能被所有人喜欢，你说是不是这样呢？

所以，大学生要学会了解自己真正想要的到底是什么，只是为了别人的要求而去追求，会快乐吗？成功不是和别人比出来的。人和人是不同的，心理学上叫作个体差异性，不同又如何比较呢？成功是自己在不断成长过程中通过努力所取得的收获，许许多多的成功成就了今天的你；只要你不放弃自己，不断努力，未来还会有不断的成功成就最好的你。努力做好自己，成为那个最成功的自己，才是自我健康的发展。

【课程思政导航】

> **活动**：让学生分别扮演理想自我和现实自我，呈现理想自我和现实自我不同的状态，并让理想自我与现实自我对话。

第四节　大学生健康自我意识的培养

一、自我意识对大学生成才的作用

自我意识对人的心理健康起着很重要的作用，它制约着人格的形成与发展，在人格的优化中发挥着强大的动力功能。人的认识、情感、意志等都会受到自我意识的影响。人从事社会实践活动，也是以自我意识为中介来实现的。健全的自我意识是心理健康的重要标志，是人类自身内在的一种成功机制，在人才发展中发挥着重要的作用。

（一）导向作用

目标是人才发展的导航机制。一个人要想成就一番事业，就必须从自身的实际出发，制定明确的目标。有了目标才有发展的方向，才会调动自身的潜能，激发强大的动力。人通过正确的自我认识，确立较为合理的“理想自我”的内容，就为个人将来的发展确定了目标，对个人的认知、情绪、意志、行动都会产生很大影响，是个体活动的动力和参照系。自我意识健全的个体，在从事一项活动之前，活动的目的和结果就以观念的形式存在于头脑之中了，并以此作出计划，指导自己的活动，从而达到预期的目标。如果一个人自我意识发展不成熟、不健全，那么就不可能对自我作出长远的规划，就不可能制订出奋斗的目标。如果一个人漫无目的，经常处于左顾右盼、无所适从的状态，即使他有很高的才华，也将一事无成。

（二）自控作用

一个人要想获得发展、取得成就，光有目标是不行的，还必须具备自主、自信、自强、自制的意识，对自己的情感、行动加以调节和控制。自我意识健全的个体，在对自我作出正确认识、合理规划的基础上，能够对自己的注意力、情感、行为等加以控制，以实现自我的目标。

在成功的路上，很多人并不缺乏机会和才华，而是缺乏控制自我情绪的意识和能力，缺乏控制自我注意力的意识和能力，故而与成功失之交臂。自我控制是自我意识发挥能动作用的一个重要方面，它是目标的守护神、成功的卫士。缺乏自我控制意识的人，将是一个情绪化的人、缺乏毅力的人、一事无成的人。

（三）内省和归因作用

自我意识健全的个体，不仅能够确立“理想自我”的内容，为自己将来的发展作出规划，而且能够通过自我控制来实现预期的目标。此外，受主客观条件的制约，“理想自我”的实现常常会遇到各种阻碍，致使个体产生不同程度的挫折感。由于人有自我意识，因此在这种情况下就会对自己的认识、情感、意志、行为等自觉进行反省，找到目标受挫的主观原因，并重新调整认识，形成新的“理想自我”的内容，使“现实自我”获得提高。

内省和归因可谓个体成长中所进行的自我监督和自我教育。每个人要想使自己的天赋、能力得到充分的开发和利用而成为自我实现的人，就需要有积极的自我意识，随时对自我的认识、情感和行为加以反省和审察。

总之，自我意识与人才的成长和发展有着密切的联系，健全的自我意识在人的健康发展中起着导向、控制和监督教育的作用，是人才健康发展的必备要素。

二、优化自我意识的途径

（一）全面认识自我

全面认识自我是形成健康自我意识的基础。如果一个人能够全面、正确地认识自我，客观、准确地评价自我，就能量力而行，确立合适的理想自我，并为之实现而不懈努力。美国心理学家约翰哈里提出了关于人自我认识的窗口理论，他认为人对自己的认识是一个不断探索的过程。因为每个人的自我都有四部分：公开的自我、盲目的自我、秘密的自我和未知的自我（见图 7.1）。

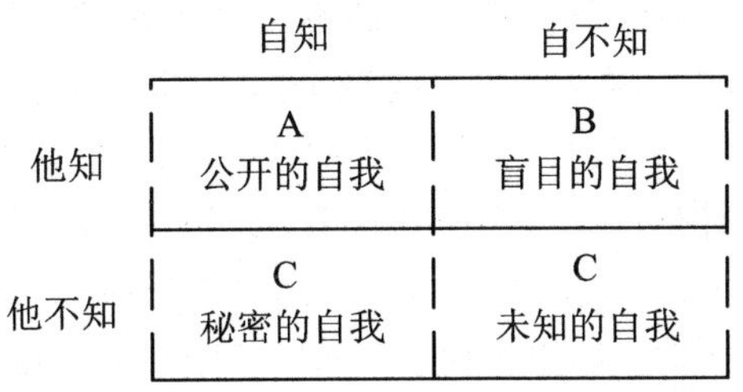

图 7.1　自我认识的窗口理论

通过与他人分享秘密的自我、通过他人的反馈减少盲目的自我，对自己的了解就会更多、更客观。一般而言，认识自我的渠道主要有以下几个方面：

(1) 通过对他人的认识来认识自我。个体与社会、与他人有着密切的联系，个体要超出自身来认识自我，必须通过认识他人、认识外界来进行。所以，大学生应该积极投身于认识世界、改造世界的社会实践活动中，在其中不断地丰富自己对自然、社会、他人的认识，并在此基础上进一步认识自我。深刻的自我认识是以深刻地认识和理解他人、社会为前提的。

(2) 通过分析他人对自己的评价来认识自我。心理学家研究发现，个体的自我认识要受他人评价和态度的影响，并在一定程度上反映了他人的评价和态度。当然，大学生并不是简单地接受他人的评价，评价者的特点（是否学有专长、是否值得信任、是集体评价还是个人评价）、评价者所作评价的特点（例行公事还是私人性质、与自我评价的差异大小、他人评价的一致性、评价是肯定还是否定）都会影响到大学生对他人评价的接受程度。大学生在接受他人评价之前，总是分析着评价者及其所作的评价，然后才有选择地接受他人的评价，形成关于自己的观念，达到自我认识。所以，同学间正确地开展互评，教师给予具体而有个性的正确评价，都将有助于大学生自我认识能力的提高。

(3) 通过与他人的比较来认识自我。个体对自我的认识，不是孤立地进行的，常常需要通过与他人相比较才能实现。在与他人比较的过程中，个体才能认识到自己能力的高低、道德品质的好坏、追求目标是否恰当等。心理学家曾做过这样一个实验：首先请希望在某单位谋职的一群大学生对自己的个人特性作出评价；然后出现一个假装谋求同一职位的人。其中一组学生见到的是衣着讲究、温文尔雅、手提公文包的人（干净先生），另一组学生见到的是穿着破烂、手足无措的人（肮脏先生）。其后，找借口让大学生重新填写自我评价表。结果发现，遇到“干净先生”的学生，自我评价普遍降低了，而遇到“肮脏先生”的学生，自我评价普遍提高了。这说明，人们总是不由自主地将自己与他人进行比较，在比较中对自己作出评价。在对大学生进行自我教育的过程中，教师要引导大学生不仅要与自己情况差不多的人比，更要敢于与周围的强者比。在比较中认清自己的优势和劣势，达到取长补短、缩小差距的目的。

(4) 通过自我比较来认识自我。人们不仅可以通过与他人比较来认识自我，而且可以通过把目前的“自我”与过去或将来的“自我”相比较来进一步认识自我。心理学家曾提出“自尊＝成就/抱负”，这说明个体的自我评价不仅取决于他的成就水平，而且取决于他的抱负水平，取决于两者之间的比较。过去的成就水平越高，个体越容易积极地评价自己；而指向未来的抱负水平越高，个体越不容易满足，越难对自己作出肯定的评价。所以教师一方面应鼓励学生超越自己，不要满足于现有的成绩，另一方面也应引导学生确立恰当的抱负水平，不要一味地跟自己过不去。

(5) 通过自己的活动表现和成果来认识自我。自我意识是个体实践活动的反映，个体对自己在实践活动中的表现和成果可以为个体认识自我提供依据。个体正是在从事各方面的活动中，展示自己的聪明才智、情感取向、意志特征和道德品质的。引导大学生正确分析自己的活动表现和成果，有利于他们客观认识自己的知识才能、兴趣爱好，进一步发挥自己的长处，弥补自己的短处。

(6) 通过自我反思和自我批评来认识自我。大学生已经具备了一定的自我反思和自我批评的能力。教师应教育学生不断地对自己的心理活动进行反思，对自己进行一分为二的分析，严于解剖自己，敢于批评自己，在自我解剖和自我批评中，更深刻地认识自我。

（二）积极悦纳自我

悦纳自己，就是对自己抱喜欢、接纳的态度。每个人都知道“自我”是最重要的，可总有些人不能真正地尊重自己、爱惜自己。他们可以喜欢朋友、喜欢知识、喜欢自然，却不愿意喜欢自己，结果是他们不快乐。是否悦纳自己是能否发展健康的自我体验的关键和核心。它涉及一个人究竟是以积极的态度认可自我，形成自尊，还是以消极的态度拒绝自我，形成自卑。自尊者对自我充满信心，乐于接受对自我的教育和要求，从而有利于促进正确自我意识的形成；自卑者片面夸大自身的缺点、短处，对自己持悲观态度，甚至否认自我存在的价值，从而极大地阻碍正确自我意识的形成。

悦纳自我就是要无条件地接受自己、喜欢自己的一切，不管是缺点还是优点，要肯定自己的价值，对自己有价值感、自豪感、愉快感和满足感；要正确面对自己的不完善和失败，每个人在外表、能力、个性等各方面都有一定的限制，对过去的错失不要耿耿于怀，要勇于大胆尝试；要懂得珍惜自己的独特性，树立实际的目标，不对自己有过高的要求，积极扩大社交圈子，积极思考，不断学习，善于管理时间，定期反省自我成长，多鼓励和奖赏自己的成就。

（三）努力完善自我

自我完善是个体在全面认识自我、悦纳自我的基础上，自觉规划行为目标，主动调节自身行为，积极完善自己的个性，使个性全面发展，以适应社会要求的过程。自我完善是个体自我教育的一种方式，它实际上是一个合理确立理想自我、努力提高现实自我的过程，也就是一个主动改变现实自我以达到理想自我的过程。

1. 确立正确的理想自我

确立理想自我是指在自我认识、自我悦纳的基础上，按照社会的需要和个人的特点来确立自我教育的发展目标。树立正确的理想自我，最为重要的是要熟悉和了解社会，认识社会发展的规律，为理想自我的确立寻找合适的社会坐标；积极探索人生，理解人生，树立正确的人生观，为理想自我的确立寻找合适的人生坐标。要完成这一任务，就必须认真学习理论，积极开展社会实践和人生实践，在理性和感性的结合上真正认识社会，在个人与社会的联系中认识有限人生的价值和意义。

2. 努力提高现实自我

提高现实自我是指大学生不断修正现实自我的行为和相应的心理活动，使之朝着正确理想自我的目标发展。为了不断战胜旧的自我、重塑新的自我，心理学家指出，要提高现实自我水平，还要注意改善以下消极心理：

（1）克服以自我为中心。以自我为中心的人往往从自我的角度用自己的标准去认识、评价周围的事物，凡事从自我出发，不能设身处地进行客观思考，只关心自己，有事先替自己打算，不顾及他人的感受和需要。他们往往以同学的老师或领导身份出现，总认为自己什么都对、错误都是别人的，因而他们不容易得到周围人的好感和信任，人际关系不和谐，做事很难得到别人的帮助，因而不易成功。

要克服自我中心，心理学家们建议：首先要摆正自己的位置，既重视自己也重视他人，自觉地把自己和他人结合起来，走出自我中心的小天地；其次要实事求是、恰如其分地评价自己，既不自高自大，也不妄自菲薄，懂得换位思考，理解他人的意见和要求，尊重他人感受，关心他人。

（2）不要过分追求完美。过分追求完美是指不能客观地认识和评价自我，对自我苛求，追求完美的自我。他们对自己持过高的要求，期望自己完美无缺，却不顾自己的实际状况；他们不能容忍自己“不完美”的表现，甚至把一些可能人人都会出现的小问题都看成自己“不完美”的表现，总对自己不满意，常常使自己情绪低落，缺乏自信心。他们只接受理想中的“完美”自我，不肯接纳现实中平凡的或有缺点的自我，造成对自我的认识障碍和适应上的困难。

心理学家们一般认为，改善过分追求完美的途径与方法有：首先，要了解自己，有正确的自我观念。人无完人，每个人都有优缺点，一个人不可能十全十美，也不可能一无是处。一件事做得好，不能说明每件事都能做好；反之，一方面不行，也不能说明所有方面都不行。好的时候不能以一当十，差的时候也不能以点代面。其次，应该确立科学的评价参照体系。人只有在比较中才能分出高低优劣。自我评价以其不同的方式影响人的积极性。以弱者为参照体系，容易产生自大心理；以强者为标准，则容易产生自卑情结。人应该选择适当的参考标准，更重要的是和自己比，按照自己的条件评定自己的价值，学会扬长避短。成功时应多反省自我缺点，以便再接再厉；失败时多看到自身优点，以便增强自信心。其三，目标要合理适当。在充分了解自己的基础上，制定符合自己实际能力的目标，不苛求自己，不被他人的要求所左右。虽然每个人都不可能完全不顾他人对自我的期望和评价，但不要过分地受他人期望的影响。事实上，个体越能在周围人的期望中保持独立意见，其自我意识的独立性就越强，所遭遇的心理冲突也相对越少。对大学生来说，应该明确自己的期望是什么，以及这种期望是来自自我的本身能力和需要，还是为了满足他人的期望。只有明确这一点，才可能真正地认清自己，规划自己的发展方向，最终确立独立的自我。其四，接纳自己的不完美。不完美的自我也意味着是一个独具特色的自我，人各有所长，也各有所短，每个人都是独特的、与众不同的。我们应该在现实自我的基础上不断完善自我。

3. 培养健全的意志品质

意志健全的人，在行动的自觉性、果断性、自制力和顽强性等方面都表现出较高的水平。而对自我的有效监督和控制，离不开意志的力量。只有意志健全的个体，才会做到对自我的有效控制，从而最终实现理想自我。

总而言之，自我意识的健全需要付出艰辛的努力，它是每个追求卓越的人的终身的课题。在美国一所黑人常去的教堂的墙上，刻着这样一段话：“在这世界上你是独一无二的一个，生下来你是什么样的人，这是上帝给你的礼物，你将成为什么样的人，这是你给上帝的礼物。”上帝给你的礼物，我们无法选择，你给上帝的礼物——你将成为什么样的人，全由你自己“创作”，主动权在你自己，那就是认识自我、悦纳自我、激励自我、控制自我、完善自我、超越自我。这才是走向成功和卓越自我的正确途径。

【课程思政导航】

讨论：为什么我眼中的自己和别人眼中的自己不一样？如何才能客观地认识自己？

案例分析

[问题]

老师：您好！

我是个学生，对事情的成败看得很重。我很自卑，觉得自己什么都比不上别人，看到别人的全是优点，看到自己的全是缺点，我知道这种想法不好，但就是改不掉。我该怎么办？

[回复]

首先，我们来看看什么是成功。如果我们把“成功”定义为“比别人好”，那么你就太狭隘了。俗话说，人外有人，天外有天。这个“别人”没有确定的对象，那你将永远得不到成功。成功是和自己相比，是看自己和以前比是否进步了，是否完善了。所谓成功，就是做更好的自己。

其次，你有不如别人的权利。有一本心理健康的书叫《做人的权利》，作者罗列了很多权利后写道：有一项权利最容易被忽略，那就是“你有不如别人的权利”。

但很多人自动放弃了这条重要的权利，因为他们觉得自己不能不如别人。

人来到这个世界上必须面对这样的现实，在人的一生中，我们能做的事情非常少，能做得很好的事就更少了，所以不要指望自己在所有方面都比别人强。

如果遭遇“不如别人”，那么应该将差距进行分类：一类是我们必须想方设法弥补或者赶上的，比如思想修养、行为习惯方面的差距，学习习惯、方法及意志、毅力等非智力的因素以及人际交往方面的能力，等等。如果与周围人有大的差距，一定要想办法缩小，但是要允许有一个逐渐改善的过程。很多同学不愿意让别人知道自己与他人的差距，想在短期内弥补并超过其他人。另一类差距是没必要强求的，比如学习的具体成绩、名次，还有某些方面的特殊才能等，如果能将差距赶上，则是锦上添花，如果赶不上，也无伤大雅。

请记住：缺陷是一种恩惠。做人最大的乐趣在于通过奋斗去获得我们想要的东西，有缺点意味着我们可以进一步完善，有匮乏之处意味着我们可以进一步努力。当一个人什么都不缺的时候，他的生存动力就没有了。如果我们每天早上醒过来，感到自己今天缺点儿什么，感到自己还需要逐步完善，感到自己还有追求，那应该是一件多么值得高兴的事情啊！

思考题

1. 什么是自我意识？它的产生、发展一般要经历哪几个主要阶段？
2. 大学生自我意识的类型和矛盾冲突有哪些？
3. 大学生应该如何培养健康的自我意识？

第八章 高山流水觅知音
——大学生人际交往

案例 8.1

努力的回报

小华从农村考到重点大学,到大学后发现他和同学交往出现了困难。他喜欢很早起床在宿舍读书,吵得别人不能睡觉,宿舍其他同学很有意见。同学们谈论的许多话题,他没有办法插上话。同学们都不太愿意和小华交往,他下决心改善和同学的关系。于是他积极参加集体活动,广泛阅读各种书籍,培养对篮球、足球等体育活动的兴趣爱好,和同学谈论的话题越来越多,偶尔无话可说时他就做一个认真的听众。同时尊重室友的作息习惯,早起时尽量不打扰他们,到操场或教室去读书。渐渐地,小华和同学们的关系越来越融洽了。

我们生活的社会是由各种错综复杂的人际关系组成的。每个人的生活、成长和发展都是在人际交往中完成的。每个人的喜怒哀乐也都与人际关系有关。没有人际交往就没有科学技术和文学艺术,也就没有人类今天的社会。

在现实生活中,有些人很有才华和能力,但却总得不到提拔和发展,其中重要原因是缺乏良好的人际关系。“水能载舟,亦能覆舟。”一个人的幸福和才智来自人际交往,一个人的痛苦和不幸也离不开与人的交往。所以良好的人际交往是人才发展的载体,是身心健康的重要因素。

美国学者卡耐基指出:在现代社会,人们事业的成功只有20%靠他自身的能力,80%则取决于他的人际关系。因而,任何人都不能漠视人际交往能力的培养。

对于正处于学习、成长过程中的大学生来说,良好的人际交往能力不仅是大学生活的需要,而且也是将来走向社会的需要,是大学生社会化的重要内容。在某种意义上说,人际交往的能力是大学生社会适应能力的综合体现。

第一节 人际交往概述

一、人际交往的定义

所谓人际交往，通常是指人与人之间通过一定的方式进行接触，从而在心理上和行为上产生相互影响的过程。人际交往具有两个主要的特征：其一是信息交流，凡交往必须有人们之间的信息交流，如知识、经验的交流，需要、欲望、态度、情绪的交流；其二是交往必须有交往双方心理上的接触和相互作用，交往的双方都是活动的主体。

人际交往是人类社会生活的一个重要现象。很多学科如哲学、社会学、心理学等都将其作为自己的研究对象。哲学家研究的是人为什么会交往，交往的前提条件是什么；社会学家通过人际交往引出的相关社会现象及社会问题来分析人与社会的关系；心理学家则侧重研究人际交往的心理条件、交往的动机、相互吸引与排斥的心理作用及交往的理想效果等。大学生心理学是以大学生的实际为出发点，综合运用这些学科的知识，分析人际交往和人际关系的。

人际交往既是人的社会性的体现，也是人的社会性存在的前提条件。马克思主义认为，劳动创造了人，劳动实践使人产生了自己的社会性，这是人与动物的根本区别。人们的交往过程是人们对在共同的生产活动中创造出的语言、文化以及各种符号的相互理解。因此，也可以说人们的交往行为也就是人与人之间用多种方式和手段进行的经验、知识和感情的交流。

在人际交往中，交往的主体包括个人或群体，交往的方式可分为直接交往和间接交往、正式交往与非正式交往、单向交往与双向交往等类别。人际交往的双方往往互为主客体，在双方互动的状态下形成和发展，彼此既影响对方，也接受对方的影响。人际交往的工具包括语言符号系统和非语言符号系统。语言符号系统可以分为口头语言和书面语言；非语言符号系统可以分为视-动符号系统、时-空组织系统、目光接触系统和辅助语言系统。

二、对人际交往的认识

（一）人际交往是人类的本性和基本需求之一

英国早期的心理学家麦克杜格尔（W. Mc Dougall）认为，群集是人的本性之一。我国战国时期的思想家荀子也曾有言“人生不能无群”，还说“人力不若牛，走不若马，而牛马为用何也？曰：人能群，彼不能群也”。“群”是人的本质特质之一，人与人之间可以建立各种各样的关系，可以形成一个分工协作、配合默契的强大群体，组成人类社会。

人类心理的共性是趋向于集聚在一起，哪怕互相并不相识。人们在寂寞的时候，可以随时找到一个有人群的去所；也有人一头扎进书籍报刊、电视电影、电子网络、资料文献堆里，这是一种间接的集聚现象，甚至比直接集聚更加丰富多彩，更为广阔博深。尤其是现代人，常会采用这种群集的方式，而且它会成为未来社会的一种发展趋势。所以，无论在任何时代，人类群集的本能性不会改变，只是在形式上更加多元化。

人本主义理论的代表人物之一、美国心理学家马斯洛在 1943 年出版的《调动人的积极性的理论》一书中，表述了人际交往的心理机制。他把人的需要归纳为由低到高的五个层次，即五大类，其中人际交往的需要处于第三层次，即归属和爱的需要。他认为，人们渴望有所归属，成为群体中的一员。如果一个人被别人抛弃或被拒绝于团体之外，他便会产生孤独感，精神会受到压抑，甚至产生无助、绝望的情绪。

【课程思政导航】

讨论：习近平总书记强调："尊老爱幼、妻贤夫安、母慈子孝、兄友弟恭，耕读传家、勤俭持家，知书达理、遵纪守法，家和万事兴等中华民族传统家庭美德，铭记在中国人的心灵中，融入中国人的血脉中，是支撑中华民族生生不息、薪火相传的重要精神力量，是家庭文明建设的宝贵精神财富。"家风建设的"个人"是指家庭或某一家族中的成员个体间相互关系的正确处理。任何类型的家风都映衬着对一定社会关系，尤其是人际交往的应对之策，折射出本家庭、家族生存发展的处世之道。

结合材料内容，联系自身实际情况，谈一谈你对家风的认识以及家风对个人人际交往的影响与作用。

（二）人际交往能力是人的各种能力中重要的能力之一

能力是指人们成功地完成某种活动所必需的个性心理特征。按照功能划分，能力可分为认知能力、操作能力和人际交往能力。其中，人际交往能力已成为人的能力中重要的能力之一。社会上任何一种事业的成功都离不开人际交往。这就是说，人际交往的技巧和艺术就是一笔巨大的财富，成为当代人立足社会的根基。因此，有人甚至把人际交往看成了"生产力"。

心理学研究表明，人际交往能力是一种智力。美国心理学家吉尔福特在其"智力三维结构模型"中提出了 120 种智力，其中包括关系智力。美国哈佛大学发展心理学家加德纳在其多元智力理论中提出，人类有七种智力，分别是：语言智力、音乐智力、逻辑智力、空间智力、动觉智力、人际关系智力、内省智力。它们互相独立，各受不同的脑部调节，各有发展过程。加德纳认为，人际交往智力就是“能够认知他人的情绪、性情、动机、欲望等，并能做适度的反应”。

自从情商(EQ)学说面世以来，人们对人际交往的重要性的认识有了一个飞跃和变革。在交往中，人们开始更加注重自我形象和交往的礼貌、礼节，不再批判以貌取人的观点了。同时，有关人际交往方面的书籍和培训班也纷纷出现，交往已经成为突破各种专业和职业局限的一门特殊课程，是立足社会、构建人生的重要能力。因为从情商所具有的五大因素(即自我了解、自我激励、自我控制、了解他人的情绪和人际关系)来看，没有一项因素不是通过人际交往而获得的。在现实生活中，凡是人际关系好的人，多半乐观开朗，对人对事容易投入，富有同情心和自信心，他们善于调节压力，容易结交新朋友。毫无疑问，他们是情商高的人。

第二节　人际交往中的心理效应与心理问题

一、人际交往中存在的心理效应

(一) 首因效应

首因效应是指一定条件下最先映入认知者视野里的信息在形成印象时所占的优势。人际交往总是通过第一印象进行的，这种印象最鲜明、最牢固，并对以后的人际交往产生深刻的影响。

首因效应对交往的影响表现在两个方面：一是它会使人际认知具有表面性。第一印象常常是对一个人表面特征的认知，素不相识的人初次接触，彼此会根据对方的外貌、表情、姿态、谈吐，作出一个初步的判断与评价，形成某种印象，这就容易以貌取人，使认知具有表面性。二是它会使人际认知产生片面性。初次接触获得的信息、形成的印象对日后的交往影响更大，当你对对方一无所知时，自然特别留意其一切未知信息。由于先入为主，因此第一印象鲜明而强烈，尽管人们都知道在短时间内根据有限的资料来判断一个人往往过于片面，甚至会出现很大偏差，但却总是难以避免这种倾向，常常更愿意相信第一印象，忽视了以后的新信息，或按最初的印象来解释后来出现的新信息，如果前后认知出现不一致，甚至会否认后入信息，屈从于第一印象，偏执于一端而忽视另一端，造成对人认知的主观片面性。比如，当初次看到某人谈吐优雅，很有礼貌，形成一个有教养的好印象，在日后交往中，往往不会想到他在其他场合会有行为粗鲁、蛮横的表现，即使注意到了，也会认为那是偶然。

首因效应产生的根源在于人类知觉的恒常性。恒常性是指人在认识事物时，当知觉的条件在一定范围内改变的时候，知觉的印象保持相对不变，如同一座挂钟，在不同的角度、距离、光线等条件下，我们会感受到不同的形状和特点，但仍把它“知觉”为同一挂钟。知觉的这种恒常性保证了人对事物相对稳定的认识，避免了对同一事物，每次都把它看成从未接触过的新事物而每次都要去重新认识，这就决定了人总是在已有知识、经验的基础上认识事物，总是按已有的印象解释事物当前的变化。对人知觉也是如此，知觉的恒常性使人们在已有的鲜明而强烈的第一印象的基础上认识他人，而不是历史地、具体地、全面地认识他人，可能因此而造成对他人的成见。

由于知觉的恒常性，首因效应客观存在，要想克服它对人际交往带来的不利，需遵循它的规律，在与人初次交往中，能够意识到第一印象先入为主的作用，尽量减少这一作用对自己的影响，正确地认知他人。同时，利用首因效应，在与他人交往中，加强自己的个性表现力，给人留下良好印象，为以后的成功交往打下基础。

（二）近因效应

近因效应指最近获得的信息给人留下的深刻印象和强烈影响。当两个相互矛盾的信息先后进入人的意识，其中一个是过去的信息，另一个是较近的信息，人们对较近的信息印象较深，认为这才是真实的、全面的。与熟人多次交往中，近因效应起很大作用。熟人行为上表现出某种新异性，会影响或改变原有看法。例如，你对某位同学一向很有好感，但最近他做了一件不好的事，就使你彻底改变了对他的看法，产生“我过去真是看走眼了”的想法。你一向不喜欢的人最近做了一件让你感动的事，你可能会说“哦，我以前都错怪他了”。其实，认识一个人，既要看其过去的行为，也要看他现在的表现，人是不断成长发展的，仅凭任何时候的一点表现就给其下一个定性的评价都是不合理、不科学的。我们中国有句古话叫“盖棺定论”，对于评价一个人来说是有一定道理的。

（三）晕轮效应

晕轮效应也叫光环效应，是指在人际交往中，人们常从对方所具有的某一个特征而泛化到其他一系列有关特征，也就是从所知觉到的特征推及到未知觉到的特征，凭借局部信息形成一个完整的印象。比如，当你对某人某一方面的印象不好时，可能就会觉得对方一无是处，他就会被消极否定的光环所笼罩，被认为具有所有坏的品质；反之，当你喜欢某个人的一种品质时，他就会被一种积极肯定的光环笼罩，可能被赋予其他好的品质，尽管他本身并不具备。恋爱中这种晕轮效应表现为“情人眼里出西施”，恋人在光环的笼罩下，许多不足被忽略、掩饰，妨碍彼此间正确深刻的了解，以至于一旦情感光环消失，便觉得对方毛病百出。

晕轮效应是一种明显的从已知推及未知、由片面看全面的认知现象，往往会歪曲一个人的形象，导致不正确的评价。在人际交往中要合理了解这一心理效应的作用，尽量全面了解对方，不做以点带面的定性评价。

（四）定势效应

当人们认知对象时，并不是把认知对象作为孤立的个体来认识，一般总是把他看成是某一类人中的一员，他既具有个性，又带有他所属的那一类人的共性。当我们把他归入某一类之后，会认为他具有那一类的特点，这种笼统地把人划归固定、概括的类型来加以认识的现象就叫定势效应，也叫社会刻板印象。

定势效应有两种作用，积极作用是使认识他人的过程简单化，有利于人们对某一个人、某一群人作出概括性的反映，借助某一类人的共性，人们可以想象每一个人可能会有的典型性，如对于大学教师，人们会设想他们可能具有重理论、重信息、刻苦工作、生活俭朴等知识分子的特点，当我们认识某一个大学老师时，事先就会认为他具有以上的特点。但这种心理定势并不一定合乎实际，因为即使在同一群人中，每个人除了具有群体的共性，还有自己的个性，两者是有差异的。过分相信心理定势，有时会造成偏见、成见。例如：大学中流传的南方同学精明，北方人直率；来自城市学生认为来自农村学生小农意识强、自私、不善交往，来自农村学生认为来自城市学生自负、虚伪，不值得深交等，这些偏见都严重影响了大学生的人际交往，这是它的消极作用。我们不能只依据定势效应去认识他人，而应该在交往实际中具体观察，全面了解和认识自己周围的人。

（五）投射效应

自我投射是指内在心理的外在化，即以己度人，将自己的情感意志、特征投射到他人身上，强加于人，以为他人也应如此，结果往往对他人的情感、意向作出错误评价，歪曲他人愿望，造成交往障碍。

投射效应的表现也是各式各样的，譬如情感投射是以以为别人与自己的好恶相同为基础的。例如：有个班级在节日里搞庆祝活动，其中安排半个小时请一位擅长摄影的同学作摄影讲座，该同学在讲座时用了许多术语、概念，但也未加说明，以为别人与他一样都很喜欢摄影，这些内容自然很简单。当他谈兴正浓时，一些同学离席而去，他认为他们是故意伤他的面子，拆他的台，别人向他解释说因为听不懂，去干别的事，他依然耿耿于怀，这是投射效应产生的后果。该同学认为自己懂的，别人也该懂一点，自己喜欢的，别人也就该喜欢，以自己来估量别人，结果产生误解。其问题在于忽视了自己与交往对方的差别，认为别人跟自己一样，对对方进行自我同化，导致交往的不顺利。

投射效应的另一个表现是对自己喜欢的人越看越喜欢，对自己不喜欢的人越看越讨厌，因而表现为过分地赞扬和吹捧自己所喜爱者，过分地指责甚至中伤自己所厌恶者。生活中常见某人与情人恋爱时，常在同学面前吹嘘女友各方面都完美无瑕，可一学期过后，又常听他数落女友一无是处。原来他因失恋对女友憎恨之情溢于言表，言过其实。投射效应使人认为自己所喜欢的对象是美好的，而认为自己所讨厌的对象是丑恶的，把自己的情感投射到对象身上，美化或丑化对方，失去了对交往对象评价的客观性。

此外，投射效应还表现为把自己的客观愿望投射于他人，也称愿望投射，认为他人也如自己所期望的那样，把希望当成现实。比如，一位女大学生内心喜欢一位男同学，希望他也能看上自己，她把对方在舞场上请自己跳舞、平时与自己开玩笑等一些言行都看成对方有情意的表现，以为对方也爱自己，当她听说对方早已有女友时，非常烦恼，感到对方是在耍弄自己，实际上她是把自身的愿望投射到了对方身上。愿望投射造成把主观意向强加于他人，出现对他人认知的偏差，带来交往问题。这种投射也容易造成疑神疑鬼，当双方在交往中出现矛盾时更容易这样。自己对某人有看法，就以为对方也在捣鬼，搜索一些似是而非的证据来表明确实如此，使友谊不复存在。

投射效应的影响就在于从自我出发认知他人，"你"和"我"不分，主观与客观不分，认知主体与认知对象不分。事实上，世界上没有完全相同的人，自己与他人的差异总是客观存在着，因此，认知应注意客观性，从他人的实际特点和具体情况出发去认知他人，促进交往的顺利发展。

二、人际交往中的心理问题

人际交往中的心理问题主要指影响人际交往顺利进行的一些障碍，根据人际交往问题的程度不同，一般分为两种：有障碍的人际交往和封闭性的人际交往。有障碍的人际交往是指相互交往中出现了影响信息交流的因素，阻碍了正常的心理情感与行为沟通过程，使人际交往陷入危机，但交往的机能没有丧失，可以调整和改善。封闭性的人际交往是指相互交往中一方或双方不接受对方发出的信息，也不能作出任何回报性的反应，从而导致正常的心理情感与行为的沟通过程阻塞，陷入自我封闭状态。在实际生活中，前者更为多见。造成人际交往障碍的原因各不相同，就心理方面而言，主要是个体心理认知、情感和个性几个方面。

（一）认知因素与交往障碍

认知障碍在人际交往中，特别是对大学生这一交往主体而言，表现突出且常见，这是由青年时期交往的特点所决定的。在青年期，人的自我意识迅速增强，开始了主动性交往，但其社会阅历有限，客观环境的限制使其不能全面地接触社会，了解人的整体面貌，心理上也不成熟，因而人际交往中常带有理想化的特点，经常是在脑子里塑造一个理想的模型，然后据此在现实生活中寻找知己，一旦理想与现实不符，则对交往本身产生认识上的偏差，甚至出现交往障碍。另一特点是以自我为中心，常以理想的自我来确定择友标准，青年期的自我往往具有较高的理想成分，且缺乏现实性，理想自我的不现实性也很容易造成人际交往的障碍，这两点反映出在人际交往中，主观因素对人际认知主体的影响，尤其是在大学生中作用更大。所以，不要以为只要我们掌握足够多的客观材料，就能准确地认识他人。一般来说，认知规律既能帮助人们认识事物，又有可能阻碍人的客观认识。

1. 认知选择性产生的障碍

认知的选择性是指人对外部刺激物有选择地进行加工。这一特性阻碍人际交往主要表现在三个方面：

第一，表现在根据自己的需要去看待他人，对需要的信息容易接受，常常是说者无心，听者有意；对不需要的信息则听而不闻，视而不见。

第二，认知主体总是从已有的经验出发，以已有的认知结构为基础，认知来自他人的信息，对之进行猜测、判断和评价。

第三，认知的角度不同，对同一认知对象的结果也不同。同一个人，学艺术的说这个人乐感好、有感性性格、有才华，学理科的则说这个人逻辑性差、不灵活、很笨，两者对同一对象评价完全不同，就是因为认知角度的不同。

纠正认知选择性造成的交往障碍在于了解认知选择性的规律，一般来说，人们往往对与自身利益关系密切的信息感兴趣，对大学生而言就是学习、交友、恋爱、就业等几个最敏感。同时，人们又总是乐于选择以肯定形式出现的信息，而不愿接受以否定形式出现的信息。对于他人鼓励、赞扬、支持自己的言语及态度，容易听进去，并感到高兴；对于否定性的言语和态度不易接受，并感到恼火。

2. 认知整体性产生的障碍

对于每个人而言，他人是一种客观存在，也就是认知的对象。对于客观事物，人们都知道只有全面、深入、客观地了解、认识清楚，才能准确地反映事物，而且在认知过程中，由于与事物的情感联系不多，因而较少加入主观成分，看问题相对客观一些。而主体在认识他人时则不然，主观能动作用十分明显。人总是在一定的心理倾向和一定的方法原则作用下，加工整理外部输入的他人的信息，形成对他人的印象，然后把这个印象加到认知对象身上，认为这就是此人所具有的实际特征。可见，人的认识带有浓厚的主观色彩，充分意识到这一点，且掌握主观心理因素对认知他人的作用、规律，就能在人际交往中自觉发挥其积极作用，克服其消极影响，消除由此而产生的一系列人际交往障碍，正确地认知他人，正确地看待、对待他人，处理好人际关系。

（二）情绪、情感因素与交往障碍

人的相互交往常由感情而萌发。交往中感情色彩浓重，是大学中人际交往的一大特点。由于青年人感情丰富、变化快，对事过于敏感和简单，有时会因一时好恶而改变对一个人的看法，这种重感情不重客观、重一时不重全面的特点常导致青年人的人际关系缺乏稳定性，易产生各种障碍。

情绪、情感的接近与疏远反映了人与人之间心理上距离，这种距离的远近取决于人们相互接近和喜欢的程度，成为人们相互选择和相互交往的基础。因此，情感成分是人际交往的重要部分。在实际生活中人们也发现,情绪和情感引起的交往障碍在人际交往过程中极为常见,如愤怒、恐惧、厌恶及嫉妒、自卑、自负。倘若这些负面的东西经常稳固地出现,往往会导致交往障碍,而随着这种交往障碍的进一步加深,就会延长为负性情绪与情感,产生恶性循环,严重者可导致心理疾病。在大学生中常见的影响人际交往的情绪与情感有:

1. 愤怒

心理学家认为,人在愤怒时,身体调动了所有的能量储备,能发出比平时大得多的生理和心理能量,在这种冲动的情绪状态下,人的意识范围缩小,对自己行为的控制能力降低,常作出不明智的举动,一般用侵犯性的语言或行为把它宣泄出来。大学生缺乏独立生活的经验,在学习和生活中为一些琐事而产生矛盾的现象经常出现,但由于缺乏社会阅历,不知如何化解;再加上心理还不成熟,情绪难以自控,因此常以口角和斗殴的方式发泄,造成严重的交往障碍。

2. 嫉妒

嫉妒是指在意识到自己对某人、某事、某物品的占有或占有意识受到现实的或潜在的危险时而产生的情感。当人们在交往中发现自己在才能、名誉、地位或境遇等方面不如别人时,就会产生一种不悦、自惭、怨恨、恼怒甚至带有破坏性的复杂情感,它可以向积极、消极两方面转化。对于嫉妒,有的人能克制自己不采取攻击性语言,控制它、适应它 ,使之淡化,甚至能够利用它转化为积极的竞争行为。而有的人则很难把握这种感情,从而产生痛苦、忧伤、往往以讽刺、挖苦、挑拨的语言,甚至采取不合法的手段、不正当行为表现出来,造成对他人和集体的种种危害。对于大学生这个特殊群体,由于构成人员属于同一层次,具有相同的需要与目标,在学业成绩的高低、奖学金的获取、论文评判的档次、工作岗位的选择等方面都存在着竞争,因而,在这些竞争中容易滋生嫉妒之心。而嫉妒经过攀比、猜疑、恼怒、嫉恨等一系列心理活动后,会扩散、外化,演变成为攻击性、破坏性的行为,这必然会造成纷扰与不安,使人际交往紧张,破坏良好的人际关系。

3. 自卑

自卑表现为缺乏自信,行动退缩不前,怕别人看不起自己,难以主动与人交往,导致大学生自卑的原因很多,如:生理上的某些缺陷、长相不佳、身材矮小、家境贫困;活动中屡遭失败;自我认识不足与期望过低等。大学生在人际交往中的自卑,大多数是由于缺乏人际交往的成功经验、在人际交往中自我期望值过高以及自我评价过低而引起的。因害怕在公众面前出丑、受挫或遭他人拒绝而减少了交往的热情。自卑会导致缺乏进取精神和积极的生活态度,影响大学生的身心健康,有碍于生活与学习。

4. 自负

自负在交往中表现出居高临下,自夸自大,过于相信自己,不相信别人,只强调自己的感受而忽视他人。与同伴相处,高兴时海阔天空,手舞足蹈;不高兴时乱发脾气，很少考虑对方的反应。与熟人相处，常常过高地估计彼此的亲密程度，使对方出于心理防卫而疏远。这些行为实质上是以“我”为中心，盲目乐观，自我欣赏，最终会导致自我封闭，失去同学的关心与帮助，成为“孤家寡人”。

5. 多疑

多疑是一种由主观推测而产生的不信任心理。多疑的人整日疑心重重，怀疑世间的真诚，认为一切都是假的，都不可信，不可交。多疑常常是在假想和推测的基础上循环思维的结果。当大学生在某些方面不如别人，自信意识薄弱时，就会怀疑别人瞧不起自己，怀疑别人居心叵测，言行于己不利，整日提心吊胆，处处设置防线。这种无端的猜疑最终会造成矛盾，导致人际关系紧张，不利于同学之间的相互友好和团结，局限了交往范围，失去交往的快乐。

6. 害羞

过分的害羞会使人在交往中大大约束自己的言行，无法充分地表达自己的愿望和情感，妨碍了良好人际关系的形成。

7. 孤僻

孤僻常表现为孤芳自赏、自命清高，习惯于独来独往。结果是“水至清则无鱼，人至察则无徒”。

（三）个性特点与交往障碍

由于个性方面原因而导致交往障碍的情况在大学生中也较为常见。所谓个性，简单地说，是指人在各种心理过程中经常地、稳定地表现出来的心理特点，包括一个人的兴趣、爱好、需要、信念、世界观、性格、气质、能力等。每个人都有自己的个性，人心不同，各如其面。由于人的遗传差异、经历和环境不同，教育程度不同，因此人与人之间会存在个性的差异。而这种个性的差异往往会带来交往中的误解、矛盾与冲突。

1. 气质不同会引起交往不畅

在生活中，我们常会发现胆汁质的人会因为一点小事就突然怒不可遏，对他人大发雷霆，使抑郁质的人深感委屈和不满。前者很快把事情忘却了，可后者还依然耿耿于怀。黏液质的人对事情认真、有耐心，但慢腾腾，难以同时处理几件事情，难以从这件事转入另一件事，这也许使多血质的人很不耐烦地催促、指责前者，往往也会引起人际交往不愉快，造成彼此关系紧张。

2. 性格不同也会引起交往中的不快

许多心理学家通过大量调查研究表明：具有自私、虚伪、孤独、冷漠、固执、报复心强、嫉妒心强、苛求于人、骄傲自满等人格特征的人，不善于人际交往。

不过，只要通过相互了解、理解因气质和性格不同而产生的不畅，就能够协调好彼此的关系。而人格不健全所产生的交往障碍则难以克服。如偏执型人格、自恋型人格、戏剧型人格和强迫型人格在实际生活中很难处理好人与人之间的关系，需要接受专门的心理辅导。所以，理解自己和他人个性，是解决交往障碍的一个重要方面。

【课程思政导航】

> ［拓展］
>
> 子曰："益者三友，友直，友谅，友多闻，益矣；损者三友，友便辟，友善柔，友便佞，损矣。"
>
> "能媚我者，必能害我，宜加意防之。肯规予者，必肯助予，宜倾心听之。"
>
> ——《格言联壁》
>
> "君子慎所择，休与毒兽伍。"
>
> ——清·张廷玉
>
> 结合材料与自身经验，谈一谈实际生活中我们在人际交往中应如何把握交往范围与分寸。

第三节　大学生的人际交往

人际交往是大学生活中不可缺少的重要内容，是大学生活中不可缺少的重要内容，无论对于大学生的日常学习和生活以及社会活动，还是对大学生的全面发展，都有非常重要的作用。

一、大学生人际交往的意义

交往在人生中具有重要意义，它贯穿于人类的一切社会活动之中。交往是人类所特有的、比物质需要更高级的一种精神需要。人的本性存在于社会交往之中。

处在成长过程中的大学生对社会交往有着强烈的愿望，交往需要更为迫切，交往日益成为大学生最喜欢的活动之一。

（一）交往是大学生特殊的生活环境和生理、心理发展的需要

大学生几乎无一例外地渴求和谐友好的人际关系，需要友情的滋养和爱情的抚慰，这是大学生特殊的生活环境和生理、心理发展水平的反映。

对于新入学的大学生来说，大学是一个全新的生活环境。远离了昔日的师长、同学，也远离了父母，陌生的生活环境、独自生活的考验，促使大学生们既怀念昔日的友情、亲情，又憧憬新环境中新的友情。比起中学阶段，大学生增加了对人际交往的需求，这是特殊的生活环境带来的影响。

同时，随着身心的发育成熟，大学生的自我意识得到了迅速发展。自我意识的

建立和发展是青年期最富价值的心理成果。“自我”这一形象从无法掌握的漠然状态之中逐渐清晰地显露出来。大学生们发现了自己的内心世界，对自己以及自己与周围世界的关系有了认识。先前对社会和他人的价值、观念和态度的遵从，逐渐转变成以自己的眼光注视自身和周围世界。这一转变令大学生们感到惊喜而又迷惑。由于自我意识尚不十分健全，在审视自身和对照外部世界时，他们需要参照其他人，尤其是同龄人的态度。同时，在发现自我的惊喜中，也开始意识到自身的孤立无援。孤独感的产生以及对孤独感的恐惧也增强了大学生对人际交往的渴求。

自我意识的发展所带来的独立意识的增强，一方面使大学生逐步摆脱对父母、老师的依赖，另一方面对同龄人的依赖却有所增长。他们需要在新的环境中获得同伴的接受、认可、尊重、关怀和同情，并且由于大学毕业就要走向社会，大学生人际交往的需要还从大学扩展到社会生活之中。他们不仅要了解社会上的人们是怎样生活的，还要从他们那里获得生活的经验和知识。

随着自我意识的发展以及生理功能的成熟，大学生产生了许多类似成年人的心理和生理需要；与异性的交往也成为大学生，尤其是高年级大学生的一个很重要的生活内容。

（二）交往是大学生自我完善和逐步实现社会化的需要

人是社会的一分子，只有在交往中才能完成个体的社会化，大学生也同样如此。人的个体社会化，是指个人向社会、向他人学习，取得在社会中生活的资格，由自然人变为社会人的过程。它包括传授生活技能，教导社会规范、指点生活目标，塑造文化心态、培养社会角色，等等。这些，大学生可以通过交往而得到实现。交往是大学生自我完善的基本条件，是个体社会化的必经之路。个体只有在与他人，与社会的交往中才能完成社会化的过程。人从开始学习基本的生活技能，到学习科学文化知识，继而学会接待人物，培养高尚的道德品质，逐渐成熟，最终才具备了社会成员的资格。人只有从交往中才能获得先进的思想和方法。相对而言，人作为个体都生活在一定范围内，他的实践活动是有限的，他所接触到的事物和感受也是不多的，原有的经验、知识、态度和生活习惯都有可能不适应新的环境和新的角色，需要通过相互交往，获得先进的思想和方法。这对成长过程中的大学生来说，显得尤其迫切和重要。

（三）交往是大学生实现人生价值的需要

实现人生价值的途径是多方面的，但交往是其中一个重要方面。

从交往中取得优化的环境氛围。人的价值是在一定的环境下实现的。优化的条件可以使人更好地对社会尽责，对社会发展作出较多的贡献。通过交往能够创造良好的信息环境，比如说丰富的信息来源、快速的信息传递方式。通过交往还可以创造尽量富于激励性的环境气氛。人各有所长，也各有所短。在交往中，既要看到别人的长处,向他人学习,又要看到自己的不足,及时改正和弥补。这样,美好的人格也就会逐渐养成了。相同的兴趣、共同的理想,可以引起人的思想共鸣和心理相容,做到相互帮助,携手并进。通过交往,互相协作,各自发挥自己的优势,大大有利于各种社会活动的开展。

大学生人生价值的实现离不开社会交往。人们的高尚情操只有通过交往才能影响他人和社会,人们的智慧与才华只有通过交往才能发挥作用,推动社会发展与进步,进而转化为人生价值。社会交往不仅是人生价值实现的桥梁,而且是人生奉献的媒介。只有善于交往的人,才能充分利用客观条件,主动发挥自己的聪明才智,为人类造福。古今中外,凡是伟人,大多数是善于交往的。鲁迅先生把文学才华奉献给他人和社会,实现了伟大而崇高的人生价值。学会与人合作、与人共事,是当代大学生发展自身、实现人生价值的一门大学问。

(四)良好的人际交往是大学生心理健康的必要条件

1. 良好的人际交往能让大学生内心变得宽容、理解和信任

大量事实表明,心胸是否宽广、豁达与大学生人际交往是否和谐直接相关,只有人际交往良好,才能让大学生对人、对事变得宽容、理解和信任。

2. 良好的人际交往能让大学生学会分享、接受和给予

不会分享与分担是这一代大学生特殊的成长背景中极易形成的负性品质,也是造成他们在人际交往中受挫的重要原因之一。良好的人际交往能够让大学生在良好的人际氛围中,充分体验与享受交往带来的快乐,并乐意将自己的快乐与交往对象分享,进而学会分担与体验对方的痛苦,产生同感与互助,积极帮助交往对象解决问题,重新找回失去的快乐。分享是一个很重要的品质,尤其对心理健康发展有着特殊的意义。

3. 良好的人际交往能让大学生建立和谐的自我同一性,学会合作

自我同一性是指生理自我、心理自我与社会自我的整合统一。良好的人际交往有助于大学生弄清“我是谁”和“在别人眼中我是谁”的自我认识,把“生理我”“心理我”和“社会我”统一起来,找准自己在人际交往中的正确角色规范,和不同个性特征、生活经历的同学进行合理的交往。有研究表明:“与同事真诚合作”是成功的九大要素之一,而“言行孤僻,不善于与人合作”是排在失败的九大要素之首。大学生只有在良好的人际交往中才能形成与人合作的意识,培养与人合作的能力。正确对待自己和他人,尤其要正确对待竞争,正确对待合作伙伴,培养合作精神,促进大学生心理健康发展。

4. 良好的人际交往能让大学生避免孤独感和失落感

生活中常常有这样的情况,一个人受了委屈,闷在心里很难受,总希望找人说一说,释放心中的不快,使心理保持平衡,这就是人们常说的“一吐为快”。大学生通过各自的喜怒哀乐,进行感情交流,能够获得心理上的满足,增进彼此之间的亲密感，使心理、生理系统保持应有的平衡，有益于身心的健康发展。

【课程思政导航】

[拓展]

古人为了区分友谊的亲密程度，创建了很多不同的称呼。比如，心意相通的友谊可以被称为“管鲍之交”。这是由齐国一对要好的朋友管仲和鲍叔牙的故事演绎而来。据说，两人曾经合伙做生意，分红的时候管仲总要多拿一些。别人为鲍叔牙鸣不平。但鲍叔牙却为管仲分辩：“管仲不是贪财，而是他需要供养自己年迈的母亲呀！”管仲听后不禁感叹：“生我者父母，知我者鲍子也！”

亲厚的友谊被称为“鸡黍之交”，这个成语也源自一对好友。传说有一个名叫范式的人，他和汝南人张劭是朋友。一天，范式要回家乡，出发前和张劭约定两年后再来看望他，并登门拜见他的长辈。两年后，张劭请母亲杀鸡做饭等待范式。张劭的母亲觉得二人两年不通音讯，范式有可能已经忘记这次约会了，即使想起也未必赶得过来，因为汝南距离这里路途遥远。可是，张劭说范式是个守信的人，他一定会过来。张劭的母亲只好准备菜饭，没想到范式果然到了。

比“鸡黍之交”更亲厚的是“莫逆之交”，指非常要好或情投意合的朋友，出自《庄子·大宗师》：“三人相视而笑，莫逆于心，遂相与为友。”

最深厚的友谊应该是“刎颈之交”，指能够同生共死的朋友，例如廉颇和蔺相如由竞争对手变成了同生共死的好朋友，齐心为国效力，他们的关系就可以被称为“刎颈之交”。

二、大学生人际交往的特点

大学生的人际关系与一般人际关系相比，有其自身的特点。

第一，大学生的人际关系更多是一种团结友爱、平等互助的关系，他们通过共同的学习研讨、学术交流、文娱活动、社交活动等相互影响，形成融洽的人际关系，调节自己的社会行为，完善和健全自己的人格，在社会比较中实现自我的人生价值。

第二，大学生的人际关系具有浓厚的理想色彩，纯洁、真诚，一般建立在共同的兴趣、爱好和彼此信任的基础上。

第三，大学生的人格因素在人际关系中起着重要的作用。通常，影响相互关系的因素主要是思想、性格、兴趣、志向等个性特征。

大学生交往活动的特点有其必然性和合理性，对大学生顺应社会和时代，促进他们的健康成长具有积极意义。但是，由于大学生成长过程中的不成熟性和社会环境中的一些消极影响，又对大学生成长产生不可忽视的负面效应。因此，这就需要大学生在社交活动中自觉地扬长避短，注意发扬积极因素，克服和防止消极因素。

三、大学生人际交往的过程

奥尔特曼(Laltman)和泰勒(Taylor)经过对人际关系的系统研究认为,良好人际关系的形成和发展,一般需要经过定向阶段、情感探索阶段、感情交流阶段和稳定交往阶段。这和莱文格等人的研究结论是基本一致的,说明人与人之间的关系从开始时的无关,到最后形成良好的人际关系,确实需要经过不断演化,彼此相互作用的水平由低级向高级发展,由弱逐渐变强。

从人际交往由浅入深的发展历程来考察,一般可以把大学生人际关系的建立和发展划分为三个阶段。当然,这三个阶段并不是截然分开的,有时候是相互交叉和重叠的。

(一)吸引-选择阶段

人际吸引,又称人际魅力,是指个人间在感情方面相互喜欢和亲和的现象,即一个人对其他人所抱的积极态度。在心理学中,人际吸引属于人际知觉的一个新领域,通常被认为是建立人际关系的第一步。

决定人际吸引的因素是错综复杂的。自心理学诞生以来,许多心理学家对人际吸引进行了卓有成效的研究,并提出了影响人际吸引的因素群。对于大学生来说,影响人际吸引的主要因素有:

1. 第一印象

第一印象或最初的邂逅是许多早期经验研究的重点。研究发现,最初的印象支配着一个人其后对另一个人的行为,使其作出与这一印象相一致的行为反应,反过来这又对第一印象起强化作用。这与一般的经验也是吻合的。当个体对对方持有良好的第一印象,通常就会认为对方有良好的品质、特征,就会被对方所吸引,这两者是紧密联系着的。

2. 身体外貌

人们总会比较喜欢外表有吸引力的人。外表上具有吸引力,也常被人看作更可能具有符合社会需要的人格品质,如聪敏、机灵、和善、谦逊、善交际等。还有证据表明,男性被女性所吸引与女性被男性所吸引两种情况相比较,身体外貌对前一种情况有更大的影响。另外,在特定的文化或亚文化中,评价人的外貌的吸引力是相当一致的,但是究竟哪些特定的属性或它们的不同组合可被确定为是潇洒或漂亮的外貌则至今仍所知甚少。

3. 行为举止

个体的行为举止会影响自己给他人留下的印象。因为,印象常常是一个人对他人的行为举止及其出现的背景进行观察后得出来的。归因问题的研究也指出,常常有人把另一个人的行为归因于相应人格特征来解释的倾向。如敌意行为就被归因于攻击，助人行为则被归因于和善，等等。这往往极大地影响对一个人持喜欢进而被吸引，还是持讨厌进而遭排斥的态度。也有证据指出，喜欢进而吸引会受微笑、视线接触、身体姿势等非言语行为的影响。关于言语行为的影响则大多集中在个体披露友好信息的方面。但与先前有关的理论概括则相反，并没有发现披露自己的友好信息的程度与由此使他们有吸引力两者之间会产生规律性的效果。自我披露的效果似乎是根据信息披露时的环境而变化的，且所披露的信息是否符合社会需要尤为重要。

4. 个性品质

一般来说，良好的个性品质具有无与伦比的吸引力，而且这种吸引力持久、稳定、深刻。在其他方面一样的情况下，如果有人诚实、正直、乐于助人、友好和善而不奸诈狡猾、损人利己、敌对冷酷等，那么我们就会产生喜欢他的倾向。心理学研究指出，无论男性或女性，其最有吸引力的个性品质是真诚，最具排斥力的个性品质是虚伪。

5. 相似性

相似性吸引包括许多方面。行为动机、立场观点、处事态度、追求目标、个人嗜好一致的人容易相互支持。具有共同信念、情投意合的人容易建立起人际关系。另外，大学生年龄相仿，经历相近，有很多的相似点，很容易形成相同的兴趣与爱好，在长时间的交往中，良好的人际关系便不分性别、不分系别、不分年级地建立起来，并发展下去。总之，人们总是喜欢和自己类似的人交往，总是以自己的模式去考察别人，要求别人。

6. 能力

人总是具有积极向上的心理，总是钦佩那些在能力方面胜过自己的人，这是个体自然的心理倾向。所以，人们总是喜欢能力较强的人。需指出的是，那些具有一定的能力，但又有可能偶然出现某种小过失的人往往具有更大的吸引力。

7. 互补性

人们需求（个性）的互补性是指交际双方在交往过程中获得互相满足的心理状态。它是构成人际关系的重要因素之一。当交际双方的需求或个性能够互补时，就能形成强烈的吸引力。这里涉及交往者的动机和目的问题。例如，一个有支配性格的人容易和被动型的人相处，二者相互喜欢，从而建立和维持密切的友谊关系。独断专横的人和优柔寡断的人会成为好朋友。活泼健谈的人和沉默寡言的人会结成亲密的伙伴，这是因为彼此之间可以取长补短，互相满足对方的要求。

我们必须认识到，这种作为初步沟通的人际吸引，仅仅可能是良好人际关系的开端，是一种尝试。在熙熙攘攘的大千世界里，我们并不是要同任何一个人都建立良好的人际关系，而是对人际关系的对象有着高度的选择性。在通常情况下，只有那些具有某种会激起我们兴趣的特征和在我们的价值观念上具有重要意义的人，我们才会选择作为交往和建立人际关系的对象。

会选择，是成熟的表现。随着大学生生理和心理的逐渐成熟，学会选择交往对象，其实就是选择自己的兴趣、爱好，乃至发展方向。“近朱者赤，近墨者黑”，人与人之间的相互影响和同化是客观存在的。“物以类聚，人以群分”，这是有一定道理的。因此，对于大学生来说，选择交往对象是关系到个人发展的大事。对于成熟的人来说，保持独立或求同存异也是朋友之间常有的事。

只有交往的双方因人际吸引而给对方留下一个良好的第一印象时，才能试图为彼此的人际关系的发展获得一个良好的定向。当然，有时这个阶段是非常短暂的，且引起注意的原因也可能是偶然的，但它是形成人际关系的一个必经阶段。同时，由于个体差异，其时间跨度也有所不同。总的说来，这是人际关系的准备阶段、起步阶段。

（二）接触阶段

这是一个由人际吸引逐渐向情感探索、情感沟通的轻度心理卷入阶段，此时开始建立初步的心理联系。在这个阶段，交往双方开始了角色性接触，如打招呼、聊天、活动上的联系、学习上的帮助和生活上的相互照顾等，这种一般性的人际接触，目的是为了探索彼此的共同情感领域，并经过一定的情感探索、情感沟通，双方自我暴露的深度和广度有所增加，但仍未进入对方的私密性领域或隐秘敏感区，双方都遵守交往法则，而不越雷池半步，即不涉及对方牢牢守护的根本方面。此时，双方在一起能友好相处，离开对方也无关紧要，彼此没有强烈的吸引力。因而，这个阶段也是普通的人际关系阶段。一旦情感卷入的程度有所加强，交往的频率和深度有了新的进展，人际关系也就进入到第三阶段，即融合阶段。

（三）融合阶段

在此阶段，交往双方因接触而导致情感联系不断加强，心理卷入程度不断扩大，进入稳定交往阶段。随着交往双方接触频率的增加，彼此间的了解不断加深，情感联系越来越密切，心理距离越来越小，在心理上逐渐有了依恋和融合，这标志着人际关系性质已经发生了实质性的变化。此时，交往双方的安全感已经确立，并有中度或深度的情感卷入，自我呈现的广度和深度大大增加，心理相容性也进一步增加，对事物的看法、评价逐渐趋于一致，并引起情感上的高度共鸣，各种信息的输入、输出不再“失真”，彼此已成为知己好友，一旦分离或产生冲突，会出现某种焦虑、牵挂和烦躁的情绪，仿佛“一日不见，如隔三秋”。当然，人际关系的融合阶段仍然有一个逐渐深化的过程，在其低水平的层次上，主要表现为交往双方的适应与合作，即求同存异；在其高水平上，才是知交和融合，即心心相印、唇齿相依，恋人关系即属此例。

【课程思政导航】

讨论:便捷的互联网时代改变了传统的人际交往方式,让学生的人际交往圈快速扩张,四海之内皆“兄弟”、五湖四海有“朋友”不再是一件难事。借助网上交际的隐匿性,学生可以将自己无法言说的情感、内心世界与陌生“朋友”一同分享,但也引发了许多不良道德行为。结合身边的实例,分析讨论网络交友的利弊以及探讨互联网交友应遵循的底线原则和应坚持的道德、法律意识。

第四节　人际交往的艺术

人际交往的一个本质特征就在于其双向性,体现为一种互动自调的过程。别人给我们一个亲切的微笑、善意的举动,就会引起我们的友好的体验和反应。同样,我们期望他人对我们表示友好,我们得先诚恳并作出善意的举止言行。因而,交往中的任何一种符号沟通都不是单向传导,而是必然会引起反馈的。这种反馈应该是互酬的、对应的。“投我以木瓜,报之以琼琚。匪报也,永以为好也。”这时,相互心理关系上是平衡的。但若双方的信息反馈不对应,即一方的友好试探得不到相应友好的酬答,就难于“永以为好”了,交往就会产生障碍。“敬人者人恒敬之。”古人的这条遗训按照现代社会心理学分析,可称为“同类反应法则”。

心理学家曾进行过一个有趣的实验,让受试者参加一种两人玩的迷宫游戏。游戏过程中,每人必须通过曲折的途径逐步移动棋子。受试者不知道自己的对手是个心理学家。结果不同性格的受试者都会表现出一个共同的心理倾向:假如实验者(心理学家)为达到实验目的,从开始就采取步步进攻的方式,并且不作任何让步,那么其对手(受试者)即便是性情温顺的人,也会逐步根据对方的攻势,予以还击。相反,当实验者一开始就表现得处处礼让,则进攻性很强的受试者也会显得温和友好。人际交往中的这种“同类反应法则”是一种十分普遍的心理规律,根据这条规律,有效的交往首先取决于一个人多从自己出发检点言行举止,克服心理障碍,主动寻求最佳的交往途径,把握交往的艺术。

一、把握人际交往的基本原则

大学生和谐人际关系的建立,一方面要积极张扬个性,富有锐意创新的精神,另一方面要坚持求同存异、诚信为本的原则,采取积极健康的人际交往方式,摆脱消极的人际交往方式,创造一个有利于自身全面发展的成才环境。

(一)坚持以诚相待的平等原则

平等原则是意味着在交往中互相尊重,一视同仁,这是和谐交往的基本前提。

平等在一定程度上可以说是交往的最重要原则。交往是平等的，尊重他人，才能尊重自己。在与他人进行交往时，要把双方放在平等的位置上，既不能觉得低人一等，也不能高高在上。尽管由于主客观因素的影响，人与人在气质、性格、能力、家庭背景等方面存在差异，但在人格上大家都是平等的。在现代社会中，只有平等才能尊重对方的人格、尊严、价值与创造才能，只有以诚相待，尊重他人，才能得到他人的尊重，营造融洽的交往环境。对大学生来讲，不论学习好坏，家庭背景如何，是否是班干部，长相如何，都应得到同等的对待，同学们不应冷落集体中的任何人。

（二）坚持信任、信用的原则

朋友之交，言而有信。许诺别人的事就要履行，这是信用原则的重要表现。轻易许诺但却失信于人，会给人一种极强的不信任感，感觉你习惯于开“空头支票”，缺乏交往的诚意，这是人际交往的大忌。大学生们对“信”有两种期盼，其一是“信任”，这是交往的前提，“人无信，不可交”。其二是“信用”，这是交往过程中的实质内容，古人云“言必信，行必果”，答应的事就一定要办到，否则就不要轻易许诺。因此，大学生要认识到，许诺是非常郑重的行为，对待不应办或办不到的事情，不能轻易许诺，不要碍于面子答应，之后又无法兑现承诺。

（三）坚持求同存异的相容原则

大学生来自祖国的四面八方，家庭背景、生活环境、风俗习惯、思维方式乃至个性等均有较大的差异，同学之间“相容”就显得尤为重要。所谓“相容”就是“求大同、存小异”。在此，“相容”有两个方面的指向：一是容纳别人的优缺点。“人无完人、金无足赤”，同学之间由于地缘关系而造成的差异要彼此尊重，不搞地域歧视。二是要接受和容纳别人不同的意见和观点。

（四）坚持真诚互助原则

真诚互助原则要求我们在别人遇到困难时伸出热情之手，像雪中送炭一样给别人以物质或精神的慰藉。互助的关键是出于真诚，这是一种崇高的道德力量，是纯洁友谊的内容，不要将此曲解成斤斤计较的功利原则，如“我今天帮助你，你明天必须报答我”，或“我不图别人的好处，但我也绝不白施于人”。此外，互助要注重双向性、互利性，如果一方只索取不给予，或只给予不索取，那就容易使另一方或者认为自己被人利用，或者误解对方的诚意，不敢再进一步向对方敞开心扉，从而中断交往。事实证明，交往中互利性越高，双方的关系越稳定和密切；互利性越低，双方的关系越容易疏远。

【课程思政导航】

> **讨论：**“仁义礼智信”是中国古代儒家归纳的五个最基本的伦理道德范畴。结合自己的知识素养，想一想如何在实际与人交往中做到“仁义礼智信”。

二、学会人际交往的技巧

（一）给人留下美好的第一印象

根据心理学首因效应在人际交往中所产生的心理定势作用，在与陌生人交往中，大学生要注意给对方留下美好的第一印象。为此要注意以下几个方面：

1. 注意仪表礼节

一个外表英俊、衣着整洁、仪表端庄的人，自然会产生一种使人乐于交往的魅力。当然，仪表的魅力不仅仅取决于长相和衣着，更重要的在于气质和仪态，这是一个人内在品格、修养的自然流露，是人内在底蕴的外在显示。所以，大学生不仅要注意衣着的整洁、得体，而且更要重视自我修养的提高。

2. 待人诚恳热情

不管对待什么交往对象，都应以平等的态度相待，彼此诚恳而坦率。不俯仰讨好位尊者，也不藐视冷落位卑者。孔子要求人们“上交不谄，下交不渎”，亦即强调交往时的不卑不亢态度。端庄而不过于矜持，谦逊而不矫饰作伪，充分表达你的诚挚内心。

3. 巧选称谓

称谓选得好会很快缩短交往双方的心理距离，使交往得以顺利进行。此外，谈话中应尽量以“我们”代替“我”，促进彼此的感情交流。“我”字讲得太多并且过分强调，就会给人突出自我、张扬自我的印象，使对方在心理上筑起一道防线，不利于交往的深入。

（二）用微笑增加你的魅力

一个人的面部表情比穿着还要重要。笑容像穿过乌云的太阳，给人以温暖，因为它表达了这样一种信息：“我很高兴见到你，你使我快乐。”微笑是发自内心的一种平和、愉快的情绪，其本身是这种情绪的自然流露，因而是真诚的、富有感染力的。有人说，漂亮是一张通行证，而微笑会使你的相貌更加动人，会使你的声音更有魅力，你的微笑会从别人那里换回更多的微笑，而别人的微笑会使你的心情变得更加舒畅。对初交者露出笑容，会使对方感觉到你像老朋友般亲切。真正的微笑是真诚的、发自内心的，人们对微笑的含义的判断往往是准确的，是不容易被欺骗的。人的微笑来源于对生活的美好体验，一个时常能感觉幸福的人才能对生活发出微笑。

(三) 了解对方的需求,寻找共同的话题

爱迪生和儿子要把一头小牛赶入牛棚,而小牛挺倔,任你怎么推拉、鞭打它也不进去,正当父子俩满头大汗,一筹莫展时,女仆走了过来,把手指放入小牛的嘴里,小牛十分顺从地跟着女仆进入牛棚。这则故事告诉我们,要打动他人,要让他人与你互动,还得了解对方的需求,了解对方对哪些事情感兴趣。倘若你是一位博学多才的大学生,无论你遇到什么样的人,如工人、农民、白领、老板,你都能针对他的特长而谈,那么你自然很容易被他人接纳。不同的群体、不同的年龄有不同的话题,与老人谈话多回忆些往事和他值得骄傲的事情,与母亲谈话多谈及她的孩子,也许这些共同的话题会对你与他人的初步交往大有益处。

(四) 正确运用语言艺术

语言是人们最重要的交际工具。人们不仅通过语言交流思想、沟通信息,而且靠它疏通感情、联结友谊。怎样才能正确运用语言艺术呢?

(1) 准确表达。一方面,要根据时间、场合、对象的不同,把握语言的分寸。另一方面,与人交流思想、探讨问题时,要注意语言的委婉、含蓄。陈述自己观点时要有条理、层次清楚,具有逻辑性;吐字清晰准确、表达亲切;回味无穷、循循善诱,具有启发性。不说与主题无关的废话、玄话、套话和假话。

(2) 善于倾听。交往中应注意听说结合。学会虚心地、耐心地倾听他人的谈话,不轻易打断别人。倾听体现了对他人的尊重,同时也会在不知不觉中获取信息,争取时机以作出恰如其分的反应。

(3) 善于使用礼貌语言“您”“您好”“对不起”“再见”等。常言道:“良言一句三冬暖,恶语伤人六月寒。”惯用礼貌用语有助于密切人际关系。

(五) 恰当运用非语言艺术

在人际交往中,如果我们稍加注意就会发现:一个眼神、一种面部表情、一个手势等都会发挥着奇妙的作用,有时甚至达到了语言交际所达不到的效果。这就是非语言交际的效用。

所谓非语言交际是通过包括身体的动作、局部表情、空间距离、触摸行为、声音暗示、服饰和其他装饰来表达意思的过程。人们从经验中体会到语言交际更多地用来说明思想,非语言交际更多地用来表达感情,而且更“自然”、更亲近。

(1) 要学会使用面部表情和身体动作。有人研究认为,眼睛的相视一般只维持 0.3 秒左右。若注视时间过短,表示与对方没有交往动机;若注视时间较长意味着引起了交往兴趣和动机。从注视的频率看,社交中眼睛注视多半是一次性的。如果不停地、反复地注视同一个社交对象,就说明对眼前的社交对象产生了好感或发现了问题。善意的目光、和蔼可亲的面部表情将使对方乐于和敢于与你接近。

(2) 恰当运用空间距离。交往双方距离的远近往往能表明双方的感情程度或心理距离的远近:距离近表示亲热,距离稍远表示文雅、自尊;距离过近使人尴尬,过于疏远会给人以冷漠感。一些心理学家的研究表明:适合父母与孩子或恋人的亲密距离为 0.5～1.2 米;适合一起工作的同事及商务或非私人性交谈的距离应为 1.2～3.7 米;适合与陌生人交往,常用于正式场合的距离,如演讲者与听众之间采用的距离为 3.7 米以上。因此,在交往中应恰当运用交际距离,以免使人感到不舒服或造成误会。

(3) 声音暗示。在不同场合,要注意调节自己的声音。音量的大小、音调的高低都要与场合协调。如遇到丧事、看望病人,不能大声吼叫;发表演说要抑扬顿挫;等等。

三、与人交往技巧的培养

(一) 培养成功交往的心理品质

良好的心理品质是大学生提高交往艺术、取得较好交往效果的前提。成功交往的心理品质包括:

(1) 诚实守信。诚实守信是中华民族的优良传统和美德,建立在此基础上的人际交往是可靠、持久的。其目的是促进人与人之间的交流、友谊与合作,求得共同进步。而建立在虚伪应酬上的人际关系以互相利用为目的,最终不会有好的结局。

(2) 谦虚、谨慎、自信。无论在何种情况下,为人处世都要谦虚、谨慎。但谦虚不是自卑自弃,谦虚使人常常看到自己的不足与他人的长处,从而取长补短,不断完善自己;谨慎不是拘谨,而是有选择性地交往;自信能使个体在与人交往时,表现得主动、积极、从容不迫、落落大方。人际交往中有一种投射作用,与一个自信心特别强的人进行交往,你会在不知不觉中增强"自信"。"自信则人信之",缺乏自信的人经常会错失交往时机。

(3) 热情助人。热情给人以温暖,能促进人与人之间的了解,增强人际吸引。助人,是给朋友提供支持和帮助。助人的出发点应该是己助予人,不索以求;人助予己,必酬予人;贫贱相扶,患难与共;救人于危难之时,助人于困难之中。这样的相助会使人永生难忘。

(4) 尊重、宽容、理解他人。这是赢得他人信任的根本所在。尊重他人是指尊重他人的人格、意见、隐私及劳动等。事实上,每个人无论在什么地方——家庭、学校、单位,都渴望得到别人的尊重和认可。若此愿望得到了满足,对方就会在你所希望的方面表现得更加完美。但人际交往是双向的、互感的、互惠的。所以,要想得到他人尊重,首先要学会尊重他人。宽容是指在承认人与人之间差异的基础上,尊重他人的存在方式。中国有句古语叫做:"将军额头能跑马,宰相肚里能行船。"

事无巨细、斤斤计较的人，不仅不会有良好的人际关系，而且难以成就事业。在生活的道路上，难免有所碰撞。或许有人伤害了你的感情，受伤的心灵自然是痛苦的。哲学家纳克·阿里克指出：堵住痛苦回忆激流的唯一办法就是宽容。要做到宽容，首先就要对人有一个正确的认知："金无足赤，人无完人。"宋朝袁采说："人之性行，虽有所短，必有所长。与人交流，若常见其短而不见其长，则时日不可同处，若常念其长而不顾其短，虽终身与之交游可也。"更何况从另一个角度看人，说不定很多缺点恰是优点。一个固执的人，你可以把他看成一个信念坚定的人；一个吝啬的人，你可以把他看成一个节俭的人；一个自大的人，你可以把他看成一个自信心强的人；一个喜欢发脾气的人，你可以把他看成一个"感情丰富"的人；等等。真诚地理解他人是人际交往的基础，交往双方能适时地进行角色互换，将心比心地去认识、体验和思考他人的感情和行为，"己所不欲，勿施于人"，从而改善待人态度。

（二）要有准确的角色意识，学会"角色互换"

一对父子在争论谁聪明的问题。父亲说："是牛顿而不是牛顿的儿子发现了万有引力，所以父亲比儿子聪明。"儿子反驳道："是牛顿而不是牛顿的父亲发现了万有引力，所以儿子比父亲聪明。"这个幽默故事可以启发我们思考每个人"一身兼数任"的社会角色问题。一个人相对于他父亲来说是儿子，相对于儿子来说是父亲，在他上班的时候可能是个营业员，在下班时进另一家商店则成了顾客；在上级面前他是下级，在下级面前他又成了上级……

每个人具有不同的社会角色，在同具体对象交往时又总是以特定角色出现。由于我们习惯于基于自己的角色来看待自己和别人的行为，就可能存在片面性。例如，一个人在做儿子时，觉得父亲不理解他的心理，当他成了父亲以后，又从父亲的角度来看待他的儿子。所以，在人际交往过程中，每个人都充任着一定的社会角色，这种社会角色规定了他在人际交往中的职能及其行为规范，同时也体现了他所具有的个性心理特征。因此，捕捉准确的"角色"，严格地把握角色的规定性，并能适时因地制宜进行角色变换，是人们彼此相互理解、相互谅解的前提。

就思维而言，大学生已能从我向思维转入他向思维，即不仅会考虑自己的想法，而且会考虑他人的想法。然而，在实际社会交往中，人们还是习惯于在不同程度上表现出自我中心式思维，因而在交往中难免出现了些矛盾，而又常把这些矛盾的起因归结为对方的过错。殊不知，对方往往也会从他的角度来看待你，指责你呢！双方各执一端，自然就难以彼此相互谅解。学会角色互换，也就是设身处地地从对方的角度，把作为主体的自我当作客体的自我来审视和评价，这样就能较为公正地理解别人的想法，也较客观地看待自己行为的得失了。

交往中的角色互换可包括两个方面：

一方面是设身处地地替对方着想，这样就能通情达理地谅解对方的行为和态度。有些人常自以为聪明，对别人的某些不顺眼的举止好发议论："我要是他，绝不会这么干!”说这种话时,实际存在三种可能:第一,你确实有比他高明之处,但未必你没有不如他的地方;第二,你是“事后诸葛亮”,因为当别人的行为已有结果后,你当然能作出较正确的选择;第三,你并没有设身处地去想,“看人挑担不吃力”。向一位朋友借一架好相机,这位朋友有点舍不得。你就会想:“这么小气,拉倒算了。”但若互换角色想一想:假如你有一样心爱的东西,当别人向你借用时,你是否就一定大方得毫无难色地一口应承呢?你自己心中会怎样考虑他人的要求呢?将心比心,人同此理。意识到别人的难处,你就容易宽容和谅解别人了。

另一方面,通过角色互换,以对待“客观之我”的方式来对待他人,就能采取较为适当的行动,即所谓“己所不欲,勿施于人”。你不希望别人在背后议论你,那你就先不要在背后说别人的坏话,也不要轻信他人在背后搬弄是非,“来说是非者,便是是非人”。当你对别人作出某种行为或表示某种态度时,应当首先考虑到可能会给对方心理上引起什么感受。如果会造成对方痛苦的话,就应考虑如何改变自己的行为。比如,你经常喜欢搞恶作剧,肆意取笑别人的缺陷;或者在别人受到挫折或困境时,幸灾乐祸,说风凉话。那么,你不妨设想一下,当你自己处于这种情境中,别人对你的嘲讽会给你带来多大的痛苦呢?而如果别人助你一臂之力或者给你耐心的安慰和鼓励,你又会感到多么快慰和感激啊!角色互换能使你体验到对方在此情此景下的感受,于是你就能给人提供以最需要的帮助,收回可能伤害对方感情的举动。

(三)学会赏识别人

美国心理学家威廉·詹姆士说:“渴望被人赏识是人最基本的天性。”人缺少食物会引起生理上的饥饿感,人若缺乏“一种重要人物”的感觉则会引起心理上的饥饿感。

美国心理学家罗森塔尔等人曾进行过一个发人深省的心理学实验:从一个小学中抽出一些学生进行测验,并给任课教师开出一张“有发展前途”的学生的名单。过了8个月以后再次测验的结果发现,名单上的那些学生果然有了很大进步。实际上,罗森塔尔是随意开出那张名单的,但任课教师信以为真,也就对这些“有发展前途”的学生抱有更大的期待,而这种期待又势必会在与他们的交往中表现于态度和情感上。这些学生由于受到教师态度的积极影响,也就真的表现出教师期待的反应,主动配合而取得了很大进步。罗森塔尔把这种因教师的期待而潜移默化促成学生进步的心理作用称为“皮格马利翁效应”。皮格马利翁是希腊神话中的人物,由于他酷爱自己雕刻的心爱女子的雕像,一片赤诚之心感动了天神,终于使石像有了灵性。人对人的热情期待以及因此而生的关怀鼓励态度,可能在很大程度上唤起他人的积极回应。

在人与人的交往中,赏识别人才会得到别人的赏识,同时也满足你自己做重要人物的欲望。而赏识别人,必须做到:

(1) 善于捕捉别人的闪光点。“寸有所长，尺有所短。”每个人都有自己的长处和短处，在人与人的交往中，尤其是大学生的交往中更应多挖掘别人的长处。

(2) 适时适度地夸奖别人。心理学证明，在学习方面，一只有良好行为就得到奖励的动物，要比一只因为行为不良就受到处罚的动物学得快很多，且更能够记住它所学的内容，人类也是如此。批评、责怪并不能使别人产生永久的改变，反而常引起不快乃至愤怒。因为人性的弱点之一，就是做错事的人只会责怪别人，而不会责怪自己，所以，适时适度地赞扬他人将成为人际关系的润滑剂。

赞扬能释放出一个人潜在的积极性。赞扬能使衰弱的躯体变得强壮，能给恐惧的内心以平静，能让受伤的神经得到抚慰，能给身处逆境的人寻求成功的决心，能使自卑者充满自信。几乎所有成功的人都是善于赞扬别人的人。赞美人的原则是抓住特点、把握准确。既可赞美他人风度仪表等外在的东西，也可赞美他人的文化、知识、修养、气质等内涵的东西。如果你发现被赞扬者自身及他人都没有注意到的优点，那么赞扬发挥的效果更佳。赞美人要有发自内心的真诚。在背后夸奖别人比在当面夸奖别人效果更佳。

(四) 熟记人名

人们在日常生活中，如果一个并不熟悉的人能叫出你的姓名，你就会对他产生一种亲切感和知己感；相反如果见了几面你还是叫不出对方的名字，对方就会感到你不重视他，会产生一种疏远感、陌生感，增加彼此的心理隔阂。一位心理学家曾说：在人们的心目中，唯有自己的姓名是最美好的、最动听的，就像在集体照中，每个人总是首先找到自己一样。在交往中广记人名有助于社会活动的展开。

(五) 学会幽默，善于自我解嘲

在人际交往，尤其是在人际合作中，批评与自我批评是非常必要且经常发生的。但我们必须明确批评的目的不是为了驳倒对方，而是为了使对方改正；不是为了伤害对方的感情，而是为了帮助对方提高业绩。为了达到这一目的，批评必须掌握如下原则：

(1) 批评要在私下进行，赞扬应在公众面前进行。

(2) 批评前，先说些亲切和褒扬对方的话，制造一种友好的气氛，让对方知道自己不是在受攻击。

(3) 不作人身攻击，单就行为来评论，以避免刺激他人。

(4) 给出改正错误的方法，只有指责，没有正确的方法和行为目标，批评是无效的。

(5) 请求别人协助不能采取命令式的方式，而应以请求、拜托的方式。

(6) 只批评一次，旧事重提会给人一种纠缠不休、心胸狭窄的感觉，不仅不会变相鼓励对方现在的行为，而且会降低自己的威信。

幽默是智慧的火花，可以表达一个人的情趣和睿智。幽默是采取批评与自我批评的一种好方式，人们容易在善意的玩笑中接纳不同的意见。但注意的是拿别人开玩笑，要注意对象的不同，且要适时适度。如不能确定尺度，最好的幽默是自我解嘲，既能缓解尴尬、紧张局面，又能调节气氛。

采用自我批评也是增加人际吸引的一种方式。社会心理学家研究表明：一个极其聪明能干的人会使他人产生屈尊感，并有意敬而远之，从而降低人际吸引力。如果一个聪明能干的人，故意犯点小的错误，会使人感到其不再是超凡脱俗的神，而是有血有肉的人，更易于接近。其他人在巨大反差面前紧悬的心也会趋于平衡。有了缺点要敢于公开承认，要认真作自我批评，这样才会缩短人与人之间，尤其是干部与群众之间的距离。

（六）要有适当的交往尺度

正确的人际交往应该具有四度：一是向度——交往的方向性和目的性；二是广度——交往的范围和对象；三是深度——交往双方情感投入的量度；四是频度——交往次数的量度。这四度是人际交往的一般行为规范。大学生必须在实际生活中根据不同的交往对象，灵活地采用不同的交往向度、广度、深度及频率。

随着交往和沟通在整个社会活动中的地位的日益突出，交往艺术应该成为每个大学生必备的生活常识。希望在校的大学生在正确理解交往的目的和功能的基础上，在实际生活中运用这些技巧，以一个成功的交往者的形象顺利度过大学四年生活，走向社会，走向未来。

【课程思政导航】

讨论：2021年3月18日，中共中央政治局委员，中央外事工作委员会办公室主任杨洁篪、国务委员兼外长王毅在安克雷奇同美国国务卿布林肯、总统国家安全事务助理沙利文举行中美高层战略对话。针对美方的发言，杨洁篪严正回应：“我们把你们想得太好了，我们认为你们会遵守基本的外交礼节，所以我们刚才必须阐明我们的立场。我现在讲一句，你们没有资格在中国的面前说，你们从实力的地位出发同中国谈话。”从这一外交发言中，结合今日所学，谈一谈大国外交与生活中的人际交往有哪些相通的原则？

大国外交与生活中的人际交往有着一样的道理，我们既要尊重他人，不恃强凌弱，像中国对柬埔寨等国家的态度一样，又要保持自我尊严，像中美高层对话现场杨洁篪主任的表态一样。

小知识

助人之乐

一位心理学家讲述了这样一个故事:他有个年轻的女病人,叫苔斯,几年前因失恋得了忧郁症。好几次,她从停车场出来驶上车道,尽管车道上排着长长的车队,总是有人给她让道。这种彬彬有礼、先人后己的行为,让她深受感动。一个早晨,她让一辆大卡车先行。卡车司机后来在路上从后视镜里发现苔斯的车停下来了。卡车司机了解到她的车没油了,就取出自己的备用汽油加进苔斯的车里,并"护送"苔斯到附近的加油站加足了油,后来这两个年轻人竟然喜结良缘。苔斯的忧郁症也从此不治而愈。

这听起来很像个浪漫的电影故事,心理学家却认为其中蕴含着深刻的科学道理。国外一家心理学杂志发布了一项大型心理调查问卷的结果,发现经常帮助别人的人明显比不乐于助人的人快乐;用快乐指数或生活满足感指数来测量,前者要比后者高出 24 个百分点。

从精神病流行病学的角度来看,前者患忧郁症的可能性要比后者低得多。研究人员由此得出结论,养成助人为乐的习惯是预防和治疗忧郁的良方。助人为乐的结果往往是双赢,既帮助了他人,同时也留给自己一份金钱买不到的快乐。

案例分析

[留言]

老师:

您好!

我是一名大一学生,虽然来到学校快一年了,可我总觉得自己很累很累,特别是人际关系这一方面做得特别差。昨天晚上,我们寝室成员集体吵架,而且吵得很凶。刚开始是讨论占位置的事,闹得不愉快,后来因大家性格不合导致的一些问题而吵了起来,最后一个寝室的人全都哭了,可我什么都做不了。也许大家谁都没错,只是缺乏了解,不曾真正地理解过对方。

老师请您帮我好好分析一下,在寝室里到底要怎样与人相处,我要怎样去化解这个矛盾。谢谢老师,麻烦您了。

［回复］

亲爱的同学：

你好！

从你的留言可以看出，对于寝室的人际关系，你们每一个人都很委屈。吵架其实并不是件坏事，大家能坦诚地说出心中的不满，不把芥蒂搁在心底，这也是一种互相沟通啊！既然是一个寝室的事，那么靠你一个人的力量去化解，是不是有些单薄？要创造一个文明、健康、温馨、融洽的寝室氛围，需要大家共同的努力，所以不妨请你的室友们一起看看我的建议吧！

第一，学会宽容。宽容是一种美德，这在维护寝室和谐上尤为重要。在同一个屋檐下，彼此之间的磕磕碰碰是无论如何也避免不了的，如果凡事都斤斤计较，回回都要争个是非曲直，那结果就可想而知。每次在发火前问问自己：继续抬杠会有什么结果？即使是自己赢了又会如何？如果他人不开心的话，自己真的会高兴吗？

第二，学会悦纳。正如自然界没有真空一样，人无完人。鲁迅先生说过："倘要完美的人，这世上配得上的人就没有几个。"每个人都有优点也有缺点，彼此不相互了解的两个人有可能由于距离产生的"美"而相互欣赏，但近距离地接触后，可能就会发现彼此的很多缺点，所以这时候我们就要学会悦纳别人，既能欣赏他的优点也能容忍他的缺点。天南地北，大家能够相聚一室实在是一种缘分，所以每一个人都应该学会珍惜彼此。

第三，学会赞美。大学是一个发挥才能的大舞台，有人如鱼得水，有人却默默无闻，由此造成的强烈对比容易引起心理不平衡，以致产生嫉妒情绪。如果这种情绪出现在一个寝室，很容易破坏一个寝室的和谐。俗话说：赞美别人就是赞美自己。千万不要吝啬自己的赞美之词，当室友获得好的成绩时，真诚的祝贺以及分享他的喜悦，会让大家都变得快乐！

第四，学会感谢。也就是在人与人的交往中尊重别人，善待别人，珍惜别人的给予，并用发自内心的感谢作为回报。对于别人的帮助，别人的照顾，别人的关心，学会说一声："谢谢！"养成说感谢的习惯是我们形成良好人际关系的基石。既然它那么重要，那么就让我们先在寝室中操练起来吧！

其实，寝室关系并不难相处，关键还在于我们要拥有一个开放的胸怀，有容人之量，互助友爱，和睦相处，己所不欲，勿施于人。记住，大学里对人改变最大、影响最深的，就是和你朝夕相处的室友。你们都是彼此一辈子的财富，学会珍惜吧！

思　考　题

1. 人为什么需要交往？大学生人际交往有哪些主要特点？

2. 人际交往中产生障碍的因素有哪些？如何正确运用人际认知中的有关心理学规则？

3. 人际交往需要注意掌握哪些交往技巧？

4. 试讨论同寝室人际交往关系的重要性以及处理这种关系所应遵循的原则和方法。

第九章 我的未来不是梦
——大学生职业生涯规划

案例 9.1

选　择

有三个人要被关进监狱三年,监狱长答应满足他们每人一个要求。美国人爱抽雪茄,要了三箱雪茄。法国人最浪漫,要了一个美丽的女子相伴。而犹太人说,他要一部与外界沟通的电话。三年过后,第一个冲出来的是美国人,嘴里鼻孔里塞满了雪茄,大喊道:“给我火,给我火!”原来他忘了要火了。接着出来的是法国人。只见他手里抱着一个小孩子,美丽女子手里牵着一个小孩子,肚子里还怀着第三个孩子。最后出来的是犹太人,他紧紧握住监狱长的手说:“这三年来我每天与外界联系,我的生意不但没有停顿,销售额反而增长了200%,为了表示感谢,我送你一辆劳斯莱斯!”

这个故事告诉我们,什么样的选择决定什么样的生活。今天的生活是我们过去的选择决定的,而今天我们的抉择将决定我们将来的生活。我们要选择接触最新的信息,了解最新的趋势,从而更好地创造自己的将来。

当四年的大学生活悠悠而逝,大学生就要面临一个新的重大抉择之时,他们中的许多人却发现对自己的职业选择和将来人生的发展等问题是那样的茫然。同一个班级毕业的同学,为什么数年后有些人获得了很大的成功,而有些人却表现平平,碌碌无为,甚至走上不归路呢?因此,大学生要想铸造辉煌灿烂的职业未来,就离不开职业规划,就应当特别重视自己的生涯规划与发展。成功的机会总是留给准备好的人!面对竞争激烈的知识经济时代,还在校园里学习的大学生,要早一步认识当下社会的就业市场,广泛吸收职场信息,为自己的将来提前做好准备。

第一节　职业生涯规划概述

一、职业生涯规划的含义

职业生涯规划(career planning),又叫职业生涯设计(简称生涯设计),是指个人结合自身情况以及眼前制约因素,在对一个人主客观条件进行测定、分析、总结的基础上,对自己的兴趣、爱好、能力、特点进行综合分析与权衡,结合时代特点,根据自己的职业倾向,为自己实现职业目标而确定最佳的行动方向、行动时间和行动方案。

生涯设计的目的绝不仅是帮助个人按照自己的资历条件找到一份合适的工作,实现个人目标,更重要的是帮助个人真正了解自己,通过分析、认识自己,估计自己的能力,确认自己的性格,判断自己的情绪,找出自己的特点,发现自己的兴趣,明确自己的优势,衡量自己的差距,以此来开发自己,改变自己,塑造自己,跨越自己的障碍,成功地把握自己,使自己的才能得到充分发挥,使自己得到个性发展。通过职业生涯规划,确定符合自己兴趣与特长的生涯路线,运用科学的方法,采取有效的行动,化解人生发展中的危机,实现自己的人生理想。大学生从跨入校园起,就应当为将来的职业转换做好充分的准备,制订一份阶段性或长远性的规划,给自己的职业生涯一个清晰的定位,并以此不断地鞭策自己,激励自己,这是成功步入社会、实现自己人生抱负的关键一步。

二、职业生涯规划对于当代大学生的重要意义

哲学家赫塞说:“此生有没有意义,并不是我的责任;但如何规划此生,却是我的责任。”大学四年,如何书写自己的人生,设计自己的未来?如何为将来的就业或是进一步深造打好基础?怎样才能呈现出自己的绚丽?这是每位大学生必须认真面对和回答的问题。

(一)大学生进行生涯规划是当前社会发展的内在要求

随着我国经济和社会的发展,教育体制和大学生就业市场等都发生了重大变革。一方面,大学生就业已经进入“双向选择,自主择业”的市场配置模式,自主择业为大学生提供了广阔的就业天地和择业自主性,但同时也对个人选择适合自己的职业发展方向和目标的能力提出了考验,竞争性加大了,优胜劣汰的形势也凸显出来了。另一方面,伴随着大众化教育的普及,大学毕业生人数连续猛增(2008 年 599 万人,2009 年 629 万人,2010 年 631 万人,2011 年 675 万人,2012 年 680 万人,2013 年 699 万人,2014 年 727 万人,2015 年 749 万人,2016 年 765 万人,2017 年

795 万人，2018 年 821 万人，2019 年 834 万人，2020 年 874 万人，2021 年 909 万人，2022 年 1076 万人，2023 年创造了历史新高，为 1158 万人，比上一年增了 82 万人），大学生就业难度日益增大，给广大毕业生带来了巨大的心理压力。因而，通过大学期间的学习准备，规划自己的职业生涯，关系着大学生将来如何在激烈的社会市场竞争中占有一席之地。

都说大学生就业难，难在哪里呢？具体来说，大学毕业生想应聘一份工作，那可能得先看看是否具备公司、企业所要求的工作职能。近年来，“职能”的概念风靡各大招聘企业，愈来愈多的企业认为，唯有找出符合企业核心职能的求职者，放在最适合的职位上，才能达到最佳的工作绩效。即企业招聘的是胜任这个岗位的人。但很多大学生应聘时没有掌握好这个原则，具体地说是没有做到知己知彼。不知己表现为许多大学生不知道自己可以做什么，喜欢做什么，想做什么；不知彼就是不知道这个企业的文化、业务、岗位适不适合自己，甚至都不知道这个岗位的工作内容，就盲目地去应聘。因此，大学生在求学时就要清楚如何在大学四年规划自己的职业生涯、熟悉职能的概念。我们汉语中常说的“能力”，对应的英文单词是 ability 或 capability。ability 多指天赋的潜能，capability 大都是后天努力的成果。而职能（competency）非常大的特质是与工作元素结合，是从职业生涯发展出来的概念。因此，即便你身上有再多的 ability 与 capability，若不能跟工作元素结合，就不会形成“职能”。举例来说，会写毛笔字的人，想进入计算机公司，可是计算机公司不需要用毛笔的人才，所以会写毛笔的能力没有用，因为无法跟工作元素结合。一般来说，职能的组成要素包括“KSAO”，即知识（knowledge）、技能（skill）、态度（attitude）以及其他（others）。所以，我们说一个人具备职能，是指他不仅有充分的知识，而且还有一套实际工作技能，能让专业知识发挥作用。其他指的是还要具有热情和对知识的渴望，充满好奇心等。

具备职能，才有竞争力。为什么有“职能”在现代社会日趋重要？一方面，现在全球大学教育改革愈来愈强调就业力（employment ability），如果大学培养的学生不能跟工作元素结合，培养出一批脱离社会需要的书呆子，那么这样的教育是没有意义的。另一方面，因为我国现在普通大学强调通才教育，宽口径培养人才，各类高校做法愈趋同质，毕业就要就业，创造工作价值最重要是“能力”，我们把它称作“核心职能”。现在，如果大学生没有核心职能，社会各界可能都不敢用。

（二）职业生涯规划能帮助大学生确定职业发展的目标

自主择业，要求大学生有目的地选择自己毕业后的第一份工作。目前相当一部分大学生在毕业找工作时都是相当盲目的，看不清自身发展方向。卢梭曾经说过：“选择职业是人生的大事，因为职业决定一个人的未来。”一个人无论他现在有多大年龄，他真正的人生之旅是从设定目标的那一天开始的，以前的日子只不过是在绕圈子而已。职业生涯规划能帮助大学生确定职业发展的目标。

哈佛大学有一个非常著名的关于目标对人生影响的跟踪调查。调查的对象是一群智力、学历、环境等条件都差不多的大学毕业生，结果是这样的：

27%的人，没有目标。

60%的人，目标模糊。

10%的人，有清晰但比较短期的目标。

3%的人，有清晰而长远的目标。

之后，他们开始了自己的职业生涯。

25年后，哈佛大学再次对这群学生进行了跟踪调查，结果是：

那3%的人，25年间他们朝着一个方向不懈努力，几乎都成为社会各界的成功人士，其中不乏行业领袖、社会精英。

那10%的人，他们的短期目标不断地实现，成为各个领域中的专业人士，大都生活在社会的中上层。

那60%的人，他们安稳地生活与工作，但都没有什么特别的成绩，几乎都生活在社会的中下层。

剩下的那27%的人，他们的生活没有目标，过得很不如意，并且常常抱怨他人、抱怨社会、抱怨这个“不肯给他们机会”的世界。

其实，他们之间的差别仅仅在于：25年前，他们中的一些人知道自己到底要什么，而另一些人则不清楚或不很清楚。

人们在进行职业生涯规划时，要会对自己进行分析，了解自己的长处与兴趣所在，发现自己的短处与差距在哪里，同时观察社会的发展变化状况，这一过程可以帮助大学生正确设定职业发展目标，发挥自己的才能，选择适合自己的职业，克服人生发展中的各种困难，使事业获得成功。

（三）职业生涯规划有利于发掘自身潜能，鞭策自己为目标而努力

人都有自己潜在的能力，同时也都有惰性。有了职业生涯规划，大学生就可以看到自身美好的未来，有一种强烈的实现理想目标的愿望。这种追求“自我实现”的愿望，会让大学生有意识地在大学时期不断地完善自己，提升自身各方面的素质，同时也能够克服惰性以及各种干扰因素的制约。以下两位同学的不同经历就是最好的说明。

有一位大学生，他在进入大学的时候，就想过自己四年后的出路。他觉得自己的性格较为外向，不属于那种能静下心来做学问的人，而且自己也很想进入一家较好的外资企业做一名白领。于是，大学四年，他一步步坚定地朝着自己的目标努力。认真学习专业课，保持成绩在优秀之列，并几次获得了奖学金。同时重点强化了英语方面的能力，不但通过了英语四、六级考试，而且获得了口译证书，基本具备了用英语流畅交流的能力。课余时间，他还参加班级、社团的一些活动，并利用暑

假期间找了两个不错的外资公司实习，积累了一些待人接物的经验，并借此更加了解了外企工作的特性和他们对于人才的一些要求。最终在大四时他如愿以偿地被一家外资企业聘用，成了同学心目中的“牛人”。其实，他的成功并不是意外，是他朝着目标脚踏实地努力的结果，也是他合理规划意料中的结果。

而另一位学生的四年过得似乎就不那么“成功”了。进入大学，他就觉得大学生活比高中生活轻松很多，于是惬意地享受起大学生活。对于未来，他认为不需要想得太多，到时候“车到山前必有路”。于是他在大学四年中完全根据自己的“兴趣”来学习、生活，上网、旅游、玩吉他、溜冰，日子过得十分“滋润”，但却没有目标可言。在专业、外语、实习方面他也完全是顺其自然，也不多花时间和精力，认为能过得去就行。最终在大四毕业时，他开始郁闷：保送研究生轮不到他；考研因为基础太差，考上的概率很小；找工作吧，许多公司往往是面试了一两次就没有了回音，有时投了简历后就好像石沉大海，直到大四临近结束仍未找到工作。他在感叹自己运气不好时，常常说：“要是我成绩再好点，拿过一次奖学金就好了”“要是我英语再好点，能在面试时和面试官侃侃而谈就好了”“要是我有大公司实习的经历，能力再强一点就好了”“这样我就不会至今没有着落了！”然而，这些都只是假如而已，“逝者如斯”，过去的时光难以追回，没有规划而带来的结果只能自己接受。

大学生如果要避免以后出现“毕业等于失业”的尴尬状况，在求学阶段就应该深入了解自我特质，发展自己的核心竞争力。所以，“就业”对于大学生来说是应该从大一就开始的，核心思想就是：要在毕业前就把就业的问题解决掉，这也在一定程度上决定了将来人生的发展方向。

三、大学生的职业生涯规划

生涯规划不仅指单一的人生目标的确立，也不仅仅是单一的生活事件，而是面临着许多社会角色、生活目标的选择与建立，面临着一系列认知活动与行动的开展和实施。

（一）大学生的生涯定向

对大学生而言，生涯设计与定向关系到其今后的发展方向，决定着大学生的校园生活与学习的重点。通常情况下，职业方向由本人所学的专业确定。生涯不确定的大学生经常会出现焦虑、目标与兴趣模糊不定、缺乏求学动机、学生角色投注不足、学业成绩偏低等现象，进而不能适应今后的发展。很多人毕业后也不能完全按照自己所学的专业来选择工作，有的甚至与原专业风马牛不相及。学非所用、用非所学的情况比比皆是。在这种情况下，就需要认真考虑，选择适合自己的职业岗位。有时为了就业，甚至要强迫自己去适应并不喜欢的岗位，只要这种职业是社会紧缺的、急需的或有发展前景的，从而导致社会上出现了十大“所非”现象：

(1) 所学非所做。所学的专业不是自己所从事的工作。部分同学热衷于考研，考研后找到的工作又与自己所学专业不搭界，蓦然发现多花了两三年时间只是比别人多了个敲门砖，对自己的人生目标没有任何帮助。

(2) 所做非所乐。所做的工作不是自己所喜欢的，于是挣扎于无限的痛苦之中又没有勇气放弃。

(3) 所乐非所能。所喜欢的工作自己却不能胜任。

(4) 所能非所适。所能做的工作不是自己所适合的。

(5) 所适非所做。适合的工作没有做，而是从事其他工作。

(6) 所做非所能。所做的工作无法发挥自己的能力优势。

(7) 所能非所愿。所具备的能力无法实现自己的理想。

(8) 所愿非所现。所面临的环境无法实现所建立的理想。

(9) 所现非所见。所面临的职业环境无法满足职业通路的要求。

(10) 所见非所愿。所实行的职业发展通路不能实现所树立的理想。

1980 年，心理学家 Marcia 从自我认定的角度，依据面对的选择危机和专注定向，将青年的自我认定归纳为四种不同的形态，就生涯定向角度而言，四种自我认定形态分别为：

(1) 自我定向者(identity achievement，IA)，即在经历抉择危机之后，逐渐确定其生涯方向或职业目标。

(2) 提早定向者(foreclosure，F)，本身未曾面对抉择危机，但在生涯方向或职业目标上，已接受父母或他人的安排而定型。

(3) 延迟未定者(moratorium，M)，面对个人的抉择危机，正在寻求定向。

(4) 茫然失措者(identity diffusion，ID)，面临抉择危机，因生涯方向或职业目标模糊不定而感到焦虑，甚至逃避抉择。

其中，提早定向者(F)在社会的限制和父母的保护之下，面对生涯抉择之际，不致产生过高的焦虑，但在从事生涯准备或课程学习方面，能避免听天由命、缺乏学习兴趣和动力的状态；延迟未定者(M)和茫然失措者(ID)在面临生涯抉择之际，由于缺乏目标定向，可能会产生焦虑、不安等不良心理，不利于其课程学习和学校适应。

Marcia 的研究结果说明，确定生涯是青年期主要而关键的发展任务之一；生涯确定得明确与否不但可能影响个人长期的发展，而且还会影响其当前的生活调适。

(二) 生涯规划的模式

在对生涯的规划中，人们大体是从个人因素(包括个人的能力、兴趣爱好、人格特质、学业成就、价值观和健康状况等)、环境因素(包括机遇、所处的地缘关系、家庭经济状况、社会潮流趋势和家人的期望等)以及职业信息因素(包括通过学习、参观访问、文书资料和演讲座谈等各种途径所获得的有关自己所学的专业或目前所从事的职业类别、该专业或职业的发展趋势和自身可能的接受继续教育的机会等方面的信息资讯）来综合考虑。大学生正处于生涯探索和建立生涯规划的关键时期，面临着许多关乎未来发展的重大抉择，如学业、职业、人生价值、婚姻等。这时，大学生首先要通过各种途径认清自己的特质，然后综合自己与所处的环境的关系以及各种与教育和职业相关的信息，逐渐探索自己的生涯目标，丰富生涯认识，认清生涯发展的方向，以完成具体的生涯计划和准备。生涯规划模式如图 9.1 所示，仅供大家参考。

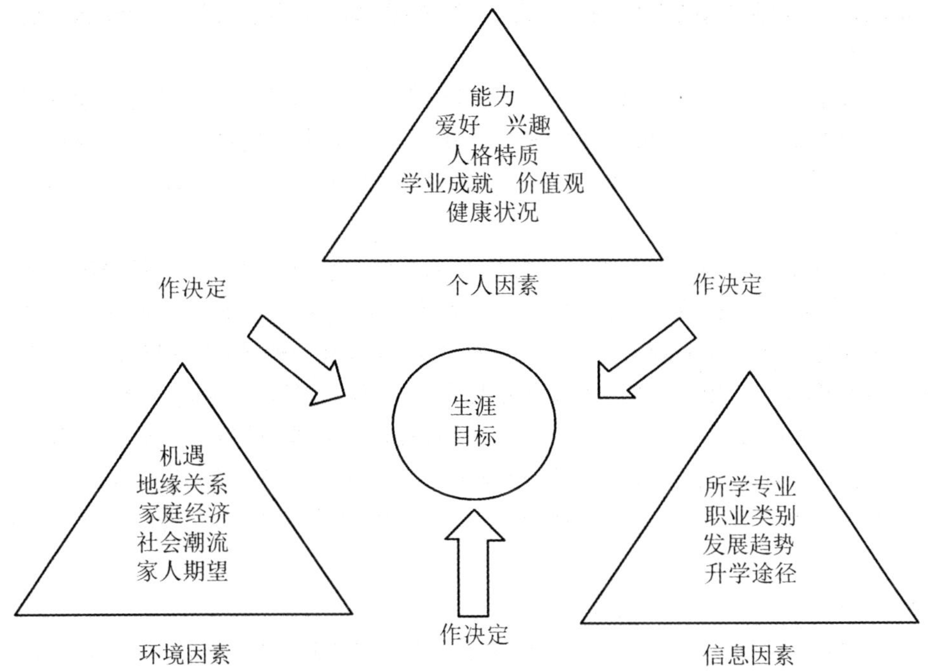

图 9.1　生涯规划模式

（三）大学生职业生涯规划的步骤

每个人都是独特的，在这个世界上人人都是独一无二的。如何体现自己的影响力，不至于荒废时光，需要合理规划职业生涯，要树立“人人都能成功”的理念。

职业生涯规划首先要对个人特点进行分析，再对所在组织环境和社会环境进行分析，然后根据分析结果制定一个人的事业奋斗目标，选择实现这一事业目标的职业，编制相应的工作、教育和培训的行动计划，对每一步骤的时间、顺序和方向作出合理的安排，并对自己的设计作出评估，从而作出最为合理的生涯设置。这其实就指明了职业规划的步骤。

1. 挖掘、发现自己

你能够很准确地回答“我是谁”这个问题吗？也许很多人会不屑一顾，但无数事实告诉我们,我们对于自己的认识没有那么充分。“旁观者清,当局者迷。”对于自我认识,我们可能就是一个当局者。

有两只青蛙掉到一个大坑里,这个坑非常深,已经超出青蛙跳跃能力的范围,但它们仍然毫不气馁,一次次试图跳出这个大坑。这个时候来了很多青蛙,它们围坐在坑崖边,对这两只青蛙说,你们不要跳了,跳了也是白费力气,还不如就这样等死算了,死得还舒服。听了这些青蛙的话,两只青蛙的表现开始出现变化,一只青蛙真的放弃了,另一只青蛙不知道什么原因,还是坚持在跳,尽管周围的青蛙依然在发表评论:放弃吧,没有用的。最后,这只青蛙真的跳出了大坑。为什么会出现这个结果?

答案是:这是一只聋青蛙,它听不到其他青蛙说的是什么,它以为其他青蛙在鼓励它勇敢地跳出来,结果就跳出来了。从这个故事中你悟到了什么?也许我们对自己的了解只是一部分,而我们还有很多潜力值得挖掘,我们需要清醒地认识自我。

确定自己一生的目标并不是一件容易的事情。在选择职业时,要考虑以下问题:我想往哪个方向发展?我能往哪个方面发展?我可以往哪个方面发展?我的职业选择能否帮助我实现人生的最终目标?我是否有一种途径可以让现有的职业和人生的基本目标相一致?当然,也可以进行必要的心理测试和能力测验,心理学是最科学、最有效的了解自己的工具。了解自己的兴趣、爱好、气质、性格和价值观——这些统称为个性。关于个性与职业的关系我们将在下一节作进一步的探讨。

如何在大学时期培养自己的职业能力呢?我们认为,应该在大学四年中分段培养。

大一新鲜人,博业——通业。

博业,就是说你要看大量的书,从中发现你喜欢的知识领域;另外你要大量地学习关于职业方面的知识,从中发现你喜欢的职业。多与学校各部门接触,积极参与社团等各类学生组织,学习与人相处的技能。

由于大一新生在专业知识的学习上尚不深入,广泛阅读可以积累丰富的知识,为日后的应用打下基础,要珍惜大学里可以专心看书的时光,错过了就不会再有。比如说,虽然你学的是市场营销,但是你在看了大量的书籍之后,却发现自己比较喜欢社会学这门专业,并且在看了许多职业介绍后,真的喜欢上了做帮助他人的咨询工作。这就是你大一的收获。

大学二年级的时候要择业——学业。

所谓择业就是在你喜欢的那个学科内再选择一个或几个具体的领域,然后深入学习一年。比如,你选择了职业社会学和社会心理学,那你大二时就要学这两门课,包括所有的概念、理论与应用,同时进一步了解这个圈子里的一流企业、人物,确定你要进入的企业,在不断学习知识的同时,不断地关注这个圈子的人和事,并且建立一个自己了解这个圈子的渠道。可以组织一群人一起做事,要善用一群人创造专业价值。同时，在学业上，也要多吸收专业知识。而这个学习具体课程的过程就是学业，换句话说，就是在择业后你要安排学业，要把学业规划提到日程上来，否则将会影响你下一阶段的成长。

有几个认识自己的小窍门，大家不妨一试：第一，避免习惯化——走几条自己平时不走的路，吃一些自己平常不吃的饭菜，换另一只手梳头；第二，写出 20 个关于自我的句子，包括过去的我、现在的我和将来的我；第三，尝试坚持做成功几件事情。

2. 认识社会和职业并选择职业

大三的时候就要践业——试业。

大学生有一个常见的问题：他们是思想的巨人，行动的矮子。任何想法，如果不经过行动这一环节，都不可能取得最后的成功。计划为人们指明了前进的方向，但行动更是关键。如果大三下学期发现你的选择是对的，那么你就可以找一个相关的企业去实践，这个过程就是践业。

实习的目的一是在实践中检验你是否真的喜欢和适合做这份工作，二是找到你所欠缺的理论知识和操作技能，然后再去补你的不足。如果在践业后发现你的选择是对的，你就可以进入试业阶段了。试业就是真正的实习了，有合适的公司和工作，那你就去自荐，争取做起来；如果没有，那你就要找相关的公司和工作。在实习中，要提前适应这份工作，尤其是生活方式上的适应，最大限度地与公司、工作合拍、匹配，同时最大化地补充你所欠缺的知识与能力，以及操作性的技能，尽可能减少自身能力与工作所要求的能力的差距，就是你此时最大的任务。团队精神或者合作能力是各种职业都非常强调的一点，因为团队精神是取得成功的保证。

有资料表明，现代社会要求个体具备以下能力：很强的分析和解决问题的能力，包括系统思维的能力；对新问题、复杂问题的综合和表达能力；跨学科知识的交融能力；英语和第二外语的交流能力；判断自己的选择和决定的结果及相关后果的能力；在复杂信息环境下的检索和判断能力；多元文化环境下的工作能力；对民主价值、平等和社会责任的承诺；了解外来文化和变化中的世界的能力。同时，还必须具备“四会”：会做事、会做人、会与人相处、会学习。

欧特克全球副总裁高耀群先生说过：“成功代表过去，能力代表现在，学习力代表将来。”个体具备学习能力，才能更好地吸收和利用不断涌现的新技术、新思想。要学会接触现实、认识现实，对于现实环境有一个合理的认识。需要了解社会为你提供了哪些平台，对你又提出了哪些要求。时刻关注要应聘的那些公司，看它们招聘的要求，然后照着做，最好和这个公司的员工有联系，你可以方便地知道公司的最新动态。而这个实习就是你的工作经验了，当你要毕业时，你就可以应聘你在大三时就圈定的一流公司了。

大四时要迁业——求业。

认识社会职业的发展变化。社会一直在发展，发展意味着会出现新的机遇，产生新的职业、岗位。大学生需要学会对社会职业的变化保持足够的敏感度，这样才能做到“知己知彼，百战不殆”，从而在社会竞争中获得先机。如果你在大三上学期的践业中发现自己不喜欢这个领域，那你就要迁业，再重新选择。如果你对社会学这个大领域不感兴趣，那你就要再回到理论的学习发掘中，如果只是你不喜欢社会心理学，那你可以在通业这个步骤再选择，就是说你再看看在社会学领域中还有没有你喜欢的具体领域。

如果你在试业后发现你是喜欢这个领域的，而且也希望在这个领域发展，那么你就到了求业的阶段，就是要在毕业时找到一份适合自己的好工作，选择一项职业，并且与市场相联系。譬如，会计专业学生，是想在科技公司、会计事务所工作，还是想在普通公司上班呢？领域不同，学习专业知识的方向也不一样。经过这番准备后，你是要知识有知识，要经验有经验，公司和工作都是你自己选的，你又怎么会不喜欢呢？至于公司和你的工作有多大发展，那就要看你的眼光了。你想想，你为目标公司准备了两年，为就业准备了四年，你又在一个领域内主动学习了三年，你还为日后找工作发愁吗？你充实准备的四年带给你的是：你抢在毕业之前把就业问题给解决了，而且是你自己解决的！

【课程思政导航】

讨论：2021 年 4 月 19 日，习近平总书记在清华大学考察时强调：“广大青年要肩负历史使命，坚定前进信心，立大志、明大德、成大才、担大任，努力成为堪当民族复兴重任的时代新人，让青春在为祖国、为民族、为人民、为人类的不懈奋斗中绽放绚丽之花。”结合自身专业发展与社会需要，谈一谈如何树立正确的理想、信念，把自己的人生理想融入到国家和民族的事业中。

小知识

好工作的新标准——“职业五即”

(1) 所学即所做，知识与工作的持续性。

一份好工作一定是把自己的“所学”充分利用的工作。在我国，大学的教育投资在很大程度上压在专业的学习上，无论你所学的专业是怎么选的，在我国目前的大学教育体制下，是一定会如影相随地伴你四年学习时光的，但这种专业的不恰当选择性，注定了会造成诸多的不喜欢、不适合、不匹配，所以，我们这里的所学指的是你喜欢的，想要在此长远发展的专业知识，可能你所喜欢的专业并不是你课堂上所学的，也可能是你自己私下所学的。你在大学里辛辛苦苦铸造的“所学”，在找工作时一定是会派上用场的。好一点的效果是你按照“所学”的领域找工作，以便让自己的“所学”在工作中有更长远的发展，从而最终培养出核心能力。因为你在大学里选择的“所学”是按你自己的喜好选择的，代表了你的一定追求，你要把这种持续性保持下来，当然也不排除选择的失误。而现在的情况是，很多大学生学了四年的专业或自学的知识，找工作却与其“所学”很不相关，这种现象并不少见。当然大学里还有其他无形的东西，这里所要说的是职业选择要与“所学”保持持续性，否则四年的学习相对地就终止了，又要在工作中重新开始，无形中延迟了实现自我的时间。

(2) 所做即所乐，工作与兴趣的趋同性。

一份好工作一定融入了自己的兴趣。上面的“所学”已经在知识层面把兴趣融合在里面了。兴趣才是最好的老师，有兴趣才可以让人产生不竭的动力和激情，所以，找到一个和自己的兴趣趋同的工作才是好工作。目前很多大学生的悲哀在于自己喜欢的工作没有做，却长久地做着自己不喜欢做的工作，而且还没有马上转换的意向，毕竟在一个错误的道路上走了好远好远，真要马上换方向还有些舍不得。造成这种现象的原因是，很多大学生在选择工作时迫于生存的压力、准备的匆忙以及忽略内心的想法。其实这个问题也是好解决的，那就是在大学时由着兴趣去学习、去塑造，然后找工作时根据“所学”去选择工作就可以了。

(3) 所做即所能，能力对工作的胜任性。

一份好工作一定是你在自身能力和潜力范围内可以胜任的。目前大学生中的一个现象是能做的工作不想做，想做的工作不能做。这实际上反映的是大学生对自身不了解的问题，不知道自己的优势、专长在哪里，不知道自己的能力、潜力在哪里，必然导致这种问题。在分析自我得当的情况下，如果所做的工作你不能胜任，原因要么是你不勤奋，要么是你选择失误。但多数情况下都是因为不了解自己而导致选择了不恰当的工作。了解自己一方面是通过职业测评、别人评价、成功业绩等外在手段来诊断自己，另一方面就是深刻地反省和分析自我，两者相结合是可以判断出自己的优势和能力范围的。还要强调的是，在正确选择的基础上，你可以通过理想或压力来有针对性地挖掘出适合目标工作的潜力。

(4) 所做即所愿，工作与理想的一致性。

一份好工作一定是和职业理想一致的，有直接关系的。好工作是可以为实现职业理想奠基的，是职业理想要求下的一个晋阶手段。我们所做工作的最终目的是实现内心的价值追求——理想的达成。所以，不要为了做工作而做工作，而要为了实现理想去做工作、去选择工作。要从具体的、富有个性的工作中找到支持理想实现的关键因素，从而有针对性地完善这个因素。最忌漫无目的地胡乱做着各种工作，但忘了做这份工作能为实现理想做些什么。如此这般，只会落得赶了好远的路，但从来没有接近目的地的惨痛结局。

(5) 所现即所求,通路对目标的支持性。

一份好工作一定是在这个既定通路上可以越来越接近职业理想的工作。每份工作都有着客观的、既定的职业晋升发展通路,所以当你选择一份工作时,不但要看这份工作本身是否和职业理想一致,而且还要看这份工作的晋升通路是否对实现职业理想有帮助,因为你的最终目的是实现职业理想——内在的价值追求。

好工作的新标准其实就是为了获得自身的最大成就感,最大化地支持内在价值追求——职业理想的实现,从而达到自我实现的至高精神境界。而制定这个新标准的前提就是假设人最看重的是自我实现的内在感受。事实证明,不断超越自我、满足内在追求的人是可以逐步实现外在需求的,而且也只有内在的最大化发展才会导致外在需求的进一步满足。

3. 职业锚

职业锚是个人工作中依循个人需要、动机和价值观,经过不断搜索所确定的长期职业贡献区域和职业定位,是人们选择和发展职业时所围绕的中心。这是职业生涯设计的关键,也是最重要的一点。

施恩根据自己多年的研究,提出了以下五种职业锚:

(1) 技术或功能型职业锚。具有较强的技术或功能型职业锚的人往往不愿意选择那些带有一般管理性质的职业。相反,他们总是倾向于选择那些能够保证自己在既定的技术或功能领域中不断发展的职业。

(2) 管理型职业锚。有些人表现出成为管理人员的强烈动机,必须承担较高责任的管理职位是这些人的最终目标。当追问他们为什么相信自己具备获得这些职位所必需的技能的时候,许多人回答说,他们之所以认为自己有资格获得管理职位,是由于他们认为自己具备以下三个方面的能力:一是分析能力。在信息不完全以及不确定的情况下发现问题、分析问题和解决问题的能力。二是人际沟通能力。在各种层次上影响、监督、领导、操纵以及控制他人的能力。三是情感能力。在情感和人际危机面前,只会受到激励而不会受其困扰的能力,以及在较高的责任压力下不会变得无所作为的能力。

(3) 创造型职业锚。某些个体有这样一种需要——建立或创设某种完全属于自己的东西——一件署着他们名字的产品或工艺,一家他们自己的公司或一批反映他们成就的个人财富等。

(4) 自主与独立型职业锚。有些毕业生在选择职业时似乎被一种自己决定自己命运的需要所驱使着,他们希望摆脱那种因在大企业中工作而依赖别人的境况。因为当一个人在某家大企业中工作的时候,他的岗位提升、工作调动、薪酬等诸多方面都难免要受别人的摆布。这些毕业生中有许多人还有着强烈的技术或功能导向。然而,他们却不是到某一个企业中去追求这种职业导向,而是决定成为一位咨询专家,要么是自己独立工作,要么是作为一个相对较小的企业中的合伙人来工作。具有这种职业锚的其他一些人则成了工商管理方面的教授、自由撰稿人或小型零售公司的所有者,等等。其实这就是现在时髦的自主创业。

(5) 安全型职业锚。还有一小部分毕业生极为重视职业的长期稳定和工作的保障。他们似乎比较愿意去从事这样一类职业:这些职业能够提供有保障的工作、体面的收入以及可靠的未来生活。这种可靠的未来生活通常是由良好的退休计划和较高的退休金来保证的。

4. 职业目标

通过分析个人潜能和职业目标的差异,制订相应的计划,促使个人职业潜能的提升。这个计划就是职业目标,职业目标按时间可以分为短期目标、中期目标、长期目标和人生目标。

短期目标指的是时间在1～2年内的目标,是中期目标和长期目标的具体化、现实化和可操作化,是最清楚的目标。它的主要特征是目标具有可操作性,即具有可实施性:明确规定具体的完成时间;对现实目标有把握;服从于中期目标;目标可能是自己选择的,也可能是被动接受的;目标需要适应环境;目标要切合实际。

中期目标一般为3～5年,相对于长期目标,中期目标要具体一些,它的主要特征是:通常与长期目标保持一致;结合自己的意愿和职业环境与要求制定;用明确的语言来定量说明;对目标实现的可能性作出评估;有比较明确的时间,且可以做适当的调整;基本符合自己的价值观,个人充满信心。

长期目标的时间为5年以上,它通常比较粗略,不具体,可随着环境的变化而变化,设计时以画轮廓为主,它的主要特征是:目标有可能实现,具有挑战性;对现实充满渴望:非常符合自己的价值观,个人为自己的选择而感到自豪;目标是认真选择的,和社会发展需求相结合;没有明确规定实现时间,在一定范围内实现即可;立志改造环境。

人生目标指的是整个人生的发展目标,时间长至40年左右。

一般而言,短期目标服从于中期目标,中期目标服从于长期目标,长期目标又服从于人生目标。具体实施目标时,常常从具体的、短期的目标开始。

5. 评估和反馈

影响职业生涯规划的因素很多,有的变化因素是可以预测的,而有的变化因素难以预测。在此状况下,要使职业生涯规划行之有效,就必须不断地对职业生涯规划进行评估与修订。修订的目的是为了更好地实现自己的职业规划。修订的内容包括:职业的重新选择、职业生涯路线的选择、人生目标的修正、实施措施与计划的变更等。

案例分析

考研是职业生涯规划的终点吗?

[问题]

小金同学学习成绩一直很好,在考上大学之初,家长就叮嘱他,现在社会竞争得这么厉害,一定要考研,周围的同学也说:“你成绩那么好,不考研就浪费了。”在这种背景下,小金一心一意把考研作为自己的唯一目标。毕业时,小金顺利考取了另一所知名高校的本专业研究生,临近硕士研究生阶段毕业时,同学们都在讨论是继续考博,还是就业?哪些职位适合自己?当问到小金的意见时,小金才发觉,一直以来,自己从来都没有考虑过自己将来要干什么这个问题。继续考博,其实自己并不是特别热爱所学的专业,硕士阶段都是靠强大的自律能力支撑下来的。若步入职场,自己的专业、能力能找到哪些工作?这些工作都是干什么的?用人单位会需要自己吗?小金陷入了迷茫之中。

[分析]

孔子说:“吾十有五而志于学,三十而立,四十而不惑,五十而知天命,六十而耳顺,七十而从心所欲,不逾矩。”早在2000多年前,我们的先祖们就有了生涯规划的理念。在人生这条单行线上,每个阶段都有每个阶段的任务,大学阶段的主要任务是探索自我、了解职场、付出行动,但很多同学像小金一样,因为社会的固化观念、家长的愿望、同学们的群体行为,没有深入去探索自我、了解职场,就努力地朝向一条不知道去往何方的道路走下去。大学生应该认识到,所有的学习经历都是为进入职场做准备,考研绝对不应该成为生涯规划的终点,人应当有其存在的社会价值和明确的自我定位。生涯规划的目标与意义在于追求、实践自己的社会价值,过有意义的生活。

第二节 个 性 与 职 业

一、气质与职业

尽管气质没有好坏之分,但气质能影响一个人的工作效率。特别是在一些需要经受高度身心紧张的职业中,气质不仅关系到工作的效率,而且还关系到事业的成败。心理学研究表明,不同气质的人适合从事不同性质的工作。

（一）胆汁质与职业

胆汁质的人精力旺盛，态度直率，激动暴躁，神经活动具有很高的兴奋性。他们能以极大的热情去工作，主动克服工作中的困难；但如果对工作失去信心，情绪就马上会低沉下来。这种类型的人适合于时间紧迫、反应须迅速的工作，如救险、宣传鼓动、推销、采购等。

（二）多血质与职业

多血质的人感受性低而耐受性高，具有较大的可塑性和外倾性。他们反应迅速而灵活，工作能力较强，情绪丰富并且易兴奋，而且表现明显。他们极易适应环境，但注意力不稳定，兴趣易转移。他们不适宜从事单调、机械的工作和要求细致、严谨的工作，管理、导游、外交等职业更适合他们。

（三）黏液质与职业

黏液质的人具有较强的自我克制能力，能埋头苦干，态度稳重，不易分心。由于灵活性相对较差，他们可能有因循守旧的倾向。黏液质的人适宜的工作岗位有会计、法官、调解人员、管理人员、外科医生等。

（四）抑郁质与职业

抑郁质的人感受性高而耐受性低，不随意反应性低，严重内倾，情绪兴奋性高，而且体验深刻，反应速度慢，相对刻板而不灵活。他们情感细腻，做事审慎小心，观察力敏锐，善于觉察别人不易察觉的细小事物，但工作的耐受性差，容易感到疲劳，并且容易产生惊慌失措的情绪。他们所适宜的工作岗位与胆汁质的人正好相反，诸如打字员、校对员、检察员、化验员、数据登录人员、文字排版人员、机要秘书等。

对于通常要求作出迅速、灵活反应的工作，多血质与胆汁质的人是比较胜任的人选，而黏液质、抑郁质的人则往往难以适应；相反，对于要求细腻的工作，黏液质、抑郁质的人较为合适，而多血质、胆汁质的人不是最佳人选。

（五）内外倾型与职业

瑞士心理学家荣格对气质还做过更深入的研究。他把人的心态分为内倾型与外倾型两种，它们分别与心理的功能（思维、情感、感觉和直觉）结合起来，构成了各种不同的气质类型。外倾型的人，心理能量流向客观的外部世界的表象之中，容易把自己投入到对客观对象、人与物、周围环境条件的知觉、思维和情感之中；内倾型的人喜欢探究和分析自己的内心世界，他们性格内向，一般来说略为孤僻，容易过分地全神贯注于自己的内心体验。在别人看来，他们可能显得冷漠寡言，不喜欢社交。而外倾型的人，则把注意力集中在与他人交往之中，总是显得活跃和开朗，对周围的一切很感兴趣。

气质类型对职业生活的影响是很大的。荣格认为，一个内倾型的人想要成为一名汽车推销员或者一个外倾型的人想要成为一名会计，都是很难办到的。气质是人的个性中最稳定的因素，在选择职业时，一定要注意自己的气质类型。特别是在一些特殊职业中，例如，政府机要人员、公关人员、飞行员等，气质类型也是录用员工的重要标准之一。

二、性格与职业

性格与气质不同，它有好坏之分。性格在一定程度上能够掩盖和改造气质，还能对能力的形成和发展起制约作用。

（一）性格构成对职业的影响

性格中反映对劳动、对工作态度的成分，直接影响到人的职业的选择和职业的成就。有的人以劳动为荣，把劳动当做自己的需要；有的人则以劳动为耻，把劳动和工作看成自己的负担。有的人积极、主动、肯干，有的人消极、怠慢；有的人对工作认真负责、一丝不苟，有的人则马虎大意、敷衍搪塞。

性格中反映对他人、对自己和对集体态度的成分，也往往影响到职业的选择和成就。自私、傲慢、孤僻、暴躁、对公益事业漠不关心、轻视社会行为规范的人，就不适于从事与人打交道的职业，如教师、服务员、公关人员、外交人员、机关干部等。

性格中的意志成分也同职业的选择与成就有密切关系。缺乏坚韧性的人，不适宜从事诸如外科医生、科学研究人员、资料管理人员、运动员等要求耐力很强的职业；动摇、怯懦、散漫的人，不适宜选择诸如思想政治工作者、服务员、教师等职业。

（二）霍兰德职业人格理论

美国心理学家和职业指导专家霍兰德(John Holland)经过几十年的跨国研究，提出了职业人格理论。他认为人的性格大致可以划分为六种类型，即现实型、研究型、艺术型、社会型、企业型和常规型，这六种类型分别与六类职业相对应，如果一个人具有某一种性格类型，便易于对这一类职业产生兴趣，从而也适合于从事这类职业。

现实型的人喜欢有规则的具体劳动和需要基本技能的工作。这类职业一般是指熟练的手工业行业和技术工作，通常要运用手工工具或机器进行劳动。这类人往往缺乏社交能力。现实型的人适于做木匠、农民、技师、野生动物专家、车工、钳工、电工、报务员、火车司机、机械制图员、机器修理工、长途公共汽车司机等。

研究型的人喜欢智力的、抽象的、分析的、推理的、独立的任务。这类职业主要指科学研究和实验方面的工作。这类人往往缺乏领导能力。研究型的人适于做生

物学者、天文学者、气象学者、药剂师、动物学者、化学家、科学报刊编辑、植物学者、地质学者、物理学者、数学家、实验员等。

艺术型的人喜欢通过艺术作品来实现自我表现，爱想象，感情丰富，不顺从，有创造性，能反省。艺术型的人缺乏办事员的能力，适于做室内装饰专家、摄影师、作家、音乐教师、演员、记者、作曲家、雕刻家、漫画家等。

社会型的人喜欢社会交往，常出席社交场所，关心社会问题，愿为别人服务，对教育活动感兴趣。这类人往往缺乏机械能力。社会型的人适合做导游、福利机构工作者、社会学者、咨询人员、社会工作者、学校教师、精神卫生工作者、公共保健护士等。

企业型的人性格外倾，爱冒险活动，喜欢担任领导角色，具有支配、劝说和言语技能。这类人往往缺乏科学研究能力。企业型的人适于做推销员、商品批发员、采购员、福利机构工作者、旅馆经理、广告宣传员、调度员、律师、政治家、零售商等。

常规型的人喜欢系统的、有条理的工作任务，具有实际、自控、友善、保守的特点。这类人往往缺乏艺术能力。常规型的人适于做记账员、银行出纳、成本估算员、核对员、打字员、办公室职员、统计员、计算机操作员、秘书、法庭速记员等。

霍兰德认为，大多数人可以主要划为某一性格类型，每一种性格类型又都有两种相近的性格类型、两种中性关系的性格类型和一种相斥的性格类型。各种性格类型的关系可以用六角形模型来表述(见图 9.2)。如果职业类型与性格类型相重合，个人会感兴趣并产生内在的满足，并最能发挥自己的聪明才智；如果职业类型与性格类型相近，个人经过努力，也能适应并做好工作；如果职业类型与性格类型相斥，个人对职业毫无兴趣，则不能胜任工作。

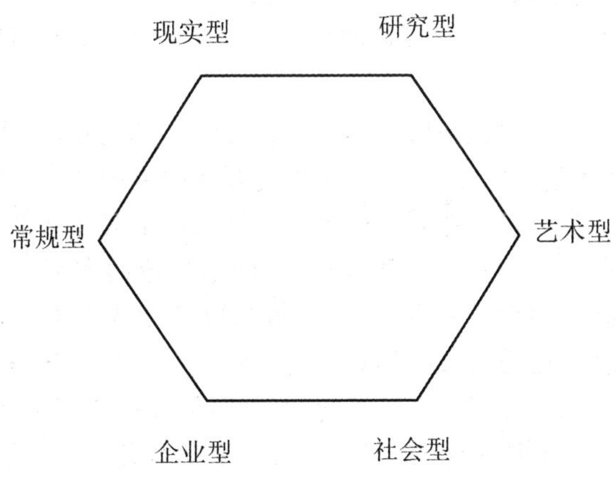

图 9.2　霍兰德的职业人格六角形模型

图 9.2 中每个顶点代表一种典型的类型，与之相邻的两种类型为相近类型，相对的一种为相斥类型，相隔的另两种为中性类型。

三、兴趣与职业

兴趣是个人在职业选择、爱好倾向上所产生的情绪紧张程度，是个人积极参与某种活动的心理动向。人的兴趣是多种多样的，有物质的、精神的和社会的兴趣，有直接兴趣和间接兴趣、积极兴趣和消极兴趣。兴趣与大学毕业生选择职业有相当重要的关系。例如，常会遇到这种情形：有两份摆在我们面前的工作，一份待遇优厚，但与自己的兴趣并不吻合；另一份待遇低，但是自己喜欢的，你该如何取舍呢？

可能大多数人的回答是选择自己喜欢的工作，因为这不过是一个假设，现代社会价值观念要求我们自由选择对人生有价值的东西，但是，一旦面对现实，我们的心理天平就会倾斜，尤其是当收入差距悬殊的时候。可能大多数人会这么想："先接受那份待遇优厚的工作，等到积累一定的财富后再去追求自己的兴趣。"但是，请你看看下面这则研究报告：

这是一项针对1500名哈佛商学院毕业生的研究，追踪他们从1960年到1980年的事业发展。这些毕业生在一开始就被分成两组，第一组的人说想先赚钱，然后才能做自己想做的事。第二组的人则先追求他们真正的兴趣，认为以后财源自然会滚滚而来。其中，想先赚钱的第一组占83%，共1245人。甘愿冒风险的第二组占17%，共255人。20年后，两组共有101名百万富翁，1人属于第一组，100人属于第二组。

兴趣对职业选择的重要性可能是你始料不及的。一开始影响你选择的往往是薪水高低等因素，但你慢慢会发现，如果长期干自己不喜欢的工作，就会倍感厌倦，就会变成一个简单的赚钱机器。相反，从事感兴趣的职业时总是能够心旷神怡、专心致志，能够主动积极地参与。兴趣可以开发人的潜力、能力和智力，增强人的适应性，帮助人成才。

因此，大学生在择业过程中应适当考虑自己的兴趣爱好，不能为了暂时的利益而选择不适合自己兴趣的职业。但是，兴趣爱好在职业选择中，也并不总是起着正向的驱动作用，有时也会给择业带来困惑。如有的同学对什么都感兴趣，但没有形成自我特色，在择业时就没有竞争优势；有的同学兴趣面太窄，以至于不能满足社会需要；还有很多同学因种种原因，个人兴趣与所学专业大不一致，也不可避免地造成择业困难。此外，还有很多同学只是对某些方面一时兴起地喜欢，缺乏深入的了解，这就有可能以为选择了自己感兴趣的工作，但真正长期从事了以后又发现自己对其并不感兴趣，从而出现倦怠。所以，大学生要对自己的兴趣有一个客观的分析，同时还要树立正确的人生志向，调整自己的兴趣和爱好，适应社会的需要，争取找到适合自己兴趣的职业，使自己的才智得到最大限度的发挥。

四、能力与职业

能力是指完成一定活动的本领。人在其一生中，要从事各种各样的社会生活

和社会生产活动,必须具备多种能力与之相适应。我们这里所说的能力,主要是指劳动者从事社会生产活动的能力,即职业工作能力。事业发展和能力之间有不容置疑的直接关系。能力不是抽象的素质,而是通过职业角色得以表现:交响乐团的指挥,其能力显然和一名出色的科技人员、一名出色的飞机驾驶员不同。能力,是一个人能否进入职业的先决条件,是能否胜任职业工作的主观条件。无论从事何种职业,总要有一定的能力作保证。没有任何能力,根本谈不上从事职业工作,对个人来讲也就无所谓职业生涯可言。

人们的能力可分为一般能力和特殊能力两大类。一般能力通常又称为智力,是人们顺利完成各项任务都必须具备的一些基本能力,包括注意力、观察力、记忆力、思维能力和想象力等,它是人们顺利完成各项任务都必须具备的一些基本能力。特殊能力是指从事各项专业活动的能力,也可称为特长,如计算能力、音乐能力、动作协调能力、语言表达能力、空间判断能力等。由此可见,能力是一个人完成任务的前提条件,是影响工作效果的基本因素。因此,了解自己的能力倾向及不同职业的能力要求对合理地进行职业选择具有重要意义。能力不同,对职业选择就有差异。从能力差异的角度来看,在职业选择时应遵循以下原则。

(一)注意能力类型与职业相吻合

人的能力类型是有差异的,即人的能力发展方向存在差异,对职业研究表明,职业也是可以根据工作的性质、内容和环境而划分为不同的类型的,并且对人的能力也有不同的要求,因而应注意能力类型与职业类型的吻合。能力水平要与职业层次一致或基本一致。对一种职业或职业类型来说,由于所承担的责任不同,又可分为不同的层次,不同的层次对人的能力有不同的要求。因而,在根据能力类型确定了职业类型后,还应根据自己所达到或可能达到的能力水平确定相吻合的职业层次。只有这样,才能使能力与职业的吻合具体化,充分发挥优势能力的作用。每个人都具有一个多种能力组成的能力系统,每个人在这个能力系统中,各方面能力的发展是不平衡的,常常是某方面的能力占优势,而其他方面的能力则不太突出,对职业选择和职业指导而言,应主要考虑其最佳能力,选择最能运用其优势能力的职业。同样,在人事安排中,如能注重一个人的优势能力并分配相应的工作,会更好地发挥一个人的作用。

(二)注意一般能力与职业相吻合

一般能力包括注意力、观察力、记忆力、思维能力和想象力等。不同的职业对人的一般能力的要求不同,有些职业对从业者的智力水平有较高的要求,如律师、工程师、科研人员、大学教师等,智力在相当大的程度上决定着人所从事的职业类型。

（三）注意特殊能力与职业相吻合

特殊能力是指从事某项专业活动的能力，也可称为特长，如计算能力、音乐能力、动作协调能力、语言表达能力、事务能力、空间判断能力、形态知觉能力、手指灵活度与灵巧度等。要顺利完成某项工作，除要具有一般能力外，又要具有该项工作所要求的特殊能力，如从事教育工作需要有阅读能力和表达能力；从事数学研究需要具有计算能力、空间想象能力和逻辑思维能力。例如，法官就应具有很强的逻辑推理能力，但不一定具备很强的动手能力；而建筑工人应该具有一定的空间判断能力，但不一定具有良好的语言表达能力。

【课程思政导航】

［拓展］

近年来，越来越多的大学生将择业目光投向了基层，“到祖国最需要的地方去”成为了很多高校毕业生认可的就业方向。“大学生去基层锻炼实践，少了书生气，多了泥土香。”一起来了解一下有哪些基层就业政策吧。

大学生村官计划：中组部、教育部等四部门从 2008 年起组织实施的“选聘高校毕业生到村任职工作”。

特岗教师计划：教育部等四部门组织实施的从 2006 年开始实施的“农村义务教育阶段学校教师特设岗位计划”。

“三支一扶”计划：中组部、原人事部、教育部等八部门从 2006 年开始组织实施的“三支一扶”，即支教、支农、支医和扶贫计划。

西部计划：团中央、教育部等四部门从 2003 年组织实施的“大学生志愿服务西部计划”。

第三节　大学生择业过程中的心理问题及其调适

一、大学生择业过程中的心理矛盾

心理矛盾也可以理解为心理冲突，它是指两种或两种以上不同方向的动机、欲望、目标和反应同时出现，从而引起紧张的心理状态。心理矛盾是引起心理失衡的重要原因。一般来说，大学毕业生择业的矛盾心理主要有以下几种表现。

（一）理想与现实的矛盾

刚刚毕业的大学生择业时对理想的追求非常强烈，目标也非常远大。他们踌踌满志，满怀豪情，准备在社会上搏击一番。但由于他们接触社会较少，涉世未深，对自我素质和客观现实认识不足，往往导致择业理想与客观现实的认识脱节，导致职业愿望无法实现。这主要表现为他们的择业期望值过高，没有考虑自己的知识、能力、性格、爱好、气质是否与以后所从事的职业匹配，没有考虑所选择的单位是否有利于自己的发展，择业的“定位点”高于社会需求和个人的实际能力，往往在遭受挫折后，容易产生惶恐不安或失望不满的情绪，从而失去竞争的勇气。

（二）自我能力与社会需求相脱节

大学阶段，大学生的自我意识日趋完善，对自我的存在和意义有较明确的认识。他们在择业中意识到自己已经被社会视为人才，将为社会贡献自己的聪明才智。但由于大学生对就业市场信息了解甚少，平时缺乏必要的知识能力储备，使得许多毕业生在择业时，不能从容应对激烈的竞争，表现出焦虑、恐惧和自卑的心理状态。因此，当代大学生在择业过程中不但要保持一个良好的心态，不断地加强自身能力培养，主动地适应社会需要，同时，还要对自己的职业目标进行科学的定位，使自我能力与社会需求相一致。

（三）渴望竞争，但缺乏敢于竞争的勇气

随着我国经济和社会的快速发展，竞争意识已经逐渐潜移默化地渗透到社会的每一个角落，就业体制的变革为毕业生通过公平竞争来赢取用人单位的青睐提供了一个宽广的舞台。毕业生意识到如果没有强烈的竞争意识，不参与竞争，就不可能成就事业，更不可能有所发展。但在竞争面前，他们往往又表现出胆怯和自卑，面对竞争缺乏必胜的信心和勇气。一些大学生认为社会上存在不正之风，很难形成公平、公正的竞争，把“拉关系、走后门”作为找工作的最佳途径，把前途交由他人安排，从而回避竞争；还有一些大学生在择业过程中遇到困难时，不能及时调整择业目标，而是心理压力重重，不敢直面竞争现实，从而丧失了不少择业良机。这种既渴望竞争又缺乏竞争勇气的矛盾冲突，势必降低自身的竞争实力，使自己在择业中处于劣势地位。

（四）所学专业与未来工作的矛盾

不少大学生对自己的专业看得很重，在择业时只要是专业不对口就认为不适合自己，但是在现实社会中，真正完全与所学专业对口的工作并不一定多，于是就产生了所学专业与未来工作的矛盾。其实，本科教育更多的是学习能力和接受新事物能力以及适应环境能力的教育。因此，毕业生完全不必为学不能致用而苦恼。当前，许多大学都在强化对本科生基础知识的培养，一些高校推行“通识教育”，对新入学的学生不设专业，这些做法在一定程度上是在淡化本科教育的专业意识。国内许多大公司更是对专业要求看得很淡，一些公司在招聘毕业生时甚至根本不

限制专业，仅对应聘者进行基本能力测试和面试。

（五）择业工作与继续求学的矛盾

由于用人单位对人才的要求越来越苛刻，高校中考研的毕业生逐年增加。这一方面是因为大学生已经充分认识到知识的重要性，另一方面也说明学历在择业中仍然起着举足轻重的作用。大城市对学历的要求比较严格，好单位也要求高层次人才，因而，不考研就意味着很难找到好工作。但择业与继续求学之间常存在矛盾：一是时间上的矛盾；二是用人单位制造的矛盾，因为如果毕业生同用人单位说明自己要考研，用人单位往往不会与其签约。如果这两方面矛盾解决不好，很可能既耽误了考研又延误了找工作。

（六）爱情与亲情的矛盾

爱情与亲情的矛盾也是毕业生经常遇到的烦恼。现在的大学生中独生子女较多，父母大多希望孩子大学毕业后能够回到他们身边，互相有所照顾，尤其是女生，家长更加不放心她们独自在外地生活。此外，那些在外地读书期间谈恋爱的大学生，毕业时为了能够在一起，想尽了办法，但由于父母的期盼，又增添了许多的烦恼。男女双方都希望对方能够到自己的家乡落户，即使双方妥协，双双留在外地，却难免伤了亲人的心。

二、大学生择业中常见的心理障碍

大学生在择业中出现的矛盾心理以及心理误区，如不能得到及时的疏导宣泄，则可能发展成为影响择业的心理障碍。这种不良的心理障碍一旦形成，就会严重困扰大学生的日常学习、生活乃至择业。一般地说，大学生择业中出现的心理障碍多属适应过程中的轻度心理障碍。

（一）焦虑和急躁心理

焦虑是由心理冲突或挫折而引起的，是紧张、不安、焦急、忧虑、恐惧等感受交织成的情绪状态。绝大多数大学生在择业过程中，都会或多或少地出现焦虑，都会担心自己的职业理想能否实现，能否找到一份令自己满意的工作，能否找到既可以发挥自己专业特长，又有利于自己成长的工作单位；既担心自己的职业选择是否正确，又害怕被用人单位拒之门外；等等。于是这类大学生精神紧张，心浮气躁，身心疲惫；学习上注意力分散，判断力下降，得过且过，穷于应付，反应迟钝；生活中意志消沉，萎靡不振，长吁短叹，食不甘味，卧不安席，有的甚至产生了恐惧感，一提择业就心理紧张。

急躁是大学生择业中焦虑心理的另一种特殊表现，特别是在毕业生职业未确定之前，这种心理表现得更为明显。例如，急躁时自我控制能力差，情绪易激动，容易产生过激行为；择业目标上缺乏理性思考，行动上漫无目的，天天东奔西跑；认识上不能冷静、客观地分析问题，结果往往事与愿违。急躁心理还反映在选择单位上，在对用人单位不了解的情况下草草签约，结果后悔莫及。特别是对于未落实工作单位的一些大学生，急躁情绪表现得更为明显。

（二）自卑和怯懦心理

自卑是常见的一种心理现象，表现为对自己的能力评价过低，看不起自己。怯懦是一种胆小、脆弱的性格特征，自卑和怯懦交织在一起，使得一些大学生悲观失望、忧郁孤僻、不思进取，阻碍了其自身聪明才智的发挥。尤其是一些性格比较内向的大学生，不善言辞，成绩平平，面对择业市场，常常产生自卑心理，不敢大胆推荐自己，认为自己竞争力不够。有些大学生不能客观地认识自己，在择业中缺乏自信心，勇气不足。例如，他们认为自己相貌一般，怕用人单位以貌取人，更害怕用人单位拒绝而无地自容。特别是在遭受挫折之后，觉得自己事事不如人，更容易增强自卑的心理。过度的自卑心理往往会让大学生精神不振、意志消沉、心灵扭曲，甚至产生强迫性行为障碍等严重问题。

缺乏自信以及对择业的恐惧会让一些大学生产生强烈的依赖心理，缺乏自主择业意识，在一些事情面前毫无主张，缺乏应有的处事和办事能力，不愿参与市场竞争，把找工作寄希望于父母与亲朋好友，自己则在家待业混日子。在人才市场上，父母、朋友代替大学生与用人单位洽谈的场面屡见不鲜，好像不是大学生自己求职，而是其父母、朋友在求职。

（三）自负心理

与自卑心理相反，自负是一种过高地估计个人的能力，失去自知之明的心理倾向。部分大学生自认为是“天之骄子”，什么都懂，什么都会，应该得到优待，于是在择业过程中，择业期望值过高，总是抱有洋洋自得、自负自傲的心理，好高骛远、自命不凡，对用人单位挑剔太多，看不上也瞧不起用人单位，挑三拣四，从而导致与不少适合自己发展的用人单位失之交臂。自负心理是缺乏客观的自我分析、自我评价的表现，一旦具有了这种不良心理，就会使自己的择业目标和现实之间产生极大的反差，产生孤独、失落、烦躁、抑郁等心理。

（四）冷漠心理

当一些大学生因在择业中受到挫折而感到无能为力、失去信心时，表现出不思进取、情绪低落、情感淡漠、沮丧失落、意志麻木等情绪状态。冷漠是遇到挫折后的一种消极的心理反应，是逃避现实、缺乏斗志的表现。这种心理是与就业的竞争机制不相适应的。

此外，还有些学生因为忽视了自主择业竞争中积极的一面，只看到那些靠“走后门”“拉关系”搞不正之风来落实工作单位的消极现象，认为学习再好，不如有个有权有势的父母，于是对参加各种择业活动不感兴趣，似乎把一切事物都看透了，以致错过了许多就业机会。

（五）虚荣与攀比心理

在择业过程中，一些大学生以自我为中心，过于贪图物质享受，把“高人一等”的职业作为自己的理想追求，盲目地与其他同学相比较，希望自己成为别人羡慕的对象和关注的焦点。一旦这种虚荣心理不能得到满足，便会产生强烈的挫败感，灰心丧气，一蹶不振。在社会急需复合型人才的今天，用人单位对大学生自身素质要求也比较高，如果大学生不能正视现实，不加强综合素质的培养，一味地强调物质条件，眼高手低，过度地虚荣，就会错失许多就业良机。

（六）从众心理

从众心理是指在社会群体的压力下，个人放弃自己的意见而采取顺从行为的心理倾向。这是一种没有主见、人云亦云、随波逐流的行为。当前，大学生价值取向呈现趋利性的发展趋势，于是，众多大学生产生了急功近利心理，过分地看中经济利益和生活条件，与社会需求形成了强烈的反差，他们把良好的工作环境、地域环境以及优厚的经济收入作为职业的首选目标，“宁愿要大城市的一张床，也不要农村的一套房”，争先恐后到三资企业、大机关、大企业集团和沿海发达地区发展，他们对“位子、票子、房子”情有独钟，而全然不考虑自己的专业特长和今后事业发展的前景，结果在就业市场上四处碰壁、屡遭拒绝，从而产生悲观失望、心灰意冷、怀才不遇的抵触情绪。

（七）问题行为

问题行为是指违背社会行为规范的适应不良行为。毕业前一些大学生因某些主体需要不能满足或遭受了强烈的挫折体验，加之平日缺乏应有的品德与个性修养，可能产生各种各样的问题行为。常见的有逃课、损坏东西、对抗、报复、迁怒于人、进行不良交往、过度消费、嗜烟、嗜酒等。问题行为的存在，不仅影响学生的顺利择业，严重者还可能导致违纪、违法事件的发生。

（八）躯体化症状

躯体化症状是由于心理压力和不良生活方式而导致的异常的生理反应。毕业前的大学生，由于心理应激水平高、心理冲突强度大、挫折体验多，加之一部分大学生性格原因，因此容易导致某些躯体化症状，如头痛、头昏、血压不正常、消化功能紊乱、背痛、肌肉酸痛、口干、心慌、尿频、饮食障碍或睡眠障碍等。这些症状若不及时排除，可能会危及学生的身体健康及心理健康。

三、大学生择业的心理调适

有人说，人生的道路虽然漫长，但是紧要处只有几步。大学生毕业择业正是这紧要处的关键一步。人生就像一场马拉松比赛，要取得成就需要付出艰苦的努力，所不同的是，马拉松赛的起跑点是已定的，而人生的起跑线却要作出科学的选择和做必要的准备。可以说，大学生择业是人生马拉松的又一“起跑线”。能否选择最佳的“起跑线”，影响着大学生事业的成功和人生的幸福。那么，人生的这一“起跑线”又将如何选择呢？我们需要做哪些必要的心理准备呢？

（一）社会需要什么样的大学生

选择人生的“起跑线”，关键是要确立奋斗的目标，而奋斗目标的确立需要建立在对社会需求清醒认识的基础之上。

在当前的形势下，社会对大学毕业生至少有以下几项明确的要求：

1. 完善的知识结构

在知识经济时代，决定生产要素的不是资本而是知识。正因为如此，“尊重知识、尊重人才”已不再是一句标语口号，而逐渐成为全社会的共识。我们在大学的学习和生活中，要不断地从以下五个方面进行知识的积累。

第一是“基”，也就是扎扎实实地掌握基础知识、基本原理，这是今后应用知识和创造知识的根本和源泉。

第二是“博”，也就是要有广博的知识面和学科背景，例如：文科学生要有自然科学方面的基础知识，理科学生要懂经济、懂管理，要有一定的人文和社会科学知识，要尽可能去多读一些诸如《资本论》《红楼梦》之类的中外名著，借以开阔自己的视野，活跃自己的思维，增强自信心。

第三是“深”，也就是要有专攻的领域，所谓的“通才”并非“全才”，要以本专业为重点、为根据地，对其他领域广泛了解，便于对专攻领域深入研究。

第四是“精”，也就是使头脑里储存的知识程序化、条理化，使自己的思路更加清晰，更加有头绪。

第五是“活”，也就是知识结构灵活多变，以便触类旁通，更好地适应不断变化的科研和工作环境，这样才能形成巨大的创造力。

2. 较强的能力

有了完善的知识结构就打下了步入社会的坚实基础，但仅有知识还不够，还必须提高自身适应社会的能力。有了较强的能力，走出校门后，才能游刃有余，才能探明社会和市场的“大海”有多深、是多么浩瀚，才会有自己的判断力，才能拒绝随波逐流，摆脱碌碌无为。

当然，“冰冻三尺非一日之寒”，仅在毕业时培养各种能力未免太晚，平时就应在各方面下功夫。那么，在大学生活中，应该有意识地培养自己的哪几种能力呢？

(1) 独立生活能力。走向工作岗位,就意味着你将在社会上独立生活,衣食住行全要靠自己自理,收入支出要靠自己支配,再不会有起床号和熄灯铃,一切都需要我们自己决定,否则将无法适应新的环境。

(2) 人际交往能力。社会上的人际交往远不像学校中的同学、老师之间关系那么简单,生活中你要学会与各种各样的人打交道,工作中要与许多本单位、外单位的人交往。交往就难免产生矛盾。具备一定的人际交往能力,会使你在领导和同事心中留下良好的印象,处理好各种人际关系,从而使你心情舒畅,能更好地学习和工作。

(3) 表达能力。语言是一门艺术,较好地掌握语言表达能力的人是社会欢迎的人。有人说,一个表达能力较差的人就像一道没有放盐的名菜,不能激起人们的食欲和热情,令人难以下咽。所以我们在牢固掌握知识的同时,更应注重锻炼自己的口才和文采,使表达更准确、更鲜明、更生动。

(4) 组织能力。不论是在机关工作,还是在科研和生产一线工作,都涉及一定的组织和管理。要把工作开展起来,把计划付诸实施,把群众的积极性调动起来,把大家的智慧集中起来,没有一定的组织能力是不行的。

(5) 创新能力。知识分子施展才能的重要标志是不断有所创新。大学生具有思维敏捷、接受新事物快、热情高、思想束缚少的特点,这就为在工作岗位上注重创新、不断锻炼和提高打下了基础。

(6) 竞争能力。现代心理学研究表明,竞争能提高人的工作效率,使人产生一种紧迫感、压力感和危机感,强化人们永不满足、向上奋进的情绪,使人精神焕发,考验和锻炼人的意志。著名的华裔诺贝尔奖获得者丁肇中教授认为,竞争可以使人更快更好地成长。作为大学生,我们更应该在竞争中经受锻炼,在竞争中全面发展自己,做适应社会的时代弄潮儿。

3. 较高的素质

建设中国特色社会主义现代化国家,实现中华民族的伟大复兴,各行各业需要大量的优秀人才,作为大学生要适应未来社会发展的需要,就必须努力提高自己的综合素质。

(1) 政治素质。有人说:“学习不合格是次品,身体不合格是废品,政治不合格是危险品。”这话的确有道理。我们国家培养的大学生,必须具备坚定的政治立场,拥护社会主义制度,热心社会主义事业,具有较高的政治水平和政治责任感,只有这样,我们才能成为社会主义事业可靠的接班人和合格的建设者。

(2) 思想素质。可以说,大学毕业生一走出校门,社会就已经在他们身上加上了一层光环,就对他们有了较高的要求,不仅要求他们具有较高的道德情操和思想品质,而且还要求他们具有优良的工作作风、开拓创新的进取意识和为事业献身的风貌精神等。所有这些要求都激励着大学生在平时的学习和生活中不断塑造和培养自己。

(3) 科学文化素质。生产的社会化、人际交往的国际化需要广博的知识、高水准的文化素养和创新能力。大学生要广泛涉猎其他领域的知识信息，在广博知识的基础上才能强调精深、强调发展。

(4) 身体和心理素质。大学生要适应市场经济的激烈竞争，适应艰苦的工作环境，就必须有健康的体魄，这样才能保证充沛的工作精力和旺盛的政治热情。与此同时，大学生要有坚强、果断、持之以恒的意志品质，完美的人格品质，自我调适心理的能力，经受挫折和压力的心理素质，这样才能适应未来社会发展的需要。

【课程思政导航】

讨论：习近平给中国石油大学(北京)克拉玛依校区毕业生的回信中提出“希望全国广大高校毕业生志存高远、脚踏实地，不畏艰难险阻，勇担时代使命，把个人理想追求融入党和国家事业之中，为党、为祖国、为人民多作贡献。”

2017 年 5 月 3 日，习近平总书记在中国政法大学考察时指出：“青年处于人生积累阶段，需要像海绵汲水一样汲取知识。广大青年抓学习，既要惜时如金、孜孜不倦，下一番心无旁骛、静谧自怡的功夫，又要突出主干、择其精要，努力做到又博又专、愈博愈专。特别是要克服浮躁之气，静下来多读经典，多知其所以然。”

“大学阶段，‘恰同学少年，风华正茂’，有老师指点，有同学切磋，有浩瀚的书籍引路，可以心无旁骛求知问学。此时不努力，更待何时?”2014 年 5 月 4 日，习近平总书记在北京大学师生座谈会上强调：“要勤于学习、敏于求知，注重把所学知识内化于心，形成自己的见解，既要专攻博览，又要关心国家、关心人民、关心世界，学会担当社会责任。”

结合材料与自身实际情况，谈一谈：我的职业理想是什么？作为一名新时代青年学生，应该如何实现自己的职业理想以及如何将个人理想与人生价值与中华民族伟大复兴的中国梦有机链接?

(二) 树立正确的择业观，做好择业准备

大学毕业生要客观地分析自我与现实，把远大理想与当代经济、社会发展的需要紧密地结合起来，有效地解决思想认识与现实冲突的矛盾，从而使自己保持积极、稳定、健康的心态，总结经验，克服困难，达到顺利择业的目的。为了适应职场需要，大学生必须树立正确的择业观，尽可能避免走入误区。

1. 建立市场观念——先就业，后择业

市场需要与个体职业理想常常有矛盾，这就使得社会为大学毕业生提供的工作岗位，不可能使人人都满意，毕业生要结合社会发展需要和自身特点进行职业选择。应当说，现在的就业制度为大学生提供了广阔的发展舞台，海阔凭鱼跃，天高

任鸟飞。大学毕业生要充分地认识到，求职的过程实质是一个双向选择的过程，毕业生固然被用人单位挑选，但同时，用人单位也在被毕业生挑选，供求双方处在平等的地位上。如果在求职前就先入为主地把自己定位于弱势地位，势必造成求职者的自卑。

大学毕业生应该正确认识当前我国社会经济发展的形势，了解就业政策，及时调整自己的期望值，避免由于巨大心理反差可能导致的精神失控。要正确认识、客观评价自我，择业定位不要过高，应立足现实，放眼未来；要正确看待改革开放过程中出现的问题和矛盾，不能操之过急，既要抵制不公平竞争，又不能一叶障目，以偏概全，把一切都看得暗淡无光，以致悲观失望。在当今的信息化社会里和人的有效生命周期内，职业的变更速度将越来越快，一个人终身从事一种职业的概率将越来越小，人才流动和再就业已越来越成为生活中的一个普遍现象，第一次就业不理想，还可以有第二次、第三次择业、就业的机会。竞争是信息时代的普遍特征，有竞争就难免有失败，只有树立强烈的危机意识，才能在激烈竞争的人才市场上增强抗挫折的能力。因此，那种一锤定音、一次就业定终身的择业观必须加以矫正。

2. 打破传统就业观

大学生毕业以后，能够找到一份与自己所学专业相同或相近的工作当然是件幸事，但实际情况往往不尽如人意。经济社会急剧变动，知识更新周期越来越短，朝阳产业不断涌现，夕阳产业不断消亡，期望在校学习的专业知识能够适应未来几十年职业生涯的需要，几乎不可能。教育的相对稳定性与社会经济发展的持续变动之间的差异，使得劳动力市场的需求结构与供给结构不一致。这就要求毕业生要改变“绝对分工”的就业观念，调整自己的心态以适应劳动力市场需求结构的变化。

毕业生不能过分看重专业。在校学习期间，重要的是要学会适应环境，增强自己的适应能力，提高自身综合素质，才能以不变应万变。随着我国各项改革向纵深发展，各行各业之间、各行业及各个企事业单位内部等都会引入竞争机制。竞争，必然优胜劣汰，从而择业变更不可避免。“铁饭碗”已成为历史，绝大部分中国人面临的将是风险与机遇并存、多变的就业环境。人们将不再看重职业的绝对稳定性，而看重什么样的职业能够给自己提供良好的发展机遇及良好的预期收益。

随着经济和社会的发展，社会的分工界限将越来越模糊，社会各行各业将不存在绝对意义上的分工，“通才”可能更能适应社会的发展，部分毕业生“学非所用”也就不足为怪。所以我们不要因为用人单位的业务范围及性质与自己所学专业不相吻合，就放弃择业机会。

3. 注重整体素质

通常来说，每个人都拥有两个自我：一个是职业自我，另一个是生活自我。人们在职业生涯中的行为方式与在个人生活中的行为原则不会总是完全一致的。在生活中我们的个性可以而且应该是千姿百态、各具风采的，在不违背社会总原则，如法律和社会公共道德的前提下，没有人能强求他人按某一固定的模式生活。但在工作中却不允许个体根据个人的好恶行事，个人的工作行为不能脱离特定职业模式的特殊要求，一旦个人的兴趣爱好凌驾于现存的团体合作行为要求之上时，就会显得与集体、他人格格不入。因此，我们应该在坚持基本做人原则的基础上学习用职业或工作的行为方式与不同的人打交道。

从目前用人单位对应聘人才的要求来看，他们更需要那些具有责任心、适应性好、具有团队精神、办事有成效、有较强分析问题和系统思考能力的人。所以，作为当代大学生，在应聘时，应充分展示个人的集体主义意识、团队协作精神，力求给用人单位留下一个知识渊博而不拘泥于教条、有创新精神而深谙工作程序、有独立工作能力而崇尚团队协作的当代青年形象，从而达到推荐自我的目的。

4. 强化口语表达能力

许多大学生到了找工作面试的时候，才意识到口才是多么的重要。

自我表达不流畅的确是大学生普遍存在的问题。除去一些客观因素，造成这种能力欠缺的根本原因还在于大学生的心理障碍，这是一种自我埋没的倾向。

我们应该看到，时代在发展，社会在进步，在当今这样一个信息社会里，每个人，特别是每个部门的领导者，每天都有众多的事务需要处理。诚然，了解一个人的才干，莫过于观察他的行为，但是作为一个部门的领导者绝对不可能有这样的时间和精力。求职者要使部门领导或面试主考官在短短的几十分钟内对自己有一个全面深入的了解，只有靠自己去说，靠语言去表达。事实上，自我表达是一门艺术，得体的自我表达既能充分表明自己的真才实学，又能让人乐于了解、欣赏并最终接受自己，它从另一个方面反映了求职大学生的才智和素养。

性格内向的大学生，与别人交往的次数相对较少，因而比其他人少了许多锻炼自我表达能力的机会。性格是个体适应社会的产物，是能够加以改造的。平常要有意识地多与同学、老师交流，在交往中试着谈自己对他人、对事物的感受和看法，渐渐使自己变成开放型性格的人，自我表现力自然会得到明显提高。

5. 掌握面试技巧

面试已成为选拔人才的重要环节。有些能力、身体各方面都不错的大学生，只因缺乏面试经验和技巧，失去了被录用的机会。因此，学习面试技巧十分重要。

首先，一旦有面试机会一定要去参加，可能你对这份工作不满意，但是面试却是锻炼人的较好方式。穿着宜朴素、端庄、大方，女生最好穿裙子，男生则最好穿西服。新买来的衣服最好要先穿几次，否则会感觉不能与自己融为一体或不习惯。面试应坐姿端正，回答问题时，声音应响亮自然。眼光对准对方额头，不与对方的目光接触过久，这样就不会过于紧张。最好独自前往，以免产生依赖心理或让人误解为不够独立。

在面试之前，要充分了解自己，明确自己最大的长处，自信是建立在对自己的正确认识之上的。查阅一些公司的相关资料以及其他人去该公司面试的经历，这是非常必要的。有了这样的心理准备，你就会有一种胜任感与价值感；此外，还要充分考虑对方可能会提出怎样的问题，自己应该如何应答。如果事先不考虑好，回答问题就可能紧张、局促不安。面试一般都要先作一个几分钟的自我介绍，企业可以在几分钟内了解你的情况，同时也可以观察应聘者的临场反应与心理素质，面试前一定要准备好自我介绍的内容，包括英文版（还有自己对应聘单位了解的英文内容），并且一定要背熟，切忌语无伦次、断断续续。回答问题要言简意赅、一语中的、思维敏捷、符合逻辑，考虑好通过何种语气、何种肢体语言来表达自己的观点，身体不能像木偶一样僵硬，面带微笑的同时手可以有小幅度的配合动作（幅度不要太大）。言谈举止不能夸张，锋芒毕露，要相互尊重，以诚待人。面试交谈时，坦诚自信，吐字清晰，充满热情，语速和音量适中，重点突出自己的力量，并随时准备举例证实。回答问题前，一定要先了解它的含义，做到“倾听-停顿-再回答”。一味地唯唯诺诺，易遭失败。出现与主试人相反的观点时，先试着同意对方的看法，利用对方说过的话，陈述自己的观点。对于触及自己弱点的问题，要从容应对，不要过于萦怀。对意想不到的问题，必须尽可能坦诚、准确、迅速地作出回答，切忌以尴尬的表情无以应付。对主试人的每一句话，都要认真倾听，有时只听不说的效果可能更好。说话时，尽量少用专业术语和成语典故。对问题没搞清楚，可请示主试者重述一遍。遇到实在不会的问题，一定要坦率承认。遇到不愿回答的个人隐私，可以婉言拒绝。回答问题时要爽快，不要因为担心不能录取而犹豫不决。偶尔发生了错误，不要过于担心，尽可以放心地讲下去。回答问题时，先说论点，后说论据。如果实在紧张，可以说：“我现在很慌，请让我安定一下，好吗？”主试人还有可能会安慰你一番。做一些不引人注意的小动作（如玩钢笔等），也可以缓解紧张的情绪。注意分析主试人发问的真正含义，如问到家庭状况时，你可以说：“我家里没有什么负担，到贵单位工作，家庭方面绝不会有什么妨碍工作的事情。父母亲有他们的事情，一点也不影响我。我要对自己的前途负责，一定要独立地创出一份事业，脱离家庭的庇护。现在我哥哥与父母住在一起，他们生活得很好。”

当被问及对公司有什么需要了解时，一般要先考虑公司的发展远景和近期目标，然后才是公司的规章制度和对员工的要求，薪酬待遇问题是次重点，只要了解一下大体在什么水平上就可以了，应届毕业生看重的应该是个人的发展空间和企业的发展前景，等有了一定的知识和经验时才能有资格和实力与人谈报酬。至于面试后要不要打电话询问要靠自己的观察。最后签约的时候一定要问清楚工资、奖金、福利、保险、住房等问题。要保持警惕，防止可能遇到的传销陷阱、试用陷阱、抵押陷阱、薪酬陷阱、合同陷阱等，务必多长个心眼。建议类似以下的问题不要问：“给我多少钱啊？什么时候涨工资啊？有奖金吗？有集体宿舍吗？宿舍里有电话线吗？能上网吗？”可以这样说：“你们单位需要什么样的人才？需要具备什么样的观念和能力？能争取到什么样的锻炼机会？怎样才能达到公司对我的要求？”自信是成功的必要条件，无论是投简历还是面试都要表现出信心百倍的精神状态，真自信也好，故意表现给企业看也罢，必须把一个充满自信、积极向上的面貌呈现在企业面前。雇主招聘的不一定是最优秀的人才，而是最合适的员工，要迅速在最短的时间里把自己改造成最适合公司或企业需要的人才。

参加面试常会让人感到紧张，消除紧张的唯一办法就是让自己变成“面霸”！每一次面试都会遇到很多问题，只要发现问题并想方设法改进后，你就会发现自己的情商和智商越来越高，这次失败将会促进下次面试的成功，在不断地选择与被选择、拒绝与被拒绝中一次次重新审视自己、定位自己、完善自己。经历过许多面试、久经沙场后就可以变得不再紧张，做到处变不惊，当然实力永远是最重要的筹码，是支撑自己自信心和恒心的支柱。

一定要体现自己的态度和诚意，表现出的成熟和稳重就是自己的一个亮点。素质与品质体现了我们的价值。只要尽可能对所有可能发生的事有所准备，知己知彼，事先多加练习，在面试时就会充满信心。不仅如此，这还会使面试的过程成为一段有意义的人生经历。

小知识

16 个经典面试问题回答思路

在面试过程中，面试官会向应聘者发问，而应聘者的回答将成为面试官考虑是否接受他的重要依据。对于应聘者而言，了解这些所问问题背后的真实目的至关重要。本文对面试中经常出现的一些典型问题进行了整理，并给出相应的回答思路和参考答案。读者无需过分关注分析的细节，关键是要从这些分析中“悟”出面试的规律及回答问题的思维方式，达到“活学活用”。

[问题一]　请你自我介绍一下。

[思路]

(1) 这是面试的必考题目。

(2) 介绍内容要与个人简历相一致。

(3) 表述方式上尽量口语化。

(4) 要切中要害，不谈无关、无用的内容。

(5) 条理要清晰，层次要分明。

(6) 事先最好以文字的形式写好并背熟。

[问题二]　谈谈你的家庭情况。

[思路]

(1) 家庭情况对于了解应聘者的性格、观念、心态等有一定的作用，这是招聘单位问该问题的主要原因之一。

(2) 简单地罗列家庭成员。

(3) 宜强调温馨和睦的家庭氛围。

(4) 宜强调父母对自己教育的重视。

(5) 宜强调各位家庭成员的良好状况。

(6) 宜强调家庭成员对自己工作的支持。

(7) 宜强调自己对家庭的责任感。

[问题三] 你有什么业余爱好?

[思路]

(1) 业余爱好能在一定程度上反映应聘者的性格、观念、心态,这是招聘单位问该问题的主要原因之一。

(2) 最好不要说自己没有业余爱好。

(3) 不要说自己有庸俗的、令人感觉不好的爱好。

(4) 最好不要说自己的爱好仅限于读书、听音乐、上网,否则可能令面试官怀疑应聘者性格孤僻。

(5) 最好能有一些户外的业余爱好来丰富你的形象。

[问题四] 你最崇拜谁?

[思路]

(1) 最崇拜的人能在一定程度上反映应聘者的性格、观念、心态,这是面试官问该问题的主要原因之一。

(2) 不宜说自己谁都不崇拜。

(3) 不宜说崇拜自己。

(4) 不宜说崇拜一个虚幻的或是不知名的人。

(5) 不宜说崇拜一个明显具有负面形象的人。

(6) 所崇拜的人最好与自己所应聘的工作能"搭"上关系。

(7) 最好说出自己所崇拜的人的哪些品质、哪些思想感染着自己、鼓舞着自己。

[问题五] 你的座右铭是什么?

[思路]

(1) 座右铭能在一定程度上反映应聘者的性格、观念、心态,这是面试官问这个问题的主要原因之一。

(2) 不宜说那些易引起不好联想的座右铭。

(3) 不宜说那些太抽象的座右铭。

(4) 不宜说太长的座右铭。

(5) 座右铭最好能反映出自己的某种优秀品质。

(6) 参考答案:"只为成功找方法,不为失败找借口。"

[问题六] 谈谈你的缺点。

[思路]

回答这种问题的秘诀在于不接受这种否定暗示。不要否认你有缺点，没人会相信世界上有完人；相反，你应该承认一个微不足道的弱点或一个小小的缺点，然后再说那都已经成为过去了，并说明自己是怎样克服这个缺点的。

(1) 不宜说自己没缺点。

(2) 不宜把那些明显的优点说成缺点。

(3) 不宜说出严重影响所应聘工作的缺点。

(4) 不宜说出令人不放心、不舒服的缺点。

(5) 可以说出一些对于所应聘工作“无关紧要”的缺点，甚至是一些从表面上看是缺点，而从工作的角度看却是优点的缺点。

[问题七]　谈一谈你的一次失败经历。

[思路]

(1) 不宜说自己没有失败的经历。

(2) 不宜把那些明显的成功说成是失败。

(3) 不宜说出严重影响所应聘工作的失败经历。

(4) 所谈经历的结果应是失败的。

(5) 宜说明失败之前自己曾信心百倍、尽心尽力。

(6) 说明仅仅是由于外在客观原因导致失败的。

(7) 失败后自己很快振作起来，以更加饱满的热情面对以后的工作。

[问题八]　你为什么选择我们公司？

[思路]

(1) 要明白面试官试图了解你求职的动机、愿望和对此项工作的态度。

(2) 建议从行业、企业和岗位这三个角度来回答。

(3) 参考答案：“我十分看好贵公司所在的行业，我认为贵公司十分重视人才，而且这项工作很适合我，相信自己一定能做好。”

[问题九]　对这项工作，你有哪些可预见的困难？

[思路]

(1) 不宜直接说出具体的困难，否则可能会令对方怀疑应聘者不行。

(2) 可以尝试迂回战术，说出应聘者对困难所持有的态度——“工作中出现一些困难是正常的，也是难免的，但是只要有坚韧不拔的毅力、良好的合作精神以及事前周密而充分的准备，任何困难都是可以克服的。”

[问题十]　如果我们录用你，你将怎样开展工作？

[思路]

(1) 如果应聘者对于应聘的职位缺乏足够的了解，最好不要直接说出自己开展工作的具体办法。

(2) 可以尝试采用迂回战术来回答，如："首先听取领导的指示和要求，然后就有关情况进行了解和熟悉，接下来制订一份近期的工作计划并报领导批准，最后根据计划开展工作。"

[问题十一] 与上级意见不一致时，你将怎么办？

[思路]

(1) 一般可以这样回答："我会给上级作必要的解释和说明，但在上级批准之前，我会服从上级的意见。"

(2) 如果面试你的是总经理，而你所应聘的职位另有一位经理，且这位经理当时不在场，可以这样回答："对于非原则性问题，我会服从上级的意见，对于涉及公司利益的重大问题，我希望能向更高层领导反映。"

[问题十二] 我们为什么要录用你？

[思路]

(1) 应聘者最好站在招聘单位的角度来回答。

(2) 招聘单位一般会录用这样的应聘者：基本符合招聘条件、对这份工作感兴趣、有足够的信心。

(3) 参考答案："如果我符合贵公司的招聘条件，那么凭我目前掌握的技能、高度的责任感和良好的适应能力及学习能力，完全能胜任这份工作。我十分希望能为贵公司服务。如果贵公司给我这个机会，我想我一定能成为贵公司的栋梁之一！"

[问题十三] 你能为我们做什么？

[思路]

(1) 基本原则是"投其所好"。

(2) 回答这个问题前应聘者最好能"先发制人"，了解招聘单位期待这个职位所能发挥的作用。

(3) 应聘者可以根据自己的了解，结合自己在专业领域的优势来回答这个问题。

[问题十四] 你是应届毕业生，缺乏经验，如何能胜任这项工作？

[思路]

(1) 如果招聘单位对应届毕业的应聘者提出这个问题，说明招聘单位并不真正在乎"经验"，关键看应聘者怎样回答。

(2) 对这个问题的回答最好要体现出应聘者的诚恳、机智、果敢及敬业。

(3) 参考答案："作为应届毕业生，在工作经验方面的确会有所欠缺，因此在读书期间我一直利用各种机会在这个行业里做兼职。我也发现，实际工作远比书本知识丰富、复杂。由于我有较强的责任心、适应能力和学习能力，而且勤奋自律，所以在兼职中均能圆满完成各项工作，从中获取的经验也令我受益匪浅。请贵公司放心，学校所学及兼职的工作经验使我一定能胜任这个职位。"

[问题十五]　你希望与什么样的上级共事?

[思路]

(1) 通过应聘者对上级的"希望"可以判断出应聘者对自我要求的意识,这既是一个陷阱,也是一次机会。

(2) 最好回避对上级具体的希望,多谈对自己的要求。

(3) 参考答案:"作为刚步入社会的新人,我应该多要求自己尽快熟悉环境、适应环境,而不应该对环境提出什么要求,只要能发挥我的专长就可以了。"

[问题十六]　你在前一家公司的离职原因是什么?

[思路]

假设主考已经击中了你的要害,他说的完全是事实,但这并不意味着你就非得同意他问题中对你不利的因素。"我喜欢现在这份工作是因为它既稳定又有挑战性,而在那里我已经不可能有更大的发展了,因此我到此来应聘。我希望换一家公司,以便更好地发挥自己的才能。"

(1) 最重要的是:应聘者要使招聘单位相信,应聘者在过往单位的"离职原因"在此家招聘单位里不存在。

(2) 避免把"离职原因"说得太详细、太具体。

(3) 不能掺杂主观的负面感受,如"太辛苦""人际关系复杂""管理太混乱""公司不重视人才""公司排斥我们某某的员工"等。

(4) 不能躲闪、回避,如"想换换环境""个人原因"等。

(5) 不能涉及自己负面的人格特征,如不诚实、懒惰、缺乏责任感、不随和等。

(6) 尽量使解释的理由为应聘者个人形象添彩。

(7) 参考答案:"我离职是因为这家公司倒闭了。我在公司工作了三年多,有较深的感情。从去年始,由于市场形势突变,公司的局面急转直下。到眼下这一步我觉得很遗憾,但还要面对现实,重新寻找能发挥我能力的舞台。"

教你破解最具压力的十道面试题

[问题一]　告诉我,你最大的弱点是什么?

回答这种问题的秘诀在于不接受这种否定暗示。不要否认你有缺点,没人会相信世界上有完人;相反,你应该承认一个微不足道的弱点或一个小小的缺点,然后再说那都已经成为过去了,表明自己是怎样克服这个缺点的。

[问题二]　你认为自己的哪项技能需要加强?

麻烦又来了,你不可能宣称自己无所不能,但如果你简单地承认自己在哪方面需要改进,高压面试主考就会缠住你步步紧逼。此时,你得赶紧脱身,从容地转入下一个问题,以便躲开这一点:"既然谈到这儿,我想说我已具备了这份工作所需的所有技能。这也是我之所以对这个职位感兴趣的原因。"你可以借机把自己简历中的闪光之处再炫耀一番。

[问题三] 你认为什么样的决定特别难作?

如果你用他问题中的这些词来回答,就只能对自己不利了,主考会立刻猛扑上来。那回答的秘诀是什么呢?要摒弃那些否定性的词汇:"我没发现有什么决定特别难作,但确实有时作一些决定要比作其他决定多费一些脑筋,多作些分析。也许你把这叫作难,但我认为我拿工资就是做这些事情的。"

[问题四] 你靠那点微薄的薪水是怎么过活的?一定欠债了吧!生活对你来说一定很艰难?

问这个问题的目的是引你说出一些个人生活上存在的问题和财政危机。当然,也许主考所说的不错,但是你一定要设法回避这个问题:"你见过哪个像我这个岁数的人对工资已经很满意呢?当然,我想得到更高的薪水,这也是我到这来参加面试的原因。至于现在嘛!我还是可以付账并保持收支平衡的。"

[问题五] 你与现在的老板相处很久了,为什么不继续干下去呢?

假设主考已经击中了你的要害,他说的完全是事实,但这并不意味着你就非得同意他问题中对你不利的因素。"我喜欢现在这份工作是因为它既稳定又有挑战性,而在那里我已经不可能有更大的发展了,因此我到此来应聘。我希望换一家公司以便更好地发挥自己的才能。"

[问题六] 你不认为自己的年龄应该早就升到更高的位置了吗?

这是个刺激人的问题,但也可以不那么看,而把它当成是对你的能力和成绩的一种赞美。"我干这份工作只为了长远打算,要收获就必须付出,这正是我所做的。在这份工作中我已经获得了很多经验,打下了坚实的基础。现在我来此应聘正是为了把学来的这些有益的东西派上用场。"

[问题七] 你为什么要辞掉现在的工作?

这是在高压面试中极为常见的问题,但比别的高压问题更为难答。值得庆幸的是,求职顾问已经总结出了应付这个问题的一条妙语,很容易记住,即使紧张也不会忘记,它就是 CLAMPS,意思是挑战、职位、进取、金钱、尊严及安全。你既可以单独拿出一个作为原因,也可以全都拿出来以便使对方相信你离开现在的岗位是合情合理的,是经过深思熟虑的明智之举。

[问题八] 现在这份工作你最不喜欢的是哪一点?

又是典型的用否定词表述的高压问题。但即使这样,也要避免其中的否定因素。考官可不管是不是他促使你如此挑剔的,他只会记住你是一个爱抱怨的人。更糟的是,他对这次面试的印象也会是否定的。再说,你对现在工作的不满确实说明了你另换工作的原因,但却没有满足现在老板的需要。你应该时刻把握老板的需要:"我觉得现在的工作各方面都不错,但是我正准备迎接新的挑战,等待肩负起更重的担子,取得更大的成就。希望把自己之所学运用到更富挑战性、更能发挥自己才能的岗位上。"

［问题九］ 你在工作中遇到过的最艰难时刻是什么时候？

不要搜肠刮肚地找这个问题的答案。你最不想做的就是道出以个人失败和集体受难而告终的经历。即使参加的不是高压面试，你首先也应该料到会问这个问题，然后带着一个对你和你的公司来说结局皆大欢喜的故事去参加面试。给你一些忠告：不要谈及个人和家庭的困难，不要谈及与上司和同事的摩擦，你可以讲一次与下属产生的矛盾，并且说明自己是如何创造性地解决了矛盾，最后做到皆大欢喜的。你也可以讲一次对你来说极富挑战性的经历。

［问题十］ 你觉得什么人在工作中难以相处？

你现在已经学会了千方百计避免作否定回答的技巧，那么你很可能简单地回答："我觉得没什么人在工作中难相处"或"我跟大家都合得来"。这两种答案都不算坏，但却都不十分可信。你应该利用这个机会表明你是个有集体协作精神的人："在工作中唯一不容易相处的是那些没有集体协作精神的人，他们不肯干却常抱怨，无论怎样激发他们的工作热情，他们都无动于衷。"

同一个面试问题并非只有一个答案，而同一个答案并不是在任何面试场合都有效，关键在于应聘者掌握了规律后，对面试的具体情况进行把握，有意识地揣摩面试官提出问题的心理背景，然后投其所好。

总结一下：

(1) 主动出击，自信表现。

(2) 不要过分计较薪水的高低。

(3) 任何希望都要试一试，机会往往在不经意间降临。

(4) 现在没有高薪水、高职位，不代表以后没有。

(5) 没有哪一家公司或者企业是完美的，总是比想象中的期望差很多，所以要科学认识、脚踏实地。

求职过程是很艰辛的，也是很正常的，谁没有吃过一两次闭门羹呢？谁没有在人山人海的招聘会上被挤成肉饼？这家面试不行，回来洗把脸，睡个好觉，第二天再出发呗，把压力和麻烦分解掉，风雨过后就是阳光，"山重水复疑无路，柳暗花明又一村"。

案例 9.1

有一家公司到学校参加招聘会后，就在学校进行面试，面试了很多同学，时间也很长，这时一个面试结束了的同学觉得很口渴，回头一看，两位面试官居然连一杯水都没有，无奈他们脱不了身。于是这位同学就默默地出去找了一瓶开水和两个茶杯拿到了面试官的面前，面试官很感激，对这位同学更是刮目相看，并留下了深刻的印象。

6. 何谓成功

知识是人们对主客观世界的认识结果。知识只是反映客观事物的属性与联系。能力是人们完成某项工作过程中所必须具备的内在条件。素质是先天遗传和后天培养的人之身心特点的综合、内在、整体的体现，是人发展的基础和基本条件。从本质上讲，知识、能力和素质是三个不同的范畴，知识可通过载体传递，而能力和素质属于个性心理领域，只能通过个体自身得到发展、增强；当然，知识、能力和素质是相互联系和相互促进的，知识只有通过个体内化才能升华为其自身素质，良好的综合素质可促进知识的掌握、能力的发挥。此外，就同一个体而言，知识的掌握与能力、素质的发展不同步，前者随年龄的增长而增长，能力、素质则随年龄的增长依次经历发展、顶峰、停滞直至衰退四个阶段。市场条件下，用人单位不是不注重选择知识渊博的人，而是更加注重选择有雄厚知识基础，并能把知识转化为实际工作能力的人，也就是说，更注重能力和素质与知识协调发展的人。

因此，大学生对大学所学各门课程设计的知识点的掌握程度，也就是说大学生的学习成绩档案固然重要，但对于用人单位来说，更重要的是大学生的实际能力和素质，如开拓进取精神，吃苦耐劳战胜困难的韧性和耐力，创新意识和创业能力以及敢于负责、善于负责的精神。

具体来说，在校学习期间，大学生的发明创造、富有创意的设计方案、公开发表的作品、参加过特别是组织过大型活动等，对用人单位很有参考价值。大学毕业生们在应聘时应在凸显其优秀学习成绩的同时，尽量提供能表现自己能力、展示自我优良综合素质的证明材料，这对于成功应聘往往是非常重要的。

在生活中每个人都希望自己成功，可是我们通常理解的成功就是比别人好。在职业生涯规划中，我们要这样来理解成功：成功不是和别人比较而是和自己相比，最大限度地发挥自己的优势。

所谓成功，就是做最好的自己。

7. 初涉职场

人生之路，不是点而是线，路长着呢，新的工作就像个严厉的老师，会毫不留情地不断给你制造困难和压力，因此要想好了再进去，慎选工作，还要具备极大的忍耐精神，谨言慎行、甘于寂寞，积极乐观地适应新的工作，这样才能在工作中不断成熟。刚刚参加工作，要通过初期的缓冲学习别人的工作态度，借鉴别人的工作方法。再资深的技术人员往往也只专注于某个领域的技术，比如，软件开发可能是熟练使用某项编程工具，每项工作对技术的要求也是大相径庭的，即便是同行业开发领域也各有不同，同行业的企业要求也会有差异，所以要积极争取机会，然后再努力学习，勤奋工作，争取达标。

工作中常会碰到很多不如意，大的、小的各种问题都会使你心情不好，甚至感到烦躁和沮丧。人的一生中总会碰到很多负面因素，负面因素会让人情绪低落，心情不佳，而一个负面因素需要七个正面因素来抵消，可是正面因素不是随处可见的，所以，一定要学会自我调节，要善于用积极乐观的态度来思考，要保持健康明朗的心态。每当心情不好的时候就出去走走，看看蓝天和头顶的太阳，看看开放的花朵或者茂盛的枝叶，闻一闻花香，听一听鸟鸣，静下心来，学会欣赏和感激。

送给大家一句话：大学生活的结束也是你生活大学的开始。

【课程思政导航】

［拓展］

“人只有为同时代人的完美，为他们的幸福而工作，自己才能达到完美。如果一个人只为自己劳动，他也许能够成为著名的学者、伟大的哲人、卓越的诗人，然而他永远不能成为完美的、真正伟大的人物。”

——马克思《青年在选择职业时的考虑》

来访回复

［问题］

一转眼就大三了，人也开始有点越来越迷茫，我不知道该如何规划自己的人生，天天浑浑噩噩过日子，想想真的挺恐惧。

这学期开始到现在，我就一直有着强烈的厌学情绪，就是不想读书上课，尤其是我们几个专业课老师，把课上得我觉得老不去对不起他们，可天天去“捧场”又觉得对不起自己。这种情况在我们宿舍其他几个人中也存在（除了一个因考研搬出去住的），而且这学期表现得尤为明显，大家似乎都不想学了。我做过一些测试，结果表明我的人格特质和兴趣等都还是比较适于我所学的专业的，只是我现在特不想学习，尤其是各种事情被安排得满满的。马上快要期中考试了，这种状态让我很有压力，可是我暂时又不知道该如何调适。

一边是对学习尤其是考试强烈的排斥，一边还要争取优秀的成绩（我们宿舍几位姐妹成绩都不错，太差会被鄙视的），毕竟都大三了，再不抓住机会就来不及了，还有班里一些零零碎碎的事情和自己的比赛……感觉人都快被扯成几瓣了。

一句话：混乱，不管是学习、生活还是心理。

［回复］

其实，完全可以这样认为：大三才是真正学习的开始。前两年可以说都是在打地基，地基打得牢不牢就要看大一、大二的努力程度了。有人会问那我大一、大二没打好基础，是不是就无法继续学习下去了呢？也不是，有道是浪子回头金不换，很多有志气的学生都是在大三奋起的，即使大一、大二离拿奖学金很遥远，可是到了大三却拿到了不菲的奖学金，让所有同学刮目相看。原因就是，只要你肯学，就会有收获，世界是公平的。大三才是真正成就人生的转折点，所以那些认为自己已经失败的同学应该重新认识自己。

大三是学习专业知识和充电的黄金时期。比如英语不过关，可以专门攻英语；专业知识不过关，可以整天泡在图书馆里；社会知识不过关，可以多接触社会，多去实践中了解、体验。有很多人在大学毕业时感觉很遗憾，觉得大学教育有问题，没有学到东西，其实重要的不在于大学教育本身，而在于自己有没有去努力，只要努力，就一定会有好结果。

对于大三学生来说，如何给自己正确定位很关键。选择不同的路，需要做的准备也有所区别，比如，找工作的人平时更应该多关注社会信息，坚持每天花点时间看看新闻，经常阅读报纸、杂志，可以多往图书馆跑跑，多与同学进行讨论交流，总结别人的看法，再形成自己独到的见解，这有助于大家对事物进行分析判断，形成敏感神经，也可尽量避免成为那种“两耳不闻窗外事，一心只读圣贤书”的书呆子。多读一些名人的传记也很有好处，不仅可以增加自己的视野，也可以从别人的经历当中品味出很多生活哲理，增加面对挫折的勇气与决心。很多同学在大一、大二的时候利用业余时间出去做家教，不仅锻炼了自己，还可以赚点“课时费”补贴生活家用。但是到了大三，尤其对于一年以后要面对找工作的同学来说，还是不希望大家再做家教。家教只能算作初期打工的方法，既简单又方便，不仅不会占用自己太多时间，而且还能很轻松地赚点钱。但是大三与大一、大二不同，可以考虑找一个更接近服务社会的工作去做，如果真的找不到再回头做家教也不迟。

在大三的时候能找到一些能够锻炼提高能力的工作是最好的了，比如说管理类的学生去企业帮着做做项目，为企业做企划，帮企业做做调查、写写文案等，这是真正能够提高自己思维与思考能力的活动，对以后的工作大有裨益。如果实在找不到还可以多多参与学校的社会实践和科技创新活动，不仅方法简单，学校还提供支持资金，到最后如果做得不错还会得到一个奖次证书，这是个不错的选择，也是一种了解社会的好方式，多邀几个同学，在项目中建立感情，能结交一群志同道合的好朋友不说，还能会从项目中学到很多课本中学不到的知识。当然，要做好是要下一番功夫的。这里顺便说一句，做一些社会调查是大学生参与科技创新非常好的一种方式。因为社会调查不仅可以从一定层面上了解社会，还可以方便学生从调查中总结分析数据，整理成文，所以建议大三的时候在这方面多下些功夫。

在大三期间还应该注意的是交际的培养。大三时期大家会在不知不觉中发现自己的人际圈子有了微妙的变化。相对要好的都是一些志同道合的朋友，比如，求职一族，考研一族，留学一族，等等，根据个人不同的交际情况，交际圈会有很大不同。对于一个人而言，有什么样的交际圈也尤为重要，这几乎就代表着本人的兴趣及志向。有句话说得好，物以类聚，人以群分。有的交际圈开始向班级外扩展。相对而言，要比大一、大二的时候复杂一些。有跨专业的，有高低年级的，有校外朋友，还有认识社会上的不同类型的人群。交际圈广泛固然是好事，但大家一定要学会慎重结交朋友，有道是朋友再多也抵不过一个知己。有的人觉得自己到了大三不仅交际圈变小了，甚至变得孤独了。这也很正常，需要自己开导自己。学会孤独就学会了生活。人大了心事也会变重，尤其是大三时，还会对自己的前途有着种种迷惘，这个时候很多人都会被迷茫困扰和寂寞折磨。不是有那么一句话吗？孤独有时会成就伟大的灵魂。

那么，怎样使考试顺利通过呢？

送你“18＋5”学习法：

周一到周四每天18:30～21:30去学习，周六和周日各抽3小时学习，共18小时；每天早晨固定时间起床读英语，每周不少于5小时；其余时间，玩吧！

最后，送你一句话：“优秀是一种习惯。”

这句话是古希腊哲学家亚里士多德说的。如果说优秀是一种习惯，那么懒惰也是一种习惯。人出生的时候，除了脾气会因为天性而有所不同，其他的东西基本上都是后天形成的，是家庭影响和教育的结果。所以，我们的一言一行都是日积月累养成的习惯。我们有的人形成了很好的习惯，有的人形成了很坏的习惯。所以我们从现在起就要把优秀变成一种习惯，使我们的优秀行为习以为常，变成我们的第二天性。让我们习惯性地去创造性思考，习惯性地去认真做事情，习惯性地对别人友好，习惯性地欣赏大自然。

注解：要会“装”，要持续地、不间断地“装”，装久了就成真的了，就成习惯了。比如准时上、下课，每天都按时上、下自习，每个早晨按时起床去读英语……你装装看，不信的话，你装三个月试试，装的时间长了就形成了习惯。

案例分析 9.1

盲目考研

2009年11月26日，上海某高校法学系女研究生杨某，在饱受家庭贫困困扰并且感叹“知识不能改变命运”后在宿舍里走上不归路。杨某毕业于某名牌大学经济学系，大学毕业七年之后，也就是在她30岁的时候，考上上海某高校的法学研究生。这期间，整整七年，她有记录的工作经历只是在武汉一家英语培训学校任教两年，其余五年基本都是在考研的漫长路上拼搏。

[分析]

由于复杂的原因，大学生自杀事件时有发生，但杨某同学的死，特别震撼社会，引发社会大讨论。在杨某决意自杀的头天早晨，她突然从被窝里坐了起来，喃喃自语：“都说知识改变命运，我学了那么多知识，也没见有什么改变。”她那贫病交加的母亲，在她身边见证了这个令人心碎的时刻，更见证了一个最弱小的女孩对一种愚昧教育观念最后审判的时刻。我们所知的只是一个杨同学的人生悲剧，但这已足以让人们警醒！

试想,如果杨某当年不考研究生,而是拿出全部精力工作,挣钱改变贫穷现状的话,她的命运肯定就不一样。一位花季女孩就这样在她生命之花盛开的季节意外凋零了！考研要有明确的职业目标,要和人生现状相结合,不能盲目,更不能为了户口、身份、社会地位这些本身就不真实的价值目标去考研。对于杨同学这样家庭经济情况极其贫穷的大学毕业生而言,考研最终也许会给他们带来更好的出路,但救穷如救火,当务之急是把十年寒窗学来的知识投入到增加收入的活动中去,努力改善家庭的经济状况,减轻母亲抚养她和弟弟的忧愁劳苦,在贫穷吞噬他们之前吞噬贫穷。知识改变杨一家的命运,就是改变杨的贫穷,她如果做到了这一点,她的生命必将无比荣耀,她的青春必将无比甜蜜。

事实上,22岁的贫困大学毕业生杨某,刚走出校门,已经开始取得她经济上的成功了！她在武汉一家英语学校担任英语老师。杨如果把全部精力投入到英语教学研究中去,不断提升自己的教学能力,即不断提升自己的挣钱能力,很快就有可能加盟那些收入高的培训机构,或成为她自己学校的教学骨干,或成立自己的教育辅导机构,她必然会成为自己命运的主人,通过自己的努力获得成功！

杨同学的人生道路如果这样走的话,相信她会是另外一种人生:

(1) 努力工作。知识改变命运。杨同学已经用知识改变了自己的命运,在工作中实现了自己的价值。她要做的,是努力积累经验,不断提高工作表现,提高工作收入。

(2) 继续工作。经验改变命运。杨同学的工作经验越积越多,学生评价越来越高,已经成为职场骄子,月薪从好几千变成小一万,从小一万变成一万多,从一万多直逼两万块,到了两万块开始埋怨涨幅不够快,开始想着出国留学,开始思考是去哈佛还是斯坦福——这样的事情,确实在中国职场上天天发生啊!

(3) 坚持工作。说不定她的顶头上司听了她的课特别欣赏她,就任命她做了副手,月薪两万多。后来上司被提拔了(也许是辞职了),就推荐她填补留下的空缺,从而升入公司管理层了——这样的事情,确实在中国职场上天天发生啊!

(4) 工作同时进修。30岁——这是杨某在贫穷和羞辱中自杀的年龄——已工作了七八年,手上肯定有了不少钱,为妈妈肯定尽了很多孝,为社会肯定也做了很多善,这个时候她觉得知识不够用了,需要去北大、清华或者国外进修进修了。

知识确实是改变命运最伟大、最神奇的力量。她应该像一个将军把自己训练千日的士兵投入战场那样，把她十年寒窗学得的知识投入到这场人生最伟大的改变命运的战斗中去。她的知识应该为击退贫穷服务，她的知识应该为改善生活服务，她的知识应该为增加收入服务，她的知识应该为每天的奶油面包服务！

知识、青春、生命，不应该为盲目考研而无端牺牲！触发杨同学之死的直接原因固然反映了一种残酷的现实，但就在杨决定考研的那一瞬间，她的命运在某种意义上已被注定。盲目考研杀了杨某！

愿我们的教育能够激发自身的良知——让更多的学生直面人生，鼓励他们解决人生的问题，教会他们如何用知识改变命运！

案例分析 9.2

回到原点，从点滴做起，使一个人成“人”

1995 年 5 月、1997 年 5 月，清华、北大先后发生了两起学生铊盐中毒案件。其中，清华女生朱令(化名)终身残疾。

2013 年 4 月 7 日，复旦大学附属眼耳鼻喉科医院门诊 6 楼第一会议室，有一个人缺席了。缺席者是黄某。他本应该在这个晴好的初夏早晨，坐在这个会议室里，参加博士研究生复试。在将近一个月前，黄某参加了初试并顺利通过。一位年轻而有才华的医学研究生，在刚刚获得直升博士研究生的机会时，却因寝室饮水机里的一杯毒水断送了生命。复旦投毒案件，引发了公众强烈的关注。据报道，被害者与嫌犯两者都是尖子生。

同样在 2013 年 4 月，美国发生了波士顿马拉松爆炸案，据美国《纽约时报》网站报道，嫌犯两兄弟也被认为是优秀学生并曾获得奖学金。

[分析]

优秀学生们到底怎么啦？尽管几起案件的类型、作案动机有很大不同，但是，要剥夺别人的生命，一定是在心底深处有难以化解的仇恨。问题是，教育能够解决人性的困境吗？据统计，中国至少有 20%的大学学生有心理问题，这给我们敲响了警钟。大学生需要知道，自己的心理问题要去找专业老师解决，不能自己采取不当的方法，不然很容易出问题。大学生心理健康状况堪忧的现象不只是在中国比较严重，在美国也是很严重的。波士顿爆炸案和复旦投毒案的共同点是作案人都受过高等教育，这些校园伤害案提醒同学们要关注自己的心理困扰、心理问题甚至心理疾病。许多家长希望自己的孩子健康、快乐，可是这种健康、快乐是需要建立在比较、竞争之上的，希望别人不够健康、快乐，见不得别人好，只能见别人不如自己，这就为仇恨建造了一个温床。学生应该更加注意室友之间的关系，要学会如何与室友相处，知道怎样去消除误会和小的摩擦，可以避免不必要的伤害。

家庭教育和学校教育应该加强对学生心理健康的培养，养成健全的人格，心理健康是第一位的。

教育要回到原点，就是教一个人成"人"，不是把人教成一个工具，而是要教成一个具有高度人性光辉的人。

心理测试

霍兰德职业倾向测验量表

姓名：______ 性别：______ 年龄：______ 学历：______ 日期：______

本测验量表将帮助你发现并确定自己的职业兴趣和能力特长，从而更好地帮助我们作出求职择业或专业选择的决策。

本测验共七个部分，每部分测验都没有时间限制，但请你尽快按要求完成。

第一部分　你心目中的理想职业(专业)

对于未来的职业(或升学进修的专业)，你得早有考虑，它可能很抽象、很朦胧，也可能很具体、很清晰。不论是哪种情况，现在都请你把自己最想干的 3 种工作或想读的 3 种专业按顺序写下来，并说明理由。请在所填职业/专业的右侧按其在你心目中的清晰程度或具体程度，从很朦胧/抽象到很清晰/具体分别用 1,2,3,4,5 来表示，如 5 分表示它在你心中的印象非常清晰。

一、职业/专业：____________ 清晰/具体程度：______

理由：________________________

二、职业/专业：____________ 清晰/具体程度：______

理由：________________________

三、职业/专业：____________ 清晰/具体程度：______

理由：________________________

以下第二、三、四部分每个类别下的每个小项皆为是否选择题，请选出比较适合你的、与你的情况相符的项目，并按一项合计 1 分的规则统计分值，将相应分值填写在第六部分的统计项目中。

第二部分　你所感兴趣的活动

下面列举了若干种活动，请就这些活动判断你的喜恶。喜欢的，计 1 分；不喜欢的，不计分。请将答案直接写在答题纸上。

R:现实型活动	A:艺术型活动
1. 装配修理电器或玩具	1. 素描/制图或绘画
2. 修理自行车	2. 参加话剧/戏剧
3. 用木头做东西	3. 设计家具/布置室内
4. 开汽车或摩托车	4. 练习乐器/参加乐队
5. 用机器做东西	5. 欣赏音乐或戏剧
6. 参加木工技术学习班	6. 看小说/读剧本
7. 参加制图描图学习班	7. 从事摄影创作
8. 驾驶卡车或拖拉机	8. 写诗或吟诗
9. 参加机械和电气学习班	9. 进艺术(美术/音乐)培训班
10. 装配修理机器	10. 练习书法
I:研究型活动	S:社会型活动
1. 读科技图书或杂志	1. 参加单位组织的正式活动
2. 在实验室工作	2. 参加某个社会团体或俱乐部活动
3. 改良水果品种,培育新的水果	3. 帮助别人解决困难
4. 调查了解土和金属等物质的成分	4. 照顾儿童
5. 研究自己选择的特殊问题	5. 出席晚会、联欢会、茶话会
6. 解算术或数学游戏	6. 和大家一起出去郊游
7. 物理课	7. 想获得关于心理方面的知识
8. 化学课	8. 参加讲座或辩论会
9. 几何课	9. 观看或参加体育比赛或运动会
10. 生物课	10. 结交新朋友
E:企业型活动	C:常规型(传统型)活动
1. 鼓动他人	1. 整理好桌面与房间
2. 卖东西	2. 抄写文件或信件
3. 谈论政治	3. 为领导写报告或公务信函
4. 制订计划,参加会议	4. 检查个人收支情况
5. 以自己的意志影响别人的行为	5. 打字培训班
6. 在社会团体中担任职务	6. 参加算盘、文秘等实务培训
7. 检查与评价别人的工作	7. 参加商业会计培训班
8. 结交名流	8. 参加情报处理培训班
9. 指导有某种目标的团体	9. 整理信件、报告、记录等
10. 参与政治活动	10. 写商业贸易信

第三部分　你所擅长获胜的活动

下面列举若干种活动，请选择你能做或大概能做的事，每项能做的计 1 分，不能做的不计分。请将答案直接写在答题纸上。

R:现实型能力	A:艺术型能力
1. 能使用电锯、电钻和锉刀等木工工具	1. 能演奏乐器
2. 知道万用电表的使用方法	2. 能参加二部或四部合唱
3. 能够修理自行车或其他机械	3. 独唱或独奏
4. 能够使用电钻、磨床或缝纫机	4. 扮演剧中角色
5. 能给家具或木制品刷漆	5. 能创作简单的乐曲
6. 能看懂建筑设计图	6. 会跳舞
7. 能够修理简单的电气用品	7. 能绘画、素描或书法
8. 能修理家具	8. 能雕刻、剪纸或泥塑
9. 能修理收音机	9. 能设计板报、服装或家具
10. 能简单地修理水管	10. 能写一手好文章
I:研究型能力	**S:社会型能力**
1. 懂得真空管或晶体管的作用	1. 有向各种人说明解释的能力
2. 能够列举三种蛋白质多的食品	2. 常参加社会福利活动
3. 理解铀的裂变	3. 能和大家一起友好相处地工作
4. 能用计算尺、计算器、对数表	4. 善于与年长者相处
5. 会使用显微镜	5. 会邀请人、招待人
6. 能找到三个星座	6. 能简单易懂地教育儿童
7. 能独立进行调查研究	7. 能安排会议等活动顺序
8. 能解释简单的化学现象	8. 善于体察人心和帮助他人
9. 能理解人造卫星为什么不落地	9. 帮助护理病人或伤员
10. 经常参加学术会议	10. 安排社团组织的各种事务
E:企业型能力	**C:常规型能力**
1. 担任过学生干部并且干得不错	1. 能熟练地打印中文
2. 工作上能指导或监督他人	2. 会用外文打字机或复印机
3. 做事充满活力和热情	3. 能快速记笔记或抄写文章
4. 能有效利用自身的做法调动他人	4. 善于整理、保管文件或资料

续表

5. 销售能力强	5. 善于从事事务性的工作
6. 曾担任俱乐部或社团的负责人	6. 会用算盘
7. 向领导提出建议或反映意见	7. 能在短时间内分类和处理大量文件
8. 有开创事业的能力	8. 能使用计算机
9. 知道怎样做能成为一个优秀的领导者	9. 能收集数据
10. 健谈善辩	10. 善于为自己或集体做财务预算表

第四部分　你所喜欢的职业

下面列举了多种职业，请认真地看，并选择你感兴趣的工作，有一项计 1 分，不太喜欢或不关心的工作不选，不计分。请将答案直接写在答题纸上。

R:现实型职业	S:社会型职业
1. 飞机机械师	1. 街道、工会或妇联干部
2. 野生动物专家	2. 小学、中学教师
3. 汽车维修工	3. 精神病医生
4. 木匠	4. 婚姻介绍所工作人员
5. 测量工程师	5. 体育教练
6. 无线电报务员	6. 福利机构负责人
7. 园艺师	7. 心理咨询员
8. 长途公共汽车司机	8. 共青团干部
9. 电工	9. 导游
10. 火车司机	10. 国家机关工作人员
I:研究型职业	**E:企业型职业**
1. 气象学或天文学者	1. 厂长
2. 生物学者	2. 电视编制人
3. 医学实验室的技术人员	3. 公司经理
4. 人类学者	4. 销售员
5. 动物学者	5. 不动产推销员
6. 化学学者	6. 广告部长
7. 教学者	7. 体育活动主办者
8. 科学杂志的编辑或作家	8. 销售部长
9. 地质学者	9. 个体工商业者
10. 物理学者	10. 企业管理咨询人员

续表

A:艺术型职业	C:常规型职业
1. 乐队指挥	1. 会计师
2. 演奏家	2. 银行出纳员
3. 作家	3. 税收管理员
4. 摄影家	4. 计算机操作员
5. 记者	5. 簿记人员
6. 画家、书法家	6. 成本核算员
7. 歌唱家	7. 文书档案管理员
8. 作曲家	8. 打字员
9. 电影电视演员	9. 法庭书记员
10. 电视节目主持人	10. 人员普查登记员

第五部分　你的能力类型简评

下面两张表是你在6个职业能力方面的自我评定表。你可先与同龄人比较出自己在每个方面的能力,经过斟酌后对自己的能力进行评估。请在表中适当的数字上画圈,数值越大表明你的能力越强。

注意:请勿画同样的数字,因为人的每项能力不会完全一样。

表A

R型	I型	A型	S型	E型	C型
机械操作能力	科学研究能力	艺术创作能力	解释表达能力	商业洽谈能力	事务执行能力
7	7	7	7	7	7
6	6	6	6	6	6
5	5	5	5	5	5
4	4	4	4	4	4
3	3	3	3	3	3
2	2	2	2	2	2
1	1	1	1	1	1

表 B

R 型	I 型	A 型	S 型	E 型	C 型
体育技能	数学技能	音乐技能	交际技能	领导技能	办公技能
7	7	7	7	7	7
6	6	6	6	6	6
5	5	5	5	5	5
4	4	4	4	4	4
3	3	3	3	3	3
2	2	2	2	2	2
1	1	1	1	1	1

第六部分　统计

测试内容		R 型 现实型	I 型 研究型	A 型 艺术型	S 型 社会型	E 型 企业型	C 型 常规型
第二部分	兴趣						
第三部分	擅长						
第四部分	喜欢						
第五部分 A	能力						
第五部分 B	技能						
总分							

第七部分　你所看重的东西——职业价值观

这一部分测验列出了人们在选择工作时通常会考虑的 9 种因素(见所附“工作价值标准”)。现在请你在其中选出最重要的两项因素，并将其填入下面相应空格内。

最重要:________次重要:________最不重要:________次不重要:________

附:工作价值标准

(1) 工资高、福利好。

(2) 工作环境(物质方面)舒适。

(3) 人际关系良好。

(4) 工作稳定有保障。

(5) 能提供较好的受教育机会。

(6) 有较高的社会地位。

(7) 工作不太紧张，外部压力小。

(8) 能充分发挥自己的能力特长。

(9) 社会需要与社会贡献大。

思 考 题

1. 跨越时空的对话:请你认真想象一下并以 5 年后的自己对那个刚刚走进大学校门的青涩的自己说一些话;请以 10 年以后的自己对现在的自己说一些话并表示感谢。

2. 某大学冶金学院四年级学生吴某来自西部农村,面临毕业自己总有一种莫名其妙的恐惧感,担心自己能力差,不善于与人打交道,不能适应社会;担心自己没有好的社会关系,在竞争中容易吃亏;担心自己的知识结构不完善,难以胜任将来的工作岗位;想报考研究生,延缓几年再走向社会,但又担心考不上,况且即使考上了,还可能加重家里的经济负担。当他看到有的同学满心欢喜地找到满意的工作单位谈笑风生的时候,心里既羡慕,为同学感到高兴,又为自己还没有着落而忧心忡忡,整天唉声叹气,寝食难安。他试着联系几家单位,又久久没有回音。于是他认为自己先天不如人,后天也不如人,总之事事不如人,变得越来越自卑,越来越胆怯,以至于茶饭不思,神情恍惚。如果你想诚心诚意地帮助他走出心理困境,该通过什么样的方式,提出什么样的建议呢?

第十章 生命不可以重来
——大学生生命教育

案例 10.1

李某离校的启示

今年大二的李某是个英俊的小伙子，不久前他休学随妈妈回了老家。李某的妈妈是个医生，从小对李某就要求非常严格。李某在妈妈的影响下也非常要强，凡事追求完美。刚入大学，他就积极地参与了学生会干部的竞选。尽管他自认为准备得很充分，可最终还是落选了。这次挫败让他消沉了好一阵子，后来他想没选上就没选上吧，自己应该努力学习，学有所成才是正事。可是，尽管他学得很刻苦，但是因为各种原因，他的考试成绩仍不理想。一系列的事件让李某对自己的人生信念产生了动摇，他觉得自己活着已经没有任何希望。于是，他先后谎称自己家的狗和猫得了重病，想让它们"安乐死"，从两个化学老师那里得知了一种剧毒的药，并从一个小药店里买到了这种药。

某天晚上，他编造了一个理由把自己平时觉得不错的同学聚在一起吃饭，席间他很诚恳地帮助每个同学对将来进行了分析和憧憬。他告诉大家第二天自己的妈妈会来带自己去杭州玩，所以让同学们早上别叫醒他。第二天上午课间有同学回宿舍时发现他吐了一地，脸色发青。虽经医院抢救脱离了生命危险，但是李某患上了严重的心理疾病，一心想死的他通过网络查找各种自杀的办法。虽然一直在接受心理治疗，但李某的情况没有彻底好转。最后，他妈妈只好带他离开了学校。

人生命的全过程就是由一次次的生命活动所组成的。一次次生命活动的质量决定人生命全过程的质量；重视每一次生命活动的质量就是重视生命全过程的质量。教育就是对学生的每一次生命活动进行关怀，学习过程就是一种享受生命的过程，这种关怀是社会价值、个人价值和教育自身发展价值在"生命活动"实践中的统一，在此教育实践中教师的价值得到实现，生命质量得以提升。随着部分青少年物质追求的迷失、社会道德的衰落、身心发展的龃龉、有限岁月的虚度，加之自杀行为的频繁发生，我国推行生命教育变得刻不容缓。

生命教育有广义与狭义两种：狭义的生命教育指的是对生命本身的关注，包括个人与他人的生命，进而扩展到一切自然生命。广义的生命教育是一种全面的教育，它不仅包括对生命的关注，而且包括对生存能力的培养和生命价值的提升。

第一节 生命教育的内涵

一、什么是生命

生命科学认为生物是有生命的物体，进行生命教育的首要问题就是要教会青少年如何科学、合理地理解生命、认识生命、珍惜生命。化学进化产生原始生命后，接着就开始了生物进化，人类的生命正是这一进化的结果。从宏观上说，生命是蛋白质和核酸物质的运动形式，是一种特殊的、高级的、复杂的物质运动形式。生长和发育是生命的基本过程，而新陈代谢则是生命的最基本的过程，是其他一切生命现象的基础。生命的一般形态具有某种“含目的性”的行为，作为生命高级形态的人类则具有自觉的目的性行为。

生命，特别是人的生命，应当由三个因素构成，即形体、心理(精神)和社会性。历史唯物主义认为，人的生命具有多重属性，其中最主要的是自然属性和社会属性，社会属性是人最主要、最根本的属性，它是决定人之所以是人的最根本的东西。生命的自然活动主要包括新陈代谢、生长、发育、遗传、变异、感应、运动等。生命的社会活动主要包括感知社会、角色扮演、人际交往、求学择业、社会竞争等。

人的生命可以分为这样几种形态：首先是生物性生命。即人首先是作为自然生理性的肉体生命而存在的，这一点是人和自然界的广大生物一样必须具有的基本属性。其次是人的精神性生命。人之所以为人，就在于人有高于动物的意识活动，有超越生物性生命的精神世界。人不但要思考如何活下来，还要思考如何更好地生活。只要人在世界上存在一天，大脑就不会停止思考，人类就要创造，就要超越，就要更好地认识世界、改造世界。第三是人的价值性生命。每个人在一生中都要思考诸如“为何活着”的问题，这就是人对生命意义发自内心的追问，是人对价值生命的一种诉求。人的价值性生命为人的生存夯实了根基，加足了动力，以至于能好好地生存在这个世界上。

二、什么是生命教育

1968 年，美国的一位学者出版了《生命教育》一书，探讨关注人的生长发育与生命健康的教育真谛。近年来，日本、英国等国家以及我国台湾、香港等地区竭力倡导生命教育，各种学术团体纷纷建立。

那么什么是生命教育呢？生命教育是在生命活动中进行教育，是通过生命活动进行教育，是为了生命而进行教育。从事生命教育的肖敬认为生命教育是以生命为核心，以教育为手段，倡导认识生命、珍惜生命、尊重生命、爱护生命、享受生命、超越生命的一种提升生命质量、获得生命价值的教育活动。让青少年认识生命和珍惜生命成为这一活动的重中之重。

生命教育既是一切教育的前提，同时还是教育的最高追求。因此，生命教育应该成为指向人的终极关怀的重要教育理念，是在充分考察人的生命本质基础上提出来的，符合人性要求，它是一种全面关照生命多层次的人本教育。生命教育不仅只是教会青少年珍爱生命，更重要的是启发青少年完整理解生命的意义，积极创造生命的价值；生命教育不仅只是告诉青少年关注自身生命，更要帮助青少年关注、尊重、热爱他人的生命；生命教育不仅只是惠泽人类的教育，还应该让青少年明白应该让有生命的其他物种和谐地同在一片蓝天下；生命教育不仅只是关心今日生命之享用，还应该关怀明日生命之发展。

三、生命教育的提出

1964 年，日本学者谷口雅春鉴于唯物教育盛行，导致亲子与师生关系的决裂，出版了《生命的实相》一书，首先呼吁生命教育的重要性。他认为实施生命教育之后，能有效克服唯物教育所产生的缺失，因而带动日本社会的变化。1968 年，美国著名的演讲者、作家与人生导师杰·唐纳·华特士承袭印度瑜伽大师雪莉·阿南达·摹提吉的精神，首次明确提出生命教育的思想，并在美国加利福尼亚州创办了“阿南达村”“阿南达学校”，倡导和实践生命教育的思想。

四、国外生命教育的历史及发展现状

当美国学者杰·唐纳·华特士于 1968 年首次提出生命教育的思想时，他所创立的生命教育理念就受到了人们的高度重视。几十年来，生命教育的实践在全球得到迅速发展。从美国学者在美国创建阿南达村、阿南达学校，倡导和实践生命教育思想，到日本 1989 年修订的新《教学大纲》中，针对青少年自杀、欺辱、暴力、破坏自然环境、浪费等现象日益严重的现实，提出以“尊重人的精神”和“对生命的敬畏”的观念来定位道德教育的目标，在发达国家，生命教育越来越受到人们的重视。我国这方面工作虽然起步较晚，但可喜的是，近年来许多有识之士已经开始关注这一问题，注意到“突遇一点挫折、打击，青少年就选择终结生命作为一种解决方式，除了青少年心理脆弱之外，还跟社会、学校、家庭对青少年缺乏生命教育有关”，而且也逐渐认识到“21 世纪教育改革的呼唤越来越多地关注生命，关注生命将是人类在教育观念上一次根本性的变革”。生命教育的重要性已经得到广泛的认同。

（一）美国

美国的生命教育起初是以死亡教育的形式出现的，美国的死亡教育名为谈死，实则通过死亡教育让孩子树立正确的生死观念，以正确的态度保持生命，追求生命的价值和意义，死亡教育只是教育的一种形式。1968 年，美国学者杰·唐纳·华特士首次明确提出生命教育思想，并在美国加利福尼亚州创建“阿南达村”“阿南达学校”，开始倡导和践行生命教育思想。到1976年美国有1 500多所中小学开设了生命教育课程，20世纪90年代美国中小学的生命教育基本普及。为推广生命教育，美国成立了各种专业协会，出版了许多专业及普及性的书籍和杂志。例如，成立了“美国死亡教育学会”“死亡教育与咨商学会”，出版了《生死学》《死》等特别的杂志，各种书籍、影片、视听教材更是不计其数。美国生命教育的实施因地而异，如印第安纳州通过互联网及电子传媒推动生命教育。Life Skill Ministry是另外一个专门训练青少年生活技能的机构，用来帮助青少年远离犯罪、贫穷等。目前美国的生命教育大致分为品格教育、迎接生命挑战的教育和情绪教育三部分。

（二）澳大利亚

澳大利亚的生命教育是Ted Noffs于1979年在悉尼创立的，最初是供学校运用的反毒品教育资源。一开始即强调每个孩子是“独一无二”的理念，针对孩子具有危险的行为，学校应该预先教导孩子，加强其社交技巧，例如，问题解决能力、肯定而非挑衅的行为举止以及积极的态度。根据上述原则，生命教育中心和学校建立了健全的共生伙伴关系，设计适合小学各年龄的反毒品教育课程，并通过流动教室的教学人员、多媒体的科技和交互作用的教学协助，传达生命教育的意义。课程资源的设计是协助学校老师，去确认孩子可能面临的危险因素及提高防护因素(特别是孩子早期学习阶段)；在生命教育的资源部分，生命教育中心的教学人员会事先评估学校的需求和协助老师的教学准备，对于老师的训练、家长的信息反馈都会开会讨论，学生的教材和学校老师及家长都是交互作用的，教材也被包含于学校老师现有的健康和体育课程活动内，四个网站供中小学生及其老师、家长持续互动沟通和下载资源。生命教育资源的重点在于预防吸烟和吸毒，以及将酗酒和吸毒的伤害降至最低。

（三）日本

日本于1989年修订的新《教学大纲》中针对青少年自杀、欺辱、暴力、破坏环境、浪费等现象日益严重的现实，明确提出以“尊重人的精神”和“对生命的敬畏”的观念来定位道德教育的目标。近年来，日本流行的“余裕教育”也是生命教育的重要内容之一。“余裕教育”的口号就是“热爱生命，选择坚强”，是针对现在日本青少年的脆弱心理和青少年自杀等恶性事件频频发生而提出的，目的是让青少年通过“余裕教育”认识到生命的美好和重要，使他们能面对并很好地承受挫折，从而更加热爱生命、珍惜生命。余裕教育者认为，热爱生命的主要内容之一是要求人与自然和谐相处，并热爱其他生命。为此，“余裕教育”活动鼓励学生经常到牧场体验生活。在日本，有专家建议，要把中小学体验农村生活变为“必修课”。

（四）英国

英国的生命教育是由查尔斯王子(即现在的英国国王)鼓励 Ted Noffs 将生命教育传至英国开始的，Ted Noffs 认为：青少年吸毒带给社会的负面影响，更显得生命教育是一项最重要的工作。后来 Ted Noffs 还受邀至英国，演说预防教育的议题以及它在降低毒品危害问题上扮演的角色。1986 年初，在 Varity Club 的赞助下诞生了英国第一个生命教育流动教室；1987 年成立了生命教育中心英国基金会，它是一个慈善信托机构；在 Rock Group Dire Straits 的赞助下，1987 年 3 月第二个流动教室又诞生了。截至 1995 年，20 多个流动教室出现在英格兰、威尔士和贝尔法斯特等区。

（五）新西兰

新西兰的生命教育始于 1988 年，其目标是将生命教育精神传送至每所小学和中途学校(intermediate school)。新西兰的生命教育基金会(Life Education Trust)虽然和其他国家的生命教育中心(Life Education Center，LEC)名称不同，但两者所实施的生命教育内涵是完全相同的。生命教育基金会服务的对象是 5～12 岁的孩子，其课程连接学校教授的健康和体育课程，在学校课程架构范围内，课程资料还会发给学生和老师，其中也包含回家的功课，以延续对人类身体的认识，其内容是介绍学生身体的奥妙，重点是“如何照顾身体”(caring for the body)，例如，保持干净、睡眠和吃早餐。课程方向主要是积极取向，坚持的原则是教育学生自我尊重，也教导学生拒绝的技巧和认识健康生活的好处及结果。另外，课程的目的是让学生在求学阶段能够认识人类身体的功能及其被其他物质破坏后的失衡状态；证明身体滥用后生理、心理和情绪上所受到的影响；发展生活中拒绝“朋友”、同学的技巧，以及正确理解身体环境的变化对个人健康和日常生活的冲击。

五、我国关于生命教育的发展与现状

2002 年 12 月，我国香港特别行政区成立了生命教育中心，以社区和中小学为阵地开展生命教育。香港教育署课程发展处提出“生命教育教师培训”，显示了教育行政单位对生命教育的重视。在培训活动中，学者、中小学教师及校长、教育署工作人员等相互交换意见，大家对生命教育的重要性均给予了肯定，但如何设计生命教育的课程及体验活动，则是大家最关注的焦点。据了解，香港尚未进行有系统的生命教育课程的评估研究，其主要原因是大家对生命教育的定义及内涵尚未达成共识，相关课程也尚未正式开设。

我国台湾省的生命教育最早由民间团体于 1976 年从国外引入，主要由社会民间团体主动参与并逐步推广。个别学校实施伦理课程，其中涉及一些生命教育的理念，但生命教育一直未能得到台湾主流教育的重视。1997 年，台湾教育主管部门成立“生命教育推广中心”，组织有关专家、学校规划《生命教育实施计划》，设计生命教育课程，编写教材，培训师资等。生命教育自1998年开始针对全台湾中学生实施，并得到台湾各级中等学校和辅仁大学、彰化师大等大学一批专家、学者的积极响应和参与，引发了台湾社会对生命教育探讨的热潮。目前，生命教育已成为遍及台湾地区新的教育门类。

从20世纪90年代开始，我国大陆（内地）要求全面实施素质教育，倡导教育以人为本，尊重、关心、理解、信任每一个人。从某种意义上讲，这是开展生命教育的开端。近年来，在各级党和政府，特别是教育部门的重视下，各种以促进青少年生命健康成长为主题的活动轰轰烈烈地开展，取得了许多可喜的成绩。上海、辽宁、江苏、四川、山东、黑龙江、吉林等省市富有创造性地开展了生命教育科研、教学实践、教材编写、教学大纲试行等活动。例如，上海市制定并出台了《上海市中小学生生命教育指导纲要》，对青少年进行生命起源、性别教育、青春期教育、心理健康教育和生存训练等方面的指导。辽宁和江苏两省教育系统把开展生命教育作为重点工作来抓，培养青少年珍爱生命的意识。辽宁省还启动了中小学生命教育工程，制定了《中小学生命教育专项工作方案》。湖南省也于2005年颁布了《湖南省中小学生命与健康教育指导纲要（试行）》。2005年12月，中国宋庆龄基金会在北京主办了中国首届青少年生命教育论坛。2006年12月，“第二届中华青少年生命教育论坛”在北京举办，北京大学还在论坛上发布了《中华青少年生命教育年度立项报告》。我国生命教育已经形成了政府主导、民间参与、社会各界积极配合的趋势。

早在2004年，党中央、国务院就针对加强青少年思想道德建设、开展青少年生命教育提出了明确要求，先后出台了8号文件和16号文件，作出了全面性战略部署，其中号召要把生命教育作为思想道德建设的重要载体，科学有效地实施生命教育活动，并将生命教育纳入全民素质教育内容之中。

2004年，民间从事生命教育的公益群体“关爱生命万里行”活动小组成立，主要目的是关注青少年的和谐成长，帮助青少年认识生命、珍惜生命、尊重生命、热爱生命，提高生存技能，提升生命质量，推动国家形成各个阶段有机衔接、循序递进和全面系统的教育内容体系。特别针对有自杀倾向、失足的青少年提供心理和社会支持服务。2006～2009年，连续几年促成全国人大代表在全国人大会议上提出预防自杀、生命教育的相关议案或建议。

2009年，国内学者范玉成总结推出生命教育八大系统：愿景导航系统、核动力中心系统、情绪掌控系统、阻力缺失系统、信念编程系统、意象刻录系统、知行合一系统、身心合一系统。创立中国（吸引力）推广中心，其使命是让每个中国人都心想事成；愿景是梦想成真，实践美好人生；价值观是爱、感恩、信任、宽容；实践原则是释放潜能、无限富足、生活康泰、快乐人生。

2010年，教育部公布《国家中长期教育改革和发展规划纲要（2010～2020年）》，明确提出“学会生存生活”，“重视安全教育、生命教育、国防教育、可持续发展教育。促进德育、智育、体育、美育有机融合，提高学生综合素质，使学生成为德智体美全面发展的社会主义建设者和接班人”。可见，进行生命教育已成为国家教育发展的战略决策，这也是在国家教育改革文件中第一次载入要“学会生存生活”，要进行“生命教育”的内容，具有重要的现实意义和深远的历史意义。

2012 年 5 月，人力资源与社会保障部中国就业培训技术指导中心推出“生命教育导师”岗位职业培训。“生命教育导师”这一职业的诞生，使我国的生命教育从单纯的学校教育的一部分，开始全面走向家庭、学校、社区和企业，这无论是从广度还是从深度上，都必将极大地促进我国生命教育的发展。

【课程思政导航】

> **讨论**：结合我国现阶段国情和发展实际，如何拓展生命教育的内容和形式？

第二节　大学生生命教育的实施

一、大学生生命教育的意义

（一）生命教育促进大学生认识生命的完整性

生命的完整性可以从三个维度来理解。

第一，根据生命存在的不同层次，生命可分为自然生命、精神生命和价值生命。目前，大学教育中一直存在着重视精神生命和价值生命，忽视自然生命的现象。教育一般关注的是人的社会文化属性，强调个体的社会价值，当个体存在和社会价值之间产生冲突时，个体被要求牺牲自我来实现社会的利益。而牺牲的对象包括个人利益之类的东西，甚至生命，这种做法的直接后果就是部分学生轻视自然生命，不珍爱自然生命。生命教育提倡在珍爱生命的前提下，对生命采取负责任的态度，在个人利益与精神自由、社会价值之间存在冲突时，提倡在保持生命完整性的前提下，谋求自然生命、精神生命和社会生命的和谐发展。

第二，生命一般的完整性包括从生到死的整个过程。教育一般比较重视学生在校的生命发展和完善，强调的是掌握知识、学习技术、训练技能，以便成为某一领域内的专门人才；忽视了对学生生命整体性的教育，特别是对生命中的死亡的认识、理解和接受。由于传统思想的影响，一般教育很少对学生进行死亡方面的教育，学生在不了解死亡的真相和威胁的前提下，失去了生命存在的动力和紧迫感，失去了对生命的珍惜。生命教育关注人从生到死的整个过程，重视对学生进行有关死亡方面的教育，传授学生有关死亡的知识，培养学生正确对待死亡的态度，从而正确地认识死亡、珍惜生命。这有助于促进学生认识生命的完整性,追求完整的生命。

第三,生命的完整性还包括认知、情感的统一。认知是人的智能的认识活动,情感是对客观事物是否满足自己需要的心理体验。认知与情感虽是不同的心理活动,但二者是紧密相连的。认知是情感产生的基础,没有人的认知活动就不会产生喜怒哀乐的情感,而如果没有情感的推动,人的认知也就不可能发展和深入。认知与情感是相互影响、相互制约、协调发展的。生命教育使人们认识到情感在人的发展中的特殊价值,注重认知与情感的协调发展。在知识教学中,引导学生不断地感悟、体验,有助于知识的理解、掌握和运用。情感教育只有融入知识、智慧之中才会激发理性的生命,真正提升生命的质量。

(二)生命教育唤醒大学生生命意识

现代社会对物质生活的过分追求使部分大学生迷失了人生的坐标,忘却了人生的目标,虽然学到了"何以为生"的本领,但是却忘记了思考"为何而生"。他们把物质财富、技术力量、科学知识作为生命追求的目标,对为什么活着、怎样活着等生命本身带有的实质性问题缺乏深刻的思考。不少大学生对生命感到彷徨、消沉,陷入了前所未有的困境,对生命的存在产生怀疑甚至轻易放弃。因此,生命教育要帮助大学生认识生命的意义。因为只有正确地认识了自己生命的意义,人才能更好地认识生命、珍爱生命。当面对激烈的竞争、巨大的压力以及人生中种种失落与痛苦时,才能正确而客观地面对困难、迎接挑战。反之,则容易造成个人的挫败感,一旦遇到困难,就可能选择向困难低头,甚至放弃自己的生命。

二、大学生生命教育的实施现状

大学中开展生命教育的主要形式是课程教学,其主要有以下三种形式。

(一)建立完整的生命教育课程体系

我国台湾东海大学在大学部开设系统性的生命教育课程,2004 年以来,总共开设了"生命教育概论""生命发展与关怀""自然科学与信仰""宗教概论"和"生命专业伦理"5 门必修课程,以及涉及宗教、伦理、生命教育、自我成长与人际互动、服务实践五大领域的选修课程。

(二)改革已有的课程结构

将部分课程加以整合,或者在原有的课程中增加或渗透生命教育的内容以达到生命教育的目的。我国台湾辅仁大学将人生哲学、大学入门与专业伦理三门课整合为"全人教育"基础课程。元智大学逐年加大生命科学领域在公共课程中的比重,他们在 2000 年特别开设了生命科学领域课程,从 2004 年起,入校新生要先在暑假研习“生命伦理学”公共课程。哈尔滨医科大学设计并实施了以“生命教育”为主要内容的心理健康教育课程改革，课程主要内容包括生命的价值，生命的意义，心理危机的识别，有效自助、他助与求助等。

（三）在选修课中增设新的生命教育的课程

复旦大学从2005年起开设“生命教育研究”的选修课。该课程通过分享青年人的成长故事、生命感悟和人生困惑，以及交流宗教、哲学、文学艺术对人生的思考和关怀，帮助学生探索与认识生命的意义，尊重与珍惜生命的价值，热爱并发展个人独特的生命，实践和创造天地人我共融共存的和谐关系。

三、大学生生命教育课程建设

（一）课程目标

综合国内外学者的观点，我们认为大学生生命教育应该能让学生对生命与死亡有基本的认识，学会思索生命的意义，构建积极向上的、健康的生命态度。具体为：

1. 认知方面

（1）能了解死亡是生命的一部分。

（2）能了解生命的意义与价值、死亡的意义及死亡的历程。

（3）能了解濒死者的需要。

（4）能尊重并照顾临终病人与家属。

2. 情意方面

（1）能领悟医学的极限。

（2）面对生死问题能不恐惧，不避谈生死问题。

（3）重视以“人”为本的医学观。

3. 技能方面

（1）能建立正确的生死观，积极地面对人生。

（2）能处理生死实务问题，如临终关怀、安宁照顾、预立遗嘱、生前预嘱等。

（3）能探索生命的意义与价值，进而肯定自己，构建生命的意义。

（4）能了解死亡议题，爱己、爱人，珍爱每一个生命。

（二）教学内涵

针对生命教育课程目标，我们认为对大学生进行生命教育的内涵应包括如下内容：

（1）死亡教育：由生观死，超越死亡。包括：听生命歌唱——人生四季，生死观——死亡及濒死的面对。

(2) 生命教育：尊重生命，生命的礼赞。包括：生之喜悦——新生命的诞生、生命历程、堕胎、死刑存废、自杀、人际关系和SARS及禽流感的省思——动物生存权。

(3) 临终教育：由死观生，生命的省思。包括：安宁疗护、安乐死、失落与悲伤、生命意义探索、预立遗嘱、战争。

(4) 生命的再生。包括血液配型、器官捐赠及移植等。

（三）教学形式

1. 健康教育

健康教育的主要内容是生理健康方面的知识，也就是人的物质层面上的生命的知识。通过讲座和宣传的形式，学生了解有关健康的概念，了解自己的健康状况，引导学生积极参加锻炼，保持健康的体魄。

2. 安全教育

人的生命是最宝贵的，但是每年大学中都会有一些学生死于意外事件，例如：交通事故、火灾、溺水。在教育中，学校要善于利用已发生的案(事)件、事故进行教育，这样更具有说服力和影响力。可采用召开现场会、举办讲座、办板报(宣传橱窗)、张贴宣传画、播放音像制品、树立宣传牌等形式，避免学生产生麻痹思想，时刻注意自身的安全；同时，还要教给学生基本的生存技能，加强大学生安全意识，防止意外事件的发生。

3. 预防艾滋病教育

学生可以通过听报告、参加预防艾滋病宣传等活动来进一步了解艾滋病相关知识，学会保护自己，关爱他人，培养对自己、他人及社会的责任感。

4. 毒品预防教育

虽然大学生中吸毒的人数不多，但是由于毒品对国家、对个人的危害巨大，因此，对学生进行毒品预防教育是十分必要的。在教育中，学校可以采用现身说法的方法，邀请缉毒警察以及戒毒者作报告，让学生深入了解毒品的基本知识、毒品的危害性以及应该如何拒绝毒品。

5. 环保教育

让学生到大自然中去，通过他们的亲身情感体验，重新认识自己以及其他的生命，培养珍爱生命的思想意识，并积极投身到保护环境的工作中去。

（四）社会实践

生命教育的最终目标是改变学生的思维和行为，让学生更加珍爱自己的生命，认识生命的意义，进而实现自己人生的价值。在生命教育中，可以采取各种类型的社会实践活动，例如，组织大学生去医院参观，一方面可以和孕妇交谈，了解孕育生命的艰辛，体会生命的来之不易，并感受迎接生命的喜悦；另一方面也可以参观急诊室，从而体会生命的易逝，甚至可以和临终病人交谈，感受他们对生命的领悟和眷恋。生命之所以宝贵，就在于生的偶然和死的必然。

还可以组织大学生参加义工活动，通过自己的力量去帮助他人，感受自己给别人带来的欢乐与幸福，相应地也从中感受自己的快乐。例如，现在很多学校组织暑期“三下乡”活动，大学生将自己所学的科学技术传授给农民，一来可以帮助他们脱贫致富，解决实际问题，二来也可以帮助学生体会自己的人生价值，进而增强服务社会、报效国家和人民的思想意识。

生命教育体现了一种教育的理念，即尊重学生的生命，它贯穿于生命教育的始终；同时，生命教育也是一种教育的类型，它有自己的教育内容及实施方式。作为一种崭新的教育理念和类型，生命教育的最终目的是培养学生正确的死亡观，帮助他们明确生命的意义。

【课程思政导航】

小故事：2021年9月12日晚上10点，福建省莆田学院的北区操场灯火通明。面对突如其来的疫情，莆田学院医学院320名学生志愿者临危受命，前往仙游支援抗疫。学生志愿者们背上行囊、深夜出征的画面，被操场旁宿舍楼里的同学们用视频记录了下来。视频中，一张张青春洋溢又坚定无比的面庞，让无数网友为之振奋和感动。中国之声推出广播特写《这一夜，我们都长大了》。凌晨2点多，志愿者们乘坐大巴车抵达仙游县，随后他们被分别送往仙游县28个乡村。到达目的地后，大家顾不上休息，立即穿上防护装备，投入战斗。根据各个村的不同分工，志愿者们领到了不同的任务：收集核酸检测者信息、维护现场秩序、采集核酸检测样本……有的志愿者一个早上采集了200多份核酸样本，有的协助收集了上千位核酸检测者的信息，始终无一人叫苦喊累。带队老师说：“我们总觉得他们是我们管理的对象，他们平常上课刷手机、不认真听课，有时候跟他们说要守规矩，他们爱理不理的，我们还感觉到头疼；觉得他们整天挑食，嫌弃条件这不好、那不好。可是这一次出去的时候，早餐就是一人一盒方便面，自己去有开水的地方泡一下，吃了之后就默默上车；充电的地方也不够，洗澡要排队，可以看到他们的条件是不好的，工作也非常紧张，但没有一个说苦。‘青年强则国强’‘青年担当则国有担当’。”老师口中的“青年”们，在这次抗疫中，正在成长为他们希望成为的人。

这些年轻的生命本应是被保护的孩子，可他们在国家和社会最需要的时候，明知前方有危险，仍不畏自身的生命安全，担负起一名医学生的责任和使命，这就是中华民族强大的实力，这就是中华民族精神的传承，这就是中华民族前进的底气。

讨论：在责任和使命面前，大学生如何养成正确的生命观？

第三节　预防自杀，关爱生命

根据世界卫生组织权威人士的说法，21 世纪威胁人类最大的敌人不是饥荒和地震，而是比自然灾害更严重的心理问题。据《2013 中国卫生统计年鉴》提供的数据，2012 年我国人口中平均自杀率为 13.40/(10 万)，其中城市 4.82/(10 万)，农村 8.58/(10 万)。近几年来，国内高校在校大学生(含硕士研究生、博士研究生)自杀事件时有发生，大学生自杀概率为 4/(10 万)～5/(10 万)，小于平均数，但其绝对数有上升趋势。全国卫生统计资料表明，自杀已成为大学生除交通事故外非正常死亡的第一位因素。

虽然自杀行为在大学生总体中只占极小的比例，但大学生作为极其宝贵的未来社会人才资源，其自杀是社会的极大损失，它给社会、家庭和个人带来的后果与创伤十分惨痛，甚至会严重影响和干扰学校的正常教育秩序，故其影响非同一般，社会也会以超乎寻常的警觉来拷问我们的高等教育。另外，根据心理学的研究，一个人自杀，会给其关系最密切的 3～6 人造成终生的心理创伤，并且会辐射到其周围的其他人，最终会对相关的一批人造成消极的心理影响。因此，开展预防大学生自杀问题的研究，对于维护社会的稳定和家庭的完整，保障青少年学生的生命安全，提高大学生的心理健康水平，具有十分重要的意义。

一、澄清关于自杀的认识误区

由于自杀并不十分常见，所以我们对自杀有许多误解。下面简要介绍一些常见的误解：

(1) 与想自杀的人讨论自杀将会诱导其自杀。

事实上，这么做一则能帮助援助者了解对方是否真的想自杀，评估其自杀的危险程度(如果对方仔细想过自杀的方式，并有所准备乃至行动则属于高危情况；如果仅仅是一闪念，连自杀方式都未细想过，那情况就好许多)；二则有助于当事人的情绪宣泄、精神松弛，反过来会降低自杀的可能性。所以，面对有自杀可能的个体，我们可以直接问他有没有想过死，如果回答是肯定的，则追问有没有想过具体的死法，有没有相应的行动，以评估其自杀的可能性。

(2) 威胁别人说要自杀的人不会自杀。

事实上，大量自杀者曾经对他人表露过自己想自杀的意图。也许他们这么做正是他们的求生意愿使然，他们希望通过这样的方式向外界发出求助信号。当然，只有贴近对方、关心对方才有可能注意到或收到这样的求助信号。

(3) 自杀是一种不合理性的行为。

自杀者可不会这么想，他们自认为是有充分的理由才采取自杀行动的。所以，简单的说教式的开导是没有用的。

(4) 自杀者有精神疾病。

事实上,仅有少数自杀者是精神病人,大多数自杀者是精神抑郁的正常人。所以,面对有自杀倾向的个体不能有歧视的心态,否则敏感的当事人一旦觉察到了你的心思,会加重他的抑郁,增加自杀倾向。

(5) 自杀会遗传。

目前尚无确凿的证据证明自杀会因为生理基因在家族中遗传,但家族中有人自杀,有可能对家族中的其他人的生活状态和生死观产生影响,从而增加个体自杀的概率。

(6) 一般人不会有自杀念头。

很多人以为一般人不会有自杀念头,但是国内外研究结果显示,30%～50%的成年人都曾有过一次或多次自杀念头。性格健康、家庭关系好的人,自杀意念可能只是一闪而过,很少发展为真正的自杀行动;而性格或精神卫生状况存在问题的人在缺乏社会支持时,自杀念头有可能转变为自杀行为。

(7) 一个人自杀未遂后,自杀危险可能结束。

事实上,自杀最危险的时候可能是情绪高涨时期,当想自杀的人严重抑郁后变得情绪活跃时,则很可能是特别需要注意的危险期。一个曾经自杀过的人比从未自杀过的人自杀的可能性要高出许多。

(8) 自杀是冲动性行为。

事实上,有不少自杀是深思熟虑后才实行的。

(9) 一个想自杀的人开始表现慷慨和分享个人财物时,其自杀的危险性下降。

恰恰相反,这往往是更危险的信号,是类似于最后愿望与遗嘱的行为。

(10) 学业问题是青少年学生自杀的主要原因。

不少人认为青少年正处在求学阶段,学业问题的困扰是导致青少年学生自杀的主要原因。但学者们研究发现,50%以上青少年自杀者的自杀原因涉及其与父母的关系,其次是男女感情,之后才是学业问题。

二、了解自杀的征兆

自杀并非突发。一般而言,自杀者在自杀前处于想死但同时又渴望被救助的矛盾心态时,从其行为与态度变化中可以看出蛛丝马迹。大约 2/3 的这类人都有可观察到的征兆。

日本心理咨询学家松原达哉认为,从自杀者的性格特征来看,过于内向、孤独,容易陷入焦虑与绝望中,偏执,过分认真,责任感过强,缺乏兴趣爱好,情绪不稳定,心情多变者居多。自杀者的心理特征常常表现出自罚倾向、回避现实、自我评价低。国内有研究报道,自杀者中性格内向与较内向的占 95.2%,孤僻的占 52.4%,

虚荣心强的占 71.4%。

通常,自杀的征兆具体可以表现在语言上、行为上和各种症状中。

(一) 语言上的迹象

研究表明,往往一些有自杀念头的人会直接说出:我希望我已经死去,我再也不想活了。或者间接说出:我所有的问题马上就要结束了,现在没人能帮我,没有我别人会生活得更好,我再也受不了啦,我的生活一点意义也没有,等等。此外,这种人还常常会说一些与自杀有关的事情或者拿自杀开玩笑;谈论自杀的计划,包括自杀的方法、时间和地点;流露出无助、无望的情感;与亲朋告别;谈论自己现在的自杀工具等。

(二) 行为上的迹象

(1) 出现突然的、明显的行为改变,中断与他人的交往,或危险行为增加。

(2) 有条理地安排后事。

(3) 频繁出现意外事故。

(4) 饮酒或吸毒量增加。

(三) 出现抑郁症的表现

如果一个人在两周或更长时间内,同时存在下述症状三种以上,尤其是(1)～(3)的症状,即符合了抑郁症的诊断标准。

(1) 几乎每天心情都非常恶劣。

(2) 对以前感兴趣的东西或活动失去兴趣。

(3) 感到麻木、空虚、无聊。

(4) 躯体疼痛(胃痛、头痛等)。

(5) 睡眠困难(难以入睡、早醒或睡得过多)。

(6) 体重改变或饮食习惯改变。

(7) 过分的挫败感和过分自责。

(8) 集中注意力、思考问题困难。

(9) 和平常相比,更易怒、紧张或易激惹。

(10) 感到无价值、内疚或满心羞愧。

(11) 彻底的无助感、无望感。

(12) 没有精力或动力,内心有压力感。

(13) 反复出现死亡或自杀的想法,觉得活着还不如死了好。

三、哪些人容易发生自杀危机

从自杀个案中可以发现，当大学生遭受以下事件或出现以下状况时容易产生自杀意念或自杀行为。

（1）遭遇突发事件的学生，如学生个体遭遇失恋、受到意外伤害，父母离异、亲人去世，社会发生重大灾害等。

（2）存在自杀或自伤行为既往史，或亲属中有自杀者的学生，此类学生具有高度风险。

（3）患有心理或精神障碍，如抑郁症、躁狂症、焦虑症、恐惧症、强迫症、精神分裂症等疾病的学生。

（4）身体患有较严重疾病、生活受到较大影响、个人感觉痛苦的学生。

（5）无法适应大学环境的学生。

（6）出现学业问题，如学业压力过大、学习困难，尤其是一年级第一次考试不及格学生；二、三年级多门功课不及格学生。

（7）家庭经济贫困、负担重并因此而感到自卑的学生。

（8）性格内向、孤僻，社会支持系统不良或在人际交往中出现较大问题的学生。

（9）毕业生中面临就业困难、考研失败或无法正常毕业的学生。

（10）过度迷恋网络（含网络成瘾）的学生。

（11）个人财务状况出现异常，如陷入不良网贷、遭遇诈骗等的学生。

（12）受到身边同学心理危机状况严重影响的学生，如自杀同学的室友、同学、目击者等。

四、大学生自杀行为因素分析

（一）内部因素分析

1. 生理与遗传因素

生物医学认为，自杀行为可能跟某些神经传导物质有关。绝大多数大学生的年龄在17～25岁之间，正处于生物医学所划定的“青春期危机”时期，其生理特点是以下丘脑-垂体-性腺为中心的内分泌系统迅速发育，各种激素大量分泌，在促使身体各部分、各器官出现青春期变化的同时，对心理状态也产生巨大影响。由于内分泌系统的功能不均衡，导致心理不平衡、冲动性高亢，一旦遇到心理动力或社会条件，容易发生自杀行为。躯体疾病患者主要是不堪病魔的长期折磨或因经济原因而放弃生命。一些难治的疾病往往对患者构成很大的心理压力，甚至导致精神崩溃，如癌症、艾滋病和其他一些难治的慢性疾病。意外事故导致躯体残疾者容易因无法接受残酷现实而选择自杀。当这些躯体疾病伴发抑郁时自杀的风险更会明显提高。

研究者从自杀未遂者的血样中发现，病人大脑中的血管紧张素，即5-羟色胺含量不足。5-羟色胺与行为有关，若脑内的5-羟色胺浓度降低，则自制能力下降，容易引起沮丧情绪，出现抑郁，从而导致偏激行为。尽管目前尚无确凿的证据说明自杀与遗传有关，但也有学者认为由于5-羟色胺是由某种基因直接产生的，因此，也不能完全排除自杀与遗传因素完全无关。在现实生活中人们发现大约有三成自杀者，他们的家人中曾经有过自杀行为或者自杀未遂行为。因此，也不能排除偶发的大学生自杀者没有遗传因素的影响。

2. 精神疾病与不良个性

精神疾病是自杀死亡的重要原因之一。在自杀者中精神疾病患者达90%以上，精神疾病患者的自杀率高于一般人群10～90倍。大学生是精神疾病的高发人群，国内有研究表明，大学生自杀者中有精神疾病和心理障碍者占39.27%。在我国大学生中与自杀相关系数最高的精神疾病主要是抑郁症和精神分裂症。抑郁与自杀之间的关系，已经得到广泛的认证，自杀意念或自杀行为是抑郁症的临床表现之一。精神分裂症患者常有思维和行为障碍，在幻觉、妄想和绝望的支配下，对抗自杀意愿的能力明显下降，自杀危险性增大。

（二）外部因素分析

1. 家庭因素

自杀倾向与家庭环境的亲密度、情感表达、知识性、组织性因子呈负相关，与矛盾性因子呈正相关。这说明缺乏凝聚力、沟通不畅、经常发生冲突的家庭环境容易导致子女的自伤自杀行为。

家庭教育对人的心理健康极为重要，在相当多的情况下，大学生自杀都是家庭教育失败的结果。大多数父母都有“望子成龙”的心态，他们太爱自己的孩子，以至于采取极端的教育方式。一种是溺爱，使孩子养成高傲、冷漠、懦弱和依赖的性格，抗挫折能力差；另一种是家长对孩子期望值太高，要求太严，他们把孩子看作自己的附属物，不惜一切将孩子塑造成自己理想中的形象，从不考虑孩子的想法、感受和实际情况。

家庭经济困窘也是一个因素。根据初步的估计，就目前的消费状况而言，供养一个大学生，平均每年的支出为1.2万元左右。这对于一个普通家庭来说，往往难以承受，许多学生家长不得不去借债让孩子读书。不少学生体谅家长的辛苦，在求学的同时，四处打工赚钱，以求自立，但四处奔波的同时，往往以牺牲学习为代价，造成成绩的滑坡，引发更大的心理压力。

此外，亲人死亡、家庭变故、父母离异、家庭成员关系紧张等也是诱发极少数大学生产生自杀倾向的原因之一。

2. 学校因素

大学是人才集中的地方，他们来自全国各地，水平参差不齐，其强中更有强中手，竞争相当激烈。有些同学基础差，底子薄，勉强考入大学又很难适应功课的压力；有的同学以为考上大学就可以松口气了，学习不再努力，把时间浪费在玩耍之中，导致学习成绩滑坡，多门功课不及格，面临着退学的危机，不仅面子上过不去，而且无法向父母交代，心理承受的压力很大，容易走向极端而自杀。

大学人际关系问题处理不好，容易使一些同学陷入苦恼之中，久而久之就会感到孤独、无能、无助。如果在人际交往中产生冲突、挫败与损失，可能导致青少年感到无望与无价值，从而造成青少年低自尊，进而萌发出自杀的想法或行为。

人际关系中，男女关系较为敏感。大学生处于性心理和性生理发展比较成熟的时期，对异性的爱慕、对情感的需求比较强烈。大学生对恋爱问题既敏感，又好奇。若缺乏正确的引导，容易产生各种心理困惑、心理冲突，从而引发悲伤、自责、绝望的心理，大有“看破红尘之势”，从而导致轻生。学校因素中要特别重视那些高危机因素。高危机因素即负性事件，是指那些突发性的危机，特别是涉及困窘或屈辱的事件。这些事件发生在自杀之前，直接对自杀行为造成引发的效果。包括受到处分、剧烈的争吵或冲突、意外怀孕、与他人关系决裂、在学业或运动表现上严重失望、所认识的人也企图自杀等。这些对当事人造成高度沮丧、压力的事件，通常是十分个别化的，而且很难去预测，同样一件事情，也许会给某一位大学生造成沮丧，但未必会对另一位大学生造成同样的效果，所以个人的感觉、应付事变的思维方式以及压力的历史情况都应考虑进去。

3. 社会因素

我国目前正处于社会转型期，社会竞争加剧，生活节奏加快，容易使学生因心情浮躁而失去明确的目标，造成自身定位不准，从而引发失望和无助感，导致自杀行为产生。尤其近几年的大学生就业形势愈发严峻，使他们心理上承受着巨大的压力。不少高校的大学生都会有某种程度的心理恐慌，例如，2009 年媒体报道的大学生刘某自杀事件，主要是过度焦虑，感到前途渺茫，丧失信心所致。

另外，自杀具有家族集聚现象，家族中有自杀史的大学生较其他大学生更具有自杀的危险性。

大学生自杀行为交织着社会、家庭、学校、心理及生物等诸多因素，因而在构建危机预警及危机干预体系时，必须进行全方面、多角度的综合考虑。

【课程思政导航】

讨论：自杀与自残——为什么有人要伤害自己？

知识拓展

关于自残/自伤行为

自杀和自残的不同(Walsh $ Rosen,1988)

特征	自杀企图	自残行为
痛苦	无法忍受、无法逃避、没有尽头的痛苦	间断的痛苦
目的	唯一且最后的解决方案	一时的解决方案
目标	意识的尽头	意识上的变化
感情	绝望感、无力感	意识上的变化

对于自残/自伤的误解

“看到血流出来的时候,似乎压力也随之一起被释放了。”

“这样总比没感觉好,至少我能感到疼痛。”

“划伤自己后,我感到了放松,情绪上的痛苦慢慢滑落到身体的疼痛中。”

……

自残/自伤行为在青少年中是非常常见的,并且具有一定的致残、致死性,有较大危害。国外研究显示,青少年的自伤行为报告率为3%～42%,我国在2011年的一项全国范围内的调查数据显示,30%的青少年在过去一年中发生过直接自伤行为。而实际上不仅仅是青少年,很多成年人同样用自残/自伤的方式缓解痛苦、释放压力或引起家人的注意。

因为自残和自伤往往被视为禁忌话题,这些自伤者的朋友、家人甚至他们本人,都可能对自残/自伤的动机和心理状态有严重误解。希望大家不要让这些误解阻止他们获得帮助或帮助你关心的人。

误解1:自残和自伤的人是故意作秀事实。自伤的人通常不是故意吸引他人的注意,羞愧和恐惧感会让他们很难主动寻求帮助,而这些行为恰恰是他们需要帮助的信号,是他们想跟别人沟通的信号。

误解:2:自伤的人是疯子,是很危险的事实。许多自伤的人确实会患有焦虑、抑郁,或曾经历创伤,但这并不会让他们变成疯子或出现危险行为。给他们贴上“疯子”或“危险”的标签只会让他们更加羞愧,不敢求助。

误解3:自伤的人是想寻死事实。自伤的人通常是不想死的,当他们伤害自己的时候,是试图应对他们的问题和痛苦。实际上,自伤还可能是一种帮他们继续活下去的方法。然而,从长远来看,自伤的人有更高的自杀风险,所以寻求帮助是非常重要的。

> 误解 4:如果伤口不严重,问题就没那么严重。事实:一个人伤口的严重程度基本上跟他/她实际遭受的痛苦程度没多大关系。不要假设因为伤口或伤害很轻微,就没什么可担心的。

五、自杀的预防和干预

2017 年 12 月,教育部党组下发《高校思想政治工作质量提升工程实施纲要》,在“十大育人体系”中提出了“心理育人质量提升体系”,指出要深入构建教育教学、实践活动、咨询服务、预防干预、平台保障“五位一体”的心理健康教育工作格局,建立学校、院系、班级、宿舍“四级”预警防控体系,完善心理危机干预工作预案,建立转介诊疗机制,提升工作前瞻性、针对性。分析研究大学生自杀的内外因素,根据各关键因素采取有力措施,是有效进行自杀行为预防与危机干预的前提。

(一)建立起切实有效的“心理危机干预平台和预警机制”

高校必须构建起一个以学生心理档案为筛选基础,以预警为重点,以干预促转化的学生心理危机干预机制。国内许多高校对此都积累了成功的经验,下面以我们所开展的工作为例作一简要介绍。我校大学生心理健康教育咨询中心自 2002 年成立以来,结合本校实际,注重教育内容的丰富性、教育渠道的多样性、教育形式的新颖性和教育影响的广泛性,系统探讨了适合本校特点的大学生心理健康教育模式,并进行了大胆的改革与实践,以“以人为本,促进发展,提升素质,重在预防”为工作的指导思想,以“面向全体,区分层次,关注重点,解决难点”为工作思路,构建出具有本校特色的心理健康教育“四平台”(见图 10.1)和心理危机干预预警体系(见图 10.2)相结合的大学生心理健康教育工作模式。

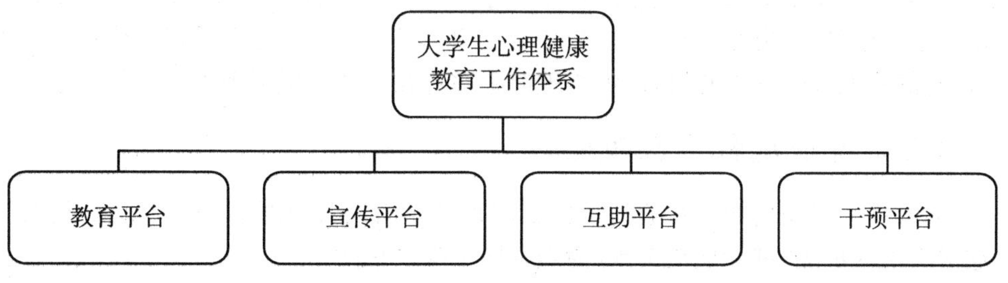

图 10.1　心理健康教育“四平台”

四个平台是:

(1)“教育平台”。开设由 1 门必修课“大学生心理健康教育”和 11 门选修课构成的课程体系,发挥课堂教学主渠道作用。通过团体心理辅导、系列心理讲座、心理健康月活动、影片赏析、心理干部培训,形成课内课外、教育指导、咨询自助相

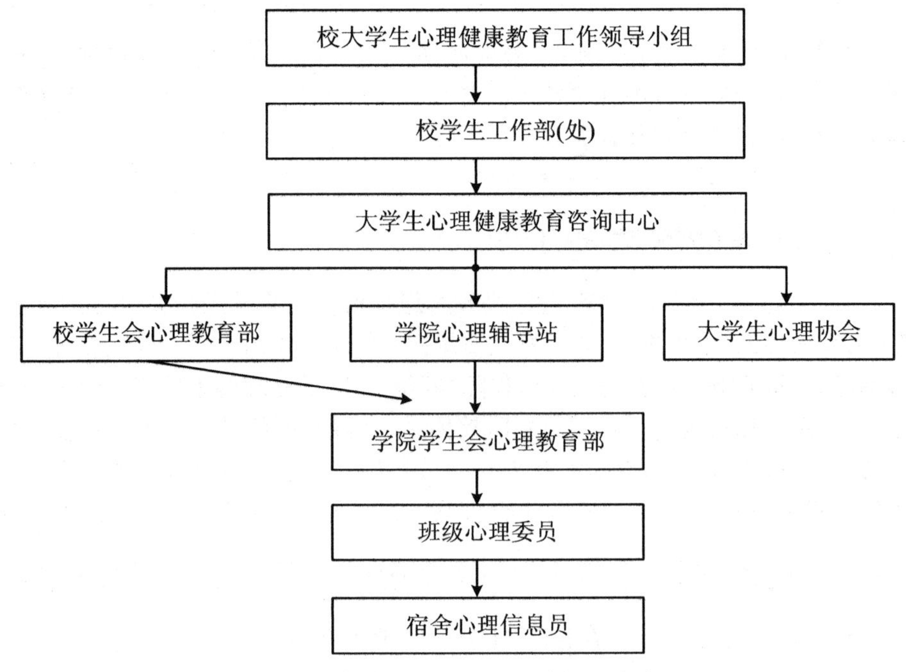

图 10.2 心理危机干预预警体系图

结合的心理健康教育网络。

(2)“宣传平台”。以“阳光心理在线”网站、《心晴》杂志、微信公众号、校报、橱窗等可以利用的宣传渠道为心理健康教育工作服务。

(3)“互助平台”。以大学生心理协会为骨干,通过校、学院两级学生会心理教育部和班级心理委员,形成全员参与的互助体系。

(4)“干预平台”。建立“学院心理教育工作站”,以心理档案为基础,以预警为重点,出台《安徽工业大学学生心理健康等级预警与危机应急处理方案》,形成由“宿舍心理信息员-班级心理委员-学生会心理教育部-学院心理教育工作站-大学生心理健康教育咨询中心”构成的心理健康教育和心理危机干预五级预警体系。

(二)自杀危机干预策略

当发现一名我们的朋友或同学面临心理危机时,可以使用心理专家总结出的“危机干预六步法”进行危机干预,为当事同学提供帮助。

1. 确定问题

很多人都无法理解自杀者为什么要寻死,不是说“好死不如赖活着”吗?死都不怕,还怕活下去吗?有人曾访问过一些自杀未遂者,问他们自杀的原因及在自杀前的心理和感受,得到的回答是因痛苦抑郁而自杀的个体在自杀前会经历三个阶段:先是“难过”,再是“说不出来的难过”,最后是“比死还难过”,所以到了第三阶段他们会选择自杀,因为他们认为死可能还好受些,他们决定终止难过的感觉。有时，这些感受也能帮助我们评估个体自杀的危险性。

因此，在危机干预的第一步中，我们应该通过认真地倾听，利用开放式提问、注意求助者的语言和非语言信息等倾听和沟通手段，把握危机当事人真正的问题重点，为进一步实施准确有效的干预打下基础。

2. 保证求助者的安全

既然是危机，就有危险，所以评估危机当事人的危险性是很重要的。具体的危机评估包括：从认知、情感、精神活动情况等层面评估危机的严重程度，评估当事人目前的情绪状态（目前是一次性危机还是以往也有危机生活经历？求助者现有的情绪力量和情绪自控程度如何？），评估替代性的解决方法、应付机制、支持系统和其他资源，评估自杀危险性等。这些评估可以借助专家的专业知识、心理测评手段以及个人相关工作的经验来展开。

3. 提供支持

向危机当事人表达干预工作的可靠性、有效性。通过切实的行动，赢得当事人的信赖，帮助他们重建信心。包括评估当事人可以利用的心理支持资源，切实地帮助他们建立心理支持系统（比如家人、好友、同学、师长、心理咨询机构等的支持），并设法保证他们处于愿意利用这一心理支持系统的状况下。

4. 检查替代性的解决方法

帮助危机当事人了解他们可以获得哪些环境支持、可利用哪些资源、如何以积极的思维方式代替消极的思维方式等，从而渐渐摆脱对某个特定危机干预者的依赖，看到自己的主观能动性和力量。

5. 作出计划

在确定当事人认同和理解的基础上，作出切实可行的用于摆脱困境的短期计划。这些计划的制订，有助于当事人切实看到摆脱困境的途径或可能性。

6. 获得承诺

获得当事人愿意按计划行动的承诺，从而使危机处于初步的控制之下。只有计划，没有行动，当事人会丧失对局面和自我控制的信心，很快又陷入危机中去。

所以，对曾经自杀过的人，重要的是要改变他们的心态（从消极走向积极）、价值观（重视生命和社会责任）和思维方式（从偏执、狭隘变为富于弹性），教会他们心理调节的方法，激活他们的求助意识，帮助他们建立起心理支持系统（家人、亲友、心理咨询师等的支持）。只有这样，他们再次自杀的可能性才能降低到最低限度。

小贴士

送给想自杀的朋友

我知道你们想自杀肯定是因为受到了很大的伤害或打击，我理解你们暂时地对生命失去希望，对人生失去信心。

我想很多想自杀的朋友都很迷茫，因为你们失去了方向，不知道自己人生的意义所在，看不到自己的价值所在。

我也想过自杀，因为看不到我要活着的理由，因为觉得接受不了现实的残酷，因为自己梦想的落空。

当时一直在想，为什么上天那么不公平，为什么一切的不幸都发生在了我的身上，为什么要让我承受那么多的痛苦，为什么？

所以想到了去自杀，死了我就可以不用面对现实，我就可以不负责任地一走了之。

我可以吗？不行。因为我的死只会带给爱我的人无限的痛苦，我并没有发现我自己的价值，我对这个社会没有作出任何的贡献，一直以来我都在索取，我都在接受别人的付出，我能这样一走了之吗？

人生最重要的是要学会感恩和知足，我以前只是看到了老天对我不公平的地方，其实，当你留心的时候，你就会发现自己很幸福，命运是公平的，我还有过很快乐的时光，我也幸运过。

不要只是沉浸在自己的痛苦之中，不要总是怨天尤人，把眼光放得远一点，心胸宽广一点，那时你就会发现，这点痛苦算得了什么！

永远不要因为恨一个人而自杀，永远不要以报复为理由而自杀，太不值得了，难道你的人生就是为了那个人而活的吗？为了一个伤害你的人而活岂不是太可悲了吗？难道你死了别人就会痛苦吗？难道你死了就能报复别人对你的伤害吗？根本不可能，你自己幸福地生活着是对伤害你的人的最好的报复。

永远不要为了逃避而自杀，因为那解决不了问题，你只能永远沦为人生的弱者，没有人会同情你，没有人会理解你，人们只知道你是个不负责任的人。

生命中有很多的得意与失意，你可以伤心，可以难过，可以去发泄，可以去放纵，但是不可以去自杀，生命是可贵的，要学会爱自己，珍惜自己，珍惜生命。

大家都曾从电视上看到过残疾人艺术表演和残疾人运动会，就全球而言，残疾人占世界人口的十分之一，当你看他们表演的时候，不仅仅是对艺术和体育的欣赏，而是看到了他们对生命的热爱，看到了他们坚强的意志，他们一出生就带着不幸，但是他们自己去创造了自己的人生，他们尽力去使自己的人生更加精彩，他们在努力着，想自杀的朋友们，你们呢？为什么不去努力一次呢？

不知道大家是否去过医院？那些患了不治之症的人们，他们躺在医院里仍然在与病魔斗争着，他们痛苦吗？他们难受吗？当然痛苦，当然难受，但他们还在坚持，他们还在尽力地使自己的人生再延长一点，他们还想再多看世界一眼，他们还想多看自己所爱的人一眼。而想自杀的朋友们，你们有的是时间，可是你们却不珍惜，为什么不去感恩自己还有时间呢！

不知道大家去过贫困山区没有？不知道大家听说过非洲的难民们没有？你们知道还有人在这世界的一个角落，在你们上网的时候，他们在挨饿吗？他们喝不到水，连基本的温饱都保证不了，他们都能努力地生活，你们为什么不能呢？要说去自杀，他们更有资格，你们有资格吗？

我知道大家都明白这些道理，作为一个不认识你们的人，我想我努力了，我都在努力挽回你们的生命，你们为什么不去努力一次呢！

思考题

1. 你认为生命的意义是什么？你是如何看待死亡的？

2. 什么是有意义的人生？你是怎样规划自己人生的？

3. 根据你所了解的大学生自杀的案例，探讨自杀引发的后果，以及摆脱痛苦的方法。

第十一章　寻求帮助是强者行为
——大学生心理咨询

案例11.1

心理咨询——助人自助

来访者,男,20岁,因恋爱问题引发困扰前来咨询。

来访者:通过刚才我说的足以说明我的恋爱出现了问题,我希望您能帮助我解决!

咨询师:好的,我会为你提供帮助的。刚才我们已经商定了咨询方案和目标,现在咱们来分析一下你和女友恋爱中存在的问题。

来访者:好的,我听您分析。

咨询师:你可能对咨询还有些不太了解,解决你恋爱问题不是我分析,而是得请你来分析。

来访者:我分析?可是我刚才和您讲过了我们之间的矛盾啊?

咨询师:我刚才听懂了你所说的,但心理咨询的实质是我向你提供心理帮助,你自己探索解决自身的问题,因此需要你的积极参与。

来访者:我解决?我参与?我要是能解决问题,就不会来咨询了。

咨询师:我们来看一个例子,如果家里的电视机坏了,怎么办?

来访者:当然是找电视机维修部的人来修了。

咨询师:是别人修还是你修啊?

来访者:是别人修。

咨询师:是的,修理电视机可以这样,自己不动手就能解决问题。但心理咨询完全不是这样的,帮你解决情感问题不能像修电视机,我不能像工人师傅那样直接帮助你,我向你提供帮助的形式,也就是心理咨询的形式,是通过向你提供必要的知识,提供必要的技术指导,促使你将电视机修好。电视机修好了,不是我修好的,而是你自己修好的。

来访者:那太麻烦了吧,能不能您直接动手,就将电视机修好得了?

咨询师:问题发生在你身上,我动手帮你解决,你置身事外,这样能解决问题吗?

来访者:能啊,我都听您的,您怎么说,我就怎么做。

咨询师:刚才你在介绍情况时,说过你父母、兄弟姐妹、同学、朋友等都纷纷给你出主意,帮你解决问题,可你并没有按照他们所说的去做,我说了,你就会按照我说的做吗?

来访者:(思考)也许不会吧,但我自己解决太痛苦了。

咨询师:解决问题的过程可能是痛苦的,但不付出努力,难以取得成果。就像洗衣服那样,挺麻烦的,还挺累,但缺少了这样的过程,无法享受穿着干净衣服的舒适与快乐呀。

来访者:我有些明白了,我的问题必须要我自己动手才能真正解决。就如同我渴了,必须我自己喝水才行。

咨询师:是的。

来访者:可我恐怕没有能力解决啊!

咨询师:你刚刚讲过,你在……方面曾经遇到过很大难题,但你完全靠自己解决了,这算不算你具有解决问题的能力呢?

来访者:(思考)如果这样讲,我确实很能吃苦,也能解决现在看来难以解决的问题。

咨询师:是的,你有这样的能力,我也希望你相信你有能力解决自身的问题。

来访者:那好,我就试着对恋爱问题进行分析。

咨询师:好的。

心理咨询(psychological counseling)是现代社会生活中一项独特的、专业化了的人际帮助活动,对于平衡人们的心理、改善人们的适应能力、提高人们的生活质量起着重要作用。现代社会生活节奏的加快,竞争的加剧,以及多元文化的碰撞,价值观念的冲突,造成了诸多的心理困惑和难题。人们开始认识到不良情绪和内心冲突对健康的影响,也越来越注意到心理咨询在生活中的重要作用。

第一节 心理咨询概述

一、什么是心理咨询

(一)心理咨询的含义

counseling 一词来源于拉丁语 consultation,基本含义为商讨或协商的意思,与中文的“咨询”相同。在汉语的解释中,“咨”是商讨,“询”是询问,“咨询”一词从中文字面上理解,就是一种提供信息、解除疑惑、给予忠告建议的活动。关于心理咨询这一概念的界定，无论在国内还是国外，目前还尚无被大家一致公认的统一定义，但从有关心理咨询的著作中可以看到学者们对心理咨询这一活动在认识上的某些共识。

我国《心理咨询大百科全书》(2001 年)对心理咨询的定义是："心理咨询师通过和来访者的商谈、谈论、劝告、启发和教育，帮助他们解决各种心理困惑和心理障碍，以使他们更好地成长，提高适应能力，增进心身健康。"

钱铭怡在《心理咨询与心理治疗》(1994 年)一书中认为："心理咨询是通过人际关系，运用心理学方法，帮助来访者自强自立的过程。"该书中还提到了里斯曼(D. R. Riesman)1963 年对心理咨询所下的定义："咨询乃是通过人际关系而达到的一种帮助过程、教育过程和增长过程。"

马建青在其《辅导人生——心理咨询学》(1992 年)一书中认为："心理咨询是运用有关心理科学的理论和方法，通过解决咨询对象(即来访者)的心理问题(包括发展性心理问题和障碍性心理问题)，来维护和增进身心健康，促进个性发展和潜能开发的过程。"

心理学家帕特森(Cecil H. Patterson)认为，咨询是一种人际关系，在这种关系中，咨询人员提供一定的心理气氛或条件，使咨询对象发生变化，作出选择，解决自己的问题，并且形成一个有责任感的对立个体，从而成为更好的人和更好的社会成员。

上述定义各自涉及了心理咨询的一些外在和内在的特点，从中我们归纳出心理咨询应强调的几个基本要素：

第一，心理咨询解决的是来询者心理方面的问题，或由心理问题引发的行为问题，而不是帮助他们处理生活中的具体问题。例如，一个因考试焦虑来询的大学生，希望咨询员替他交涉缓考的问题；一个在教育子女问题上遇到困扰的母亲要求咨询员找她儿子谈一次话；一个下岗待业的职工要求咨询员为他物色合适的工作……这些问题都是由于来询者对心理咨询的误解所造成的。咨询员对此应加以解释，并引导来询者把解决问题的着眼点集中于自己的心理问题，通过咨询，使消极情绪得到调整，以积极的态度面对生活中的实际问题。

第二，心理咨询不是一般的助人行为。它是运用心理学的知识、理论与方法从心理上为来询者提供帮助的活动，咨询员必须是经过专业训练的职业人员。在日常生活中，人们也可以进行互相帮助，通过谈心使紧张情绪得到缓解，但这是一种日常交往而不是心理咨询。心理咨询有特定的目的和任务，解决问题有专业理论与方法，它是一种有目的、有意识的职业行为，而不是人与人之间一般的生活交往。

第三，心理咨询强调良好的人际关系氛围。咨访关系是一种治疗联盟，在来询者和咨询人员之间必须有一定程度的相互理解和信任，来询者才肯于坦言自己的问题，接受咨询员的帮助。能否建立这种良好的关系，营造出相互信任的气氛，取决于来询者的主动求助的欲望和开放的程度，以及咨询员的态度和技巧。咨询员对来询者的理解和帮助须是真诚的，态度应是诚恳的，但咨询员与来询者之间的关系不同于社会生活中的朋友或其他人际关系，双方均不谋求发展咨询以外的关系。假如一位多情的女大学生在咨询中获得了帮助，进而对咨询员在感情上产生了依恋，咨询员绝不能为此而动情或与之发展咨询以外的关系。

总之一句话，心理咨询就是咨询师协助来访者解决各类心理问题的过程。

（二）心理咨询的目标

心理咨询不同于技术咨询、商务咨询，后者可以直接撷取现成的、结论性的指导；也不同于治疗身体疾患的寻医问药。心理咨询是咨询员同咨询对象（或称为求助者、来访者），就其一般的或特定的个人问题磋商解决的过程，咨询目标由双方共同参与制订。在咨询过程中，咨询员采用心理学的技术，围绕咨询对象的心理问题，或改变咨询对象的认知，或疏导咨询对象的情绪，或扶助咨询对象采取行动，最终促进咨询对象的成长。因此，心理咨询的目标是提高咨询对象的自助能力，使之能够自主地决定自己的行为。有的人将心理咨询视同取经，以为依照咨询员的明确指示，照搬照做即可立即见效；或者类似抓药，以为可以药到病除，这都是对心理咨询的误解。心理咨询是在协助咨询对象解决具体问题的同时，通过咨询对象的观念转变、人格成熟，减少或避免类似问题的发生，乃至实现知识、技能的迁移，达到举一反三的效果。此外，开发人的潜能也被列为心理咨询的目标或任务。需要说明的是，潜能不是超能，开发潜能不是开发人体内潜藏的超自然的能力，也不单纯是开发智力。根据美国人本主义心理学家罗杰斯的理论，人有着理解自己、不断趋向成熟、产生积极的建设性变化的巨大潜能。任何健康的个人即使没有心理问题，只要想提高自己的心理素质或行为格调，就可参加心理咨询。心理咨询中的开发潜能可启发和鼓励咨询对象自身潜能的发挥，并促进其成长、成熟，使其成为负责任的、独立的、能自我实现的人。

二、心理咨询的原则

心理咨询的原则有很多，且因理论流派的不同而各有所侧重。

（一）保密性原则

保密性原则是心理咨询中最重要的原则。心理咨询是在咨询对象充分地自我坦露的前提下进行的，所以保密性原则是鼓励咨询对象畅所欲言的心理基础，也是对咨询对象人格及隐私权的最大尊重。心理咨询的保密范围包括不公开咨询对象的姓名，不散布咨询对象的谈话内容及尊重咨询对象的合理要求等。但是当咨询对象的情况需要寻求其他力量协助时可以违背。一是有明显自杀意图者，应与有关人士联系，尽最大可能加以挽救；二是存在伤害性人格障碍或精神疾病患者，为避免他人受到伤害，应与有关人士和部门取得有分寸、负责任的联系。美国心理学会 APA 对此规定：只有经过认真考虑，确认对个人或社会有明显而又紧迫的危害，才能向其他专业人员或有关部门透露。对咨询对象负责的泄密行为，还包括这种行为是建立在事先对可能的危害程度、实质以及泄密行为的可能后果的正确判断基础上，同时考虑在必要的时候如何向咨询对象解释这种必要的泄密行为，以及在失去咨询对象的信任后如何继续提供帮助等。

（二）不评价与非指示性原则

不评价与非指示性原则体现着对咨询对象的尊重与理解。每个人所信奉的准则不同、境遇不同，在处理问题时所考虑的影响因素的侧重也不同，特别是每个人都有选择行为方式的自主权力，他人不应对其评头论足，甚至指手画脚地加以摆布。如果对咨询对象的述说加以评价或指责，只会中断咨询对象的述说，妨碍其心迹的完全袒露，给咨询过程的深入制造麻烦。所以，咨询师以参谋角色帮助咨询对象分析问题是合乎情理的，他所提出的见解和提供的建议，不应当是指令性的。任何越组代庖的行为和迹象都违背心理咨询的原则。

（三）整体性原则

在咨询过程中，学校心理咨询人员要有整体观念，对咨询对象的心理问题作全面考察、系统分析，既要重视心理活动诸要素的内在联系，又要考察心理、生理、社会因素的相互制约与影响，以使咨询工作准确、有效。

（四）发展性原则

学校咨询人员要以发展变化的观点看待咨询对象的问题，不仅要在问题的分析和本质的把握中善于用发展的眼光做动态考察，对问题的解决、预测也要有发展的观点。

（五）灵活性原则

在咨询过程中，咨询人员要注意咨询对象的具体情况，灵活地运用各种咨询理论、方法，采用灵活的步骤，在把握来访者共性的基础上，最大限度地根据来访者的特殊性作出判断，采取不同的方法，以便最有效地取得咨询效果。

（六）艺术性原则

学校心理咨询人员在咨询过程中要通晓咨询的理论、技巧，善于运用言语表达、情感交流和教育手段，促进咨询对象的思想转化和行为改变，以如期实现咨询目标。

【课程思政导航】

> **讨论**：心理咨询的原则对于开展思想道德教育有怎样的启示？

三、心理咨询的常见形式

心理咨询有各种不同的形式。从来询者的人数来分，可分为个别咨询和团体咨询；从咨询的途径来分，可分为面谈咨询、信函咨询、电话咨询、网络咨询、专题咨询和现场咨询等不同形式。

（一）面谈咨询

面谈咨询是个别咨询中最常见和最主要的形式。它是咨询工作者坐等来询者上门咨询的一种形式。

面谈咨询有许多优越性。首先，以面谈形式进行咨询，来询者可以进行充分详尽的倾诉，将自己心中的烦恼、焦虑、不安或困惑直接告诉咨询人员，咨询人员在耐心倾听的基础上，可以与来询者进行面对面的磋商、讨论、分析和询问。这种面谈形式与书信咨询、电话咨询等其他咨询形式相比，更为直接和自然。其次，面谈咨询可以使咨询人员对来询者进行直接观察，有助于对来询者的个性、心理健康状况、心理问题的严重程度和当时的心态进行观察、了解和诊断。第三，面谈咨询是个别进行的，不允许第三者在场旁听，在这种情境中，来询者易于消除顾虑，容易说出自己内心深处的想法。

面谈咨询以谈话方式为主。如果有必要，可以进行有关的心理测试，测试数据作为分析和治疗的一种参考依据。对于轻度的心理问题，有时通过一次咨询即可解决问题，较为复杂的问题，则需多次咨询。复诊时间可在首次咨询结束时约定，也可由来询者根据需要自己决定。面谈咨询是咨访双方面对面的交流，这种咨询形式对咨询人员的要求高，咨询人员不仅要有丰富的专业知识和经验阅历，还要有积极诚恳的态度和娴熟的技巧。

（二）电话咨询

电话咨询是通过电话进行交谈而实现的咨询。这是一种较为方便而又迅速、及时的心理咨询方式。电话咨询在一些发达国家已通行多年。1960 年，美国洛杉矶自杀防治中心开始应用电话咨询，后来其他国家也陆续使用。电话咨询在防止由于心理危机而酿成的自杀与犯罪方面起到了良好的作用。电话架起了心灵沟通的桥梁，当一个人由于一时冲动而准备采取某种冒险行为的时候，当他苦恼至极、痛不欲生的时候，如果拨通了心理咨询电话，就可能得到意想不到的关怀和温暖，在心理上得到开导和慰藉，甚至能把一个人从死神手中拯救出来。因而人们把它称为“希望线”或“生命线”。

（三）书信咨询

通过书信形式进行心理咨询，也是心理咨询的一种常见形式。其优点是可以打破空间距离的限制，向心理咨询机构请求书面帮助。也有人对自己存在的心理障碍不愿向咨询人员当面诉说，为了避免当面交谈可能带来的尴尬局面而愿意诉诸笔墨。书面咨询还有简单易行、运行方便、涉及面广等优点。但书面咨询也有不足之处：由于咨访双方不能直接见面和对话，因而不易深入了解情况、询问详由，因此只能提出一些原则性的疏导意见，很难给予深入具体的指导；另一方面，受来询者文字表达能力的限制，有的来信存在表达不清、陈述不详等情况，致使咨询人员无法把握要点而影响了对来询者心态的分析、帮助和指导。此外，还可能出现地址不详、邮政编码不清、署名潦草等疏漏而影响复函。为此，进行书信咨询的人，不仅要明确陈述自己的心理感受、行为表现以及环境背景、人际关系等问题，同时切莫疏漏地址、电话、邮政编码等细节，以利复函。

（四）网络咨询

所谓网络心理咨询，是指以网络为媒介，运用各种心理学理论和方法，帮助当事人以恰当的方式解决其心理问题的过程。就目前而言，网络咨询方式主要包括即时聊天软件（QQ、微信等）、电子邮件（E-mail）、电子布告（BBS）等。互联网已经渗透到社会生活的方方面面，运用网络开展心理咨询已成为不可阻挡的趋势。相对于现实的心理咨询，网络咨询有着自身的优点，例如更加便于为当事人保密、咨访关系更显平等与轻松、来询者选择咨询师的自由度增大、信息量更加丰富、更加方便快捷、便于思考和分析等等。此外，还可以通过心理咨询网站来普及心理健康知识，提供大众性的咨询和帮助。网络咨询必将随着网络技术手段的发展和网络的进一步普及而不断发展，会被越来越多的人逐渐接受。

当然，心理咨询是一项专业性很强的工作，网络咨询虽然具备其他咨询方式所不具备的优势，但其弱点与限制也十分明显。当事人与心理咨询师通过网络的沟通是间接的，停留在较浅的层次，远不如当面咨询来得更直接、更具体、更亲切、更深入、更具有可操作性。随着网络技术手段的改进，即时视听应用于在线咨询中，人们可以利用多媒体在网上互动，但网络心理咨询依然无法替代网络外长期而系统的面对面咨询。

（五）小组或团体咨询

团体咨询一般有两种形式：一种是由有共同问题的来询者自愿组织的两到三人或更多一些人数的小团体，前来心理咨询门诊机构询问或磋商一些共同关心的问题。这种咨询形式在大学生心理咨询中是常见的。另一种是由咨询工作者把存在共同问题的来询者组织在一起，和他们一起讨论问题，并给予切实的指导。团体咨询的人数没有固定的标准，从两三人到十几人均可。人数太多不利于讨论，如人数超过 20 人，则可分成几个小组进行。对于来询者中普遍存在的共同问题，可组织心理健康讲座。

团体心理咨询是一种多项性的交流。由于来询者之间的问题比较接近，都具有解决问题的迫切性，这会促使他们积极地讨论问题，可以集思广益，相得益彰。当来询者了解到其他人也有与自己类似的苦恼时，就会减轻原有的心理负担，消除孤独感，使紧张的情绪得到松弛。另外，从共同的讨论中还可以得到启发与帮助，从而实现解除重负和心理治疗的目的。团体心理咨询本身就是一种社交活动，通过来询者之间的相互观察和沟通，就可以起到示范、模仿和练习的作用，从而使来询者的社交障碍得到一定程度的克服。

团体心理咨询也具有其局限性。有多人在场的情况下，来询者容易产生顾虑，不愿暴露自己的想法。所以，团体咨询只能解决一些共同存在的表层心理问题，深层的问题还是需要通过个别咨询单独加以解决。

小贴士

在我国，目前已经开通了很多公益心理咨询热线，常用的有：
12355（青少年心理咨询和法律咨询热线）；
400-161-9995（全国 24 小时心理危机干预热线）；
010-62715275（中国心理危机与自杀干预求助中心 24 小时救助热线）；
400-659-1888（教育部华东师范大学心理援助热线）。

第二节　学校心理咨询理论

学校心理咨询是学校心理咨询员改变学生心理的应用科学和艺术。随着心理咨询工作在高校的广泛开展，按照我国高等教育的目标要求，目前已经在全国各个大学设立了大学生心理健康教育中心或大学生心理咨询与辅导中心等为大学生服务的专门机构，并且国家还将每年 5 月 25 日确定为“全国大学生心理健康日”，学校的心理咨询与辅导也逐步走上了正轨。

一、什么是学校心理咨询

（一）学校心理咨询的定义

学校心理咨询是指在学校情境中，心理咨询人员运用心理学的原理和方法，对在校学生的学习、适应、发展、择业等问题给予直接或间接的指导、帮助，并对有关心理障碍或轻微精神疾患进行诊断、矫治的过程。

（二）学校心理咨询的任务

大学生心理咨询所面对的对象、问题的性质以及技术力量和咨询功能等因素，决定了高校心理咨询是面向全体大学生的，以发展性咨询和教育为主要内容，帮助在校学生增进心理健康，发挥自身潜能，有效适应学校和社会生活。其具体任务包括：向来访的学生、学校教师、行政人员以及学生家长提供有关的信息和指导；依据一定的心理学原理对来访学生的心理和行为问题提供帮助；贯彻预防为主的方针，推行和实施学校心理卫生计划；对心理异常学生进行诊断和鉴别，建立学生心理健康档案，对特殊学生进行危机干预等等。

二、学校心理咨询的进程

随着学校心理服务机构的发展和完善，心理咨询已经形成了比较科学的程序，可以按规范的进程进行。那么，学校心理咨询是如何开展的？在校大学生怎样才能获得有效的帮助？学校心理咨询一般分为哪几个阶段？根据我们的实践和体会认为其基本过程为：

（一）预约阶段

来访学生在接受正式心理咨询前，事先需要预约咨询老师。学生可以通过工作人员的介绍，了解心理咨询的性质和原则，结合自己的情况和喜好，预约一个适合自己的咨询老师并商定好初次谈话的时间。此外，预约阶段还包括基本资料的收集，内容有人口学资料、个人成长史、个人和家族健康史、家庭情况、求助的问题类型、心理状况自我评估等。这些资料的收集有助于咨询师做好准备工作并判断是否需要转介给其他咨询师。

（二）问题探索阶段

在问题探索阶段，咨询师的首要任务是和来访学生建立良好的咨访关系。咨询关系的建立受到咨询师和来访学生的双重影响，就来访学生而言，他们的咨询动机、合作态度、期望程度、自我觉察水平、行为方式以及对咨询师的反应等，会在一定程度上左右咨询关系。就咨询师而言，其咨询态度对咨询关系的建立和发展具有更为重要的影响。咨询师应以尊重、热情、真诚、共情、积极关注的态度和来访学生建立好信任关系。同时，在此阶段咨询师可以通过使用访谈技巧和一些规范的心理量表、测验工具进一步收集资料，为以后的目标界定和方案选择提供基础。

（三）目标设定阶段

设定咨询过程的目标是为了让心理咨询更有针对性地获得效果，它可以指明

咨询的方向，引导并监控咨询的进程，并有利于来访学生对咨询效果作出评价。咨询师需要在充分收集来访学生的信息、资料的基础上，找出来访者最关心、最困扰、最需要解决的问题，并充分考虑现有的干预手段和局限，与来访学生共同协商制订咨询的目标。咨询目标既要考虑到来访学生的问题和需要，又要根据咨询的理论和技术；既要有具体的小目标，又要有立足于发展和成熟的大目标。咨询目标的确立有时会是一个过程，会随着咨询的不断深入而有所改变。

（四）制订咨询方案阶段

咨询方案应该在咨访双方相互尊重、平等的气氛中共同商定。一般来说，包括以下内容：咨询目标，双方各自特定的责权利，咨询的次数和时间安排，咨询的具体方法、过程和原理，咨询的效果及评价手段，其他问题及有关说明等。一两次的咨询不一定要签订书面的方案，但应有口头的商议和交代。如果是十多次，甚至更多次的面谈，最好有比较详细的方案。当然，商定好的咨询方案并不是一成不变的，它可以随着咨询的进程有所调整。例如，来访学生或咨询师由于某种原因需改变咨询的时间，这就需要做一定的变动，但应该经双方商议。

（五）行动实施阶段

这一阶段最能体现出心理咨询“助人自助”的本质，是整个咨询过程中最有影响力的环节。咨询师根据咨询目标和方案，以特定的咨询理论为指导，通过澄清问题和启发、引导来访学生自我探索，并通过为其提供改变选择、进行训练等方式来影响来访学生的态度和行为。在这一阶段中，咨询师鼓励来访学生尝试改变，树立进步的信心，同时适当给予一些反馈和评价，让来访学生清楚自己做得好不好，从而增强进一步改变的信心。

（六）评估与结束阶段

心理咨询的结果评定并不是一定要等到结束才做，来访学生在行动实施阶段不断进行练习和尝试时，就应该不断总结效果，及时进行调整。当来访学生已经能将咨询中习得的心理行为方式和解决问题的手段应用到日常相似情境中去时，这就意味着来访者在咨询活动中获得了进步，即可以进入心理咨询的评估阶段，同时也提示双方咨访关系的暂时结束。咨询效果的评定纬度包括：来访学生的自我评估，来访学生社会生活适应状况改变的客观现实，来访学生周围人士特别是家人、同学和老师对其改善状况的评定，来访学生咨询前后心理测量结果的比较以及咨询师的评定。心理咨询结束时，咨询师要冷静地接受来询者的道别，不论对方是热情致谢，还是冷漠离去，都要保持中立的咨访关系。在心理咨询结束一段时间后，咨询师还应当经常对来询者进行追踪调研，了解咨询后的远期情况，这不仅是对来询者负责任的表现，而且也是咨询师提高自身业务水平所必需的。

一个完整的心理咨询过程是由一系列步骤、若干次会谈所组成的。但是,每一阶段模式并不是一成不变的,也不是僵化地按顺序出现在咨询活动中的。心理咨询是一项充满了变化和挑战的工作,而正是它的不确定性才能帮助学生体验成长。

三、学校心理咨询的主要理论和方法

心理咨询的理论种类繁多,从奥地利精神病学家弗洛伊德开创的心理分析疗法开始至今,心理咨询的理论和方法已有400余种。这些理论和方法一般要求专业人士进行专业训练后才能在实践中加以运用,这里选择在学校常常使用的一些方法进行介绍。

(一)精神分析疗法

精神分析疗法又称心理分析疗法,是奥地利精神病学家弗洛伊德在19世纪末创立的。弗洛伊德通过对大量精神病患者、神经症患者的观察与治疗,以及对他自己内心世界的艰难分析,提出精神分析理论。

精神分析理论认为,心理障碍是由潜意识中的矛盾冲突引起的,所以精神分析疗法致力于挖掘病人压抑到潜意识中的幼年创伤性经验,并将其带入到意识之中,启发病人重新认识这些经验,使潜意识的矛盾冲突获得解决,从而消除病人的症状。这就好比屋里的异味如果是由地毯下发霉的垃圾散发的,要想彻底消除异味,只在地毯上打扫是不行的,必须把地毯下发霉的垃圾清除掉。为了达到上述目标,精神分析心理疗法主要采用自由联想和释梦等技术。

自由联想(free association):弗洛伊德认为浮现在脑海中的任何东西都不是无缘无故的,都是具有一定因果关系的,借此可挖掘出潜意识中的症结。自由联想就是让病人自由诉说心中想到的任何东西,鼓励病人尽量回忆童年时期所遭受的精神创伤。精神分析学说认为,通过自由联想,病人潜意识的大门不知不觉地打开了,潜意识的心理冲突可以被带入到意识领域,医生从中找出病人潜意识之中的矛盾冲突,并通过分析促进病人领悟心理障碍的"症结",从而达到治疗的目的。自由联想是精神分析的基本手段。

释梦(dream analysis):弗洛伊德在他的著作《梦的解析》中,认为"梦乃是做梦者潜意识冲突欲望的象征,做梦的人为了避免被人家察觉,所以用象征性的方式以避免焦虑的产生","分析者对梦的内容加以分析,以期发现这些象征的真谛"。梦是潜意识中被压抑的欲望变相的满足,所以发掘潜意识中心理资料的另一技术就是要求病人在会谈中也谈谈他做的梦,并把梦中不同内容自由地加以联想,以便治疗者能理解梦的外显内容(又称显梦,即梦的表面故事)和潜在内容(又称隐梦,即故事的象征意义)。

(二)行为疗法

"行为疗法"源于行为主义理论,它强调通过对环境的控制来改变人的行为表现。其理论基础包括俄罗斯著名生理学家巴甫洛夫的经典条件反射理论及美国著名心理学家桑代克和斯金纳等人的操作性条件反射理论等。该理论认为：人的所有行为都是通过学习而获得的，其中，强化对该行为的巩固和消退起决定性作用。强化可以采取嘉奖或鼓励（正强化）的方式，也可以采取批评或惩罚（负强化）的方式。由此可见，学习与强化是改变个人不良行为的关键。心理治疗的目的在于利用强化使来询者模仿或消除某一特定行为，建立新的行为方式。它通过提供特定的学习环境促使来询者改变自我、摒弃不良行为。也就是说它很注重心理治疗目标的明确化和具体化，主张对来询者的问题采取就事论事的处理方法，不必追究个人潜意识和本能欲望对偏差行为的作用。

"行为疗法"的常用疗法包括"系统脱敏疗法""松弛疗法""模仿学习""厌恶疗法""泛滥疗法"等，其核心均在于利用控制环境和实施强化使来询者习得良好行为、矫正不良行为、重塑个人形象。

系统脱敏疗法是最常用的行为疗法之一，脱敏是指对某种刺激的过敏性反应逐渐递减直至消除。

系统脱敏疗法依据交互抑制原理和消退原理：一种刺激已诱发了某种适应不良行为，如果现在要消除这种适应不良行为，就可以设法用同样一种刺激诱发出与适应不良行为互不相容的正常行为。如果诱发成功，那么该刺激原有的那种诱发适应不良行为的作用就会削弱。系统脱敏疗法有着严格的程序：首先要求求助者评估自己对刺激的焦虑或者恐惧、厌恶的等级，通常以十分制或百分制加以区分；然后学习自我松弛训练；第三步是将能引起焦虑或者恐惧的各种刺激，依低分向高分排列或表示。例如，一个害怕考试的学生，其焦虑等级可依据考期的远近列于表 11.1 中。

表 11.1　主观焦虑评分表

刺　激	主观焦虑分
不考试	0 分
考试前两周	1 分
考试前一周	2 分
考试前三天	3 分
考试前两天	4 分
考试前一天	7 分
进入考场	10 分

系统脱敏，先接触最低等级的刺激，当出现焦虑或恐惧时，即进行放松，形成交互抑制或对抗情绪，逐级脱敏，直到最高的等级。情境性焦虑多采取想象系统脱敏的方法。

（三）来访者中心疗法

来访者中心疗法的诞生标志着心理治疗第三次浪潮的起始。由于其主题是尊重人、关心人、发挥个人的自身潜力、维护个人的自我价值，因此被归于人本主义心理学。来访者中心疗法同其他人本主义心理治疗的方法一样，不强调个别的治疗技术，而更为强调咨询中的人际关系，即人为地创造一种绝对的、无条件的、积极的尊重气氛，使来访者在这种理想的气氛下，修复被歪曲与受损伤的自我实现潜力。

来访者中心疗法的创始人罗杰斯认为：人的自我实现倾向是与生俱来的，这是一种终生不息的发展个人潜能以促进自我称赞的固有驱动力。婴儿按照他自己对现实的认识来满足他本人自我实现的需要。儿童开始逐渐领会自身与外界是两种不同的体验范畴。自我体验是童年阶段最初的人际相互作用的结果。随着年龄的增长与自我体验的发展，儿童的自我体验最终结晶为自我观念。自我观念是个人对自身的各方面认识的总和。依据自我认识的方法，儿童在追求自我尊重感的同时，逐渐学会用投别人所好的方法来博得别人对他的正性评价。这样一来，儿童就既有了要提高自我体验的需求，又有了要获得别人赞许的需求。在很多情况下，自我观念与现实体验之间是矛盾的。如果矛盾长期存在，或者过于强烈，便会引起焦虑和行为失调。

来访者中心疗法要求以平等的伙伴身份去理解来访者的心情，为来访者提供一个能无所顾忌地表示和疏泄的机会，使之学会按照自己的价值观念来观察、思索与行动，而不过分执着于能否博得别人的赞许，并能在尊重自己的基础上学会尊重别人。

（四）理性情绪疗法

理性情绪疗法是一种以认识重建为核心内容的心理治疗方法。其创始人艾利斯认为，人既是理性的，又是非理性的。人的精神烦恼和情绪困扰大多来自于其思维中不合理、不符合逻辑的信念。它使人逃避现实，自怨自艾，不敢面对现实中的挑战。当人们长期坚持某些不合理的信念时，便会导致不良的情绪体验。而当人们接受更加理性与合理的信念时，其焦虑与其他不良情绪就会得到缓解。

艾利斯认为，人们从童年时代起就不同程度地发展出非理性的认识和信念，主要有：① 我们必须表现出聪明能干、胜任各种工作并有成就。② 我们应该获得每个人的喜爱，我们的言行举止都该得到别人的赞许。③ 做了错事，应受到严厉的批评。④ 任何事情都应按自己的意愿发展，一旦事情的发展出乎意想之外，就怨天尤人。⑤ 我们所遭受的痛苦都是外来的，根本无法以人力避免，更何况要加以控制。⑥ 我们要随时随地防患于未然。⑦ 逃避困难和责任，远比面对它们容易。⑧ 我们一定要依赖比自己坚强的人。⑨ 以往的影响是无法抹杀的。⑩ 应该尽可能地促进别人符合我们的理想模式。⑪ 每个问题都应该有个圆满的解决，否则后果不堪设想。艾利斯认为，当人们遭遇外界事件时，总是自觉或不自觉地运用不合理的信念，所以常常事与愿违，从而引起不良的心理和情绪效果。

理性情绪疗法（又称 ABC 理论）认为：在诱发事件（activating event）A、个人对此所形成的信念（belief）B 和个人对诱发事件所产生的情绪与行为后果（consequence）C 这三者中，A 对 C 只起间接作用，而 B 对 C 则起直接作用。换言之，一个人情绪困扰的后果 C，并非是由事件起因 A 造成的，而是由人对事件 A 的信念 B 造成的。所以，B 对于个人的思想行为方法起决定性的作用。心理治疗就是用明确无误的说法，向求助者提出他们的非理性认识，并帮助他们建立理性的、现实的认识与信念。理性情绪治疗是经过认识上的改造、情绪上的转变和行为上的训练三个阶段完成的。

（五）森田疗法

森田疗法是由日本学者森田正马教授创立的，它是一种顺其自然的心理治疗方法。这种方法主要适用于治疗“神经质”症状、植物性神经失调等身心疾病。森田正马认为：“神经质”症状纯属主观问题，而非客观产物。疑病素质是神经衰弱、强迫观念症、焦虑症、恐惧症等神经症的发病基础。疑病素质表现为思想内向，对自己身心的活动状态及异常都很敏感，容易将正常的心理与生理现象视为异常，总是担心自己的身心健康。过分担心自身状况，过分关注自我，便会形成疑病素质。

其次，森田正马认为，精神交互作用促进了“神经质”症状的进一步发展。所谓精神交互作用，就是当身体出现某种感觉时偶尔引起对它的集中注意，这种感觉就会变得敏感起来，而这一敏锐的感觉越来越吸引注意并进一步固定于它。感觉与注意的交互作用，使这种感觉变得更加强烈、更加过敏。例如，某人存在疑病因素，把某次胃痛当作异常现象加以特别关注，从而引起了对这种感觉强烈的不安，逐渐形成了抑郁症。

此外，患者的“思想矛盾”也是诱发“神经质”症状的主要因素。“思想矛盾”常常表现为“理应如此”的愿望和“事已如此”的现实之间的矛盾。由于疑病素质的人是“完美主义者”，他们往往在欲求与事实之间形成思想矛盾。这些矛盾加重了患者的心理负担，导致神经症的发生。

森田疗法的着眼点在于陶冶疑病素质者的情操，打破精神交互作用，消除思想矛盾。森田认为“顺其自然”是对症状最有效的态度，如果一味地对抗是徒劳的。正如人们从道理上认识到没有鬼，但夜间走过坟地时照样感到恐惧一样，单靠理智上的理解是不行的，只有在感情上实际体验到才能有所改变。患者只要在心理上放弃对症状的抗拒，就会切断精神交互作用，症状就会减轻以至消失。

森田认为“顺其自然”，就是老老实实地接受症状，真正认识到对它抵制、反抗或用任何手段回避压制都是无济于事的。不要把症状当作自己身心的异物，要视若平常，对其不加排斥和抵抗，带着症状从事正常的工作和学习活动。

“有，就让它有！”这就是“顺其自然”的态度。患者要承认现实，不必强求改变。如果见到人就恐惧，就让它恐惧好了；失眠者不要强求入眠，越是强求越是睡不着；感到痛苦，就让它痛苦好了……不必过多地考虑情绪体验，该干什么就干什么，这样坚持下去，症状反而减轻了。森田本人就是最好的例证。他从小就体弱多病，患有明显的神经质症状，曾多方求医，也无济于事。疾病将他折磨得无可奈何，在百般无奈的情况下，他放弃了一切治疗，拼命地学习和工作。结果出乎意料，以前的病症却不知不觉地消失了。由此他悟出了森田疗法。

（六）催眠暗示疗法

通过语言或药物等手段诱导，使患者进入催眠状态，然后咨询人员借助言语暗示，消除患者的病理心理和躯体障碍。

催眠暗示疗法是心理医生不断应用重复的、单调的言语或动作对患者的感官进行刺激，诱使其意志进入催眠状态。在催眠状态下，患者的认识判断能力减弱，防御机制降低，情感、意志和行为等心理活动可随心理医生的暗示转换。患者能重新回忆起已经遗忘的经历，畅述内心的秘密。此时，咨询人员的言语刺激、安慰、保证、疏导有不可抗拒的力量，从而可获得积极的治疗效果，尤其对心身障碍和神经症疗效较好。

催眠治疗是一项严肃的工作，与巫医、巫术是两码事，不可随便滥用。一般只有经过专门训练的心理医生和精神科医生在治病需要时，在患者的自愿配合下才可使用。

暗示心理治疗，分为他人暗示疗法和自我暗示疗法。

他人暗示是由心理医生对患者施加的暗示。它主要通过心理医生在患者心目中的威望，借助语言或药物暗示患者，从而增加和改善人的心理状态，调节人的生理机能，达到治疗疾病的目的。一位患者自诉头痛难忍，经多方检查未见病因，心理医生给他做了全面的检查，然后告诉他：“我这里有一种药专治你这种病。”心理医生给他打了一针，保证三天以后康复。三天后患者头痛症状果然减轻了。其实，心理医生给他打的是生理盐水，真正治好病的是语言的暗示作用。

自我暗示是患者自己对自己施加心理影响的过程。暗示对人的情绪乃至行为有奇妙的影响和调整作用，既可以用来松弛过分紧张的情绪，也可用来激励自己。例如情绪激动时，通过自我默诵，如“冷静些”“不能发火”，来抑制自己的情绪；进考场后，暗示自己“不要紧张，我一定能考好”来保持自己情绪的稳定。不少大学生的床头、墙角贴有“镇定”“三思而后行”等警句，这正是针对自己的弱点，用书面语言提醒自己采取的办法。自我暗示的作用还具体体现在自我放松训练中。通过自我默想，使意识范围逐渐缩小，排除外界干扰，全身松弛，纠正情绪的失衡状态，使人从烦恼、愤怒、紧张等消极情绪状态中释放出来，达到内心的平静和安宁。

趣味心理

小故事:众师打狗

一日,众心理治疗师出游,忽见前方黄沙漫漫,一群饿狗飞奔而来。

系统脱敏治疗师:“现在你们想一下,你们最愿意吃的十个人是谁,从最愿意到最不愿意依次排列出来。”众狗望天苦思。

来访者中心治疗师:“我也有你们这样的感受,实际上,我和你们一样也有狗性。我不想告诉你们怎样做,我相信,人有选择自己行动的自由,啊,错了,是狗。狗有让自己人格——狗格走向健康的能力。相信我,没错的。”(深情注视)众狗号啕大哭。

精神分析师安慰道:“其实,你们并不想咬人,只是因为你们的口欲期没有发展好,造成了口欲期的固着,所以才用咬人来释放你们的焦虑,是你们的狗爸爸、狗妈妈没有抚养好你们,现在你们对我们出现了负性移情,你们的防御机制是转移、投射、否认……总之,你们童年有创伤。”众狗潸然泪下。

理性情绪治疗师:“你们有这样的情绪和行为不是因为我们,而是因为你们对我们不正确的评价和认知引起的,你们需要找到自己非理性的信念。”众狗愕然,低头反省。

森田治疗师:“你们想怎样就怎样吧,我还是做我该做的事情,顺其自然吧!”众狗无语。

催眠治疗师:“你们很紧张吧,不要紧。现在跟我念:‘汪——汪——汪——’,很好……注意你们嘴部放松的感觉,‘汪——放松——’……”众狗昏然欲睡。

第三节　学校心理咨询中常用的心理测验

心理测验常用于心理咨询、心理健康教育中,并正在越来越多地发挥其作用。心理测验在心理障碍与智力缺陷的客观评定,精神疾病的早期发现、治疗和预后评定,鉴定工作效率及心理发展等方面都是一种有效的工具。同时也可为增进人们的心理健康和心理发展提供相应的参考意见。

一、什么是心理测验

流行的心理测验广泛多样,我们一般看到的趣味性心理测试,带有一定的娱乐性,不是真正意义上的心理测验,它通常是使用投射测验的一些原理,有一定的道理,但这些测验并不严谨,降低了其准确有效的科学性。因此,我们不必把这类心理测验的结果看做自己素质水平的标签。心理测验，就是依据心理学的理论，使用一定的操作程序，通过观察人的少数有代表性的行为，对贯穿在人的全部行为活动中的心理特点作出推理和数量化分析的一种科学手段。

二、心理测验的目的

测验的目的，从受试者(如大学生)的角度来看，主要是为了了解自己；从主试者的角度来看，主要是为了了解别人。具体来说有以下几个目的：

(1) 了解个体的心理特性和行为。心理测验可以从个体的智力、能力倾向、创造力、人格、心理健康等各方面对个体进行全面的描述。

(2) 选拔人才。心理测验可以预测个体从事某种活动的适宜性，其结果可以为客观、全面、科学、定量化地选拔人才提供依据，进而提高人才选拔的效率与准确性。

(3) 筛选和诊断。心理测验可以为心理咨询或治疗提供参考，帮助人们查明心理问题、障碍或疾病的表现及其原因，进而有针对性地给予心理辅导、咨询或治疗。

三、心理测验中应注意的问题

现代心理测验已广泛应用于教育、工业、军事、体育等领域，可以说，心理测验已成为人们生活中不可避免的一部分。因此，也对心理测验的从业者提出了较高的要求。

首先，要防止心理测验的滥用。在心理咨询中，心理测量不是必须使用的，正如诊断躯体疾病并非一定要经医疗仪器的检测。心理测验在临床的心理诊断中，只能起到辅助的作用。过分地依赖心理测验或机械地使用测验结果，至少在方法上是不全面的。并且心理测验只能描绘症状质的区别和量的差异，而对于症状背后深层原因的分析和治疗还需要咨询者结合会谈和观察的方法来进行。更不能为了满足人们的好奇心实施心理测验，甚至将心理测验作为获取经济利益的手段。

其次，要注意对施测工具和测验结果的保密。测验内容若在施测前被受试者知道，必将造成施测结果的失真。因此，测验手册、工具、记录纸等，应由专职人员妥善保管。同时，在研究报告和回答有关机构的查询等场合，要切实保护受试者的合法权益不受损害。

此外，需要注意的是，心理测验不是“一测定终生”。时下很多人热衷于在网络或时尚杂志上参加各种“权威”心理测验，来测评自己的潜力、性格和能力等方面的水平，并把结果奉若神明。其中不少人有了好结论就洋洋得意、沾沾自喜，结果不好就备受困扰、抑郁寡欢。其实，心理测验没有绝对的标准，也没有绝对的零点，只有某一团体或者一群人的某类行为特点或者心理特征构成的行为序列。心理测验就是看每个人处在这个序列的什么位置。以抑郁症测试为例，测试的题目基本上包含了抑郁症患者的群体特征，如果被测试者的得分较高，则说明他在普通人群中的位置与抑郁症患者更为接近，患病的可能性更大。心理测验并不是“答题-得出分数-依照分数归类”那么简单的事情。

第一，拟定心理测验题目时所选择的样本必须能代表个体所在人群的基本特征，而不同人群的特征会因文化、传统的影响而有所差别，没有适用于所有人的题目。

第二，心理测验的分数都会无一例外地受到被测试者遗传特征、测验前的学习与经验，特别是测验情景和被测试者当时情绪的影响。只有经过专业训练的心理咨询师，才能结合有关影响测验分数的因素，对同一个分数作出不同的解释。

第三，进行心理测验不是为了给被测试者“分类”，而是要帮助他们了解自己，对自己有一个正确的评估，然后由心理咨询师对症下药。人们热衷于参加心理测验，从某种程度上讲是关心自己心理健康的一种表现。但是一般来讲，准确的心理测验至少要包括几百道题，最复杂的人格测试由 500 多道题组成。目前网络上流传的题目大多只是心理测验中的一道或一部分题目，在没有专业人士操作的情况下，不可能得到科学的结果，应当作娱乐处之。

第四，即使是正规的心理测验结果，也不是“一测定终生”。大部分的心理测验只是对被测者现状的考察，即使是智商、人格、性格等结果相对稳定的心理测验，也并不是不可变的。同时，要想真正了解被测者的心理状况，还需要对被测者进行随后访谈，甚至还要了解周围人对被测者的评价。因此被测者要积极面对测验结果，配合心理咨询师的治疗。

四、常用的心理测验

（一）智力测验

智力测验是心理诊断中应用最多、影响最大的一种技术，主要用于评估病人的智力水平和智力功能损伤或衰退的程度。

1. 韦氏成人智力量表

韦克斯勒是美国纽约大学医学院的临床心理学家，1939 年在纽约贝尔维医院编制了韦克斯勒-贝尔维智力量表，1955 年修订为韦克斯勒成人智力量表(WAIS)，是国际心理学界公认较好的智力测验。1981 年，湖南医学院龚耀先主持完成中文版的修订。WAIS 适用于 16 岁以上的成人，分言语性测验和操作性测验两大类。言语部分包括常识、理解、心算、相似性、背数(顺背和倒背)、词汇共 6 个项目；操作部分包括译码、填图、积木图案、图片排列、图像组合共 5 个项目。韦克斯勒采用了离差智商的概念。离差智商是依据统计学中的均数和标准差制订的，它表示被测验者的成绩偏离同年龄组平均成绩的距离。每个年龄组的平均成绩定为 100IQ，标准差为 15IQ。

2. 瑞文测验

瑞文测验是英国心理学家瑞文(J. C. Ravan)于1938年创制的非文字测验。瑞文测验由A、B、C、D、E五组测题组成,每组12个测题,共60题。1985年北京师范大学主持修订中国城市版。全部测试题由一系列无意义的抽象图形构成,其中右下方缺失一块,要求受试者从所给出的6(或8)小块图形中,选出一块恰好填补上面缺失处的空白,以使整个图案结构完整合理。每组内部的测题由易到难排列,解题思路基本一致。各组间的解题思路有所差异,解决各组问题要求各种能力的协同作用。瑞文测验又派生出高级1型和2型及彩色型,近年来,我国又修订成联合型。瑞文测验可"测验一个人的观察力和清晰严密的思维能力",只用作智力结构单因素的诊断。

(二) 问卷类人格测验

卡特尔16种人格因素问卷(16PF)是应用较广泛的人格测验,由美国伊利诺州立大学人格与能力测验研究所卡特尔(R. B. Cattell)依据人格特质理论,采用因素分析方法于1950年编制。16PF的中国版经过多次修订,1988年华东师范大学戴忠恒、祝蓓里再次修订。

16PF共有187个自我陈述题目。采用强迫性三择一选答方式,给出的三个备选答案分别计0分、1分和2分,每个题目的得分项并不固定。所有题目采用轮流排列的方法,每10～13个题目组成一个分量表,测出某一方面的人格因素,共测出16种人格因素的特征。16种人格因素分别是乐群性、聪慧性、稳定性、恃强性、兴奋性、有恒性、敢为性、敏感性、怀疑性、幻想性、世故性、忧虑性、实验性、独立性、自律性和紧张性。测验的原始得分按常模转换成10分制的标准分,并绘出剖析图。

16PF还可以依据给定的公式计算出适应与焦虑、内向与外向、感情用事与安详机警、怯懦与果断,以及心理健康者的人格因素、从事专业而有成就者的人格因素、创造力个性因素和在新环境中有成长能力的个性因素等的分数。对16PF每种因素的分数高低,不能孤立地分析和解释,因为每种因素分数的高低与其他各因素分数的高低,或全体因素的组合方式密切相关。

(三) 症状自评量表

症状自评量表(SCL－90)用来衡量门诊及住院病人的自觉症状及其严重程度,也可以用于团体心理卫生普查。SCL-90由于内容较多,反映症状丰富,能较好地反映病人病情的严重程度及其变化,故应用较多。

SCL－90在90个评定项目中,包括比较广泛的精神病症状,从感觉、情感、思维、意识、行为,直至生活习惯、人际关系、饮食睡眠等。每一项目均采取5级评分制,即无、轻度、中度、相当重、严重。

SCL－90的90个项目评定分为10大类。其内容为:① 躯体化;② 强迫症状;

③ 人际关系敏感；④ 忧郁；⑤ 焦虑；⑥ 敌对；⑦ 恐惧；⑧ 偏执；⑨ 精神病性；⑩ 其他。每一类反映病人的某一方面的情况，因而依据各类的因子分可了解病人的症状分布特点以及病人病情的具体演变过程。

小贴士

最近，我的心情很差，在网上测试结果是重度抑郁，我真的是得了抑郁症了吗？

抑郁症自测主要是通过抑郁症的症状自评量表来分析。症状自评量表具有一定的主观性，也就是很容易受情境因素的影响，特别是在负性情绪的影响下其自测的结果往往偏重。所以对于抑郁症的诊断，在临床上主要是通过精神病性的专科检查，精神病史的采集、量表测定以及相关疾病的排除，综合上述信息以后才能进行有效地判定。因此，对于抑郁症的诊断需要专科医生综合地评估、分析，最终才能做出是否抑郁的诊断，而并不能通过自测量表的方式来确定。

第四节　正确认识心理咨询

随着高等学校心理咨询工作的广泛开展，现已取得了一定的成效，大学生对心理咨询的认识也有了较大的提高。

但是在工作中我们仍然发现，部分同学对心理咨询还有一些不正确的认识和顾虑，例如，有的同学认为，只有有心理疾病的人才需要咨询；心理咨询只是单纯的聊天（话聊），解决不了根本的问题；将心理咨询工作与思想教育工作相等同，认为咨询就是教育人等。许多同学想来咨询，但却在咨询前有许多的顾虑，譬如：怕同学们认为自己有心理疾病；怕自己和心理老师说的话被其他人知道等。

下面就心理咨询工作中一些常见的疑问分别作出说明，帮助大家对心理咨询有一个全新的认识。

一、哪些人需要求助心理咨询

一般认为，当你遇到以下情况时，应该去寻求心理上的帮助。

生活中遇见重大选择而犹豫不定者；工作压力大，无力承受但又不能自行调节者；初涉世事，对新环境适应困难者；经受挫折之后，精神一蹶不振者；过分自卑，经常感到心情压抑者；在社会交往方面自感有障碍者（如怯懦、自我封闭）；在经历了失恋、离婚、丧偶等情况之后，心灵创伤无法“自愈”者；婚姻及家庭关系不和睦，渴望通过指导改善者；失业（下岗）、退休后心情苦闷，难以自我调整者；患有某种身体疾病，对此产生心理压力者；时常厌食或暴食者；睡眠状态发生改变的初始期的人；轻度性心理障碍者。

当然，不仅仅是心理和生活出现问题时才需要心理咨询师，当你在发展自己或者在事业上遇到一些影响心理的问题时，你都可以去寻求心理咨询师的指导和帮助。

如果你希望进一步改善自己的性格，也可以去请求心理咨询师给予指导。总之，只要遇到和心理有关的问题，你都可以去找心理咨询师。

值得注意的是，不同机构的心理咨询师业务范围不尽相同，不是每个心理咨询师都可以解决所有心理问题的。每个心理咨询师都有他所擅长的特定领域，在寻求心理咨询师帮助时，应首先对此有一个大致的了解。

二、什么是心理咨询，心理咨询到底有什么用

当遇到心理困惑的时候，真的可以通过心理咨询来获得心灵安慰和心理平衡吗？这是从事心理咨询和想了解心理咨询、想尝试心理咨询的所有人的疑惑，让我们先听一个很古老的神话，再谈这个问题吧。

古希腊有个传说，说的是在一个王国城堡的附近有个女魔，叫斯芬克斯。她整天守着那条过往行人必经的路，让人猜一个谜："什么东西早上是四条腿，中午是两条腿，傍晚是三条腿。"如果行人不能答对谜底，她就会把他吃掉；如果猜出来了，她自己就会死去。无数的人都不能猜出谜底，于是王国中为此死去了许多人，外面的人也不敢来这里了，王国内外充满了恐惧。终于有一天，一个叫俄狄浦斯的年轻人来到了斯芬克斯的面前，说出了这个神奇"东西"的谜底——人！于是斯芬克斯死了，而这个谜语从此流传了下来。

所谓"当局者迷"，当是对神话中遭遇厄运者的最好哀悼了吧！"斯芬克斯之迷"对于今天的我们，可能已不是一个难题，但它所暗含的误区，却是不分时代、不分民族、不分老幼、不分性别地存在于我们每个人中的：自己很多时候是认不出自己的，也就是说自己是很难看清自己的。而这层"糊里糊涂"并不能给人带来快乐，渴望了解自我是人天生的需要，因为只有了解了自我，了解了自己真正的需求与愿望，才可以在现实中找到方向，明白生命的意义，才可以当你走得很累、很辛苦的时候，并不觉得委屈与懊悔；也只有了解了自我，才可以撕去太多的因所谓的"生活"而带上的种种"面具"，享受清新与安宁！一个人不能真正了解自身，纵使忙碌不停，终是茫然痛苦；纵使优裕富足，终是难耐空虚……

其实"斯芬克斯之迷"永远地留了下来，人的一生就是在不断地破解它、诠释它，希望找到合理的个人答案，而不落为"厄运者"！

心理咨询就是采用一些相对便捷或称为专业的方式，与当事人一起去揭示"斯芬克斯之迷"，一起去探索心灵，感受真我，发现谜底，获得成长、成功的力量。心理

咨询是一种心灵的对话，在这一时空中，你可以逐层褪下繁重的装束，可以放心地、没有干扰地去看自己，去思考自己，不会遭遇嘲笑，不必忍受评价，有的只是倾听、关注、同感与挑战，你可以全神贯注地直抵心灵深处！

不同的时期会遇到不同的问题，因此心理咨询对于每个人都是必需的，只是寻求的方式不同罢了：对父母、对朋友、对神灵、对先知、对"客观的我"、对专业咨询员，而不同的方式也就有了不同的结果，一吐为快、同情安慰、引导指教……发展到今天，心理咨询的工作则较规范化了，主要归属于专业的咨询人员，使得咨询能够更切实地对人有所帮助，使人走出咨询情境后仍满载被关怀的感受，能够学会在现实中应对机遇、学习、工作、生活！

三、心理问题等级划分

从健康状态到心理疾病状态一般可分为四个等级：健康状态、不良状态、心理障碍、心理疾病。

不良状态又称第三状态，是介于健康状态与疾病状态之间的状态。它是正常人群中常见的一种亚健康状态，由个人心理素质（如过于好胜、孤僻、敏感等）、生活事件（如工作压力大、晋升失败、被上司批评、婚恋挫折等）、身体不良状况（如长时间加班劳累、身体疾病）等因素所引起。此状态者大部分通过自我调整，如休息、聊天、运动、钓鱼、旅游、娱乐等放松方式能使自己的心理状态得到改善。小部分人若长时间得不到缓解可能形成一种相对固定的状态。这小部分人应该去寻求心理咨询师的帮助，以尽快得到调整。

心理障碍是由个人及外界因素造成的心理状态的某一方面（或几方面）发展的超前、停滞、延迟、退缩或偏离。此状态者心理活动的外在表现与其生理年龄不相称或反应方式与常人不同。如：成人表现出幼稚状态（停滞、延迟、退缩）；儿童出现成人行为（不均衡的超前发展）；对外界刺激的反应方式异常（偏离），等等。此状态对当事人的社会功能影响较大，它可能使当事人不能按常人的标准完成某一项（或某几项）社会功能。如：社交恐惧者不能完成社交活动，锐器恐惧者不敢使用刀、剪，性心理障碍者难以与异性正常交往等等。此状态者大部分不能通过自我调整和非专业人员的帮助而解决根本问题，心理咨询师的指导是必需的。

心理疾病是由个人及外界因素引起的个体强烈的心理反应（思维、情感、动作行为、意志）并伴有明显的躯体不适感，是大脑功能失调的外在表现。可出现思维判断上的失误，思维敏捷性的下降，记忆力下降，头脑黏滞感、空白感，强烈自卑感及痛苦感，缺乏精力，情绪低落或忧郁，紧张焦虑，行为失常（如重复动作、动作减少、退缩行为等），意志减退等等。由于中枢控制系统功能失调，可引起人体各个系统功能失调，如：影响消化系统可出现食欲不振、腹部胀满、便秘或腹泻（或便秘、腹泻交替）等症状；影响心血管系统可出现心慌、胸闷、头晕等症状，等等。此状态的患者不能或仅能勉强完成其社会功能，缺乏轻松、愉快的体验，痛苦感极为强烈。

此状态之患者一般不能通过自身调整和普通的心理咨询而康复，需采用心理治疗和药物治疗相结合的综合治疗手段，严重者甚至需要入院治疗。在治疗早期通过情绪调节和药物快速调整情绪，中后期结合心理治疗解除心理障碍，并通过心理训练达到社会功能的恢复，提高其心理健康水平。

此外，精神类疾病如精神分裂症、严重的抑郁症、躁狂症等不是心理咨询的范畴，必须强制性入院治疗。

四、为什么心理咨询需要预约

心理咨询预约制度，是国内外心理咨询界普遍遵循的制度。主要原因有：

(1) 心理咨询师也是人，当然也会有自己的工作压力和生活烦恼。咨询师要在自己最好的状态下去工作，如果个人的生活有情绪，这个时候就不利于工作。所以心理咨询都需要预约时间，不是来了就咨询。

作为专业心理咨询师，在咨询时间需要抛开自己的生活而投入到来访者的痛苦中，要在每个咨询时间段都全力投入，因此，有人说心理咨询师是“垃圾桶”，每天的工作就是吸收来访者带来的负性情绪，自己的情绪很自然地会在工作中受到影响，弄不好自己的心理也会变得不健康，所以我们常常可以在西方电影里看到心理医生最后自己出现了心理问题。

因而心理咨询师工作之余需要合理地宣泄压力，对此一般心理咨询师的调节方法是:合理安排工作量(不连续七天接待咨询)，在工作之余和家人在一起，在工作之余有一些自己的爱好，在工作之余和朋友交流沟通……

(2) 预约其实就是心理咨询的第一步。

心理咨询与心理治疗是新的生物-心理-社会医学模式的产物，心理咨询师只能起到分析、引导、启发、支持、促进来访者改变和人格成长的作用，他们无权把自己的价值观和愿望强加给来访者，更不能替来访者去改变或做决定。

因此，预约其实就是心理咨询的第一步，因为预约就是要让来访者知道，这个世界不是只围绕着来访者一个人的，始终是存在游戏规则的，不是你想怎样就怎样的，不是你想找谁谁就得放下手中的事情听你说话的。来访者需要学会遵守游戏规则，顾及别人的时间和感受。来访者需要最终学会也必须认识到，“救世主”只有一个，那就是自己。只有改变自己、战胜自己，最终才能超越自我，达到理想目标。倘若把自己完全交给外在因素，消极被动，推卸责任，只会一事无成。

五、去心理咨询该做些什么准备

心理有问题去做心理咨询，如同躯体有病到医院看大夫。但由于人们对心理咨询的一般知识了解不多，以至把看躯体疾病的习惯用于做心理咨询，影响了咨询效果。所以去咨询前，略知些咨询常识为好。

(1) 咨询者本人要有心理咨询的愿望。心理咨询以语言沟通为基础，这种沟通是建立在咨询者对咨询师的信任和自愿基础上的。若来访者没有沟通的愿望或是被亲朋好友带领至此的,是不会心甘情愿地谈及真实自我的内容,咨询效果会受到影响。

(2) 咨询者不必担心谈话的内容外露。心理咨询工作的原则之一是为咨询者保密,有些人因有这种担心,咨询时往往隐去某些问题,这样不利于咨询师作出诊断和提供帮助。

(3) 咨询者最好有自助意识。心理咨询除了咨询师的启发引导帮助外,还需要咨询者积极主动地配合。有的咨询者没有这种意识,在咨询后对咨询师布置的作业不实施。如对恐惧症患者的治疗是先练习放松法,再进行系统脱敏疗法,这是一个连贯程序,有的咨询者回家不练习,总想在咨询师那里讨一种简单的治疗方法或药物,导致咨询半途而废。

(4) 咨询者勿急于追求效果,欲速则不达。心理问题、心理疾病不是一天两天形成的,它可能是由多种原因日积月累造成的。比如人际交往障碍,有的咨询者出现障碍的原因是性格偏内向、口吃、怕别人讥笑而拒绝与人交往,咨询时首先要打破这一循环链,使咨询者改变自身对相关问题(如口吃)的认识,消除紧张、焦虑情绪,学习与人交往的方法和技巧。这是一个积累的过程,并不是短期就能达到的。还有些心理问题或疾患需要有关人员同步参与咨询,如孩子的问题父母参与,婚姻的问题夫妻双方参与。

(5) 理解咨询的时间限定。咨询一次约 50 分钟,若时间太长、内容太多,不便于咨询者清晰地理解问题的核心部分。

六、心理咨询到底是怎样的一种感觉

想象一片沙漠,你是那里唯一的跋涉者,你走得很累、很孤独、很焦渴,突然眼前出现了一片绿洲,感受一下此刻的心情;你捧起一汪清水,珍惜地开始滋润自己的嘴唇、喉咙、肠胃乃至全身;回头看看走过的路,看看这片绿洲,再看看前方的路,洗把脸,然后迈步前行,体验一份值得!这个过程就是心理咨询的感觉!

想象一辆空的公交车将近,你是排队人中的一个,现在的位置并不理想,很可能上车就没有座位了,而你的路途遥远,感受此时此刻!你可能有三种选择:其一,不管怎样上车再说;其二,挤到前面去,抢先上车;其三,随队列前行,排到前面,但等下一辆空车再上。至于最后到底怎样了,由你决定!——与你一起分析具体情形,设想多种选择就是心理咨询的过程,而做决定仍然是你的权力,只是决断时多了一些明智。

七、心理咨询对你有哪些帮助

心理咨询(counseling)与心理治疗(psychotherapy)是两个不同的概念。心理咨询的对象一般是正常人或有轻度心理问题的人,而心理治疗的对象却是有心理或精神疾病的非正常人。

心理咨询过程并非一般人理解的劝慰人或开导人，也非少数人理解的仅仅是处理心理障碍。心理咨询过程实际上是“人格重构”的过程，它所追求的目标是帮助你实现“心灵再度成长”的任务。具体地讲，心理咨询可以在八个方面为你提供支持和帮助。

（1）教会你管理自己的情绪，使你拥有积极稳定的情绪，避免罹患各种情绪障碍，如抑郁症、躁狂症、歇斯底里症等。

（2）帮助你学会正确认识自我和周围世界，使你拥有完善的认知体系，避免因为错误归因而导致种种失败。

（3）帮助你恢复爱的能力，使你学会幸福地工作、幸福地生活、幸福地去爱。

（4）使你拥有健全的人格，摆脱自卑、自恋、自闭等不良心态，从而更好地投入到学习、工作和生活中去。

（5）帮助你摆脱因失业、失恋、离异造成的痛苦，教会你应付生活中种种挫折的方法。

（6）矫治各种人格障碍和神经症。

（7）为你提供职业咨询指导，帮助你在人生重大问题上正确独立地抉择。

（8）帮助你度过人生各个发展阶段的种种危机，平安地完成人生的发展任务。

八、对心理咨询的九个误解

如今许多原来不把心理问题当回事的人，已意识到自己可能有心理疾患，并产生了主动求助于心理医生的愿望。但不少人对心理咨询的认识仍有一定的局限性，甚至产生了一些曲解，使心理问题不能较好地得到解决。

误解一：心理咨询对那些有严重心理问题的人才是必要的。

其实，每个人都有或多或少的心理困扰，这是很难避免的，但问题能否解决则是因人而异的。如果一个人的心理问题得不到解决，长期积累起来，就极有可能产生心理障碍。而一旦产生心理障碍，就已经超出了心理咨询的范围，此时应当进行心理治疗。

误解二：心理咨询就是灵丹妙药，有心理问题只要进行咨询，就能得到解决。

其实不然，心理咨询只是协助咨询对象独立地解决自己的问题，问题能否解决主要取决于当事人自己。心理咨询员帮助咨询对象更合理、更有效、更积极地面对和处理各种问题，起到的只是一个引导者、协助者、支持者的角色。例如，对于那些烦扰困惑的失恋者，咨询员是无法让他们的恋人回心转意的。

误解三：心理咨询解决不了实际问题。

事实上，心理咨询只提供咨询帮助，不干预当事人的事务，也不帮助当事人解决实际事务。心理咨询是帮助当事人消除心理困扰，帮助当事人自己去解决实际问题。

误解四：心理咨询人员应该是百分之百的心理健康。

心理咨询人员也只是普通的人，他们同样可能存在某些问题。这正像医生一样，医生能给人看病治病，但是医生也有可能生病。

误解五：把心里的秘密告诉了咨询员，万一他们泄露出去怎么办？

其实，每个行业都有其行业的职业道德和职业规范。心理咨询的首要原则就是保密原则，即在未征得当事人同意的情况下，不得将当事人的咨询情况向外公开。

误解六：心理咨询就是思想教育工作。

有些人还有另一种极端的认识，就是认为心理咨询没多大用处，无非是讲些道理、做做思想工作，因而忽视或未意识到心理问题是需要治疗的。

心理咨询作为一门医学和社会科学的交叉学科，有着严谨的理论基础和诊疗程序，它与单纯的思想工作和教育工作是有很大区别的。单纯的思想工作和教育工作的目的是说服对方服从、遵循社会规范、道德标准及集体意志，而心理咨询则是运用专门的理论和技巧寻找心理障碍的症结，予以诊断治疗，咨询者持客观、中立的态度，而不是对来访者进行批评教育。

误解七：来访者与心理咨询师的关系就是被动的医患关系。

多年来传统的生物医学模式是，病人看病，医生诊断、开药、治疗，患者常常习惯被置于被动的医患关系中。一些来访者自然而然地把这种旧的医学模式带进心理咨询，将自己的所有心理包袱丢给咨询者，期待咨询者解决一切。然而，心理咨询与心理治疗是新的"生物-心理-社会医学模式"的产物，心理咨询者只能起到分析、引导、启发、支持、促进来访者改变和人格成长的作用，最终起决定作用的还是来访者本人的主观能动意志和改变成长的努力。

因此，在心理咨询过程中，来访者要积极配合、主动表达，与咨询者共同探讨自己心理问题的根源及成因并寻求解决之道。来访者更要认识到，"救世主"只有一个，那就是自己。

误解八：心理咨询就是聊天。

心理咨询不同于一般意义上的聊天，尽管心理咨询的方式主要是谈话，但心理咨询利用心理学的专业理论知识，还有社会学、医学等方面的知识，遵循严格科学的理论体系和操作规程，达到解决心理问题的目的，帮人解除心理危机，促进人格的发展，这完全不同于朋友聊天、亲友的劝解安慰、老师的教育、领导的思想政治工作。

误解九：谁都能当心理咨询师。

如同谁都不能随便开汽车一样，心理咨询师应经过严格的训练与考核，取得管理部门的许可证才能上岗。按照发达国家的要求，一名合格的全职心理咨询师应基本具备心理学、医学博士学位，经过严格的实习训练，具有一定的实践经验，通过认证资格考试，在上级督导老师的指导下才能独自开业。由于众所周知的原因，我国目前尚不能达到发达国家的要求，且差距非常之大，只能降低标准启用一些热爱心理咨询并基本具备心理咨询素质（心理学、医学专业本科及以上学历的毕业生，有一定的临床经验）的人才，逐步培养心理咨询高级专业人才，争取早日与国际标准接轨。但绝对不是随便就可以当心理医生的，不管你多么热心和有社会经验，个人心理素质多么好。错误的心理咨询一样可以置人于死地。一名打电话咨询的中学生说:“我有时会胡思乱想，是什么病吗?”一位热线电话咨询员了解了一些情况后错误回答“你患了精神分裂症”并介绍了此病的一些知识，结果这位学生自杀了。其实这位中学生并没有患精神分裂症。

九、心理医生和心理咨询师的区别

区别一:性质不同。心理医生和心理咨询师两者学的专业知识不一样，心理医生是学医学出身的，所学医学分学一般医学和精神病学，他们专门设置病房治疗重度的精神病人，而学精神病学的医生中有一部分又学习了心理学，于是这一部分人被称做心理医生;而心理咨询师是学心理学的，从事该行业的人属于社会服务类人员。

区别二:对象不同。心理医生主要治疗轻度的精神病人和非精神病但有心理障碍的人;后者主要是解决健康人群的心理问题。

区别三:不是都有处方权。心理医生有处方权，可以给病人用药，而心理咨询师不可用药。

在很多人的心中，大学生应当是自信而乐观的。实际上，大学生作为一个特殊的社会群体，处于一个特定的生长年龄段和生活环境之中，由于阅历浅、社会经验不足、独立生活能力不强、对自己缺乏正确而全面的认识，而且易受到社会上各种各样思潮的冲击，因此很容易产生各种各样的心理矛盾和冲突。

心理咨询好比美好的约会。约会之后，你可以轻装上路，因为你已有能力去面对和处理自己的问题，你已有新的希望、活力和人生态度去追求成功与幸福。

【课程思政导航】

讨论:如何理解寻求必要的帮助是强者的行为?

《心理咨询附件》

附件:心理咨询预约登记表

为使咨询更有效率，节约你的时间，希望你在咨询前能详细提供如下资料，我们承诺为你进行严格保密!

姓名		性别		院、系	
班级		年 龄		咨询方式	面询□　电话咨询□
电话		E-mail			
预约时间	年　月　日　点　分				
家庭情况	你认为家庭关系的哪些方面和成长经历影响到了现在困惑的你				
来询问题	你困惑或难以摆脱的问题是什么	□学习困难　□人际关系　□适应　□人格 □自我认知　□恋爱问题　□强迫　□抑郁 □情绪困扰　□睡眠　□焦虑 □经济问题　□个人发展　□其他			
咨询目的	你期待从咨询中得到什么样的帮助				
咨询历史	以前有没有做过心理咨询，得到什么结果				
心理测试	以前有没有做过心理测试，得到什么结果				

思　考　题

1. 什么是心理咨询？心理咨询要遵循哪些基本原则？
2. 学校心理咨询的基本阶段有哪几个？
3. 什么是心理测验？心理测验中应注意哪些问题？
4. 如何正确理解心理咨询？

参考文献

[1] 陈选华,等.大学生心理与心理健康[M].合肥:中国科学技术大学出版社,2014.

[2] 陈选华,王军.放飞理想:大学生心理健康教育教程[M].合肥:中国科学技术大学出版社,2008.

[3] 理查德·格里格,菲利普·津巴多.心理学与生活[M].王垒,王甦,译.北京:人民邮电出版社,2004.

[4] 彭聃龄.普通心理学[M].北京:北京师范大学出版社,2001.

[5] 郑全全,俞国良.人际关系心理学[M].北京:人民教育出版社,1996.

[6] 樊富珉.大学生心理素质教程[M].北京:北京大学出版社,2002.

[7] 欧晓霞,曲振国.大学生心理健康[M].北京:清华大学出版社,2006.

[8] 邹放鸣,赵跃民.大学生生涯导论[M].徐州:中国矿业大学出版社,2003.

[9] 郑日昌.大学生心理咨询[M].济南:山东教育出版社,1999.

[10] 汪海燕.走进阳光地带:大学生心理健康导航[M].武汉:华中师范大学出版社,2004.

[11] 吴少怡.新编大学生心理健康教程[M].西安:西安交通大学出版社,2015.

[12] 张国臣.改变自己:大学生心理调适 DIY[M].北京:科学出版社,2010.

[13] 孔晓东.大学生心理健康导引[M].西安:电子科技大学出版社,2007.

[14] 黄希庭.大学生心理健康教育[M].上海:华东师范大学出版社,2004.

[15] 彭聃龄.普通心理学[M].北京:北京师范大学出版社,2001.

[16] 梁宁建.基础心理学[M].北京:高等教育出版社,2004.

[17] 程艺.大学生职业发展与就业指导[M].合肥:合肥工业大学出版社,2009.

[18] 刘新民,张建英.大学生健康心理学导论[M].上海:第二军医大学出版社,2007.

[19] 冯忠良,伍新春.教育心理学[M].北京:人民教育出版社,2000.

[20] 叶奕乾,何存道,梁宁建.普通心理学[M].上海:华东师范大学出版社,2001.

[21] 江光荣.选择与成长:大学生心理学[M].武汉:华中师范大学出版社,2004.

[22] 沈之菲.生涯心理辅导[M].上海:上海教育出版社,2000.

[23] 姚裕群.职业生涯规划与发展[M].北京:首都经济贸易大学出版社,2003.

[24] 王登锋,崔红.心理卫生学[M].北京:高等教育出版社,2003.

[25] 魏青.论女大学生的自卑与超越[J].中华文化论坛,2008(8):18-20.

[26] 王军.人际交往心理学[M].合肥:合肥工业大学出版社,2011.

[27] 薛德钧,田晓红.大学生心理与心理健康[M].北京:北京大学出版社,2007.

[28] 仲稳山.大学生心理健康维护[M].苏州:苏州大学出版社,2006.

[29] 段鑫星,赵玲.大学生心理健康教育[M].北京:科学出版社,2016.

[30] 周家华,王金凤.大学生心理健康教育[M].北京:清华大学出版社,2015.